suhrkamp taschenbuch 1317

Karl Kraus, geboren am 28. April 1874 in Gitschin, ist am 12. Juni 1936 in Wien gestorben.

Kraus' letztes Buch, nach seinen Plänen 1937 von Philipp Berger herausgegeben, vereinigt die wichtigsten Beiträge, die zumeist zwischen 1921 und 1932 in der *Fackel* zu Fragen der Sprach- und Dichtungslehre erschienen sind. Mit ungemeinem Spürsinn deckt Kraus in diesen Aufsätzen und Glossen den Sinn grammatischer und poetischer »Normen und Formen« auf – vom Unterschied der Relativpronomina »der« und »welcher« bis hin zu den Bedingungen eines mehr als bloß »richtigen« Reimgebrauchs. Die Darlegungen zeichnen sich durch ein Höchstmaß an Treffsicherheit und Anschaulichkeit aus, ganz zu schweigen von dem Reichtum an Witz, der wie alle Schriften von Karl Kraus auch seine sprachkritischen Arbeiten charakterisiert. Vor allem aber ist in diesem Buch der Grund gelegt für das Verständnis eines polemischen und satirischen Wirkens, das wie kein anderes den Umgang mit der Sprache zum Maßstab des Urteils macht.

Karl Kraus
Schriften

Herausgegeben von
Christian Wagenknecht

Band 7

Karl Kraus
Die Sprache

Suhrkamp

Der Text folgt der Ausgabe:
Karl Kraus, Die Sprache.
Wien: Verlag ›Die Fackel‹ 1937

suhrkamp taschenbuch 1317
Erste Auflage 1987
© Suhrkamp Verlag Frankfurt am Main 1987
Alle Rechte vorbehalten
Satz: Hümmer, Waldbüttelbrunn
Druck: Nomos Verlagsgesellschaft, Baden-Baden
Printed in Germany
Umschlag nach Entwürfen
von Willy Fleckhaus und Rolf Staudt
unter Verwendung einer Fotografie
von Franz Pfemfert aus dem Jahre 1933

1 2 3 4 5 6 – 92 91 90 89 88 87

MOTTO

Ein jeder, weil er spricht, glaubt auch über die Sprache sprechen zu können.

*

Goethe.

Alle Sprachformen sind Symbole, nicht die Dinge selbst, nicht verabredete Zeichen, sondern Laute, welche mit den Dingen und Begriffen, die sie darstellen, durch den Geist, in dem sie entstanden sind und immerfort entstehen, sich in wirklichem, wenn man es so nennen will, mystischem Zusammenhang befinden.

W. v. Humboldt.

*

Dies alles sind keine Kleinigkeiten: es ist die Verhunzung der Grammatik und des Geistes der Sprache durch nichtswürdige Tintenkleckser, nemine dissentiente.... Die deutsche Sprache ist gänzlich in die Grabuge gerathen: Alles greift zu, jeder tintenklecksende Lump fällt darüber her. — — — Ganz ernstlich muß ich nun aber hier zu bedenken geben, daß gewiß mehr als ⁹/₁₀ der überhaupt lesenden Menschen nichts als die Zeitungen lesen, folglich fast unausbleiblich ihre Rechtschreibung, Grammatik und Stil nach diesen bilden, — — ja, überhaupt den jungen Leuten ungelehrter Stände die Zeitung, weil sie doch gedruckt ist, für eine Auktorität gilt. Daher sollte, in allem Ernst, von Staatswegen dafür gesorgt werden, daß die Zeitungen, in sprachlicher Hinsicht, durchaus fehlerfrei wären. Man könnte, zu diesem Zweck, einen Nachcensor anstellen, der, statt des Gehaltes, vom Zeitungsschreiber für jedes verstümmelte oder nicht bei guten Schriftstellern anzutreffende Wort, wie auch für jeden grammatischen, selbst nur syntaktischen Fehler, auch für jede

in falscher Verbindung oder falschem Sinne ge-
brauchte Präposition einen Louisd'or, als Spor-
tel, zu erheben hätte, für freche Verhöhnung aller Grammatik aber 3 Louisd'or und im Wiederbetretungs-
fall das Doppelte. Oder ist etwan die deutsche Sprache vogel-
frei, als eine Kleinigkeit, die nicht des Schutzes der Gesetze werth ist,
den doch jeder Misthaufen genießt? Elende Philister! Was,
in aller Welt, soll aus der deutschen Sprache werden, wenn Sudler und Zeitungsschreiber diskre-
tionäre Gewalt behalten, mit ihr zu schalten und
zu walten nach Maßgabe ihrer Laune und ihres Un-
verstandes?

Schopenhauer.

*

Mein Sprachglaube zweifelt vor allen Wegen, die nach Rom führen.

K.

*

Sprachanweisungen müßten unleserlich geschrieben sein, um dem
Sprecher annähernd den Respekt einzuflößen wie das Rezept dem Pa-
tienten. Wenn man nur entnehmen wollte, daß vor dem Sprachgebrauch
der Kopf zu schütteln sei. Mit dem Zweifel, der der beste Lehrmeister
ist, wäre schon viel gewonnen: manches bliebe ungesprochen.

K.

Hier wird deutsch gespuckt

Die Muttersprache zugleich reinigen und bereichern ist das Geschäft der besten Köpfe. R e i n i g u n g o h n e B e r e i - c h e r u n g e r w e i s t s i c h ö f t e r s g e i s t l o s. ... D e r g e i s t r e i c h e M e n s c h k n e t e t s e i n e n W o r t s t o f f, o h n e s i c h z u b e k ü m m e r n, a u s w a s f ü r E l e - m e n t e n e r b e s t e h e; d e r g e i s t l o s e h a t g u t r e i n s p r e c h e n, d a e r n i c h t s z u s a g e n h a t. Wie sollte er fühlen, welches künstliche Surrogat er an der Stelle eines bedeutenden Wortes gelten läßt, d a i h m j e n e s W o r t n i e l e b e n d i g w a r, weil er nichts dabei dachte? Es gibt gar viele Arten von Reinigung und Bereicherung, die eigentlich alle zusammengreifen müssen, wenn die Sprache lebendig wachsen soll. P o e s i e u n d l e i d e n s c h a f t - l i c h e R e d e sind die einzigen Quellen, aus denen dieses Leben hervordringt, und sollten sie in ihrer Heftigkeit auch etwas Bergschutt mitführen, er setzt sich zu Boden und die reine Welle fließt darüber her.

Goethe.

Wenn die Herren die große Zeit, anstatt sie mit Sprachreinigung zu vertun, lieber darauf verwenden wollten, ihren Mund zu reinigen, so wären die Voraussetzungen für eine spätere internationale Verständigung vielleicht gegeben. Gewiß, man muß Fremdwörter nicht gerade dort gebrauchen, wo es nicht notwendig ist, und man muß nicht unbedingt von Kretins sprechen, wo man es mit Trotteln zu tun hat. Aber das eine sei ihnen doch gesagt: daß ein Fremdwort auch einen Geschmack hat und sich seinerseits auch nicht in jedem Mund wie zu Hause fühlt. Freilich bin ich ja nicht kompetent, weil ich mit der Sprache nur eine unerlaubte Beziehung unterhalte und sie mir nicht als Mädchen für alles dient. Aber ich habe auch bloß den Schutz jenes Sprachgebrauchs im Sinn, den die Leute für die Sprache halten. Mehr ihnen zu sagen, wäre vom Übel. Sie verstehen ihre eigene Sprache nicht, und so würden sie es auch nicht verstehen, wenn man ihnen verriete, daß das beste Deutsch aus lauter Fremdwörtern zusammengesetzt sein könnte, weil nämlich der Sprache nichts gleichgültiger sein kann als das »Material«, aus dem sie schafft. Wenn's ihnen Spaß macht, mögen die Leute, die sich selbst diese Zeit noch vertreiben müssen, da selbst diese Zeit versäumt hat, sie zu vertreiben, in ihren Journalen, Büros und Restaurants Abteil für Coupé, Schriftleitung für Redaktion oder Schlackwurst für Zervelat sagen — die Sprache wird, solange das Vorstellungsleben unvollkommene deutsche Termini sich in gute Fremdwörter zurückübersetzen muß, mit dem gewohnten Material arbeiten. Eine Zeitung hat einen Erlaß abgedruckt, in dem angeblich von Sachwaltern die Rede war. Da die Sache dadurch mißwaltet schien, besah ich das Original, in welchem tatsächlich von Funktionären die Rede war und einmal von hohen Funktionären. Weil aber der »Schriftleiter« nicht von »hohen Sachwaltern« sprechen konnte, indem er hier plötzlich den Unterschied zwischen einem Rangbegriff und einem Wertbegriff spürte, so ließ er einfach das Attribut weg und nahm der Darlegung den Verstand. Nein, Funktionären, und just den journalistischen, fehlt viel zu Sachwaltern, und die spezifische Farbe der Stupidität wird weder von der Dummheit noch von der Einfalt je ersetzt werden können. Gibt es auf Erden noch eine zweite Kultur, die sich fortwährend so neugeboren fühlt wie die deutsche und jeden Augenblick Komiteebeschlüsse über ihre Umgangssprache faßt? Vorschriften erläßt, wie man zu sprechen, welche Worte man zu vermeiden hat? Die zu den hunderterlei Verboten, mit denen hier das Leben bespickt wird, weil der summarische Anstand kein Gebot ist, auch noch eine Sprechordnung beschließt, wie sie eine Gehordnung beschlossen hat. Und die, weil die Sprache nur ein Kleid, eine Konfektionsware ist, den größten Wert darauf legt, daß sie vor dem Verlassen der Anstalt in Ordnung gebracht werde, während man nichts dagegen hat, daß jeder Ladenschwengel öffentlich in den Sprachquell spuckt. Aber das heutige Deutsch ist eben keine Sprache, sondern ein Betrieb, der erst wie das ganze Etablissement »in der Einrichtung begriffen« ist, dem Bedürfnisse der Kundschaft angepaßt werden muß und sich deshalb so wenig selbstverständlich vorkommt, daß jeder Tag eine Überraschung bringen kann. In Berlin spricht man rechts, und der Schutzmann blickt zufrieden: in Wien fleht der Wachmann: Bitte links! Es ist höchste Zeit, daß mit den Fremdwörtern auch noch die letzten deutschen Wörter abgeschafft werden und daß endlich, damit jede Schwierigkeit beseitigt sei, nicht nur die Iphigenie ins Esperanto übersetzt wird, sondern auch alle jene Gedanken, die sich die Leute so den Tag lang mitzuteilen haben.

AN DIE ANSCHRIFT DER SPRACHREINIGER

Die Literarhistoriker, die den Deutschen ihr »Sprich deutsch!« zurufen, haben, da sie selbst nicht imstande sind, diese Forderung zu erfüllen, auch keine Ahnung, daß sie die andern damit nur bestärken, undeutsch zu sprechen. Denn sie wollen sie bloß vom wohltätigen Gebrauch der Fremdwörter abhalten, der doch allein die deutsche Sprache davor bewahren kann, verhunzt zu werden. Anstatt sich an den unendlichen Ausdrucksmöglichkeiten der deutschen Sprache zu versündigen, ist es hundertmal besser, sich der einfacheren Formen einer fremden zu bedienen. Je mehr Fremdwörter jene gebrauchen, die nie deutsch lernen werden, desto besser. Denn daß sie es eher lernen würden, wenn ihnen der Gebrauch der Fremdwörter verboten wäre, ist doch eine ausgemachte Dummheit. Wer deutsch kann, hat auch zwischen Fremdwörtern Spielraum, es zu können, und wer es nicht kann, richtet nur im weiteren Gebiet Schaden an. »Sprich deutsch!« ist leicht geraten. Wer kein Fremdwort gebraucht, hat darum noch lange nicht gelernt, der Forderung des Professors Engel zu entsprechen, selbst wenn dieser von der Leistung befriedigt wäre.

Die Fremdwort-Jäger sind allen Ernstes der Meinung, daß sie es in jedem Wortdickicht, in jedem Wortgedicht erlegen können. Aber selbst in einem Wortbericht kann es ihnen schief gehen und so etwas passieren:

> Es interessierte, in Herrn Ivos einleitenden Worten zu hören, daß Rilke gegenwärtig auf einem stillen Schlößchen der Schweiz lebe, um, wie der Dichter selbst an eine Wiener Anschrift ungefähr geschrieben habe: durch Besinnung und Leistung auszugleichen, was so viele böse Jahre zerstört haben.

Ist es schon fast eine körperliche Pein, den postalischen Terminus »Adresse« (aller guten Dinge sind drei Fremdwörter) zu »Anschrift« eingedeutscht zu sehen — eine traurige Begleiterscheinung des Umsturzes wie jene Steigerung aller Preise um Zehntausend »vom Hundert« —; und habe ich es wirklich einmal erleben müssen, daß mich jemand — mündlich, ohne daß seine Zunge schamrot wurde — um meine Anschrift bat, worauf ich ihm die postalische Rückseite zuwandte: so ist hier der kühne Versuch unternommen, eine Metapher einzudeutschen. Der Berichterstatter hat nicht die Eingebung gehabt, etwa »an einen Wiener Bekannten« zu sagen, sondern kurz entschlossen die Adresse selbst dort verändert, wo sie gar nicht mehr vom Briefträger gesucht werden muß. Denn es handelt sich nicht mehr um das, was auf einem Kuvert steht, sondern schon um den Empfänger selbst, um die Person. Immerhin liegt hier dem Spaß noch die Tatsache zugrunde, daß ja wirklich einmal ein Brief aus der Schweiz an eine Wiener Anschrift gekommen sein muß, worin versprochen wird, durch Besinnung und Leistung (eigentlich Mehrleistung) einzubringen, was die Kriegsjahre gerade an Rilke zerstört haben (wiewohl übrigens nicht einzusehen wäre, wie dichterische Kraft, wenn sie vorhanden ist, durch die Zeit zerstört werden, und wenn sie nicht vorhanden ist, sich an der Zeit erholen könnte). Aber der Verfasser der Notiz hat vollständig vergessen, daß die Anschrift ihre postalische Funktion bereits erfüllt hat und nur mehr die Adresse übrig blieb, an die ein Ausspruch gerichtet ist. Oder er dachte — wenn er überhaupt etwas dachte —: lieber ein Unsinn auf deutsch als eine welsche Metapher, und griff mit jenem stolzen Behagen, das jetzt für die Niederlage an den Fremdwörtern Revanche übt und in dem eigenen Besitz an Mißgeburten Entschädigung findet, nach dem Wort »Anschrift«. Nun liegt die Sache aber so, daß »Adresse« nicht nur alle jene Bedeutungen hat, die »Anschrift« nie haben kann, sondern daß, was der Deutsche als die übertragene Bedeutung fühlt: Adresse als Ziel einer »Richtung«, einer Beziehung, als das Objekt, an das man »sich wendet« (s'adresser), im Französischen die ursprüngliche ist, hingegen der für die deutsche Vorstellung primäre, der postalische Begriff, der abgeleitete. Der Reformer »übersetzt« einfach diesen und hofft, die ursprüngliche Bedeutung werde schon nachkommen. Dazu ist beachtenswert, wie er ihn übersetzt. Wollte er nur das, was auf dem Briefkuvert geschrieben steht, deutsch bezeichnen, so müßte er »A u f - schrift« sagen. Da alle sonstige Bedeutung sich schon gegen diesen Bezug auf die eine konkrete Vorstellung wehrt, so hofft er es mit »A n schrift« zu machen, worin er auch die Richtung der Tätigkeit markiert hat. Das verhatschte Wort möchte somit ausdrücken, daß ich an jemand schreibe, und es will den Träger der Adresse vorstellen statt des Brief- kuverts; aber da es doch nicht in der Begriffslinie etwa von »Ansprache« steht, vielmehr dort, wo deren Objekt ist — die Ansprache spreche ich an jemanden, die Anschrift aber schreibe ich nicht an ihn, sondern sie ist das, wohin ich schreibe —, so würde es nichts anderes ausdrücken als daß statt auf einem Kuvert »an ein e m« Menschen was aufge- schrieben erscheint. Das ist natürlich kein Mittel, den Inhalt von »Adresse« hereinzubekommen. (Und selbst der Post- dienst leidet. Wie übersetzt man den Adressaten? Wiewohl schon die Adresse das ist, was man anschreibt, bleibt jeden- falls nichts übrig, als ihn den Angeschriebenen zu nennen.) Dieses »an« stellt sichtlich den angestrengten Versuch vor, etwas von dem eigentlichen Richtungssinn zur Geltung zu bringen. Im Französischen ist die Briefadresse die mittel- bare Bedeutung von »Adresse«, während man im Deut- schen sich bei diesem Wort zuerst das Postwesen vorstellt, weshalb man auch bei diesem mit der Reform eingesetzt hat. Man muß aber erst von der andern Bedeutung zurück- kehren, wenn man sagen will, daß man sich an jemandes Adresse »wendet«. Was im Französischen die eigentliche Be- deutung ist, ist in der deutschen Vorstellung von »Adresse« eine Metapher. Wenn ich nun für die Briefadresse »An- schrift« setze, womit ich doch das Wort nur in einem engen Geltungsgebiet, sozusagen in einem Postbestellbezirk, und überdies miserabel (elend) verdeutscht habe, und wenn ich dann diesen Begriff, dem noch die volle Anschauung des Geschriebenen tintenfeucht zugrunde liegt, mechanisch auch in alle weiteren, dem Franzosen näheren Bedeutungen von »Adresse« übernehme, so mute ich dem Sprachgebrauch eine rechte Viechsarbeit zu, nämlich eine konkrete Vorstellung zu unterdrücken, um sie in einer weitabliegenden, abstrakteren Sphäre handhaben zu können. Es ist doch einleuchtend, daß ich eher eine abstrakte Bezeichnung, die mir für Adresse einfiele — zum Glück fällt sie mir nicht ein —, auf den Spezialfall anwenden könnte als umgekehrt. Man ermesse nur den Blödsinn, der herauskommt, wenn man das Wort in diesem Sinn, worin es also ein Wesen bezeichnet und ein solches, an das kein Brief gelangt ist und das nicht als der Träger einer Postadresse gedacht wird, sondern als das Objekt, auf welches sich eine Handlung bezieht (das sie »angeht«, auf das sie speziell abgesehen, abgezielt ist), mit »Anschrift« übersetzt, etwa: den Sack schlägt man und an die Anschrift des Esels ist es gerichtet. Sie müßte erst — was ihr in hundert Jahren nicht gelingen kann — zur Metapher des Sprachgebrauchs werden, zur inhaltslosen Floskel, die keine Handschrift mehr wahrnehmen läßt, um die Adresse im außerpostalischen Sinne zu ersetzen. Man wird, damit dies gelinge, wohl die »Adresse« immer mitdenken müssen, die uns zwar auch vor allem an die Post erinnert, die aber doch schon ursprünglich die Bedeutung hat, die sie bei »Anschrift« erst erlangen könnte, wenn man die Vorstellung des Geschriebenen vergewaltigt. Das wäre freilich nicht die wahre Methode, sich die Fremdwörter abzugewöhnen: daß man sie zwar nicht sprechen dürfte, aber denken müßte, um die deutschen Ersatzwörter zu verstehen, und also eigentlich nicht aus dem Welschen, sondern ins Welsche zu übersetzen hätte. Es ist so, als ob man von Wien nach Linz über Salzburg fahren müßte, weil man in St. Pölten zu tun hat, wohin man gelangt, wenn man sich vorstellt, daß man nach Paris fährt.

Die Originalität dieser Eindeutscher, die doch nie über das Erlebnis der Sprache als eines Verkehrsmittels hinauskommen würden, aber eben dieses erschweren möchten, ist ein gar lästiges Hindernis. Als ob die Erneuerung der Sprache von einem Entschluß ausgehen würde und nicht von einem Gedicht! Als ob, was sich einzubürgern hat, von Bür-

gern bestimmt werden könnte! Solange die Dichter Fremdwörter nicht verschmähen — weil ihnen die darin geborgene
Vorstellung kein deutsches eingibt, das mit der Macht der
Selbstverständlichkeit dastünde, um in den Sprachgebrauch
einzugehen —, so lange müssen sich die Pfuscher gedulden,
mögen sie auch der Meinung sein, der Erlebnisgehalt des
Fremdworts, der ihm eingeborne und der ihm zugewachsene,
werde ihrem Zuspruch oder ihrer nationalen Entrüstung
parieren. Die Sprachreiniger sind in Wahrheit nur das, was
sie auch außerhalb ihrer Funktion sind: Sprachpeiniger; und
es besteht zu wenigstens 50 vom Hundert die Gefahr, daß
künftig auch von einer Rede gesagt werden wird, sie sei an
eine bestimmte Anschrift gerichtet, zum Beispiel die Mahnung: »Sprich deutsch!« an die meine, von der sie dann
allerdings als unbestellbar und mit dem Vermerk zurück-
käme: Angeschriebener ins Ausland abgereist.

Die grammatikalische Pest

Schopenhauer würde die Kritik, die die ‚Fackel‘ auch an der sprachlichen Gemeinheit der Zeitungen übt, gewiß nicht kleinlich finden. Eher aussichtslos. Sprechen und Denken sind eins, und die Schmöcke sprechen so korrupt, wie sie denken; und schreiben — so, haben sie gelernt, soll's sein —, wie sie sprechen. Fehlt nur noch die phonetische Orthographie. Was aber bis zu dieser fehlt, sind Strafbestimmungen gegen die öffentliche Unzucht, die mit der deutschen Sprache getrieben wird. Sie treiben es alle gleich arg; die pathetische Rede der ‚Neuen Freien Presse‘ ist nicht besser als die nüchterne Mauschelweis der ‚Zeit‘: dort vergißt man »an« die deutsche Grammatik, hier »auf« die deutsche Grammatik, das ist der Unterschied, und einer schreibt schlechter »wie« der andere. Wann sie endlich die Bedeutung der Konjunktion »bis« begreifen werden? Im Zeitungsdeutsch könnte man antworten: b i s wir ein Strafgesetz bekommen, das die Prügelstrafe für den Mißbrauch von Konjunktionen einführt. Kürzlich schrieb die ‚Neue Freie Presse‘: »Den wahren Schaden wird man erst bemessen können, b i s der Schnee geschmolzen sein wird«; hier hilft noch das »erst« zur Sinnerfassung. Aber »eine Reihe von Firmen hat erklärt, von der neuen Einrichtung Gebrauch machen zu wollen, b i s ihre jetzigen, zum Aufdrucke ungeeigneten Umschläge und ihre Markenvorräte aufgebraucht sein werden«; also nur so lange und dann nicht mehr. Die Firmen mögen das — es sind vielleicht Kai-Firmen — wirklich erklärt haben; aber sie wollten zweifellos sagen, daß sie, so lange bis ihre vorrätigen (»jetzigen«) Umschläge und Marken verwendet (»aufgebraucht«) sind, von der neuen Einrichtung n i c h t Gebrauch machen könnten, und erst, w e n n jene verwendet wären... Die Unterrichtsverwaltungen sanieren die Orthographie, und die grammatikalische Pest greift immer weiter um sich.

Bis

Für den Begriff »bis« geht dem Österreicher jedes Gefühl ab. Daß »bis« nicht das Ziel, sondern den Weg bezeichnet, sieht er nicht. »Ich werde warten, bis du kommst«, würde er, wenn ihn hier nicht der Sinn den Weg führte, so deuten: Wenn du gekommen sein wirst, werde ich warten. Das »bis« eröffnet ihm eine Handlung, anstatt sie abzuschließen. Der Krug geht bei ihm erst zum Brunnen, wenn er gebrochen ist, was freilich durchaus seiner Lebensanschauung entspricht. Er ist dem Begriff »bis« so lange nicht gewachsen, bis dieser sich ihm in einer Negativ-Konstruktion darbietet, kann sich aber selbst da nur helfen, indem er auch den bis-Satz mit der Negation versperrt. Hier versteht er, daß eine Zeitstrecke vorzustellen ist, innerhalb deren etwas nicht geschieht. Er erfaßt nun wohl das demonstrative »so lange« im Hauptsatz, kann sich aber das »bis« nur als das relative »solange« (in einem Wort) vorstellen: als Begleithandlung, nicht als Ergebnis. Daß der Krug so lange zum Brunnen geht, bis etwas Positives eintritt, muß er für falsch halten. Denn im Positiven bedeutet »bis« für ihn ein »wenn« oder »sobald«, während er es sonst als ein »solange nicht« auffaßt. Er weiß also nicht, was es bedeutet, bis ich ihn n i c h t darüber aufkläre. Und wenn man ihm das »nicht« nimmt, würde er es so denken: er wisse nicht, was es bedeutet, sobald ich ihn darüber aufkläre. Und da hätte er natürlich recht.

Nur noch und nur mehr

Es wird nicht mehr viele Deutsche geben, die noch den Unterschied von »nur noch« und »nur mehr« zu hören und eigentlich zu sehen vermöchten. Spürt man nur einmal, daß einer vorhanden ist, so wird man im Durchdenken dieser Schwierigkeit zu dem Punkt kommen, wo diese n u r n o c h zu formulieren bleibt und n u r m e h r als eines der Rätsel erscheint, für das die Sprachwissenschaftler keine Lösung wissen. Denn wenn sie überhaupt erwähnen, daß es die eine oder die andere Fügung gibt, wiewohl es sie unaufhörlich gibt, so scheint sie ihnen, etwa Sanders in seinen »Hauptschwierigkeiten der deutschen Sprache«, selbst eine solche zu bereiten, und sie entgehen der Alternative, vor die man doch immer wieder gestellt ist (wenn man die Fähigkeit hat, hier einen Unterschied zu vernehmen) einfach dadurch, daß sie die beiden Werte gleichstellen und es offenbar der Laune überlassen, die Wahl zu treffen. Es wird indes an dem hier eingewobenen Beispiel schon klar geworden sein, welch ein wesentlicher Unterschied da besteht. »Nur noch« bezeichnet das Stadium einer Verminderung mit deutlicher Betonung eben dieses Prozesses, läßt also die Subtraktion erkennen, nach der n u r n o c h das Bezeichnete übrigbleibt. Jedoch jenseits dieser Entwicklung, wenngleich infolge einer ganz anderen, abgeschlossenen und nicht mehr angeschauten, ist es n u r m e h r ein anderes. Im »nur noch« ist ein Gewordenes, im »nur mehr« ein Seiendes betont. »Nur mehr« bezeichnet kein Stadium, sondern nur (in diesem Vergleich wieder: n u r n o c h) das greifbare Resultat eines nicht soeben erlebten Vorgangs, also nicht das einer Verminderung, sondern einer Verwandlung, eines Wechsels, der ein Größeres betroffen hat, das nunmehr n u r m e h r ein Kleines ist. (Im »nunmehr« wird das Resultat anschaulich.) Hier tritt der Unterschied des Grades, dort noch die Graduierung hervor. Mithin: »Ich bin nur noch der Schatten der Maria«. Aber etwa: »Ich bin keine Königin mehr, sondern nur mehr eine Gefangene«. »Nur noch« ist ein Imperfektum, es ergänzt die unvollendete Vergangenheit; »nur mehr« ist ein Perfektum, es bezeichnet die vollendete Gegenwart. Auf die Frage, was sich bei einem Brand begeben habe: »Ich weiß n u r m e h r, daß die Feuerwehr kam, als ich bewußtlos wurde; anderes weiß ich heute n i c h t m e h r.« Doch auf die Frage etwa, ob man mit den Eintretenden sprechen konnte: »Ich wußte n u r n o c h , daß Leute kamen.« Hier könnte freilich ergänzt werden: »M e h r wußte ich nicht oder nicht mehr«, indem da wieder das Resultat allein greifbar wird. Im Negativen fließen die beiden Begriffe zusammen: Ich weiß nicht mehr, was geschehen ist = ich habe kein Bewußtsein davon, und: ich wußte nicht mehr, was geschah = ich verlor das Bewußtsein. »Nicht mehr« dient also der Negation des »nur noch« wie des »nur mehr«; obschon jene ihre genauere Deckung eigentlich in einem »nicht w e i t e r« (»nichts weiter«) erfahren könnte, wobei wieder, zum Unterschied von »nicht mehr«, die Entwicklung inbegriffen wäre. (»Mehr« enthält seinem Wesen entsprechend, das in die Vergangenheit zurückschlägt, im Gegensatz zu »noch«, das einem Zukünftigen Raum läßt, eine Negation und hat auch den Anschluß an die Negation.) Im Positiven gehen die Begriffe deutlicher auseinander. »Nur noch« bedeutet einen Rest, »nur mehr« ein Minus. Da in jenem mehr der Begriff der Veränderung vorwaltet, in diesem mehr der Begriff des Andersseins, so wird der Unterschied sich am ehesten mit dem zwischen einer Bewegungsdifferenz und einer Zustandsdifferenz decken, zwischen einem »erreichen« und einem »haben«, einem »werden« und einem »sein«. »Es bleibt nur noch übrig, etwas zu tun«: das andere ist schon geschehen. »Es bleibt nur mehr übrig, etwas zu tun«: anderes läßt sich nicht tun. (Wieder die Negation.) Man spürt, wie sich dieselbe Handlung in verschiedener Gefühlssphäre abspielt. Dem planmäßigen »tun« steht eines gegenüber, zu dem sich die Erkenntnis des Augenblicks, die Resignation entschließen mag. Ganz anschaulich wird das an dem folgenden Beispiel. »Es bleibt nur noch übrig, ihn zu begraben«: nachdem alle vorbereitenden Handlungen erfüllt sind. »Es bleibt nur mehr übrig, ihn zu begraben«: weil sonst nichts anderes übrig bleibt, weil man ihn ja doch nicht zum Leben erwecken wird, weil er nicht mehr lebt. »Er braucht nur noch kurze Zeit, um dort zu sein« ist von einem Zeitpunkt bezogen, von dem an die Absicht betätigt wird, dorthin zu gelangen. »Er braucht nur mehr kurze Zeit, um dort zu sein« wäre auf eine Leistung bezogen, die sich heute schneller bewältigen läßt als ehedem unter anderen Umständen. »Er braucht nur noch wenig Geld«: zu dem, was er schon bekommen hat. »Er braucht nur mehr wenig Geld«: er gibt heute weniger aus als früher. »Er muß ihm nur noch hundert Kronen geben«: von einer Schuld, die abgezahlt wird. »Er muß ihm nur mehr hundert Kronen geben«: während er ihm früher, etwa als Rente, mehr geben mußte. Streng gefaßt, wäre dort eine durch den zeitlichen Ablauf bestimmte Veränderung der Quantität, hier ein im zeitlichen Ablauf dargestellter Unterschied von Quantitäten betont. Die einfachste Begriffsbestimmung, zu der aber erst nach den schwierigeren zu gelangen möglich ist, wird wohl die sein, daß »nur noch« die Differenz innerhalb einer und derselben abnehmenden Handlung (Teilstrecke im Vergleich zur ganzen), »nur mehr« die Differenz zweier verschiedenen Handlungen (kurze Strecke im Vergleich zur langen) bezeichnet; also jenes den Vergleich innerhalb einer Handlung, dieses den Vergleich mit einer anderen Handlung. Manche Grammatiker bezeichnen »nur mehr« als Austriazismus. Aber ein solcher ist bloß die falsche Anwendung in den Fällen, wo »nur noch« zu stehen hat. In der Welt der Vorstellungen dürfte diese Form viel häufiger gerechtfertigt sein als die andere, aber der Österreicher kennt sie überhaupt nicht und gebraucht »nur mehr« für beide Vorstellungstypen, also vorwiegend falsch. »Nur noch« kann er gar nicht aussprechen. Den Fall, daß er nur noch zehn Minuten ins Amt braucht: weil er schon den größeren Teil der Strecke zurückgelegt hat, unterscheidet er nicht von dem Fall, daß er nur mehr zehn Minuten ins Amt braucht: weil er übersiedelt ist und jetzt einen kürzeren Weg zurückzulegen hat. Er sagt in jedem Fall: »Jetzt sind's nur mehr zehn Minuten«. Also auch dort, wo die Beobachtung unterwegs angestellt ist und sich nicht auf den Vergleich zwischen den Wegen bezieht. Österreich hat nur mehr sechs Millionen Einwohner: nach dem Umsturz. Wenn der Österreicher es sagt, glaubt man, daß er auch die zu verlieren fürchtet.

Wieso kommt es

daß die wenigsten (Sprecher und Schreiber) wissen, daß diese Wendung falsch ist? Weil sie sie nicht zu hören und vor allem nicht zu sehen vermögen. Sie fragen dann vielleicht, »wieso es möglich ist«, eine Wendung zu sehen. Nichts ist unmöglicher als diese und nichts, als eine zu sehen, wenn es einem nicht gegeben ist. Wie es möglich ist, hier Klarheit zu schaffen, und wie es kommt, daß man sie dann hat, kann aber selbst der sehen, dem es sonst nicht gegeben ist. Der Vorgang des Kommens ist im »Wieso« bereits enthalten, und die Wendung ist ein inveterierter Pleonasmus wie ein alter Greis. Ich kann einer Erzählung mit »Wieso?« oder mit »Wie kommt es?« begegnen. Dieses »kommt« ist nur ein »wird«. »Wieso wird es« würde aber nicht bedeuten: auf welche Art wird es, entwickelt es sich so, geschieht es, sondern: durch welches Geheimnis der Schöpfung, aus welchem Ursprung wird es, entsteht es. Nur ein »kommen« im Sinne der Bewegung, des Entstehens ist mit »Wieso« zu verbinden. Wieso kommt einem ein Gedanke, ein Gefühl. »W i e - s o kommst du jetzt (da du nicht kommen solltest)?« Jedoch: »W i e ist es möglich, daß du jetzt kommst? W i e kannst du jetzt kommen?« »Ich kann es.« »W i e s o (kannst du)?« »Es ist möglich.« »W i e s o (ist es möglich)?« (Da es doch unmöglich scheint.) Wieso kommt es = Wie kommt es, daß es kommt. Wie es aber kommt, daß die wenigsten Leute wissen, wie man zu sprechen hat? Weil sie, was sie nicht wissen, von denen gelernt haben, die nicht schreiben können. Man mag getrost jede Wette eingehen, daß die gefeiertsten Romanschriftsteller den Unterschied nicht wahrnehmen und nicht etwa dort, wo sie die Leute reden lassen, wie diesen der Schnabel gewachsen ist; sondern daß sie schon ganz von selbst nicht wissen, wie man zu schreiben hat. Die meisten von ihnen haben's von jeher nicht gewußt, und die übrigen haben es vielleicht gelernt, aber »daran« vergessen.

Daran vergessen

Doch dürfen sie darum wieder nicht glauben, daß es unter allen Umständen falsch sei. Es gibt in der Sprache nichts Falsches, das die Sprache nicht zu einem Richtigen machen könnte. Die Wissenschaft von ihr ist die unentbehrliche Voraussetzung, um zu wissen, wann man sie umgehen darf. Ein Satz könnte aus lauter Fehlern zusammengesetzt und doch ein rechter sein. Nicht allein ein solcher, der sichtbar einem Sprachgebrauch nachgebildet ist. Die Regeln sind wohl einem Sprachgefühl abgenommen, aber ein feineres könnte sich wieder in ihrer Auflösung bewähren. »Daran vergessen« wäre hiefür ein extremes Beispiel, doch zur grundsätzlichen Darstellung solcher Möglichkeit ließe sich selbst dieses heranziehen. Es ist von »sich daran erinnern« oder »daran denken« bezogen, dessen Negierung nicht zu Ende gedacht ist, so daß aus der positiven Sphäre das »an«, das ja mit der Erinnerung vor allem entschwunden sein sollte, übrigbleibt. So ließe sich der Fall denken, daß ein »Vergessen«, in dem dieser Vorgang noch sehr stark betont sein möchte, etwa mit jener Absichtlichkeit, die sich nicht erinnern w i l l, noch »an« dem Objekt haften bliebe. Es wäre so, daß man eben das, woran man sich sehr wohl erinnert, vergißt und diesen Wechsel vornimmt, nachdem das Objekt der Erinnerung als solches bereits gesetzt ist, so daß sich a n diesem das Vergessen recht eigentlich betätigte. Wie immer im Bereich der Sprache, wo die Gestaltung nicht von der Regel, sondern vom schöpferischen Willen bedingt ist, käme es hier durchaus auf die Kraft an, die die Sphäre durchdringt, in der das Vergessen sich begibt, auf den Atem des Satzes, auf die Umgebung der Anomalie, um sie glaubwürdig erscheinen zu lassen. Man könnte von einem unzuverlässigen Zeugen, der sich an etwas nicht erinnern kann, woran er sich nicht erinnern will, wirklich sagen, er habe »daran vergessen«, und man hätte dem psychischen Sachverhalt keinen Abbruch getan. Denn der Sprache ist es gegeben, auch von einem falschen Sprachgebrauch einen richtigen zu machen.

Januar 1911

Der Rückwärtige

»Die Wachleute mußten sich an den Händen nehmen, um, eingekeilt in die vorne und rückwärts andrängende Menge — —«

Wie war das also? Wenn die Menge vorne andrängt, so drängt sie ja eben rückwärts, und die Wachleute sind dann zwar bedroht, aber nicht eingekeilt. Das sind sie, wenn die Menge vorne und hinten andrängt, denn die Menge, die vorne andrängt, drängt rückwärts, und die Menge, die hinten andrängt, drängt vorwärts. Man müßte also, um das auszudrücken, entweder schreiben, daß die Menge vorne und hinten, oder daß sie (vom Standpunkt der Wachleute gesehn) rückwärts und vorwärts angedrängt habe. Aber das wäre nicht österreichisch. Deutsch ist, daß man vorne und hinten steht, nach vorne und nach hinten geht oder vorwärts und rückwärts. In Österreich steht man zwar vorne, aber nur rückwärts, nicht hinten, und geht »nach vorwärts« und »nach rückwärts«. Denn der Österreicher fühlt sich beim Wort »hinten« so sehr ertappt, daß er die größten sprachlogischen Opfer bringt, um es zu vermeiden. Er setzt für das zuständliche Adverb das Richtungswort, ergänzt es dort, wo es wirklich die Richtung bezeichnen soll, durch das tautologische »nach« und erfindet das Adjektiv »rückwärtig«. Alles das, weil er sich bei jeder nur möglichen Gelegenheit an den Rückwärtigen erinnert fühlt.

Mai 1927

Etwas, wovor man zurückschrickt

dürfte die Enthüllung sein, daß diese Form richtig ist, während im Gegenteil kein Autor davor zurückschrickt, daß er vor etwas »zurückschreckt«. Vielleicht sich, aber nicht mich! Er »erschrickt« ganz mit Recht, wenn ich ihn auf diese Analogie verweise, und er bleibt »erschrocken«, wenn ich wünsche, ihn davor auch zurückgeschrocken zu sehen und nicht »zurückgeschreckt«, diese falsche Form zu gebrauchen. Doch nie schrak er vor ihr, stets »schreckte« er vor der richtigen zurück. Wenn sie vor etwas »zurückschrecken«, bewahren sie noch Haltung, denn im Plural zeigt sich's nicht, ob sie stark oder schwach konstruiert sind. Freilich auch nur im Präsens; schon im Imperfektum werden sie transitiv gestimmt. »Schrick« nicht zurück, möchte ich jedem zurufen, wenn er »schreckt«, statt daß er schräke. Unerschrocken wie ich bin, aber auch durch keinen Mißerfolg so leicht erschreckt, gebe ich den Versuch nicht auf, abzuschrecken, wiewohl es ein altes, nicht erst durch die journalistische Schreckensherrschaft befestigtes Übel ist und vielleicht Jean Paul der einzige Autor, der davor zurückschrak. Wenn ich die deutsch Schreibenden davor zurückgeschreckt haben werde, so will ich ihnen den Stolz lassen, daß sie von selbst zurückgeschrokken sind.

Februar 1930

Ohne daß

ein Mann zum Beispiel aus innerster (gleichgeschlechtlicher) Einfühlung nachempfand, weshalb er als Mann geliebt werde, blieb er roh und ungefüge.

Werfel bedarf der Sprachlehre. Die Welt des Begriffes »ohne« enthält mehr Geheimnisse, als sich sämtliche Mitglieder einer preußischen Dichterakademie träumen lassen, in welche nur Leute aufgenommen werden, die keiner Beziehung zur Sprache verdächtig sind und sich auch sonst über ihr Metier wenig Gedanken machen. Unser Dichter drückt so ziemlich das Gegenteil von dem aus, was er sagen wollte. Er wollte sagen: Wenn ein Mann nicht .. gleichgeschlechtlich empfinden kann, bleibt er roh. Er verwechselt sine und si non. »Ohne« als solches enthält freilich jene beiden Möglichkeiten, zwischen denen annähernd die Spannweite besteht wie zwischen »wiewohl (nicht)« und »weil (nicht)«. Es geht also: Ohne gleichgeschlechtliches Empfinden bleibt der Mann roh. Mit der Auflösung in den Infinitiv — ohne gleichgeschlechtlich zu empfinden, bleibt der

25

Mann roh — hapert es schon. Ganz unmöglich: Ohne daß er.... Da kommt ungefähr das Gegenteil des Sinnes heraus, nämlich die Anschauung jener, die gleichgeschlechtliches Empfinden für ein Minus halten. Eben ein solcher könnte sagen: Ohne daß X. gleichgeschlechtlich empfindet, ist er roh. Nämlich: wiewohl er nicht homosexuell ist, welche Eigenschaft doch allein schon für Rohheit spricht. Unser Dichter will aber sagen: Weil er (oder wenn er) nicht homosexuell ist, bleibt er roh. »Ohne« bezeichnet sowohl eine Bedingung wie eine Ausschließung. Nur im zweiten Begriff ist das Auflösen möglich. Ohne Presse wäre er nicht berühmt. Da kann ich keineswegs verwandeln: Ohne daß er die Presse hätte, wäre er nicht berühmt. Sondern nur: Wenn er die Presse nicht hätte, wäre er nicht berühmt. Das andere hieße: Er braucht gar nicht die Presse zum Unberühmtsein, er ist es sowieso. Dagegen zum Beispiel: Ich bin berühmt ohne Presse. Da kann ich verwandeln: Ich bin berühmt, ohne die Presse zu haben, oder: ohne daß ich sie habe. Also wiewohl. (Freilich hier auch: weil.) Ohne es noch deutlicher machen zu müssen, lasse ich gegenüber so kleinlichen Ausstellungen, die doch am Weltruhm nichts ändern können, den Einwand des Dichters zu: Ohne daß Sie die ganze »Barbara« gelesen haben, können Sie nicht wissen, daß sie ein Kunstwerk ist. Ich repliziere aber: Ohne mehr als dieses eine Kapitel gelesen zu haben, weiß ich, daß sie ein Schund ist. (In diesem einen auch Schmutz.)

DORTEN

Sehr geehrter Herr Karl Kraus,

Es tut mir vom Herzen leid, Ihnen diesen Brief schreiben zu müssen. Es ist durchaus richtig, was Krausphilologen behaupten: »Sein Wort wächst mit der Nichtigkeit des Anlasses«. Müßte demgegenüber der Anlaß nicht geradezu hochmütig werden, dem der Vers gilt:

»Denn wer nur am Worte reibt sich«?

Ist es möglich, hat der Verfasser der »Chinesischen Mauer« u. des »Prozeß Veith« diese Zeile drucken lassen, die vor den Presber und Leipziger keine andere Tugend voraus hat, als das Ungeschick? Der Besessene der Sprache schreibt folgende zwei Verse?

»aus dem Orkus in das Café Arco,
d o r t e n , Freunde, liegt der Nachruhm, stark o«

Ist das wirklich die Sprache dessen, der die Sprache an allen jenen rächen will, die sie sprechen? Das ist gewiß ein Mysterium. Ich glaube, der Anlaß ist Ihnen nicht gewachsen.

Mit der Peinlichkeit dieses Kunstwerks fällt aber leider auch die Unantastbarkeit eines menschlicheren Problems in sich zusammen. Ich schicke voraus, daß mich gerade dieses Problem an sich wenig interessiert, daß ich im Gegenteil derartige Sittengerichtssitzungen nicht mehr als andere Gerichtssitzungen achte, aber gerade Sie haben ja öfters den bürgerlichen Komment zitiert.

Ich weiß nicht, ob es von einem besonderen Feingefühl zeugt, wenn ein Gast an die Adresse des gemeinsamen Hausherrn eine Melancholie über einen anderen Gast richtet, die aber, eher eine maskierte Cholerie, den fast hörbaren Refrain hat: »Wozu lädst du den noch weiter ein?« An diesem Taktbeweis ändert, wie ich glaube, auch die Tatsache nichts, daß der Hausherr die Bereitwilligkeit hatte, für den melancholischen Gast in einem Nebenzimmer decken zu lassen. Ferner dürfte es auch kein Milderungsgrund sein, daß jener Hausherr den zweiten Gast hochhält unter den Leuten seiner Gesellschaft, mit ihm verknüpft ist durch manches Opfer und in ihm zugleich einen Freund und eine Stütze seines Hauses sieht. Wenn der Hausherr auch noch so sehr im Irrtum ist, wäre das kein Milderungsgrund. Schließlich muß man noch bedenken, daß dieser Hausherr den verlästerten Gast gebeten hat, ihn beim Hausbau zu beraten, und daß dieser es war, der mit Herzlichkeit, guten Wünschen und Worten die Einladung dem andern Gaste überbracht hat, die der Verfasser der Chinesischen Mauer und jener zitierten Verse doch annahm!

Es soll damit nur bewiesen werden, daß das Bewußtsein des Gastes im Nebenzimmer recht unkontrolliert ist, was ich ihm weniger übelnehme, als die Tatsache, daß er das nicht einsieht und nie einsehen wird.

Ich prophezeie ihm aber, daß dieses Bewußtsein, wenn es in seiner unbewußten Tiefe u n s i c h e r ist, ihm immer den Streich lächerlicher Verse spielen wird. An seinen Früchten werde ich ihn erkennen.

Im übrigen wird, Karl Kraus (der Sie die Chinesische Mauer geschrieben und die Worte: wer an der Sprache reibt sich, auf Leipzich gereimt haben) Ihr Haß einseitig bleiben.

Feldp. 431. 25. 11. 16.   Franz Werfel.

Daß Gewure auf deutsch die Kraft heißt, weiß man schon aus jener getadelten »Melancholie« und hätte damit zum Verständnis der Weimarischen Richtung in der neueren deutschen Lyrik genug profitiert. Vielleicht war es aber noch nötig, zur besseren Einfühlung in den Euripides zu erfahren, daß χούτζπη auf deutsch Frechheit heißt. Diese nun unternimmt ihre hoffnungslosen Versuche immer dann, wenn sich herausstellt, daß ich, was so oft im Lauf der letzten zehn Jahre der Fall war, in der Entwicklung eines hochbegabten Literaten zurückgeblieben bin und plötzlich nicht mehr imstande war, seine leidenschaftliche Verehrung für mich zu teilen. Ich kann wahrhaftig die Enttäuschung eines jungen Dichters viel besser nachempfinden als er ein Goethesches Gedicht, und ich könnte daraus doch nur klappernde Verse machen, von denen er mit Recht behaupten würde, sie seien nicht meine Sprache — nur wäre der Unterschied eben der, daß ich mich in solchen Erlebnissen parodistisch einstellen müßte, wobei also meine Sprachschöpfung im Geräusch der niedrigeren Region wirkte, während sein Formtalent sich mit dem Pathos der höheren Sphären anfüllen darf. Der Franz Werfel ist zweifellos der weitaus glücklichste von allen Zauberlehrlingen des Wortes, die heute Wunder »auch« tun, und zum Glück zeigt er sich in seinen Gedichten noch informierter über das Mysterium als in seinen Briefen. Von den Stationen, die ich auf der Höllenfahrt durch das literarische Scheinmenschentum durchzumachen hatte, war die Bekanntschaft mit dem jungen Werfel sicherlich eine, deren Schein von einer Sonne schien und die eine Zeitlang das Jungsein, den »schönen strahlenden Menschen« darzubieten schien. Aber es ist nun einmal das Verhängnis der Erscheinungen, deren Materie der Glanz ist, daß dem Betrachter im Augenblick, und wie durch diesen selbst, der gesehene Schein sich in den erkannten Schein verwandelt. Denn was die Natur dem Schmetterling und der Frau als tragischen Vorzug gewollt hat, verbleibt im Reich des Geistes als ein trauriger Defekt. Daß ich nun der Mann war, solche Unstimmigkeit mit der Schöpfung durchproben zu müssen und dann verwerfen zu können, daß von mir angezogen wurde, was von mir abzustoßen war, durfte die Generation zwar jeweils enttäuschen, aber endlich nicht mehr überraschen. Wo sich mir einmal der Spalt zwischen Wort und Wesen auftat, da konnte ich mit Stolz sagen, daß der Ephialtes ein Muster der Nibelungentreue gegen mich gewesen ist. Denn mir ist es, wie ich dem Franz Werfel an den von ihm bemängelten Sprachbeispielen und an der von ihm getadelten Lebenshaltung beweisen will, mit jener einzigen Verbindung, die ich je im Leben angestrebt habe, furchtbar ernst und, ein gründlicher Kenner jenes hysterischen Zwitterzustandes, der die eigene Duplizität an der Einheit rächen möchte, indem er sie ihr vorwirft, kann ich das Mitleid mit den Teilbaren — mit den an mir leidenden Hälften, von denen die eine mich liebt, die andere mich haßt, oder mit den Individuen, die nur die Halbscheit sind — keineswegs in eine Raison hineinsprechen lassen, die mit dem Rest zwischen Dichten und Trachten als dem einzigen Bestand der heutigen Geisteswelt unerbittlich aufräumt. Ich weiß mich nicht frei von Schuld: »Ich bin«; und darum bin ich auch schuld an den Verwirrungen jener, die »Wir sind« bekennen. Ich weiß schon, daß ich, wie ich der Erreger solcher Unruhe und der Anreger solchen Zerfalls bin, auch Schuld daran trage, daß sich die arme Haut nun wund reibt an mir, daß eine zuerst in Ekstase und dann in Selbstbehauptung vergehende Jugend in der Debatte mit mir sich selbst auseinandersetzt, und ich bin nicht fühllos gegen den Anblick, wie sie die Pfeile, die sie zu ihrem Schutz erhob, in ihrem Fleisch nach Hause trägt. Aber was sollten zwei

Adjektive, die miteinander im Streit sind, gegen ein Hauptwort ausrichten können, als die Botschaft der Ohnmacht? Werfel tut ganz recht, zu versichern, daß ihn das menschliche Problem »an sich wenig interessiert«, aber ich weiß mich, wie er gleichfalls mit Recht vermutet, von der Rückständigkeit eines solchen Interesses, pro domo et mundo, nicht ganz frei und werde ihm beweisen, wie übertrieben seine besondere Gefälligkeit war, den bürgerlichen Komment gegen mich schützen zu wollen, obschon es sich weniger um diesen als um den menschlichen handelt.

Es ist die eigenste lyrische Note des Franz Werfel, daß er das Kindheitserlebnis, welches ihn eine Zeitlang an der Hand der Sprachkönnerschaft in den Verdacht der Echtheit gebracht hat, über die Altersgrenze hinaus hätschelt, und wenngleich ich nicht imstande war, dem Aufschwung des Dichters aus dem Kinderpark in den Kosmos bewundernd nachzublicken, sondern im Gegenteil auch hierin nur eine Kinderei erblickt habe, so muß ich doch sagen, daß jene pantheistischen Sonntagsausflüge Horizont hatten im Vergleich mit der Kinderei dieser Auseinandersetzung, die der Autor bereits in einem allliebenden und allverzeihenden Gedicht versucht hat, mit dem im Gegensatz zu meinem keine Sprachkritik etwa beabsichtigt war. Seine Frage, ob es möglich sei, daß der Verfasser der »Chinesischen Mauer« und des »Prozeß Veith« die eine Zeile hat drucken lassen und der Besessene der Sprache die zwei Verse geschrieben hat, beantwortet sich am besten mit der Versicherung Nestroys, daß Wirklichkeit immer das schönste Zeugnis für die Möglichkeit ist, eine Erkenntnis, der allerdings wieder Goethes Konklusion entgegensteht, er habe es gesehen, aber er glaube es nicht. Ich selbst kann es nicht leugnen. Ja mehr als das. Jene Verse hat sogar der Verfasser des Gedichtes »Der Reim«, als den er sich in unmittelbarer Nachbarschaft zu erkennen gab, drucken lassen und jene Zeile der Verfasser von »Abenteuer der Arbeit«. Herr Werfel scheint ihn aber für fast so dumm zu halten wie er sich stellt, wenn er glaubt, daß einer, dem der Wortdienst nicht nur Tätigkeit, Problem, Lebensluft ist, sondern auch Inhalt dieser Sprachabenteuer wie der bemängelten Arbeit selbst, nicht gemerkt und nicht verhütet habe, daß ihm so etwas passiert. Er kann ja, wenn er Lust dazu hat, die Zeile »denn wer nur am Worte reibt sich« für wertloser halten als die Lyrik, der sie gilt: — zu glauben, daß einem Gedanken, dessen Material die Sprachkritik ist, eben das widerfahren sein könnte, was der Gedanke tadelt: ein »sich nur am Worte reiben«, ist zu simpel. Denn die naheliegende Vorstellung, daß man sich an dem Worte reiben könnte, hätte die Korrektur geboten. Also sei ihm, von dem ich wie von dem letzten zufälligen Zeugen meiner Arbeit jederzeit einen Rat im Zweifelsfalle annähme, dessen Urteil nach getanem Werk aber eine Anmaßung ist, Aufschluß über den Prozeß erteilt, den das Wort durchgemacht hat, bis es die Unzufriedenheit eines Sprachkünstlers erwerben konnte.

Es unterliegt gar keinem Zweifel, daß manche Zeilen, die ich geschrieben habe, die Herren Presber und Leipziger zustande brächten und manche mit größerem Geschick. Wo einer recht hat, hat er recht. Und ich gehe sogar so weit, einzuräumen, daß sie einen Werfelschen Vers nicht zustande brächten. Dagegen sicher einen von Goethe. Wie das nur kommen mag? Ich verwirre den Tadler noch mehr, wenn ich das Problem so fasse: Die meisten Verse von mir könnten die Herren Presber und Leipziger mit größerem Geschick schreiben als ich, wenn auch nicht mit so großem wie Herr Werfel, an den die beiden keineswegs hinanreichen. Aber ich bin noch unbescheidener: ich glaube, daß die drei Herren eine Zeile von mir, wie sie ist, hinschreiben könnten, und wie gesagt auch eine von Goethe, von Klopstock, Claudius, Eichendorff usw. Das Geheimnis besteht nur darin, wer die Zeile schreibt, in welchem Gedicht sie steht, in welcher Luft sie lebt und atmet. Mit dem Vers geht's da nicht anders zu als mit dem Wort selbst, das allen gehört und das alle treffen. Sollte der Presber nicht imstande sein, das Schlußwort der Iphigenie: »Lebt wohl!« zu verfassen, diesen größten Abschied, den es in deutscher Sprache gibt?

Und der Leipziger nicht fähig, »leider« zu sagen wie Claudius in dem Satz: »'s ist leider Krieg...«, diesen tiefsten Komparativ von Leid, vor dem alle Leidenslyrik vergeht? Die Zeile: »denn wer nur am Worte reibt sich« ist an und für sich schlecht und der Reim auf Leipzich an und für sich billig. Teuer wird er mir erst in dem Zusammenhang und Zusammenklang der Sphären, die hier sächselnd und jüdelnd einander zusprechen. Ein »sich am Worte reiben« soll Gestalt bekommen und bekommt sie in einem klappernden: »denn wer nur am Worte reibt sich« und dieses Geräusch ist, wenn's auch dem Lyriker unfaßbar scheint, zugleich mit dem Reim »Leipzich« dagewesen und nicht diesem zuliebe erfunden worden. Daß es keinen andern Reim auf Leipzig geben kann, muß etwas zu bedeuten haben, und es klappert nicht durch mein Ungeschick oder durch mein Versehen, sondern es klappert das, was klappert und so dargestellt werden soll. Herr Werfel ahnt gar nicht, wie unbewußt hier das Gelingen und wie bewußt hier das Mißlingen ist, und er nehme getrost an, daß da keine andere Arbeit geleistet wurde als an jedem der andern Gedichte, als an jeder Zeile der Chinesischen Mauer, und nur ein geringerer Wert zustande kam, wenn das Erlebnis der Drucklegung Werfels etwa ein geringeres ist als das der europäischen Moral oder meiner Wortschöpfung oder des Anblicks eines tangotanzenden Mörders, dessen Beschreibung in Versen ihn zu ekstatischem Beifall hingerissen hat. Der Wertunterschied meiner Abenteuer geht ihn aber herzlich wenig an, und sollten die Kraus-Philologen mit der Ansicht, daß mein Wort mit der Nichtigkeit des Anlasses wachse, recht haben, weil ja auch der Wert der Gottesschöpfung mit der Nichtigkeit ihrer Zerstörer wächst, so sollte er, anstatt »hochmütig« zu werden und von dem Unwert meiner Zeile auf seinen eigenen Wert, lieber umgekehrt von seinem Unwert auf den Wert der Zeile schließen und beruhigt nach Hause gehen.

Wenn er »dorten« angelangt ist und den Zorn abgelegt hat, möge er den Grimm zur Hand nehmen. Aber nicht die

Märchen, die seiner Entwicklung ja doch nicht mehr angemessen sind, sondern das Wörterbuch. Dorten wird er finden, daß diese deutsche Form, die sicherlich eine unorganische Form für dort ist, »schon im sechzehnten Jahrhundert«, also zu einer Zeit, wo die junge Prager Lyrik noch nicht die Freiheit hatte, sich in deutsche Sprachhändel einzulassen, »vorkommt und sich bis jetzt erhalten hat«. Hans Sachs: »und heiß aufsitzen dorten den Hüter meiner Ehrenporten«. »Dorten« sagt auch Kant. Wieland: »Bald da, bald dorten hin«. »Und die dorten liegen erschlagen am Boden«: Tischbein in Mercks Briefen. »Mit dem Vorsatz dorten Fabriken anzulegen«, »Den Professor Garve habe ich auch dorten kennen lernen«, »Ich fand in der Beschreibung von Mähren, daß es dorten eine Art Leoparden geben soll«: Karl August, Herzog von Weimar in Mercks Briefen. Womit wir uns sowohl bereits dem Zeitalter der alten Weimaraner bedenklich nähern als auch schon in Mähren sind. Wie sagt doch Goethe? »Liebe und lieble dorten nur, dorten«, »Die Bude die man dorten schaut«, »Eine Antwort von Rom — weil man dorten das Alte weder aufheben noch das Neue verhindern wollte«, »Von dorten soll sie in das fernste Land«, »Und es rauschte hier und rauschte dorten«, »Dorten zeigt sich das Meer und das Land und die Inseln der Ferne«, »Denn nicht die Gestalt, die in der Kunst ruht, gelangt in den Stein, sondern dorten bleibt sie, und es gehet indessen eine andere geringere hervor«. Das mag sein, aber man soll nicht leugnen, daß sie von der Kunst herkommt. »Die dorten wohnen, sind dir alle viel zu jung«. Womit wir vielleicht schon bei den jungen Pragern angelangt wären. Wie sagt doch Schiller (nicht der am Graben): »Denn dorten fand ich, die ich nie gesucht.« Und er rät: »Und frage mir die Knechte dorten, ob sie getan nach meinen Worten«. Nein, sie haben sie nur bewundert, aber nicht nach ihnen getan, und weil ich ihre Worte und ihre Taten nicht bewunderte, meine Worte geschmäht und meine Taten. Werfel drängt sich an meinen Schreibtisch und in mein Leben. Wie sagt doch Goethe? »Nein, nein, mein Herr, d o r t d o r t e n ist Ihr Platz.« Und in welche Richtung weist wieder Schiller, wenn er sagt: »Das Wort klingt immer gut von d o r t e n her«? Aber er scheint es nicht mit dem Weltfreund zu halten: »Dorten wirst auch du uns wieder finden, wenn dein Lieben u n s e r m Lieben gleicht.« Wie sagt doch Rückert? »Hie und dorten, früh und spat bin ich nach dem Schein gezogen.« Ja, das ist mein Fall, und nun büße ich's; aber Platen tröstet: »Quacken mag im Sumpfe dorten jenes tückische Gelichter«. Und damit wären wir in der Tat im Café Arco eingetroffen. Nun würde es sich nur noch darum handeln, Belegstellen aus einem Milieu und einer Epoche zu erbringen, die einem jungen Prager leichter erschließbar sind, wenn ihm schon gegen alle Erwartung die Sitte der Dioskuren, »dorten« zu sagen, nicht geläufig war. Und hier muß ich ihm ein Geständnis machen. Ich verzichte freiwillig auf jede Chance, mich von den Klassikern verteidigen zu lassen: »dorten« ist ein, wenn auch geheiligter, Mißbrauch, ich will sogar zugeben, daß es nicht deutsch ist, ich will, meinetwegen, offen einbekennen, daß es jüdisch ist. Ich habe die Anwendbarkeit der Form nur bewiesen, um Herrn Werfel zu zeigen, welche Leistung von mir an dieses Wort gewandt wurde, welche Skrupel ich zu überwinden hatte. Ich wußte nämlich, daß »dorten« leider auch deutsch ist, und ich wollte durchaus, daß es n u r j ü d i s c h sei! Herrn Werfel ist die deutsche Anwendung nicht bekannt, n u r die jüdische. Das ist mir eine Beruhigung. Denn ich habe die jüdische Form gebraucht, wie einen Bissen von Brod und gefürchtet, man werde es für deutsch halten. Nun benimmt Werfel meinen Zweifel und es ist mir dabei ganz gleichgültig, daß er nicht die Absicht versteht, die mich geleitet hat, und mir diese als Entgleisung anstreicht. Ich wollte entgleisen und er beweist mir, daß es mir gelungen ist. Er ist sachverständig; und jetzt weiß ich, daß das Milieu dorten, das ich in einem Wort fassen wollte, durch dieses glücklich gefaßt ist. Hielte er »dorten« für gut deutsch, was es ja leider auch ist, so wollte ich die Zeile lieber so setzen: »Dort, o Freunde....« Aber der einfachere Vokativ »Freunde« ist mehr schillerisch und ich brauchte das zu dem jüdisch-schillernden Doppelgesicht, das jede Zeile haben soll. Es wäre also, wenn dorten rein jüdisch wirkt, mit »dorten, Freunde« in hohem Grade getroffen, so schön wie mit »zwo Gewuren«. Ist es nicht ein Spaß, daß das leibhaftige »Dorten«, das in Prag auf zwei Beinen steht, sich dagegen sträubt, gesehen zu werden? Daß einer, den ich höre, darum behauptet, ich könne nicht deutsch? Was wollte ich denn anderes, als daß aus dem Café Arco das »dorten« förmlich herausspringt, wenn man nur in Gedanken vorbeigeht? Was hörte ich denn anderes als den Dialog: »Bittich Haas, hast du Werfel nicht gesehn?« »Werfel is herich noch im Arco!? Is er nicht dorten?« »Ich war dorten mit Brod, Werfel is nicht dorten!« »Ich hab ihn doch dorten gesehn!?« »Ich hab doch dorten gewartet!?« »Schau her — dorten kommt er!« Wäre ich dabei, so würde ich ihn fragen, ob er nun meine Absicht versteht; daß sie erfüllt ist, könnte er nicht mehr leugnen. So wenig wie ich sein Recht, einen Reim wie den auf das Café Arco zu verpönen, der doch wahrlich der Poesie so schlecht ansteht wie dieser Begriff als solcher. Der Mangel, den er anstreicht, würde die Erhabenheit seiner Sprachwelt sicherlich herabmindern. Aber soll er das nicht? Will er nicht der beabsichtigte Schritt zum Lächerlichen sein? Man darf nur nicht zu schüchtern zitieren: der Satz ist nicht zu Ende, es folgt die sehr undeutsche Wendung von dem Nachruhm, der dorten »stark aufliegt«. Wieder paart sich etwas, es gibt ein »unerlaubtes Verständnis« zweier Gedanken im Reim, also ein Einverständnis, das keinen Sprachsittenrichter angeht: zwischen dem »stark aufliegen« und einem pathetischen Element, jenem Vokativ »o«, der Herrn Werfel geläufiger ist als Schillern und den er der neufranzösischen Lyrik verdankt. Es ist ein weiterer Spaß, daß Herrn Werfel die jüdische Färbung in der Form »dorten« sogleich, wenn auch nicht als meine Absicht, eingeleuchtet hat, während er den Nachruhm, der »stark aufliegt« anstandslos passieren läßt und alle die andern Jargongreuel, von denen das Gedicht strotzt. Bei »Gewure«, das ausdrücklich übersetzt ist, mag ja Herr Werfel verstanden haben, daß es nicht die Sprache des »Besessenen der Sprache« ist, aber Wendungen wie »ausgerechnet«, »unberufen«, »morgen hat er wieder andere Sorgen« sind ihm gar nicht aufgefallen, weil sie ja äußerlich deutsch sind, während »dorten«, das er äußerlich für eine Mißbildung hält, ihm den Verdacht eingab, daß mein »unsicheres Bewußtsein« sich eine Jargonwendung habe entgleiten lassen. Für seinen Zweifel, der den meinen (daß es für deutsch gehalten werden könnte) beseitigt hat, bin ich ihm dankbar. Er hat ganz recht, wenn er meint, daß es nicht die Sprache dessen ist, der die Sprache an allen jenen, die sie sprechen, rächen will; es ist wirklich die Sprache aller jener, die sie sprechen. Daß es mir aber darauf ankam, diese nachzusprechen, und daß meine Sprache auch die Kraft ist, dies zu vermögen, versteht er nicht oder er tut so, als ob er es nicht verstände. Nur ist es dann, so oder so, unbegreiflich, warum er nicht die hunderttausende von jüdischen, wienerischen und berlinerischen Wortfetzen, die von meinem Sprachstrom mitgenommen werden, tadelnd auffischt und behauptet, daß es schlechtes Deutsch sei. Ich glaube, er hat recht: Der Anlaß ist mir wirklich nicht gewachsen. Ich glaube, daß eine größere Dummheit nicht einmal von einem Oberlehrer in Leipzich versucht werden könnte, der etwa zum erstenmal ein Heft der Fackel in die Hand bekommt und nun aus der Glosse »Vor dem Höllentor« zu dem Eindruck gelangte: Ist es möglich, daß dieser Krause, der so'n gediegenes Deutsch schreiben soll, dieses lächerliche Negerlallen zustande gebracht hat?

Mit der »Peinlichkeit dieses Kunstwerks« fällt nun aber für Herrn Werfel, wie er versichert, »die Unantastbarkeit eines menschlicheren Problems« zusammen. Er beginnt also anzutasten. Er kommt mir wie jeder Patient, in dessen Brust zwei Larven wohnen, psychoanalytisch bei und überführt mich seiner Schwäche. Er weiß nunmehr, daß die Zweiheit in mir sitzt; daß mein Bewußtsein so lange unkontrolliert dahin gelebt hat, bis es von ihm, ausgerechnet oder unberufen, kontrolliert wurde; daß es in der unbewußten Tiefe unsicher ist und mir darum immer den Streich lächerlicher Verse spielen wird. An meinen Früchten wird mich Werfel fortan erkennen. Ich bin bescheidener und habe mich damit begnügt, die Früchte Werfels an ihm selbst zu erkennen. Ich habe so lange nicht gewußt, ob seine Verse etwas taugen, bis ich gewußt habe, daß er nichts taugt. Wenn ich nun wieder die Probe auf ihn machen müßte, so würde mir statt seiner Verse die Kritik, die er an den meinen übt, vollauf genügen. Er bezieht sie hauptsächlich auf sich und beweist wohl schon damit allein, daß er es mit Recht tut. Ich kenne die seelische Wurzel dieses Drangs, sich an meinem Wort zu reiben, ich habe zu lange im Zwielicht solcher Dioskuren-Seelen gelebt, um ohne jede psychoanalytische Vorbildung den Fall beurteilen zu können. Herr Werfel vermißt sich also, ganz in der Art, wie schon weniger begabte Abkömmlinge meines Lebenskreises, mir die Halbschlächtigkeit, die sein Ganzes bildet, zum Vorwurf zu machen. Er ist in ungereiztem Zustand sicherlich ein guter Junge und sein in die Nächstenliebe zurückgezogenes Literatentum keines schlechten Planes fähig. Er will mir wohl im Ernst nicht intriganten Neid und ein zimmerunreines Betragen vorwerfen, sondern wohl nur aus Ärger jene Disposition zu Bewußtseinstrübungen anheften, von der er sich gern befreien möchte. Es ist aber nötig, die Angelegenheit, in der die Beschwerde spielt, klarzustellen, damit diese nicht die Form jener Gerüchthaftigkeit annehme, die heute Druckerschwärze zur Verfügung hat, und damit ich Werfel ohne viel Federlesens davon überzeuge, wie schon Hans Sachs es mit mir hielt, als er justament sagte: »und heiß a u f s i t z e n dorten den Hüter meiner Ehrenporten.« Herr Werfel also nennt mich einen »Gast«, der den »gemeinsamen Hausherrn« heimlich, aber öffentlich überreden möchte, einen andern Gast nicht mehr einzuladen. Dies findet er taktlos, wenngleich der Hausherr die Bereitwilligkeit hatte, für mich »in einem Nebenzimmer decken zu lassen«. Und um so taktloser scheint es ihm, als er, der andere Gast, es war, der die Einladung an mich überbracht hat, die ich »doch annahm«. Wenn die Manieren des anderen Gastes so schlecht wären, wie sein Gedächtnis, würde ich wirklich für den Hinauswurf stimmen. Nun stimme ich ja auch so für den Hinauswurf, aber ganz anders als er sich das vorstellt. Sein Vergleich ist verfehlt. Ich will nicht, daß der Gast entfernt werde, der unter den Gästen dieses Hauses beileibe nicht einer der übelsten ist, sondern ich will, daß das Haus gesperrt, das heißt von den Gästen gesäubert und von den »Stützen« befreit werde. Auch wenn damit auch mein Zutritt ins Nebenzimmer, wo für mich (begreiflicherweise) eigens gedeckt ist, unmöglich wäre. Nun liegt aber der Fall so, daß ich gar nicht essen will! Daß ich zu dem »Hausherrn« gar keine anderen Beziehungen habe, als die, daß er mir angenehm ist und daß ich ihn für einen der seltenen deutschen Menschen halte, deren Seele noch an den Wundern des neuen Deutschland Schaden nehmen kann; daß ich ihm wünsche, er wäre kein Hausherr, und daß ich ihn beklage, weil er, ehe er mein Wirken kannte, aus dem reinen Glauben an jungdeutsche Möglichkeiten Opfer für deren furchtbarste Erfüllungen gebracht hat. Durch eben die Errichtung des Hauses, bei der Herr Werfel als »Stütze« und Berater geholfen hat; durch eben die Gründung des Kurt Wolff-Verlags, der einem Menschen gehört, dessen Haut, wenn es noch einen Glauben an Menschliches gibt, an dem »Jüngsten Tag«, der bei ihm einbricht, welken muß. Dieser von mir als »edler Jüngling« öffentlich angesprochene, öffentlich in Gegensatz zu den Autoren seines Verlages gebrachte und nicht etwa in Privatbriefen um die Beseitigung des Herrn Werfel gebetene Verleger schien mir durch die stürmische Bewerbung um mein Werk, dessen Problem, Stoff, Inhalt, Sprache gegen die Existenz der Autoren des Kurt Wolff-Verlags, gegen das Chaos der Literaturhysterie denkt, handelt, wirkt, lebt, zu beweisen: daß es ihn menschlich angeht. In ungezählten Briefen, Telegrammen, Unterredungen hat er mir seinen sehnlichsten Wunsch bekundet, um die Verbreitung meiner Schriften in Deutschland bemüht zu sein. Auch Herr Werfel, dem die Befähigung zur Überbringung einer Botschaft nie bestritten wurde, war der Bote solchen Wunsches, den ich jedesmal unter Hinweis auf den grausamen Kontrast meines literarischen Daseins zu der Richtung jenes Verlags abgewiesen habe. Gerührt durch die Selbstlosigkeit, die sich mit einem so unbequemen, unbeliebten, jedem Verlag, ja dem eigenen Vertrieb hinderlichen Autor abgeben wollte, beruhigt durch die Versicherung, daß die Art der Administrierung mich außer die Reihe der andern Autoren stellen würde, schloß ich einen Vertrag, durch den sich der Verleger auch zur kostspieligen Übernahme des damals sieben Jahre stehenden Satzes von »Kultur und Presse« verpflichtete. Aller materiellen Vorteile ungeachtet, entsagte ich ein Jahr später diesem Vertrag, weil einer der typischen Literarhysteriker, die in dem Verlag erscheinen, mich in einem Briefe, dessen Bote gleichfalls Herr Werfel war, mit den Worten anredete: »Ich weiß jetzt, daß Sie christushaft sind!« Ich wußte jetzt, daß mein Auftreten unter solcher Truppe, deren Bestand und Möglichkeit mich immer intensiver beschäftigte, eine Literaturpikanterie ohnegleichen wäre, und bat Herrn Kurt Wolff in einem April 1914 verfaßten Dokumente, das eine volle Klarstellung des Gegensatzes enthielt zugleich mit der Anerkennung seiner Freundschaft, der ich das Opfer bringen wollte, in keinem andern deutschen Verlag zu erscheinen, um Auflösung des Vertrages, denn ich wäre statt eines günstigen Kontrakts einen heillosen Kontrast eingegangen. Wie er den Widerspruch, in dem er zu der von ihm genährten Literatur mir zu leben scheine, in sich selbst austragen wolle, müsse ich ihm überlassen. Ausdrücklich war jeder Versuch eines Eingriffs in die wirtschaftliche Existenz der in ihrem geistigen Dasein gehaßten Literatenklasse vermieden, jede Möglichkeit, mein Erscheinen im Kurt Wolff-Verlag an die Bedingung des Nichterscheinens anderer zu knüpfen, abgewiesen und klipp und klar die Wirksamkeit meines Entschlusses bis zu dem Zeitpunkt erstreckt, da Herr Wolff die Unvereinbarkeit in sich selbst bereinigt habe, wobei ich es schließlich begreiflich fand, daß man einer reinern Lebenserkenntnis zuliebe wohl die Fackel schreiben könne und müsse, aber nicht aufhören müsse und könne, Verleger zu sein. Unter voller Würdigung meiner Beweggründe verzichtete er auf Einhaltung des Vertrags; und ohne daß sich das geringste an unserer persönlichen Beziehung geändert hätte. Ich hatte auf die günstigste Möglichkeit einer Verbreitung meiner Werke in Deutschland, auf einen unmittelbaren Vorteil, der sich aus dem Vertrag ergab, verzichtet, und dies alles, weil es mir unmöglich war, mit meinen glühenden Verehrern an einem Tische zu sitzen. Da kam Herr Wolff, etwa nach einem Jahr, mit dem Vorschlag, ein Nebenzimmer, nein, eine streng separierte Wohnung mit eigenem Eingang, für mich aufzusperren, einen besonderen Verlag für meine Werke zu gründen. Diese von ihm manifestierte vollständige Trennung von Tisch und Bett der Literatur-Liebschaften durfte mir genügen. Ihr Vollzug gibt aber auch hinreichend deutlich zu verstehen, daß mir die Luft in jenem andern Zimmer, die Gesellschaft dorten, ihre Gespräche, ihre Tischmanieren nicht erwünscht waren, nicht etwa umgekehrt. In meiner Entfernung ist so klar meine Aversion, mein Urteil über jene Gesellschaft, die Respektierung dieses Urteils durch den Verleger ausgesprochen, daß sie mit viel mehr Recht die Tatsache selbst als jede weitere Bemerkung, die ich dazu mache, mir, oder ihm, verübeln könnte. Worin die Taktlosigkeit bestehen soll, wenn ich im weiteren Verlaufe vor der Außenwelt, vor der ich keine Geschäftsgeheimnisse habe, in einer Anrede an den Hausherrn (die im Hause selbst reproduziert werden wird) ausdrücklich sage: »Ich sitze hier, weil dorten zuviel geschwätzt wird«, ist unerfindlich. Natürlich wünsche ich weiterhin und immer mehr, je näher ich den sympathischen Hausherrn kennen lerne, daß er von dem Unglück verschont bleibe, solche Gäste zu haben. Aber das ist doch weiß Gott ein menschliches und ein Literatur-Problem zugleich. Ich mißgönne ja keinem das Essen, jeder hat recht, wenn er so tief und so ungezogen in die Schüssel langt, wie er nur will und es in der Kinderstube gelernt hat: — nur daß ich eben lieber sähe, der Gastgeber wäre ein Agent aus Budapest-Berlin und kein Gentleman. Der Gast Werfel verlangt doch etwas zuviel von mir, wenn er mir zu bedenken gibt, daß jener durch manches Opfer mit ihm verknüpft sei, und mich ermahnt, bei meinem Tadel auf eben das Rücksicht zu nehmen, was ich tadle. Wären es selbst Opfer, die Herr Werfel gebracht hat, so ginge es mich wenig an. Aber mir die vorzuwerfen, die der Verleger ihm gebracht hat und von mir dafür Dankbarkeit zu verlangen, heißt denn doch die hysterische Auffassung des Lebens übertreiben. Ich muß immerhin sagen, daß ich einen Wink in Dingen des Anstands grundsätzlich lieber von alten Weimaranern als von jungen Pragern annehme, und ich denke wohl, daß jene mir bestätigen würden, daß es, seitdem sie abgeschieden sind, keine reinere, weniger auf Gewinn gerichtete Beziehung zwischen einem Autor und einem Verleger gegeben hat als die zwischen mir und Herrn Kurt Wolff. Ich kann von ihm nicht verlangen, daß er meine Forderungen verwirkliche. Ich kann ihm wünschen, daß er seinen Erfüllungen entsage und aufhöre, Verleger zu sein, auch wenn dies meine Aussperrung bedeuten würde, worüber ich — der »Tisch« kann das nicht fassen — ganz fidel wäre. Ich muß es ihm überlassen, mit dem Konflikt fertig zu werden, da er ihn doch wohl erlebt. Daß er darum auf die reinlichste Art bemüht ist, weiß ich. Er wieder weiß, daß ich in geistigen Dingen keine Relativität zulasse und wiewohl ich Werfel für besser halte als Presber, immer noch eher dafür bin, Wurst und Presber zu verlegen, als Brod und Werfel. Wohl nimmt der Händler des Genußmittels einen höheren Rang ein als jener, der von dem Fluche lebt, daß die Kunst ein solches geworden ist. Ist die Befriedigung eines Bedürfnisses zum Zwecke der Selbsterhaltung eine doppelt notwendige Funktion, so ist die Erniedrigung der Literatur zum Bedürfnis ein Kulturübel. Aber das gibt es schon und es bleibt als soziale Kategorie übersehbar. Schlimmer ist die Verfälschung des geistigen Nahrungsmittels, die Duldung und Begünstigung der scheinbaren Individualitäten, die Kreierung der farbigen Literatur, die Nährung und Honorierung der Hysterie, denn solcher Fortschritt stiftet Verwirrung und verschiebt die Grenzen der Kunst, die doch von den Unterhaltungen des Publikums nicht alteriert wird. Hier ist immer eine Trennung möglich, dorten Vermischung unausbleiblich, die Kunst wird das Opfer des Unterhaltungsdrangs, und sie leidet schwerer durch die Verwechslung des Schwindels mit ihr als durch die Bevorzugung des Handwerks vor ihr. Zehn schlechte Schmierer richten bei weitem keinen so großen Schaden an wie ein guter Expressionist, dessen halbe Seele sich gefährlicher in den Betrieb dieser neuen Welt fügt als die Hand des Romanhändlers, der vom Betrieb die Inspiration empfängt. Ich kann mir denken, daß im Zwang der Tatsachen ein anständiger Mensch einen Literaturhandel treibt wie irgend ein Unternehmen, wovon der Leib leben will, und ich weiß wohl, daß das Leben des andern nicht die Konsequenz meines Denkens vorstellen muß, ohne vor diesem schuldig oder auch nur zweifelhaft zu sein. Aber ich fürchte für den, der diesem Denken entgegenlebt und einer neuen Geistigkeit, die doch nur eine Fiebererscheinung der aufgegebenen Zeit ist, zu nahe kommt. Der Hausherr weiß, wie ich's meine, und daß ich's gut meine. Der Gast aber, dem ich für nichts als für die Nötigung, etwas zu äußern, zu danken habe, soll nicht glauben, daß ich ihm die etwas lebhafte Darstellung dessen, was taktlos ist, übel nehme. Im Gegenteil bin ich bemüht, ihm für seine weitere Entwicklung einen Halt zu geben, indem er doch in Gefahr ist, sich durch jeden Vorwurf, den er gegen seine Mitmenschen erhebt, zu nahe zu treten. Ich wüßte ja gar nicht, daß er »dorten« sagt, wenn er es mir nicht vorwürfe, und ich erführe nicht, daß er in geistigen Dingen aus der Gefühlssphäre der Konkurrenz heraus Stellung nimmt, wenn er es mir nicht zutraute. Er sollte bei der Nächstenliebe bleiben. Dieser Allerbarmer, der zum Schluß seiner Feldpostbriefe und Weltpostgedichte den Haß, den er mir nebst dem Neid zuschreibt — nach der Methode, mit der die neu- deutsche Hysterie das Weltkriegsmotiv verschiebt —, im- mer am Tatort zurückläßt, ist zu schonungslos gegen sich selbst. Er vergißt, unter den Dingen, die ihm auf Erden Mitleid einflößen und die »sind«, damit er sich ihrer ly- risch erbarme, sich selbst in seinem Konflikt mit mir zu be- denken. So ist es an mir, den mir weltfreundlich zugestan- denen Haß wieder abzulehnen und zu beweisen, daß auch ich des Mitleids fähig bin. Und so möchte ich ihm sagen, wie sehr es auch mir von Herzen leid tut, ihm auf seinen notgedrungenen Brief antworten zu müssen. Zumal jetzt. Denn ach, ich habe schon traurigere und würdigere Feld- postbriefe empfangen, und es ist wahrlich eine Zeit, in der das Herz nur eins ist mit dem Wort, wenn sie beide zer- rissen sind, und nicht danach angetan, Fassung und wohl- gesetzte Rede zu bewahren. Ich bemühe mich, weiß Gott, nur die Gurgellaute nachzusprechen, die unter dem Schick- salsgriff noch hörbar werden, und man tut Unrecht, mit mir über gutes Deutsch zu streiten. Ach, wir verfehlen es alle, und am sichersten gehen jene, die sprachlos stehen vor dem, was sich hienieden begibt! Denn selbst die es überstanden haben, rufen noch im traurigsten Distichon, das je einen Schmerz durch die Zeiten trug, einen Fehler ins Leben. Wie sagt doch Schiller?

Wanderer, kommst du nach Sparta, verkündige dorten,
du habest
Uns hier liegen gesehn, wie das Gesetz es befahl.

DRUCKFEHLER

Der Plan, Briefschreibern das Handwerk statt zu legen bloß zu beschränken, indem man ihrem Mitteilungsbedürfnis die Anzeige von Druckfehlern freigibt und ihrem Persönlichkeitsdrang das Bewußtsein, sich nützlich zu machen, war die Idee eines Hexenmeisters, der sich einmal wegbegeben hat, um als sein eigener Zauberlehrling zurückzubleiben und das Chaos einbrechen zu lassen. Da nun die Not groß ist und die ich rief, die Geistlosen, ich anders nicht los werde, so bleibt nichts übrig als die ausdrückliche Zurückziehung jenes Ersuchens, das an und für sich nur eine notgedrungene Erlaubnis war. Fast wird es erträglicher sein, wenn die vazierende Intelligenz, die sich seit jeher durch mich noch mehr gereizt fühlt als umgekehrt und die mich mit dem Balken in ihrem Aug liest, um den Splitter in dem meinen zu bemerken, sich wieder mehr an den Themen der Fackel zu schaffen macht als am Druck. Den wenigen, die in dankenswerter Weise technische Fehler bemerken und mitteilen, stehen die vielen gegenüber, die unter dem Vorwand, auf solche hinzuweisen, ihre Kritik an Sätzen der Fackel erlaubt finden, für deren vermeintliche Fehlerhaftigkeit doch der blindeste Glaube an meine Unfehlbarkeit nicht den Drucker verantwortlich machen könnte. Die Heuchelei aber, die für den eigenen Unsinn nicht mich als den Anreger verantwortlich zu machen wagt, sondern einem offenbar Unbeteiligten die Schuld gibt, ist derart antipathisch, daß die Summe, die man von jedem dieser Zudringlichen für die Kriegsinvaliden einheben müßte, mit dem kürzlich normierten Strafsatz zu niedrig bemessen scheint.

Einer bietet unter der Rubrik »Druckfehler« die Überzeugung an, daß es irgendwo statt: etwas »nicht wahr haben« »nicht für wahr halten« heißen müsse. Er will es nicht wahr haben, daß es jene Wendung gibt. Aber daß er einen so komplizierten Druckfehler angenommen hat, kann ich

nicht für wahr halten; sondern nur hoffen, daß er den sprachlichen Unterschied zwischen einer Tatsache, die er nicht
gelten läßt, und einer Behauptung, die ich bestreite, nunmehr anerkennen und Ruhe geben wird.

Ein anderer meint, daß in der Stelle:

— wie anders steht Ungarn vor der Welt da als wir, wie anders als
der Bettlerstaat, der wir mit Ungarns Hilfe geworden sind, steht ein
Räuberstaat da, wie anders als ein Staat der Arbeitslosen ein Staat,
der den Willen zur Selbsterhaltung durch den Strick befestigt und
hierauf durch die Bande der Dynastie!

es richtig heißen soll »ein Staat der Arbeitslosen, ein Staat«.
Er hält also das wiederholte Subjekt für ein fortgesetztes
Prädikat, identifiziert den Staat der Arbeitslosen mit dem
Staat, der den Willen zur Selbsterhaltung durch die Bande
der Dynastie befestigt, mit einem Wort, er vereinigt Österreich und Ungarn unter dem Zepter eines Kommas. Mein
Satz ist gewiß schwer zu verstehen, aber schwerer mißzuverstehen, und wenn es schon zu verstehen ist, daß einer
ihn mißversteht, so ist es doch wieder nicht zu verstehen,
warum er glaubt, daß er ihn verstanden hat, und am schwersten zu verstehen, daß er mir's sagt.

Einer »vermutet, daß der Setzer ein Unglück angerichtet
hat« in den Versen:

im Buch des Lammes nicht geschrieben steht,
das vom Beginn der Welt dem Tod bestimmt ist.

»Der Dativ (Buch) klingt« — ihm — »stärker als der Genitiv
(Lammes), so daß der Relativsatz« — ihm — »falsch angeschlossen und sich auf ‚Buch‘ zu beziehen scheint«. Die
Beobachtung mag für den, der »Buch des Lammes« ausschließlich als biblische Wendung und somit als Einheit
übernimmt, gar nicht uneben sein. Vielleicht aber wäre es
auch gestattet, das Lamm lebendiger als das Buch zu empfinden, und im übrigen zu fragen, wie der Relativsatz wohl
gelautet haben mochte, ehe der Setzer das Unglück angerichtet hat. Aber wenn ich mich lieber selbst beim Ohr
nehmen wollte, es hörte doch nicht so fein wie das des

Lesers. Immerhin einer, der hören will und darum auch fühlen könnte, daß es unwürdig ist, den Setzer zu schlagen, wenn man den Autor meint.

Etliche haben einen Druckfehler in den Versen entdeckt:

> Und ihre Panzer feuerrot,
> schwarzblau und schwefelfarbig u n d den Mäulern
> brach Feuer, Rauch und Schwefel wild hervor

und alle begnügen sich, das »und« anzustreichen, da sie mit Recht vermuten dürfen, ich würde schon von selbst draufkommen, daß es »aus« (nach einem fehlenden Komma) heißen müsse. Umso unbegreiflicher, daß ich das dem Setzer habe hingehen lassen, der sich schon rein alles mit meinem Text erlaubt und mit ihm verfährt wie nur ich mit der Bibel. Es ist gut, daß noch Verlaß auf die Leser ist, die wenigstens nachträglich feststellen können, daß hervorbrechen in der Regel mit »aus« konstruiert wird.

Anerkennenswert ist auch die Sicherheit, die nicht bezweifeln läßt, daß es in der Stelle:

> Die Hände dir zu reichen schauert's den Reinen, und selbst dem Bettler, der an der Kirchenpforte sitzt ....

d e n Bettler heißen muß. Aber das ist eine Angelegenheit, die sich der Betreffende eigentlich mit Goethe auszumachen hätte.

> Ihr Antlitz wenden
> Verklärte von dir ab.
> Die Hände dir zu reichen
> Schauert's den Reinen!

Er hält sie freilich schon für ausgemacht, nämlich daß »den Reinen« ein Akkusativ der Einzahl ist. Daß es, von wegen der Koordinierung mit den »Verklärten«, ein Dativ der Mehrzahl sein könnte, scheint ihm gar nicht in Frage zu kommen; auch nicht, daß hier nur »es schauert mir« und nicht »es schauert mich« gedacht sein kann, welches bloß als absolute Fügung möglich, also mehr Ausdruck der rein körperlichen Empfindung ist — demnach: »es schauert mich«, aber: »es schauert mir, etwas zu tun«. Wen aber Stilgefühl und Syntax nicht beraten, der hätte eine Möglichkeit, sicher

zu gehn und zu entscheiden, ob »den Reinen« bei Goethe ein
Dativ oder ein Akkusativ ist. Er kann sich beim »Urfaust«
Rats erholen und mir die Bestätigung bringen, daß der
fortgesetzte Dativ »dem Bettler« richtig war:

> Ihr Antlitz wenden
> Verklärte von dir ab.
> Die Hände dir zu reichen
> Schauert's i h n e n ,
> Den Reinen!

Mit der gleichen unumstößlichen Sicherheit des Nicht-
wissens wird in einer Zuschrift, deren Humor schon eine
Pein ist, in dem Epigramm »Prestige« die Form »Presti-
giateure« als Fehler (statt »Prestidigitateure«), versteht sich
als Druckfehler angestrichen, und zwar unter ausdrücklicher
Berufung auf Meyers Lexikon, »den« nachzuschlagen ich
aufgefordert werde. Nun ist Meyers Lexikon, von allen
Dummheiten, die »er« enthält, abgesehn, kein Wörterbuch. Nach einem solchen jedoch kommt Prestigiateur =
Prästigiator [Taschenspieler, Gaukler] von Prestige [Gau-
kelei], abgeleitet von praestigia [Blendwerk]; daneben gibt
es Prestidigitateur [Schnellfingerer], v. ital. presto, rasch, u.
lat. digitus, Finger: »wohl entstanden durch witzige Um-
bildung von Prestigiateur«.

Weniger seiner Bildung als seiner Intelligenz ringt ein
Leser, Jurist, die Erklärung ab, daß es in dem zitierten
Brief Rosa Luxemburgs in der Stelle:

Da liege ich still allein, gewickelt in diese vielfachen schwarzen Tücher
der Finsternis, Langweile, Unfreiheit des Winters —

»wohl heißen muß«: Unfreiheit, des Winters, »womit die
Zahl der schwarzen Tücher sich auf vier erhöht«. Er behauptet zwar nicht, daß es statt »vielfachen«: vierfachen
heißen müsse, aber er vermißt das Komma, und er würde
seine Auffassung für richtig halten, »selbst wenn sich im
Original das Komma nicht fände«. Er stützt sie mit dem
Gedanken, es sei kaum anzunehmen, »daß neben den so
furchtbar einfachen Vorstellungen der Finsternis und der
Langweile auch die einer ‚Unfreiheit des Winters‘ in der

Adressatin erweckt werden sollte, ohne daß andererseits die durch das Gefangensein bedingte Unfreiheit erwähnt wäre«. Und auch rhythmisch scheint ihm die Stelle vollkommener, wenn das Komma gesetzt wird; »Unfreiheit« noch durch den Artikel vor Finsternis determiniert, »des Winters« unmittelbar zu »Tücher« zu gehören. Mir nicht; es wäre ein arger Stilfehler und die Reihe zerfiele: der undichterischen äußeren Kuppelung der drei Feminina mit dem Maskulinum entspricht die innere Unstimmigkeit, da nach den unverbundenen Abstrakten für den konkreten Winter die Vorstellung des schwarzen Tuches nicht mehr zureicht, während die »Unfreiheit des Winters«, die als Einheit leichter von dem Artikel »der« getragen wird, eine dichterische Fügung ist. Ich möchte sie gegen die furchtbar einfache Vorstellung verteidigen, daß diese Gefangene, und erst an dritter Stelle, sich über ihre »Unfreiheit« beklagen wird, die sie wie Finsternis, Langweile und Jahreszeit als einen der Begleitumstände ihrer Gefangenschaft bezeichnet, und daß sie im Gefolge dessen, was sie als unmittelbare Einhüllung empfindet, der Finsternis und der Langweile, die Gefangenschaft und den Winter schwarze Tücher nennen wird, in die sie »gewickelt liegt«. Ich nehme eher an, daß Rosa Luxemburg nicht über die im Gefängnisleben inbegriffene Unfreiheit gesprochen haben wird, sondern daß sie im Gegenteil ihre auch im Gefängnis bewahrte Freiheit nur durch die allgemeine Schranke der Natur, durch die winterliche Beengung der Seele gefährdet fühlte. Ich würde diese Auffassung für richtig halten, selbst wenn sich im Original das Komma fände.

Nicht immer jedoch sind Leser so anspruchslos, einen Vorzug der Schrift als Fehler des Drucks zu entschuldigen: sie werfen ihn dem Autor auch vor, denn ihnen genügt er beiweitem nicht. Während ich selbst mich zum Beispiel für nichts weiter als einen gewöhnlichen S a t z b a u e r halte, unschuldig an aller Lebenswirkung und ethischen Bereicherung, die die Sprache vermag, innerhalb dieser bescheidenen Tätigkeit allerdings mehr Grund zum Größenwahn zu haben glaube als alles was sich heute S c h r i f t s t e l l e r nennt, aber doch immer nur an einen Satz und nie etwa an einen Roman alle Intensität der Empfindung und der Arbeit wende (und zwar an jeden Satz dieselbe, so daß es gar keinen Wertunterschied zwischen meinen Sätzen geben kann und jeder Bau gleich geschlossen und gefügt erscheint) — stellen die Leser viel höhere Anforderungen an mich. Es handelt sich um einen Witz, der in der Fiktion eines Druckfehlers besteht: »Der ehrliche Funder« (Name des Herausgebers der Reichspost). »Der anspruchsvolle Leser erwartet« (es begibt sich wirklich, daß mir so geschrieben wird) »eine unverrückbare Distanz« zwischen dergleichen und — der Gedankenstrich ist vom anspruchsvollen Leser und bezeichnet plastisch die Distanz — der Fackel. Denn dieser Witz einer Verlustanzeige (und er setzt ihn witzig fort) könnte, heißt es, von mir gefunden sein, nachdem er von einem Mitarbeiter des »Blauen Montag«, also wohl von jenem selbst, verloren wurde. Der anspruchsvolle Leser irrt insofern, als der Witz, wenn er wirklich von ihm ge-macht wäre, doch von mir wäre und der von ihm gemachte sich von meinem unterschiede wie die Substanz des Meteori-ten von der Lufterscheinung oder wie eine Handvoll Wassers vom Element. Mein Erfolg: daß die Witze, die in der Fackel stehen, nicht verbreitet werden können, erfährt erst dadurch seine Bestätigung, daß es selbst dort, wo es auf den ersten Blick möglich scheint, unmöglich ist. Wo das Witzmaterial auf die flache Hand genommen werden kann, glaubt aller-dings der Leser, der nicht ahnt, um wie viel anspruchsvoller ich bin als selbst er: daß er damit schon den Witz hat. Aber hätte er nur eine Ahnung vom Witz, vom Satz, von dem Weg zu dem allzu bequemen Ziel (davon, daß die Kreuzung der Linien »Ungarische Dokumente — Verlustanzeige, ver-lorene Million der Reichspost — ehrlicher Finder« den Witz des fingierten Druckfehlers ergibt), so würde er nur sich selbst einen Verlust an unverrückbarer Distanz zur Fackel vorwerfen und einen längern Gedankenstrich brau-chen, um an sie anzustoßen.

Es ist vielleicht noch auszurechnen, wie viel Zeit und Blei in der großen Zeit und im neuen Deutschland durch die Ausrottung der meisten Apostrophe in den Druckereien schon für Munitionsbeschaffung und sonstige Kriegsdienstleistung gewonnen wurde. In der Insel-Ausgabe der »Pandora« hat das Verfahren — bei allerlei kunstgewerblicher Entschädigung — die volle Anschaulichkeit einer Tempelschändung. Dieses Sprachheiligtum dürfte auf Goethes Volk ohnedies durch die Weisung des Prometheus Eindruck gemacht haben: »Nur Waffen schafft! Geschaffen habt ihr alles dann«, wobei freilich bereits der Nachsatz: »auch derbster Söhne übermäß'gen Vollgenuß« auf immer stärkere Zweifel stößt. Der deutsche Apostrophenraub, der den Indikativ »ich raub'« nicht mehr vom Imperativ »raub« unterscheiden läßt und gar den Konjunktiv des Imperfekts »ich schrieb'« nicht mehr vom Indikativ »ich schrieb«, macht jede moderne Ausgabe eines Klassikerwerkes schon zur Augenqual, wenn nicht zur vorgestellten Ohrenpein. Abgesehen von der Verwechslungsgefahr, welche manchmal durch den Sinn paralysiert wird, ist das eindeutige Monstrum eines »ich bänd« unerträglich. Diese Zeitsparmaschinen ahnen nicht die Bedeutung eines im Apostroph nachschwingenden Vokals und setzen auch getrost ein raumhaftes »lang« für das zeithafte »lang'«, ohne daß doch in beiden Fällen »lank« zu sprechen wäre. Der Inseldruck der »Pandora« ist ferner dadurch ausgezeichnet, daß das Ende der Dichtung genau bis zum Rand einer rechten Seite reicht, so daß der keinen Abschluß gewahrende, von keiner Abschlußlinie gewarnte Leser die Rede der Eos fortsetzen möchte und umblättert, um das Fragment weiterzulesen, wodurch das Pathos dieses wundervollen Ausgangs zerknickt wird. Die primitivste, von der stilistischen Notwendigkeit erschaffene Druckerregel, daß ein Abschluß von weither sichtbar sei und ein Werk weder rechts unten noch links oben ende, damit eben der Leser rechtzeitig den geistigen Atem auf das Ende einstelle, wird hier mit einer den erhabenen Schlußton, den Gedanken tötenden Ruppigkeit mißachtet. Der Leser muß vollends glauben, daß noch etwas komme, weil er ja noch Blätter in der Hand hält, welche ihn dann freilich mit einem bloßen »Schema der Fortsetzung« überraschen. Der Umstand, daß die »Pandora« ein Fragment ist, also ein Werk, dessen Abschluß aus keinem dichterischen Plan erfolgt war, könnte den Barbarismus nicht als Absicht rechtfertigen, da der Teil als solcher kein Fragment ist; auch wenn noch einer käme, wäre ja jener zu Ende und dürfte nicht rechts unten zu Ende sein. Es ist nichts als Fühllosigkeit, deutsche Raumgewinnsucht und jene typographische Unfähigkeit, die mir seinerzeit die »Luxusausgabe« der Chinesischen Mauer zu einem sechs Monate währenden Leidenskapitel gemacht hat. Von einem Wiener Sachverständigen mußte die berühmte Leipziger Firma (Poeschel & Trepte, deren dekorativen Leistungen auf der »Bugra« Feuilletons in deutschen Blättern gewidmet wurden und die eine der Nährmütter des bibliophilen Snobismus ist) immer wieder belehrt werden, wie man den Satz mit dem auf jene Art ruinierten Schluß (damals links oben, statt rechts Mitte) umgestalte; wie man Zitate einzustellen habe; daß das Wort »neugeboren« nicht nach »neuge« abzuteilen sei u. dgl. Doch sind dies — abgesehen von der Vernichtung des Schlußgedankens — Dinge, die hauptsächlich nur die Ehre des Druckers berühren. Was aber das Heil des Geistes, die Sicherheit des textlichen Bestandes anlangt, so läßt sich summarisch behaupten, daß in Deutschland das Schicksal der deutschen Klassiker besiegelt ist; denn kein Vermerk »Vor Nachdruck wird gewarnt« (der hier kein materielles Autorrecht mehr zu schützen hätte) bewahrt das geistige Gut vor Einbruch. Welche Instanz aber sollte auch den Dichter gegen die Gefahren des Nachdrucks schützen, den Leser davor warnen, da jedem Greisler dessen Vorteile zustehen? Ist einer dreißig Jahre tot, so fressen ihn, zugunsten der Volksbildung, die Verleger. Bezeichnend für die stumpfe Ahnungslosigkeit der »Herausgeber«, der für Leichenschändung bezahlten Ausgräber, wären hunderte von klassischen Versen und Sätzen. Das eindringliche Beispiel aus Lichtenberg, das durch die Jahrzehnte fortgewälzt wird, habe ich einmal graphisch illustriert; jammervolle Verwüstungen am Worte Goethes, Jean Pauls, Schillers könnte ich zitieren. In der heiligen »Pandora« hat der Inselmensch den Setzer an einem der bedeutendsten Verse sich austoben lassen oder, weil er den Gedanken für einen Druckfehler hielt, bewußt und gewissenhaft die nichtswürdigste Änderung bewerkstelligt. Prometheus ruft den Kriegern zu:

> Auf! rasch Vergnügte,
> Schnellen Strichs!
> Der barsch Besiegte
> Habe sichs!

Der Dichter nennt mit einer kostbaren Abbreviatur, die an sich schon dem kriegerischen Wesen gerecht wird, die Nutznießer eines Sturmlebens, worin der Tag gepflückt und halbgenossen vertan wird — eine ganze, in Weinfässer mündende Offensive ist darin —: »rasch Vergnügte«. Dem Drucker oder dem herausgebenden Literaten schien's richtiger und logischer so:

> Auf, rasch! Vergnügte,
> Schnellen Strichs!

Der barsch besiegte Gedanke habe sichs! Die Krieger sind schlechthin vergnügt, weil's immer feste druff geht. Die Leser gleichfalls. Und ich wette hundert versenkte Tonnen gegen eine, daß diese Wiederherstellung den Insel-Verlag und die nach dessen Vorlage weiterdruckenden Händler nicht hindern wird, die deutschere Version beizubehalten.

*

Januar 1921

Die Schuldfrage ist anders zu beantworten. »Wenn Wahn und Bahn der Beste brach / Kommt an und an der Letzte nach.« Der Insel-Druck war der Letzte. Bahnbrecher war die Großherzoglich Weimarische Ausgabe, nach der sich jener bloß gerichtet hat. Dort ist die Schändlichkeit begangen und zwar mit voller Überlegung und Verantwortung der Täter, die sich unter jenen »Lesarten«, die gemeinhin bloß ein Verzeichnis literarhistorischer Unarten sind, der Tat noch rühmen und ausdrücklich zugeben, daß Goethes Handschrift wie auch die erste Ausgabe der »Pandora« die Fassung »Auf! rasch Vergnügte« enthalten habe. Sie haben planvoll verbessert.

Dieser deutschen Angelegenheit wurde ich, als man sich bei uns über den geplanten Verkauf von Kunstwerken entrüstete und eben jene, die Gold für Eisen gegeben hatten, nicht Gobelins für Getreide geben wollten, in der Schrift »Brot und Lüge« gerecht, mit Worten, die nun umso zeitgemäßer sind, als das Geschrei nicht nur auflebt, sondern von den Journalisten auch die Dichter geschützt werden, und zwar gegen die Schändung ihrer Gräber, wofern sie nicht von Literarhistorikern, sondern von unbekannten Tätern verübt wird. Damals schrieb ich:

Ich glaube, daß eine Untersuchung, wie viel Deutsche die Pandora und wie viele den Roten Kampfflieger von Richthofen gelesen haben, ein Resultat hätte, das uns nicht gerade berechtigen könnte, uns in Kulturaffären mausig zu machen. Aber man wende nicht ein, daß Krieg Krieg ist. Wenn das Volk Goethes nicht schon im Frieden gelogen hätte, so hätte es ruhig zugegeben, daß es Geibel für einen weit größeren Dichter hält. Wie könnte man die Unentbehrlichkeit der ewigen Werte für das deutsche Gemüt besser beweisen als durch den Umstand, daß vom Erstdruck des West-östlichen Divan der Verlag Cotta voriges Jahr die letzten Exemplare vom Tausend an einen Liebhaber verkauft hat? Und bedürfte es da noch des erschütterten Blicks auf die Auflagenfülle Heinescher und Baumbachscher Lyrik? Und welche Gefahr müßte denn einem Wortheiligtum drohen, damit das deutsche Kulturbewußtsein in Wallung käme? Die Schmach, ein Kunstwerk aus dem Land zu verkaufen, wo es doch keine war, es hereinzukaufen, möchte jeder Kunstgreisler von unserm Gewissen abwenden. Aber wer protestiert gegen die ruchlose Verwüstung, die den klassischen Wortkunstwerken durch die Tradition der literarhistorischen Lumperei und den ehrfurchtslosen Mechanismus der Nachdrucke angetan wird, durch den frechen Ungeist, der die Sprachschöpfung an der Oberfläche des Sinns identifiziert und korrigiert, und durch ein System, das der Barbarei des Buchschmucks den innern Wert zum Opfer bringt? Welch ärgerer Unglimpf droht denn dem Jagdteppich, als statt in Wien in Paris zu hängen? Hat je ein Konservator anders als durch Ungeschick an dem ihm anvertrauten Schatz gesündigt? Hätte er je wie der Literarhistoriker es gewagt, einen erhaltenen Wert zu zerstören und einen Strich, den er für verfehlt hält, weil seine Stumpfheit eben hier die schöpferische Notwendigkeit nicht spürt, glatt zu überschmieren? An einem der ungeheuersten Verse der Goethe'schen Pandora haben sich die Herausgeber der großen Weimarer Ausgabe dieser Missetat erdreistet, sich unter ausdrücklichem Hinweis auf die Urfassung dazu bekennend, einfach, weil sie die Sprachtiefe für einen Schreibfehler hielten und die schäbige Verstandesmäßigkeit ihrer Interpungierung für die Absicht des Künstlers — »rasch Vergnügte schnellen Strichs«, gleich den Kriegern des Prometheus. Von solchem Hirnriß, der nun für alle folgenden Ausgaben maßgebend blieb und bleibt, von solchem Verbrechen, mit dem sich die deutsche Literaturbildung in ihrer Ohnmacht vor dem Geist noch durch Frechheit behauptet, von solchem Exzeß deutschen Intelligenzknotentums möchte ich sagen, daß er die Kulturschmach von zehn ans Ausland verkauften Tizians, die doch höchstens durch ein Eisenbahnunglück, aber durch keinen Historiker verstümmelt werden können, in Schatten stellt. Möge die deutsche Bildung noch so laut versichern, daß sie ohne Goethe nicht leben kann, ja möge sie es sogar glauben — welche Beziehung hat der deutsche Laie zu einem Vers, wenn der deutsche Fachmann kapabel ist, an dessen Leben Hand anzulegen? Eben noch die, daß er imstande ist, »Über allen Gipfeln ist Ruh« zu einem U-Boot-Ulk oder zu einem Koofmich-Witz aller Branchen zu verunreinigen. Wenn Güter des Geistes den Empfänger so begnadeten, wie die zurechtgemachte Fabel wähnt, so müßte allein von solcher Wortschöpfung, müßte sich von den vier Zeilen, die Matthias Claudius »Der Tod« betitelt hat, von dem einen Wort »Lebt wohl!« in der Iphigenie eine allgemeine Ehrfurcht über den Kreis jener Menschheit verbreiten, in deren Sprache solche Wunder gewachsen sind, nicht allein zur Heiligung dieser selbst, sondern zur Andacht vor aller Naturkraft und zur Läuterung der Ehre des Lebens, zu seinem Schutz gegen alles, was es herabwürdigt, kurzum zu einer politischen und gesellschaftlichen Führung, die den Deutschen dauernd vor dem Gebrauch von Gasen und Zeitungen bewahrte. Es müßte mehr Stille in dem Hause sein, in dem solche Worte einmal vernommen wurden, und kein Gerassel mehr hörbar, seitdem ein Atemzug der Ewigkeit zur Sprache ward.

DER APOSTROPH

Einen Leser in Kansas beschäftigt das folgende, gar nicht wildwestliche Problem:

27. August 1924

Schon lange warte ich auf eine weitere Fortsetzung Ihrer »Sprachlehre«. Und würde es dankend begrüßen, wenn Sie es der Mühe wert fänden, sich einmal über Ihre Anwendung des A p o s t r o p h s zu äußern. Etwa an folgender Stelle von »Traumtheater« (Seite 18)

So ist's, so sei's, so b l e i b ' es allzumal:
q u ä l ich die Lust dir, m a c h zur Lust die Qual!

Ich suche vergebens nach einer ganz befriedigenden Lösung meines Zweifels: warum bei dem Wort »bleib« das Zeichen gebraucht wird, und es bei den Worten »quäl« und »mach« wegfällt. Allerdings fiel mir bald ein, daß die Anwendung im ersten Falle ein typographischer Tempo- und Gewichtsbehelf sein könnte, wie umgekehrt das Weglassen in den beiden anderen Fällen: daß also vielleicht der Apostroph in der ersten Zeile die kleine Verlangsamung markieren, und die Emphase auf jenes Wort ein wenig unterstreichen sollte; während in der folgenden Zeile ein Hinweis auf die Abkürzungen dem beschleunigten Tempo gerade hinderlich wäre. Aber so plausibel diese Erklärung erscheinen mag, ich kann ihr doch nicht recht trauen; sie kommt mir allzu spitzfindig vor. Da sie aber die einzige Antwort ist, die mir mein Zweifel eingab, und ich nicht annehmen darf, daß das Anwenden und Weglassen des Apostrophs bei Ihnen auf Zufall oder gar Willkür beruht, so wäre ich Ihnen von Herzen dankbar, wenn Sie den merkwürdigen Fall gelegentlich behandeln wollten.   A. B.

Die Frage wegen des Apostrophs ist mit der gar nicht spitzfindigen Erklärung beantwortet. Sie ist umso weniger spitzfindig, als sie einen Vorgang erläutert, der, meiner Erinnerung nach, kein Überlegungsvorgang war. Ob aber eine solche Unterscheidung — vor allem zwischen dem Positivgehalt des ersten und dem Negativgehalt des zweiten Verses — in allen Fällen mit vollem Bewußtsein geschieht, ist ebenso gleichgültig wie ob sie in ähnlichem Fall ein anderes Mal eintreten würde, wo vielleicht das Gewicht der Worte wieder anders verteilt wird. Grundsätzlich ist, was der Schreiber empfindet, ganz richtig. Doch deckt sich seine Erklärung auch mit einer, die von außen her die gleiche

Unterscheidung rechtfertigt. Im allgemeinen vermeide ich die apostrophlose Abknappung, hier, in der zweiten Zeile, ist sie nötig zur Unterscheidung von »bleib'«, dem als einem Konjunktiv der dritten Person der Vokal überhaupt nicht genommen werden kann wie dem Indikativ der ersten (quäl) und gar dem Imperativ (mach), dessen Vokallosigkeit ja eine an und für sich richtige Form ist. Daß der Konjunktiv als solcher das e nicht entbehren kann, deckt sich ganz und gar mit der Auffassung, daß hier eben ein nachdrücklicherer Ton gegeben ist. Jener wäre völlig entwertet, wenn durch Gleichartigkeit — insbesondere bei Setzung aller Apostrophe — das Ganze in das Tempo gemächlicher Spruchweisheit gerückt würde. »Ist's« und »sei's« ist nicht nur aus demselben Gefühl gerechtfertigt, sondern wieder auch von außen her damit, daß — abgesehen von dem bedenklichen Lautbild eines »ists« und »seis« — das darin voll empfundene und im Folgenden gesetzte »es« nicht verkürzt werden darf. Der mir unbekannte und anonyme Schreiber des Briefes, eines der erwünschtesten, die ich je erhalten habe, gehört dem Briefpapier nach der »University of Kansas« an. Mir erscheint die Mücke, die da über den Ozean kam, beträchtlicher und wunderbarer als der Elephant, der ihn kürzlich überflogen hat. So bin ich; so ist's, so sei's, so bleib' es allzumal.

DAS KOMMA

ist unbeträchtlich genug, um die Nichtigkeit und die Wichtigkeit alles Sprechens über die Sprache anschaulich zu machen. Seine Wichtigkeit wird im Gebiet jener handgreiflich logischen Verschiebung vorweg einleuchten, von der man schon in der Schule an dem Beispiel eines Orakelspruchs gelernt hat, wie sie die Tatsachenwelt zu bewegen vermag. Daß nach einem falschen Komma im Strafgesetz Fehlurteile möglich sind, davon will man auch schon gehört haben. Schwieriger und ein stilproblematischer Grenzfall ist das Folgende. Die Neue Freie Presse hatte, pietätloser gegen ihren Vater, als ich gegen Peter Altenberg, von meinem Prozeß um die Grabrede Notiz genommen und geschrieben:

> Die Klage inkriminierte, daß in dem Artikel dem Kläger der Vorwurf gemacht worden sei, er habe den Reinertrag der in Broschürenform herausgegebenen Grabrede, die er bei Bestattung des Dichters Peter Altenberg gehalten habe, e n t g e g e n s e i n e r A n k ü n d i g u n g nicht wohltätigen Zwecken zugeführt, sondern für sich verwendet.

Ich berichtigte und schrieb:

> ... Wahr ist vielmehr, daß ein derartiger Vorwurf einer falschen Ankündigung und somit einer betrügerischen Handlung nicht erhoben und nicht inkriminiert wurde. Wahr ist, daß der Angeklagte nur behauptet hat, der Kläger habe die Grabrede verkauft und unter Verschweigung der dem Angeklagten bekannten Tatsache, daß Peter Altenberg Hungers gestorben sei, aus der Pietät Gewinn gezogen.

Die Zeitung hatte somit aus einer Ehrenbeleidigung eine Verleumdung gemacht, die von staatswegen zu verfolgen war und durch keine Abbitte aus der Welt geschafft worden wäre. Denn im Fall der Beleidigung konnte der Angeklagte sagen, er sei schlecht informiert gewesen und jene Ankündigung, von der er nichts gewußt habe, habe ihn eines Besseren belehrt. Im Fall der Verleumdung aber hätte er die Absicht gehabt, eben jene Ankündigung als lügenhaft und betrügerisch darzustellen. Indes, die Behauptung, daß eine Verleumdung gegen mich verübt worden sei — indem ich den Ertrag der Pietät nicht nur für mich verwendet, sondern dies auch »entgegen meiner Ankündigung« getan, also die Öffentlichkeit belogen und die Vereine betrogen haben sollte —, war keineswegs auf eine falsche oder ungenaue Kenntnis des Prozeßinhalts, vielmehr nur auf stilistisches Unvermögen zurückzuführen. Der Berichterstatter wollte das Vorbringen einer Ankündigung, der ich zuwidergehandelt haben soll, nicht dem Angeklagten zuschieben, also ihn zum Verleumder machen, sondern den tatsächlichen Vorwurf des Angeklagten meiner eigenen Ankündigung, die Beleidigung dem wahren Sachverhalt entgegenstellen. Er wollte nicht sagen, jener hätte behauptet, daß ich entgegen der Ankündigung gehandelt habe, sondern er wollte nur sagen, jener habe behauptet, daß ich so und so gehandelt habe, während ich doch selbst das Gegenteil behauptet hätte. Er hatte aber nicht das Talent, diese Darstellung in einem Satz zusammenzufassen. Hier nun wäre ein wenn auch unzulänglicher Behelf die Anbringung zweier Kommata gewesen, von denen das eine, vor »entgegen«, dank der Satzteilung ja schon vorhanden ist und das zweite nach dem Wort »Ankündigung« zu stehen hätte. Zwar würde dies noch immer nicht deutlich genug die Materie des Vorwurfs von dem Inhalt des Berichts absondern, ja unter Umständen, je nach der Einstellung des Lesers, sogar als Hervorhebung des verleumderischen Moments wirken. Immerhin hätte eine Überlegung die Absicht des Berichterstatters, hier einschaltend selbst zu sprechen, hinreichend dargetan.

Eine rein stilistische Entscheidung erfordert die Frage, ob die einschaltenden Beistriche in der folgenden Stelle anzubringen seien:

Von den 5090 Exemplaren der Postkarte »Volkshymne«, die wie es heißt anläßlich der Reise Karls wieder mehr verlangt wurde...

Läge wirklich die Absicht vor, eine Information zu verzeichnen, so wäre »wie es heißt« einzuschalten gewesen. Dieser Nebensatz hat aber hier nur die Beiläufigkeit einer adverbialen Bestimmung, wie etwa »angeblich«.

In Nr. 544/545 der Fackel (»Die Welt ohne Blatt«) wird auf S. 3, Z. 16 v. u., durch das Fehlen eines Kommas eine Lockerung des Satzgefüges bewirkt, die nach allen Richtungen hin eine Gedankenverschiebung zu falschen Zielen anbahnt. Es wird von der Papierdrosselung gesprochen und davon, daß die Angelegenheiten meines Worts und meiner Wirkung auch ohne die Unterstützung der Presse, die sich anmaßt, öffentliche Interessen zu befriedigen, ihre Geltung erlangt haben und sie ohne jede Rücksicht darauf, ob die Zeitungen mehr Papier oder weniger bekommen, auch behaupten werden.

Ja, ich möchte so unbescheiden sein zu sagen, daß gerade diese Interessen, und ihre Befriedigung vor der breitesten Öffentlichkeit, ein Beispiel für die vollkommene Überflüssigkeit der Presse, selbst in ihrem reduziertesten Umfang darstellen.

Hier fehlt nach »Umfang« ein Komma. Die Fülle der Beistriche hätte vielleicht empfohlen, »selbst in ihrem reduziertesten Umfang« zwischen Gedankenstriche zu setzen. Vielleicht auch, die Beistriche vor »und« und nach »Öffentlichkeit« trotz dem Verlust dieser Nuance der Steigerung wegzulassen, um den Objektcharakter von »ein Beispiel« zu sichern. Nun wird dieses zunächst als Apposition gelesen, als ein Nominativ, gleichgeordnet dem Subjekt »Interessen«, was ja dem äußern Sinn nicht zuwider ist, aber freilich das Verbum »darstellen« sinnlos, weil objektlos macht. Nach »Umfang« gehört aber schon aus dem Grund ein Teilungszeichen, weil der mit »selbst« eingeleitete Satzteil zu »Presse« gehört, auf die sich »ihrem« bezieht. Jetzt bezieht es sich auf »Interessen«, was leider wieder einen Sinn, wenn auch einen falschen, ergibt. Es ist vom reduziertesten Umfang der Presse die Rede, der noch überflüssig sei, wenn es die Förderung meiner Sache gilt, und nicht davon, daß diese Interessen selbst in ihrem reduziertesten Umfang ein Beispiel für die Überflüssigkeit der Presse darstellen, was gewiß an und für sich nicht unrichtig wäre, aber irgendwie doch der »breitesten Öffentlichkeit« widerspräche. Durch das Fehlen des Kommas oder eines analogen Zeichens wird also bewirkt, daß die Interessen ein Beispiel nicht darstellen, sondern ein Beispiel sind, und zwar in i h r e m reduziertesten Umfang, anstatt in dem der Presse. — Wie man somit sieht, gehört dieses Beispiel zu jenen Interessen, bei denen der Leser die vollkommene Überflüssigkeit am liebsten auf sie selbst beziehen wird. Denn hier erscheint bloß ein künstlerisches Gut und kein edlerer Teil verletzt. Zum Glück hängt aber die Entscheidung über die Wichtigkeit solcher Interessen mehr vom Schreiber ab. Bedroht hier das fehlende Komma den Satz nur im sprachlogischen Zusammenhang, so kann die Frage selbst, ob es anzubringen sei, sehr wohl einer rein künstlerischen Erwägung entspringen, und insbesondere könnte der geringfügige Unterschied zwischen einem Komma und einem Strichpunkt Spielraum für mehr Zweifel haben, als einen durchschnittlichen Romanschriftsteller in einem Kapitel zu beschleichen pflegen. Doch gilt ja, wer sich beim Schreiben Gedanken macht, für einen Pedanten; denn der Autor hat es mit dem Prätor gemeinsam, daß er minima non curat, sondern diese dem Drucker überläßt, und die Hauptsache ist auch in der Kunst, daß man gesund ist und keine Kopfschmerzen hat.

VOM BÄUMCHEN,
DAS ANDERE BLÄTTER HAT GEWOLLT

Einer der berühmtesten Sprachfehler; aber er sollte noch berühmter dadurch sein, daß ihn die meisten Deutschen nicht hören. Daran verhindert sie eben die Geläufigkeit des gar nicht anders denkbaren Zitats. So muß ein Fall mit demselben Gebreste konstruiert werden. Die Grammatiker sprechen zwar davon, daß es zuweilen notwendig sei, das mit dem Artikel zusammengezogene Vorwort aufzulösen und »von dem«, »an dem«, »zu dem«, »in dem«, »bei dem« zu sagen, aber sie sagen nicht, warum, und behandeln mehr als Etikettefehler, was nichts geringeres ist als eine völlige Verschiebung des Gedankens. »Vom Wein, den ich gekostet habe«: das kann nur bedeuten, daß ich vom Wein im allgemeinen oder von der vorrätigen Gattung im allgemeinen etwas aussagen will und nebenbei, etwa bestärkend: daß ich ihn gekostet habe. »Von dem Wein, den ich gekostet habe« bedeutet, daß ich von dem Wein, den ich gekostet habe, und erst auf Grund dieser Erfahrung etwas aussagen will. Der Artikel hat beinahe den Charakter eines hinweisenden Fürworts (Von jenem Wein, den —). Es ist ein Unterschied, ob ich sage: »Vom ältesten Wein, den —« oder »Von dem ältesten Wein, den —«. Dieses, offenbar das richtige, will von dem ältesten unter jenen Weinen, die ich gekostet habe, etwas besagen. (Hierin sind zwei Demonstrativa enthalten; von jenem Wein, der der älteste unter jenen ist, die —). Das andere würde von dem ältesten Wein handeln, den es gibt und den ich gekostet haben will. In jenem ist die Aussage ohne den Relativsatz, der ein Wesentliches darstellt und einer Begriffsbestimmung gleichkommt, hinfällig. In diesem ist die Aussage auch ohne den Relativsatz, der ihm nur ein Merkmal hinzufügt, abgeschlossen.* Hier ist er eine mit »nämlich«, »übrigens«,

---

* Anders beim Infinitivanschluß, der an sich schon den Zusammenhang gewährleistet und eine Zweideutigkeit ausschließt. Hier kann die Verschmelzung der Präposition mit dem Artikel eintreten: »Beim Versuch,

»notabene« k o o r d i n i e r t e, beigesellte oder gleichge-
setzte, Ausführung; dort ist er s u b o r d i n i e r t, aber das
Verhältnis ist so, daß der Hauptsatz in ihm einen Gefangenen gemacht hat, der ihn nicht mehr losläßt. Da ist nun
gerade, weil die Beziehung so eng ist, die Zusammenziehung
des Vorworts mit dem Artikel (vom, am, zum, im, beim)
verfehlt. Es kann noch eine stärkere Diskrepanz eintreten
als die zwischen Merkmal und Wesen. »Am Tage, als ich
den Brief schrieb« oder »An dem Tage, als ich den Brief
schrieb«. Jenes: ich habe den Brief bei Tag und nicht in
der Nacht geschrieben, und da ist noch anderes geschehen.
Dieses: ich habe den Brief an demselben Tage geschrieben,
von dem ich etwas aussagen will. Der Brief ist sozusagen
das Datum des Tages. Sein Schreiben kann in einen ursäch-
lichen Zusammenhang mit der Haupthandlung eintreten,
die geradezu ihr Motiv von ihm empfängt. In solchem Fall
ist die Einbeziehung des Artikels, die nur jenen andern
Sinn zuläßt, unmöglich. Die Auflösung ist der eigentliche
Behelf des Gedankens, den die Sprache nicht immer so zur
Verfügung hat. Zum Beispiel nicht bei einem »Heute, wo«
oder ähnlichen Zeitbestimmungen, wo ausschließlich das
gedankliche Milieu für den Sinn aufzukommen und zu entscheiden hat, ob eine Verbindung oder nur eine Begleitung

---

zu entkommen«, »Im Begriff, etwas zu tun«, obgleich gerade hier die
Aussage des Hauptsatzes ohne den Infinitivsatz hinfällig und nicht abgeschlossen wäre. Während der älteste Wein ohne den Relativsatz zum
überhaupt ältesten wird, sich also begrifflich verstärkt, besteht der »Versuch« ohne den Infinitivsatz überhaupt nicht und der Artikel, der dort
eine verbindende Funktion hat, hat hier gar nichts mehr zu bestimmen.
Einigermaßen anders wieder vor einem daß-Satz: »zum Beweise, daß«.
Es könnte wohl »zum Beweise, daß etwas wahr ist, eine Tatsache dienen
(oder angeführt werden)«, jedoch müßte »zu dem Beweise, daß etwas
wahr ist, eine Tatsache gehören«. In jenem, wo die Einheit formelhaft
hervortritt, ist die Handlung des Hauptsatzes identisch mit der Beweis-
handlung; in diesem tritt sie erst hinzu. Dort ist »zu« mit dem Beweis
verbunden (»als«), hier mit der Handlung des Hauptsatzes. Ferner bei
genetivischen oder präpositionellen Anschlüssen: Beim oder bei dem
Gedenken jenes Tages (an jenen Tag). Hier würde der Stil zu entscheiden haben, ob der gewichtlosere Inhalt einer Feststellung die Verschmelzung erlaubt oder das Gefühlsmoment (etwa im Schwur) die Auflösung
erfordert.

gedacht ist. Dort, wo der Artikel die Absicht des Hinweises ermöglicht, darf diese nicht verloren gehen. Während »am Tage, als ich den Brief schrieb« nur den Tag der Nacht entgegenstellen könnte, weil »der Tag« sonst keine absolute Funktion für irgendeine Handlung hätte, die man von ihm datieren kann, und man andernfalls eben sagen müßte: »an dem Tage« oder »an einem Tage«, würde etwa »am Abend, als ich den Brief schrieb« das Folgende bedeuten: ich habe am Abend irgendetwas unternommen und bemerke beiläufig, daß ich da auch den Brief schrieb. Die innere Verbindung der beiden Handlungen kann ich eben nur durch die äußere Auflösung bewirken: an dem Abend, als ich den Brief schrieb. Ebenso verschieden ist: »Er kam an dem Sonntag an, wo ich abreiste« von »Er kam am Sonntag an, wo ich abreiste«. Dieses Beispiel führen die Grammatiker, denen ein rechtes Durcheinander mit den zu verschmelzenden oder nicht zu verschmelzenden Vorwörtern beliebt, in einer Rubrik, in der ausgeführt wird: »Wo in ‚am‘, ‚zum‘ der u n b e s t i m m t e Artikel steckt, kann dafür natürlich nicht ‚an dem‘, ‚zu dem‘ eintreten«. Dieser Weisung liegt eine Begriffsverschiebung zugrunde. Eine Grammatik setzt fest, daß in »am« etc. die Verschmelzung mit dem Dativ des »bestimmten o d e r u n b e s t i m m t e n Artikels« erfolgt sei. Das ist falsch. Rein grammatisch ist darin nie der unbestimmte Artikel enthalten, es kann immer nur von »an dem« und nie von »an einem« stammen. Gleichwohl kann es der Fall sein, daß »am« sprachlich einem »an einem« gleichkommt. Aber die Sprache ermöglicht dies nur in formelhaften Wendungen, etwa dort, wo ein Rang, ein Datum, ein Zustand, eine Krankheit bezeichnet wird: »Man wählte ihn zum Gesandten«, »Er kam am Sonntag«, »Es gereicht ihm zum Vorteil« und »Er leidet am Schnupfen«. Grammatisch ist das nichts anderes als: zu dem Gesandten, an dem Sonntag, zu dem Vorteil und an dem Schnupfen, wiewohl es natürlich bedeuten mag, daß er ein Gesandter wurde, an einem Sonntag kam, einen Vorteil gewinnt und einen Schnupfen hat. Aber »einen« Schnupfen: würde man sagen, wenn man diesen schon nach Art und Grad vorstellt; »den« Schnupfen: wenn diese Krankheit nur von anderen unterschieden wird. (Welche Krankheit hat er?) Ausschließlich diese Vorstellung ist in »am Schnupfen« enthalten. (Als Beweis dafür, daß darin der unbestimmte Artikel »steckt«, möchte Sanders anführen, daß man »an einem heftigen Schnupfen« sagt. Worin zweifellos der unbestimmte Artikel steckt.) Einer starb am Durchfall: »der« Durchfall war die Krankheit, an der er starb. An einem Durchfall: etwa als unmittelbarer Todesursache, als Begleiterscheinung einer anderen Krankheit. Er lag am Typhus darnieder und starb an einem (oder a n) Scharlach: die erste Krankheit ist die Kategorie, die zweite der hinzutretende Fall, der in seiner Vereinzelung sichtbar wird. »Steckt« hier wo der unbestimmte Artikel, so nicht in »am«, sondern in »an«. (»Zu einem« könnte auch »zu 'nem« oder »zu'n« ergeben; nie »zum«.) Dem Grammatiker widerfährt die groteske Naivität, »vor weiblichen Hauptwörtern als Namen bestimmter (nicht mehrere Arten umfassender) Krankheiten« den bestimmten Artikel einzuräumen: »An der Gicht, Cholera, Schwindsucht, Pest etc.« Die Ausnahme »an der« als Beweis dafür, daß »am« aus »an einem« besteht! Als ob nicht eher und einfacher das »an der« aus der Unmöglichkeit einer Verschmelzung zu erklären wäre, die eben bei »an dem« gelingt. Daß im Femininum ein Bedeutungsunterschied eintreten soll, ist umso sinnloser, als zum Beispiel doch eher der Scharlach eine bestimmte Krankheit ist als die »mehrere Arten umfassende« Schwindsucht oder Pest. Und schließlich tritt noch die Überraschung hinzu, daß hier wie dort der unbestimmte Artikel gedacht werden kann: an Gicht oder an Typhus. Dort, wo eine begriffliche Gleichartigkeit streng gefaßt ist, die nichts Differenzierendes zuläßt, wird der bestimmte Artikel gedacht, der aber so wenig hinweisenden Charakter hat, daß er die Verschmelzung erleidet, was besonders bei jenen Formeln der Fall ist. Dort aber, wo das Substantivum in seiner Besonderheit hervortritt und eben deshalb mit dem unbestimmten Artikel verbunden ist, kann nie »vom« gesetzt werden. (Hiezu mag, um die Sprachmerkwürdigkeit des unbestimmten Artikels für die bestimmte Sache einprägsam zu machen, darauf verwiesen sein, daß »der« wie »ein« sowohl individuelle als generelle Bedeutung haben können. Aber wie viel deutschsprechende Menschen wird es geben, welche den Vollgehalt eines Artikels empfinden und die beiden am häufigsten in den Mund genommenen Wörtchen durchzudenken imstande sind? Sie mögen den Stilhanswursten des Expressionismus wahrhaft dankbar dafür sein, daß sie sie einer solchen Verpflichtung entheben und mit dem »Abbau« der Artikel erfolgreich eingesetzt haben. Brauchte nicht mehr die Zeit erspart zu werden, die man durch das Nachdenken verliert, was ein Wort bedeutet, so läßt sie sich doch noch dadurch gewinnen, daß man es nicht mehr gebraucht.) »Vom« entsteht nur aus »von dem«, und zwar wenn der bestimmte Artikel keinen demonstrativen Charakter hat, der eine Fortsetzung erfordern würde, sondern den Begriff des Hauptwortes erschöpft. In »am Bache« steckt kein unbestimmter Artikel; entweder bedeutet es: an dem Bach, von dem schon die Vorstellung da ist, im Gegensatz zu anderen Bächen, oder es wird kein bestimmter Bach vorgestellt, sondern d e r Bach als landschaftlicher Typus, etwa im Gegensatz zum Seeufer. Auch in diesem Fall ist es grammatikalisch ein »an dem Bach« mit einem solchen bestimmten Artikel, der jedes Hinweises auf den Einzelfall entbehrt und bloß der Absonderung der Kategorie dient. Nur dort also, wo die Individualität hinter dem Typus zurücktritt, wie etwa »ein« Sonntag »den« Sonntag vorstellt, ist die Verschmelzung möglich. Dagegen kann gerade der unbestimmte Artikel eine bestimmte, fast demonstrative Tendenz haben: Von einem Bäumchen, das andere Blätter gewollt hat. Der unbestimmte Artikel bestimmt hier erst das Bäumchen. (»Ein« bedeutet eben zweierlei.) Da es viele gibt, aber bloß eines, das andere Blätter gewollt hat, so läßt sich diese individuelle Laune nur in der Auflösung darstellen, also nur »von dem Bäumchen« sprechen, das andere Blätter gewollt hat.

Dann erst dient der Relativsatz zur Bestimmung dieser Individualität. Nur wenn ein einziges Bäumchen, sei es in der Natur, sei es in dem überblickbaren Naturgebiet bereits vorgestellt wäre, von dem man dann beiläufig sagen wollte, daß es diesen Gusto gehabt habe (durch den es aber doch wohl selbst verriet, daß es sich aus einer Reihe von Bäumchen emporheben, von anderen unterscheiden wollte), könnte man »vom Bäumchen« sprechen, das andere Blätter gewollt hat. Freilich ist einer der seltenen Fälle gegeben, wo die Isolierung im Angeschauten von der märchenhaften Absonderlichkeit bezogen und das Zitathafte so mit der Vorstellung verschmolzen ist, daß es zugleich mit der Realität entstanden, ja sie erst hervorzubringen scheint. Eine Wirkung, die sich freilich nur der Gewalt der Geläufigkeit verdankt. Deutlicher und schon mehr als Gewalt spürbar, die dem Begriff angetan wird, ist die Unebenheit in andern berühmten Wendungen, deren rein begrifflicher Inhalt die volle Sicherung durch die Satzkonstruktion verlangen würde. Ein Fall, in dem der Artikel vollauf jenen Charakter eines Demonstrativums hat, der die Zusammenziehung verbietet, ist Schillers

> Zum Werke, das wir ernst bereiten,
> Geziemt sich wohl ein ernstes Wort.

Zwar bedürfte »das Werk« keiner näheren Bestimmung und genügte als solches der Vorstellung des Werkes, das gerade bereitet wird. Der Relativsatz kann aber aus dem Grunde nicht als die Beifügung eines bloßen Merkmals hingehn, weil der Gedanke des Hauptsatzes — die Forderung des ernsten Wortes — in eine ursächliche Verbindung mit dem Moment der ernsten Bereitung gesetzt ist. Diese ist ein Hauptgedanke, antithetisch zu »Wort«. W e i l es ein ernst bereitetes Werk ist (e i n s o l c h e s, das; j e n e s, das; oder das charakterisierende e i n e s, wie bei dem Bäumchen), so geziemt sich (auch oder demgemäß) ein ernstes Wort dazu. Ein bloßes Merkmal enthielte der Relativsatz etwa in dem Gedanken: »Zum Werke, das uns Nutzen bringen

wird, geziemt sich —«. Wiewohl auch hier die Ursächlichkeit durchschlägt. Deutlicher noch in: »Zum Werke, das uns
so großen Nutzen bringen wird —«, hier liegt eine klare
Begründung vor, die sich gegen die Zusammenziehung
wehrt. Wie erst dort, wo das Motiv der »ernsten Bereitung«
in der Wortparallele mit dem »ernsten Wort« ist: zur
ernsten Tat gehört auch ein ernstes Wort. Wäre der Relativsatz nur ein Nebenbei und nicht die begriffliche Grundlage, so wäre das »ernst« eine leere Wiederholung, während es in Wahrheit eine volle Identität bedeutet. Freilich
vermag hier die Unebenheit wohl dem Gedanken, aber keineswegs dem Sinn Abbruch zu tun. Anders bei Goethe:

> Vom Rechte, das mit uns geboren ist,
> Von dem ist leider nie die Frage.

Das Recht steht antithetisch zu den »Rechten«, die sich wie
eine ew'ge Krankheit forterben. Folgerichtig würde das der
Konstruktion »Vom Rechte« entnommene Recht als ein Absolutum, von dem nur nebenbei gesagt wird, daß es mit uns
geboren ist, etwa die Summe aller Einzelrechte bedeuten,
das Jus, das sie alle in sich schließt und von dem im Gegensatz zu den Rechten, die sich forterben, nie die Frage ist.
Der Sinn, den die Konstruktion ergibt, ist hier natürlich
keiner, und eben das schützt sie durch Überlegung vor dem
Mißverständnis. Aber er ist an und für sich einer, ein falscher, und darum muß die Überlegung hinzutreten, die
zwar eine Stütze des Sinns, aber auch eine Falle des Wertes
ist. Man weiß, was »gemeint« ist, aber das ist eine Befriedigung außerhalb der sprachschöpferischen Sphäre. Während bei Schiller nur das eine Werk »gemeint« sein kann,
kann hier auch ein anderes Recht gemeint sein als das tatsächlich gedachte: als das mit uns geborne Recht, das Menschenrecht, das Recht, das wir, im Gegensatz zu dem Erbe
der »Rechte«, als ein Pflichtteil der Natur mitbekommen
haben. Schöbe sich nicht das helfende und doch so störende
Moment der Auffassung ein, so könnte man ja versucht sein,
die Verschmelzung aus dem Erlebnis des Zusammenhangs

»mit uns geboren« zu rechtfertigen und solches Ineinander als eine Totalität bis auf die Form »Vom« zu erstrecken. Aber dieser Eindruck wäre keineswegs so zwingend, daß er die Überlegung ausschlösse, welches Recht es sei, und danach die Empfindung, daß hier der Relativsatz jene definierende Kraft eingebüßt habe, die ihm zugedacht war. Wenn sich heute kein Zweifel über den Sinn mehr einstellt, so verdankt es der Satz der Gewalt des Zitats, die er trotz seinem Fehler erlangen konnte und die freilich vor allem bewirkt, daß man über den Sinn nicht nachdenkt. Rhythmus und Reim haben diese Fähigkeit zum Ersatz an den berühmtesten Beispielen bewährt und sie schaffen jene Eingängigkeit, die ein Eingehen in die gedankliche Substanz geradezu verhindert.

Es

(Abdeckung des Subjekts)

Wien, 7. März 1921.

Nicht in der Erwartung, irgend eine Antwort zu erhalten, sondern weil ich Ihrer künstlerischen Ehrlichkeit, die es schon mit sich abmachen wird, vertraue, erlaube ich mir, auf eine Stelle in Nr. 561—567 der Fackel . . hinzuweisen. Da steht eine Stelle, die ich grammatikalisch nicht verstehe: ». . . den Großstadtleuten den Abend, d e r e s w e r - d e n w i l l, zu verkürzen . . .«. Sie wollen den Satz »Es will Abend werden« in relativischer Form bringen und behandeln nun »Es« wie ein richtiges Subjekt, etwa nach dem Muster: »Er wird Maler — der Maler, der er werden will«. Nun ist doch aber »e s« h i e r k e i n S u b j e k t, sondern ein vielleicht aus rhythmischen Gründen eingefügtes Wort, das es ermöglicht, das Subjekt nachzusetzen. So wird aus dem Satz: »Abend will werden« — der Satz: »Es will Abend werden«. Ebenso sagt man etwa statt »der Tag beginnt« — »es beginnt der Tag«. Aber Sie könnten doch nicht sagen: »der Tag, der es beginnt«, sondern Sie müßten in der relativischen Form das »es«, das ja seiner Funktion, die Nachsetzung des Subjekts zu ermöglichen, nunmehr ledig ist, weglassen: »Der Tag, der beginnt«. Demnach hätte ich an jener Stelle Ihres Textes erwartet: »Der Abend, der werden will« zu lesen, worauf ich nicht gezwungen gewesen wäre, die Frage: »der — w a s werden will?« zu stellen. Ich begreife, daß durch die Weglassung des »es« die Assoziation der Wendung »es will Abend werden« gefährdet gewesen wäre, aber ich hätte dies, im Vergleich zu jener grammatikalischen Härte, die nun im Text steht, für das kleinere Übel gehalten.

Ich werde meine Einwendung für sachlich nicht unberechtigt halten, wenn Sie sie in der nächsten »Fackel« nicht erwähnen.

Dankbar

Ihr

— —

Wiewohl die Folgerung, daß das Verschweigen der Ausdruck des Fehlerbekenntnisses wäre, sonderbar genug mit dem anfänglichen Vertrauen in die künstlerische Ehrlichkeit kontrastiert und ganz abgesehen davon, daß ein solches aus der »Nichterwähnung in der nächsten Fackel« doch vielmehr auf die Unrichtigkeit des Einwands schließen müßte, erscheint gerade diese geeignet, vollauf beachtet zu werden, weil der Fall beispielhaft den Abgrund zwischen grammatikalischem Bescheidwissen und Sprachfühlen demonstriert, über den jenes nicht hinüberkommt, weil es nun einmal keine Flügel hat. Er ist deshalb besonders interessant, weil er den Leser durchaus auf dem Stande der Grammatik zeigt, die vor einem der merkwürdigsten Sprachgeheimnisse, das sie bis heute nicht zu erspüren vermocht hat, sich nur durch Verwechslung mit einer ziemlich planen Eigentümlichkeit — dem »vorangestellten es« — helfen kann, wiewohl sich auch diese, als eine tiefer zu begründende Spracherlaubnis, dem grammatikalischen Erfassen entzieht. Daß das »es« in einer Wendung wie »es will Abend werden« kein »vorangestelltes es« ist, sondern ein »r i c h t i g e s S u b j e k t«, daran habe ich zu allerletzt gezweifelt, als ich das Bibelwort in einen Relativsatz brachte. Da die Leser immerhin schon das eine aus der Fackel entnommen haben könnten, daß in ihr noch kaum je ein Buchstabe gedruckt war, ja kaum ein Zeilenumbruch erschienen ist, bei dem sich der Autor nicht ewas gedacht hat, und da solches in weit höherem Maß das Wort beglaubigt als dessen äußere Korrektheit, so wäre eigentlich der Weg zum Nachdenken über Sprachprobleme so deutlich gewiesen, daß jeder in jedem Falle auch ohne Auseinandersetzung mit dem Autor zu einem Erlebnis gelangen könnte, und wer weiß, ob sie sich dann nicht eher an einen Grammatiker mit der Anfrage wenden wollten, wie er mit seinem plumpen Schema dem gar nicht mehr fraglichen Fall gerecht würde. Wenn ich sage, daß ich an der Bedeutung des »es« zu allerletzt gezweifelt habe, so bekenne ich freilich, daß die Konstruktion mit allerlei Zweifeln behaftet war. Aber die Sprache gewährt nur solche und sie läßt nicht zu, daß zwei Worte zusammenkommen, ohne aneinander zu geraten, mögen sie auch in dem gelösteren Zusammenhang des täglichen Sprachverkehrs sich ganz gut vertragen. Das Problematische der Fügung ging jedoch geradenwegs vom Subjektcharakter des »es« aus, den das Gefühl so stark bejaht hat, daß ihm die Sprache hier fast etwas schuldig zu bleiben schien, nämlich etwas wie einen lateinisch gefühlten Akkusativ für das, was »es« werden will, also: der Abend, »den« es werden will und der freilich an Größe verlöre, was das »es« gewinnt. (Während sich ein scheinbar doch gewichtigeres maskulines Subjekt bei dem Nominativprädikat vollauf beruhigt: »der Maler, der er werden will«.) So stark empfand ich die regierende Stellung jenes »es«. Nun nehmen wir vorerst an, dies wäre ein Mißgefühl und das »es« hätte nicht mehr Kraft als in dem Beispiel, das der Einsender anführt: »es beginnt der Tag«. So stünde die Angelegenheit immer noch so, daß sich hier der Stil den Teufel, der ihm nun einmal innewohnt, um die Grammatik scheren müßte. Wir setzen also voraus, daß die Grammatik das »es« in »es will Abend werden« mit Recht für nichts als das »vorangestellte es« hält (das es »ermöglicht«, das Subjekt nachzusetzen, ohne daß der Grammatiker weiß, warum es das tut). Dann würde sich noch immer der Fall ergeben, daß hier stärker als die Konstruktion, die da tatsächlich verlangte: »der Abend, der werden will«, das Fluidum ist, das dem Zitat anhaftet, und daß das fehlerhafte »es« nichts anderes wäre als ein geistiger Ersatz für Anführungszeichen. Denn es wäre doch nicht mehr die Sprache des Autors, sondern eine angewandte Sprache, die als solche ja erst durch die entstandene Regelwidrigkeit kenntlich würde. Nun kann aber auch nicht die Spur einer solchen behauptet werden, selbst wenn alle Grammatiker, weil sie eben dieses »es« nicht durchgedacht haben, es auf den äußern Anschein hin — »es« ist »es« — behaupten wollten. Der Einwand hat sich dadurch als dankenswert erwiesen, daß er die Möglichkeit gewährt hat, der Grammatik auf eine Unterlassung zu kommen, die nicht anders als durch das mangelnde Sprachgefühl jener, die dieser Wissenschaft obliegen, erklärt werden kann. Sollte es einen Grammatiker geben, der den wesentlichen Unterschied zwischen den beiden »es« erfaßt hat, so wäre er natürlich von der Generalisierung, die diese Reglementsgeister trifft, auszunehmen, aber da in der Wissenschaft kaum einer die Erkenntnisse vermeidet, die ein anderer gefunden hat, so muß man gewiß nicht alle studieren, um keinem unrecht zu tun. Sie sagen also, dies »es«, vorangestellt vermutlich aus dem Grunde, weil sich das gut macht und weil die Zunge schon bevor sie spricht das Bedürfnis hat auszuruhn, »bereite auf ein durch Inversion nachgestelltes Subjekt vor«, und finden etwa, daß es sowohl in »es lebe die Freiheit« wie in »es werde Licht« dieser Bestimmung diene. Eben daher hat auch der Einsender die Auffassung, daß es in »es beginnt der Tag« und »es will Abend werden« identisch sei, und weil ich nicht sagen kann: »der Tag, der es beginnt«, so könne ich auch nicht sagen: »der Abend, der es werden will«, weil ich nicht sagen kann: »die Freiheit, die es leben möge«, so könne ich auch nicht sagen: »das Licht, das es werden soll«. Und doch kann ich dies so sicher sagen, wie ich jenes nicht sagen kann, und selbst dort, wo nicht das Zitat immunisierend wirkt. (Ich habe es auch schon einmal gesagt, in den Versen »Es werde Licht« schließe ich: »Ihr lobet Gott; ich weiß, wie Licht es werde.« Nicht: »wie Licht werde«. Die Erlaubnis des Zitats muß hier gar nicht dem »es«, sondern nur dem »werde« zugute kommen, das grammatikalisch bedenklich, stilistisch berechtigt ist durch die Kraft des Zitats wie durch das Moment des Wunsches, das der entliehene Konjunktiv einschließt.) Der Zwang, zu fragen: »das — was werden will?«, besteht für den nicht mehr, der eben die ganze Fülle des »es« in diesen Beispielen im Gegensatz zu der Unwertigkeit des »es« in den andern Beispielen erfaßt hat. Er fragt vielmehr: »Was will es werden?«. Denn in »Es werde Licht« ist das »es« so wahr ein Subjekt, als im Anfang das Wort war. Das stärkste Subjekt, das es im Bereich der Schöpfung gibt, jenes, das Licht wurde, jenes, das Tag wird, jenes, das Abend werden will. (Alles hängt davon ab; alles kann Relativsatz werden.) Es: das Chaos, die Sphäre, das All, das Größte, Gefühlteste, welches schon da ist vor jenem, das daraus erst entsteht. Licht, Tag, Abend ist nicht Subjekt (wie der Grammatiker schlicht vermutet), sondern Prädikat, kann nicht Subjekt sein, weil »es« erst zu Licht, zu

Tag, zu Abend »wird«, sich dazu entwickelt. »Und so ward es Abend; so ward es Morgen — der erste Tag.« (Luther übersetzt berichthafter: »Da ward aus Abend und Morgen der erste Tag«). »Und es geschahe so.« »Und Gott sahe, daß es gut war.« »Es werde Licht« bedeutet nicht: Licht werde. »Es will Abend werden« bedeutet nicht: Abend will werden. »Es beginnt der Tag« bedeutet aber allerdings: der Tag beginnt. Da ist der Tag das Subjekt. Warum nun steht dort auch ein Es »voran«? (In Wahrheit steht es n u r dort »voran«.) Es ist eine Wohltat der Sprache, keine, die sie dem Mund, sondern eine, die sie dem Gedanken erweist, indem sie doch einen Unterschied zur Aussagenorm erleben läßt. Sehr deutlich wird das an dem folgenden Beispiel: »es beginnt der Tanz« und »der Tanz beginnt«. Das »es« — ein dichterisches und kein bloß »rhythmisches« Element — dient der Anschauung: Taktstock, die Paare gruppieren sich. Oder: Programmpunkt innerhalb einer zeremoniellen Entfaltung, »nun beginnt ...«. »Der Tanz beginnt« ist der bloße Bericht, das Begriffsskelett der Handlung; aus dem Wissen heraus, daß »es« der Tanz ist, was da beginnt, wird dieser gesetzt, wobei man weder ihn gewahrt noch die Stimmung, das »es«, woraus er hervorgeht. Man beachte den Unterschied zwischen dem Gedicht »Es rast der See und will sein Opfer haben« (in der landläufigen Zitierung) und dem Bericht: »der See rast und will sein Opfer haben«. Kein Zweifel, daß auch diesem »es«, das tatsächlich dem Subjekt »der See« nur vorangestellt ist, etwas innewohnt von dem Erlebnis des Unbestimmten, dem sich das sinnlich Wahrnehmbare entschält und welches eben in »Es will Abend werden« so stark ist, daß es sich des Subjektcharakters bemächtigt. Die Sprache läßt zunächst beim Rasen des Elements verweilen, worauf erst das Bewußtwerden folgt, daß »es« der See ist, so verwandelt, er, der ehedem lächelnde, und gar nicht wiederzuerkennen, während ihn das bloß aussagende Bewußtsein des Wettermelders sofort erkennt. (Der neue Stilist, der nur Stadien der Wahrnehmbarkeit notiert, würde freilich auch: »Tanz wird« oder gar »Rasendes ist See« sagen. Der Expressionist der Bibel, der »Es werde Licht« sprach, mußte nicht die Sprache aus der Welt schaffen, ehe er diese schuf.) »Es kann der Frömmste nicht in Frieden bleiben, wenn es dem bösen Nachbar nicht gefällt«: ohne Zweifel ist der Frömmste das Subjekt. Doch warum ist »es« da vorangestellt, was soll da erlebt sein, ehe man erfährt, daß es der Frömmste ist, dem »es« zustößt? Seine Wehrlosigkeit, sein besonderer Notstand, ein Es-ist- nicht-auszuhalten, wenn sogar usw. »Der Frömmste kann nicht in Frieden bleiben« wäre die bloße Feststellung, welche noch der Einrede Raum ließe, daß er, gerade w e i l er der Frömmste ist, den bösen Nachbar gereizt hat. (Die Wortstellung bedeutet hier den Unterschied zwischen Ausdruck und Aussage. Selbst ein unterschiedlicher Buchstabe kann den bei Schiller so seltenen Wandel von Lehrmeinung zu Anschauung bewirken und wenn er fehlt, aufheben. Man beachte den von mir einst nachgewiesenen Fall, daß das herrlich plastische »Ein a n d r e s Antlitz eh sie geschehn, ein a n d e r e s zeigt die vollbrachte Tat« von den späteren Druckern und Herausgebern aus dem Wunder des Wechsels von raschem Entschluß in bange Reue, aus dem Doppelgesicht der Seele zu einer öden Doppelansicht [anderes— anderes] verhunzt wurde.) Natürlich wissen die Sprachwissenschaftler von dieser dichterischen Funktion des wirklich »vorangestellten es« auch nichts. Wie würden sie aber Augen machen, wenn man ihnen den reinen Subjektcharakter des »es« in »Es werde Licht« erhellte, indem man, ohne doch das »Es« im geringsten zu alterieren, statt »Licht« »licht« setzt. Da wird es hell. Es tagt. Und wenn »es tagt«: ist das nicht ganz das nämliche »es«, wie wenn es »Tag wird« — und was wäre es dann, wenn nicht das Subjekt? Und »Tag« das Prädikat! »Es wird Tag« und »Es beginnt der Tag«: dort ist »Es« Subjekt, »Tag« Prädikat; hier ist »Tag« Subjekt. Ist ihnen in jenen Fällen das Fehlen des Artikels, welches schon Prädikathaftes andeutet, nicht verdächtig? Der Artikel fehlt, doch dafür möchte man »Es« statt »es« schreiben: merken sie »Es« noch immer nicht? Doch wenn

»es schön ist«, ist da auch noch das »es« vorangestellt? Dem nackten Prädikat, aus dem der Satz besteht? Vielleicht steht's doch bloß für »das Wetter«, »das Draußen«, für das was als die Summe der bezüglichen Sinneseindrücke das große Neutrum der Natur ausmacht? Sie sagen nun auch, es »deute auf einen vor- oder nachstehenden Satz«. Aber: wenn er v o r a n s t e h t, so ist eben der Subjektcharakter gegeben. »,Er ist wohl.' ,Es freut mich.'« Wenn er n a c h s t e h t : »Es freut mich, daß er wohl ist«, so ist »es« eine Inversion, durch die auf das eigentliche Subjekt »daß er wohl ist« vorbereitet wird, wie in »Wer wagt es, zu tauchen« auf das Objekt. Hier will die Sprache das, was sie zu sagen hat, gewichtiger machen. Wenn aber nichts vor- oder nachsteht und auf nichts gedeutet wird, wenn es schön ist und sonst nichts zu bemerken, dann bliebe, da »es« um keinen Preis ein richtiges Subjekt sein darf, wohl nur noch die Vermutung, es sei der Aussage vorangestellt und wenn kein Grund mehr für die Inversion besteht, so müsse es heißen: »Schön ist«. Spüren sie »Es« noch immer nicht? »Es ist ein Kreuz!« Aber ein Moment stellt sich ein, das es auch ihnen schließlich leicht machen wird. Das »vorangestellte es« kann man begreiflicher Weise nur in vorangestelltem Zustand belassen, es wird in keine Verwandlung des Satzes mitübernommen. Außer für ein sofort erkennbares Zitat, so daß ich in einer Stilcharge sogar sagen könnte: »Der See, der es rast« oder etwa, um einen Phrasenschwall zu treffen, mich erkühnte, zum betonten Unterschied von der »Freiheit, die ich meine« von der »Freiheit, die es lebe« zu sprechen. Man kann jedoch an und für sich nicht sagen: der Tag oder der Tanz, der es beginnt, und nicht einmal: der Tag oder der Tanz beginnt es. Aber man kann doch wohl sagen: Tag wird es, Abend will es werden, Licht werde es? Was ist da aus dem »vorangestellten es« geworden? Ein nachgestelltes! Es hat sich erhalten; es lebt, es ist da, es (das Element) behielt es nicht. Denn es konnte eben, weil's ein »richtiges«, ein rechtschaffenes Subjekt ist, nicht verschwinden. Die Vorstellung jedoch, daß in den Beispielen, die die Grammatiker tatsächlich nebeneinandersetzen: »es zogen drei Burschen zum Tore hinaus« und in »es werde Licht« das »es« gleichwertig und gleichbedeutend sei, daß das rein prädikative Licht »nachfolgendes Subjekt« sei wie die drei Burschen, kann nur einer Wissenschaft glücken, die sich mit Handgriff und Registrierung begnügt und, was dieselben Buchstaben hat, als offenbar identisch in das gleiche Fach tut. Wer nicht auf das Letternbild starrt, sondern mit geschlossenen Augen den Weltenunterschied so winziger Räume zu durchmessen bemüht ist, der wird seiner habhaft werden, und noch leichter dort, wo er nicht zugleich die begriffliche Distanz der Beispiele zu bewältigen hat, sondern vor einer begrifflichen Identität: »Es beginnt der Tag« und »Es wird Tag«. Wer aber da nicht spürt, worauf es ankommt, für den kann, wenn er auf die Uhr schaut, wohl der Tag beginnen — d e r e s ihm aber nicht wird. Denn so klein ist dieses »es«, daß er es in der Unendlichkeit, die es bedeutet, nicht erschöpfen wird, und nichts läßt sich erleben als ein Zeitvertreib, ein »Abend, der werden will«, öd wie nur einer, der angebrochen ist und mit dem man nichts anzufangen weiß.

Eine Richtigstellung

Weniger würdig einer Antwort als ihrer dringend bedürftig ist das Folgende:

Wien, 29. März 1921.

In Ihrem Aufsatz ..., der den aussichtslosen Versuch unternimmt, den Dichter Anton Wildgans in seiner hervorragenden Bedeutung herabzusetzen, zitieren Sie nach der Reichspost:

> Denn immer noch, wenn des Geschickes Zeiger
> Des Schicksals große Stunde wies,
> Stand dies Volk der Tänzer und der Geiger
> Wie Gottes Engel vor dem Paradies.

wobei Sie jedoch die Möglichkeit nicht ausschließen, der r y t h m i s c h e Fehler in der 3. Verszeile, den wohl jeder Volksschüler herausfinden und korrigieren könnte, sei auf falsche Wiedergabe zurückzuführen.

Hätte sich der Herausgeber der »Fackel« die Mühe genommen die Strophe im Original nachzulesen (Im Inselverlag, Österr. Bibliothek Nr. 12, S. 12), so wüßte er, daß die betreffende Stelle richtig heißt:

> Denn immer noch, wenn des Geschickes Zeiger
> Die große Stunde der Geschichte wies,
> Stand dieses Volk der Tänzer und der Geiger
> Wie Gottes Engel vor dem Paradies.

was ihm allerdings die Feststellung einer »Fülle von Schicksal und Geschick« unmöglich gemacht, ihn aber dahin unterrichtet hätte, daß in dieser geschmähten Lyrik das Gedicht »Legende« enthalten ist; vielleicht hätte er auch in Erfahrung gebracht, daß dieser Kriegsdichter Wildgans der Verfasser des Dramas »Armut« ist, e i n e m W e r k e , das weder in der Reichspost noch in der Neuen Freien Presse abgedruckt war, daher dem Verlag der »Fackel« bisher — gottlob — entgangen zu sein scheint.

— —

Es ist doch der Vorteil des Briefschreibens, daß eine Intimität, die etwa bei einer mündlichen Ansprache nicht über das Lampenfieber hinauskommen könnte, bis zu der Preisgabe dessen, was sich so in einem Gehirn tut und wie es auf Lyrik reagiert, gelangen kann. Und wenn die Bedenken, dergleichen mit dem Hochgefühl des Beachtetseins auszustatten, gewiß nur von der Pflicht einer tatsächlichen Richtigstellung überwunden werden können, so muß man doch auch dankbar sein für jene Anlässe, die, wo immer sie wachsen, in der Zeitung, auf der Straße, in Briefen, mit der Pein der Befassung zugleich die Freude am Typischen gewähren. Und wenn man sich auch mit dem besten Grund von der Welt, dem, daß es ihrer sowieso schon mehr gibt als man bewältigen kann (in der Wirklichkeit und besonders in der Vorstellung), gegen ihren Zudrang wehrt: sobald sie einmal da sind und eben das bringen, was man sonst vielleicht erfinden müßte, kann man sich doch wieder das, was einem das Leben erschwert, jeweils als Berufserleichterung zurechtlegen und es zufrieden sein. Ist es nicht, wenn man schon das Erlebnis hat, von einem Wildgans-Verehrer »gestellt« zu werden (und mithin zu erfahren, daß es solche nicht nur in der Presse, sondern auch in der Natur gibt), jedenfalls eine Annehmlichkeit, authentische Wildgans-Zitate zu bekommen, die einem die Lektüre des Originals ersparen und alles Wissenswerte noch mit dem Unterschied von Lesarten auf einer Briefseite zusammenfassen? Denn die scherzhafte Anspielung darauf, daß mir von der zeitgenössischen Literatur vieles entgeht, was nicht in der Reichspost oder in der Neuen Freien Presse, also nicht fehlerhaft zitiert ist, rührt mit dem Finger an eine Wunde, an eine nie vernarbende Bildungslücke. Was mich einzig entschuldigt, ist meine ungeheure Anregungsfähigkeit, die sich eben, da ihr ja doch nur ein einziges Menschenleben mit seinen Tagen und Nächten zu Gebote steht, gewisse Schranken setzen muß. Denn wenn ich über Müllers »Flamme«, ohne sie zu kennen, neun Seiten schreibe, welche Arbeit müßte ich erst zu bewältigen haben, wenn ich sie kennen lernte? Ein paar Zitate in der Neuen Freien Presse mußten mir genügen, aber selbst das war zu viel, ich hätte, was ich zu sagen hatte, schon auf das bloße Gerücht hin schreiben können, daß ein Stück von Hans Müller aufgeführt wird, wo kein Zoller, sondern a Hur vorkommt. Ich muß mich dessen schuldig bekennen, daß ich Wildgans gegenüber, dessen Drama »Armut« mir tatsächlich unbekannt ist, weil es weder in der Reichspost noch in der Neuen Freien Presse gedruckt oder auch nur zitiert war, nicht gründlicher vorgegangen bin. Aber wenn ich im Begriffe bin, über eine Strophe von ihm, die ich nicht einmal im Original aufsuche, einen Essay zu schreiben, zu wieviel Büchern würde mich erst ein Buch von ihm anregen? Ich gestehe ohne Umschweife, daß ich eigentlich nicht viel mehr von Wildgans weiß als daß er fromm und bieder, wahr und offen für Recht und Pflicht steht, aber als Christ es beiweitem nicht so überzeugend zum Ausdruck bringt wie gerade Hans Müller. Ich kenne seine berühmtesten Gedichte, die ich für einen großen Dreck halte, wobei natürlich mein Sonderstandpunkt berücksichtigt werden muß, von dem aus alles, was nicht Kunst ist, in seiner hervorragenden Bedeutung umso mehr herabgesetzt erscheint, je gefälliger oder virtuoser, kunstgewerblich anziehender und irreführender es sich bietet, im Vergleich mit jeder andern Dilettantenarbeit. Es ist quantitativ wenig, was ich von ihm kenne, aber da es qualitativ nicht viel ist, so ist es mehr als genug. Es gibt Autoren, von denen ich noch weniger kenne und doch ebenso viel, als ich von ihnen halte, nämlich nichts. Womit beileibe nicht gesagt sein soll, daß ich von Wildgans, weil ich mehr von ihm kenne, auch mehr halte. Zwar begnüge ich mich aus Übergewissenhaftigkeit keineswegs damit, aus der bloßen Tatsache, daß einer heute lebt, auf seine Nichtigkeit zu schließen, aber immerhin hat mir schon manchmal eine Zeile genügt, die über einen irgendwo gesagt war, und wenn ich dazu noch eine Zeile von ihm selbst zitiert fand, so glaube ich mehr als genug getan zu haben, um mir ein volles Bild der Persönlichkeit zu machen. Ich würde mir also Unrecht tun, wenn ich sagen wollte, daß ich von den Leuten, die ich für schlechte Dichter halte, gar nichts weiß. Und wer hätte mir denn je nachsagen können, daß ich nicht bescheiden mein Ahnungsvermögen, sondern mein Wissen gegen die heutige Literaturwelt ausgespielt habe? Da ich auch mit jenem schließlich Recht behalte, brauche ich diesem nicht mehr zuzumuten, als meine Nervenkraft, die doch schon mit dem Gefühl solcher Existenz überlastet ist, vertragen könnte. Wohl weiß ich, daß, sobald ich einmal eingestehen wollte, wie wenig ich im Grunde von den heutigen Dichtern weiß und daß ich zum Beispiel von Sternheim lange Zeit nur ein Telephongespräch kannte, also noch weniger als von Wildgans, man mich der Leichtfertigkeit im Tadel beschuldigen würde. Wenn ich mir selbst das Zeugnis ausstelle, »Armut« nicht zu kennen, so darf ich auch sagen, daß es beiweitem keine solche Schande ist wie stolz darauf zu sein, »Armut« zu kennen. Wäre ich Theaterkritiker, so wäre ich freilich verpflichtet, »Armut« zu kennen oder wenn ich mich nach dem ersten Akt entfernte, mein Urteil nicht ohne diesen Umstand dem Publikum mitzuteilen. So aber begnüge ich mich der deutschen Literatur gegenüber mit dem Standpunkt jenes sachverständigen Dr. Kastan, der in Berliner Premieren beim Aufgehen des Vorhangs »Schon faul!« auf die Szene rief und sich sodann entfernte; wenngleich mit dem Unterschied, daß ich auch dem Schauspiel, wie der Vorhang aufgeht, nicht beiwohne. Aber alles in allem, und um nicht nur den Autoren, sondern auch mir selbst gerecht zu werden, muß ich doch sagen, daß ich nach bestem Wissen und Gewissen vorzugehen glaube, wenn man mir eine Strophe eines Lyrikers reicht und ich dann über diesen wie den Dramatiker ein Urteil fälle, ohne jedoch damit auch über seine möglichen Fähigkeiten als Postbeamter zu entscheiden. Denn nur in der Kunst, wo mir eine Zeile die Persönlichkeit aufschließt, scheint mir die Eignung fürs »Fach« keiner weiteren Untersuchung bedürftig, und darüber hinaus gehe ich nicht. Wenn wir uns also an die Lyrik halten, in welcher ja als der engsten und strengsten Sprachprobe das Wesentliche, wenn ein solches da ist, zum Vorschein kommt — und alles andere ist Umweg und Zeitverlust —, so stünde nun die Sache so, daß ich Gelegenheit bekam, Wildgans nach dem Urtext zu prüfen, wenigstens soweit mir ihn ein glaubwürdiger Gewährsmann vermittelt, eine Gelegenheit, für die ich mehr noch dem Zufall dankbar sein muß, der mir ihn ursprünglich verstümmelt überliefert hat. Einer Frivolität, diesen Zufall ergriffen zu haben, weiß ich mich aus dem Grunde nicht schuldig, weil ich in dem einen Punkt selbst auf die offenbare Verslücke hingewiesen habe und was den anderen betrifft, von der Reichspost als einer Kennerin und Schätzerin der Wildgans'schen Lyrik mir eine so schnöde Beiläufigkeit unmöglich versehen konnte. Ebenso wenig aber hätte ich geglaubt — und es enttäuscht mich an Wildgans —, daß der Dichter auf die richtige Wiedergabe seines Textes keinen Wert legen und die Verstümmelung nicht sofort und ehe ich danach langte, an Ort und Stelle berichtigen würde. Dies umso weniger, als er ja im telephonischen Verkehr mit der Tagespresse reichlich Gelegenheit gefunden hätte, auch von ihr eine Gefälligkeit zu erbitten, die nur die Erfüllung einer Pflicht gewesen wäre. Doch sei dem wie immer und wenngleich den Dichter, der offenbar mit Direktionsgeschäften überhäuft ist, selbst die falsche Wiedergabe seiner Verse in der Fackel unberührt läßt — ich zum Beispiel würde sofort die Burgtheaterdirektion hinwerfen, wenn sie mich an der Wahrung des wichtigsten Autorrechts behinderte —, so ist es jedenfalls ein Glück, daß die Wildgans-Verehrer Zeit haben. Sonst erführe man nicht, daß mein Spott über die »Fülle von Schicksal und Geschick« ganz unberechtigt war, weil die Stelle nicht lautet:

> Denn immer noch, wenn des Geschickes Zeiger
> Des Schicksals große Stunde wies

sondern:

> Denn immer noch, wenn des Geschickes Zeiger
> Die große Stunde der Geschichte wies ...

Das ist allerdings insofern ein Unterschied, als man in der ersten Fassung, die also die Reichspost gedichtet hat, irgend etwas von einer mißglückten gedanklichen Wendung vermuten konnte — etwa Geschick als die waltende Instanz, Schicksal als das jeweils Verhängte —, während in der richtigen Fassung die reine Wildgans-Banalität zu ihrem Recht kommt, jene Dichterei, die im tiefsten Einklang mit dem, was das Publikum zu hören wünscht, ihm das einsagt, was es aus Zeitmangel nicht selbst dichtet und was ihm ins Ohr und sozusagen ins Herz geht; das Mund- und Handwerk, das fertige Ornamente zusammenreimt und Phrasen, die dem Zeitungsleser schon verdächtig wären, wieder genußfertig an den Mann bringt. Also die große Stunde der Geschichte! Und die Reichspost, die doch sicher am 1. August 1914 das Wort gefunden hat, der es auf den Lippen lag wie nur einer, ließ sich das entgehen. Daß es platterdings nur die Geschichtsstunde ist und bleiben wird, in der der österreichische Mittelschüler durchfiel, ist ein Moment, das der wirklich bloß noch in einem Wildgansgedicht möglichen Redensart etwas Beize gibt. Dagegen scheint der österreichische Volksschüler in Deutsch gut abzuschneiden. Nicht weil er weiß, daß Wildgans nicht »der Verfasser des Dramas ‚Armut‘ ist, einem Werke«, sondern eines Werkes. Wohl aber weil er »sofort herausfinden könnte«, worauf ich mir weiß Gott was zugute tat, nämlich daß es heißen muß:

> Stand d i e s e s Volk der Tänzer und der Geiger
> Wie Gottes Engel vor dem Paradies.

Was freilich der Volksschüler, selbst wenn er schon ein Wildgans-Verehrer wäre und einen rhythmischen Fehler nicht nur herausfände, sondern auch wüßte, daß man ihn mit h schreibt — was er unmöglich herausfinden könnte und was ich nur verschwiegen habe, als ich gleisnerisch dem Wildgans den Wert »dieses« zuerkannte, ist: daß ich es nur als Wildgans-Restaurator, nur in seinem Stil hergestellt habe, und daß das falsche »dies« tausendmal besser ist. Ja, daß die Zeile

> Stand dies Volk der Tänzer und der Geiger

schlechthin ein Kunstwerk ist, das sogar mit der widerlichen Vorstellung von d'Geigerbuam, die in d' Cherubim verwandelt sind, fertig wird und das Wildgans keinesfalls hätte schreiben können. Denn nicht weil m i r eine Silbe gefehlt hat, sondern weil sie dem Dichter gefehlt hat, habe ich sie reklamiert. Im Druck- oder Schreibfehler, in dem rhythmischen Verstoß liegt der Wert. Weiter: in diesem Unterschied zwischen »dieses« und »dies«, in der vollkommenen

Beeinflussung des ganzen Gefühlsinhaltes der Zeile durch die Möglichkeit, dies oder dieses zu wählen, in dem Spüren und Wissen, daß die korrekte Auffüllung nur eine leblose Gruppe aus Stearin herstellt, nein, eine schäbige Redensart, die nicht einmal diesen Anblick gewährt, während die Verkürzung die volle, rein lyrische Anschauung eines eben noch heiter bewegten Ensembles darbietet, das sich plötzlich sammelt und steht: darin ist so ziemlich alles enthalten, worauf es in der Kunst ankommt, was die Sprache vermag und was sie Dilettanten wie Epigonen vorenthält, und wer diesen Unterschied durchfühlen kann, dem wird sich der Blick in ein Gebiet auftun, über dessen Angelegenheiten er bisher schwätzen zu dürfen glaubte, weil er ihren oberflächlichen Sinn, ihre Übereinstimmung mit seinen Privatgefühlen, den Geschmack ihrer äußeren Form erfaßt hatte. Ich wußte, daß Wildgans dieses belebenden (und die beabsichtigte Starrheit eben aus dem zuvor Lebendigen bewirkenden) Wörtchens nicht fähig war, und es ihm lassen, hieße ihn mit fremden Federn schmücken. Man achte nur auf den Zauber dieser Veränderung, die das Aufgeben des äußern Rhythmus zugunsten eines innern bedeutet; man beachte, welche Eindringlichkeit dieses »Stand« als erste betonte Silbe mit einem Mal empfängt und wie eben an diesem Halt, durch die eintretende Verkürzung, alles rings herum locker und beweglich erscheint, ganz wie es war, ehe es in die Stellung, die der nächste Vers ihm anweist, überging. So unmittelbar ist die Wirkung, daß sie, ganz entgegen dem Fibelpathos, das die große Stunde der Geschichte wies und pries, heute an die Tragik eines Volkes rührt, dem es bei Gott besser erspart geblieben wäre, aus seinem lockeren Gefüge in die Habtachtstellung von Erzhausengeln zu geraten. Man sieht sie tanzen und man hört sie geigen. Der Ton und das Bild selbst des Geigenstrichs wird lebendig. Aus dem zahmen Gänsemarsch:

$$\cup - \cup - \cup - \cup - \cup - \cup$$

wird dieser Tanz:

$$- \cup - \cup - \cup \cup \cup - \cup$$

Mit den drei kurzen Füßen: T ä n z e r und der (Tänzer-
runde) dreht sich alles, losgebunden von dem ein für allemal gestellten »Stand«. Und nun vergleiche man damit das
in die Senkung gefallene »Stand« in Verbindung mit
»dieses«: wie öd, wie leer dieses Vergnügungslokal ist und
wie nur die animierte Leblosigkeit das »stehende«, herum-
stehende Volk mit dem der Tänzer und der Geiger verbindet, das eine Feuilletonphrase ist, ein tausendmal durch-
zitiertes »Volk der Phäaken«, das dasteht wie beim Gott-
erhalte im Nachtcafé. Und dieser gottverlassene Stand soll
der der Engel vor dem Paradies sein! Nun habe ich freilich
den Kunstwert der einen Zeile vor Augen, ohne auf die
Gräßlichkeit des Vorhergegangenen Bedacht zu nehmen,
das ja natürlich auch sie zweifelhaft oder als Zufallswert
erscheinen lassen müßte, als einen, der durch die Schlamp-
erei des Dichters so gut wie durch die des Nachdruckers
entstanden sein konnte. Ferner wäre die Schwierigkeit zu
bedenken, die sich, über das Maß der beabsichtigten Verwandlung hinaus, im jähen Tonwechsel zwischen der dritten und der vierten Zeile ergeben würde. Denn so kostbar
der Vers ist, den der Dichter nicht geschrieben hat, so reizvoll die Vorwegnahme des »Stand« wäre, um ihm die Bewegung, die er doch ablöst, rhythmisch noch zu verdanken,
so unglaubhaft muß die Ruhe wirken, zu der sie sich gleich
wieder zu sammeln hätte. Wäre Wildgans jener Zeile fähig
gewesen, so hätte er die drei andern, mindestens die ersten
zwei nicht geschrieben und vor allem die Geschichtsstunde
geschwänzt. Ich ließ ihm noch einen Ausweg offen: »Da
stand — —«, ein Mittelmaß, das weit stärker als der originale Vers ist, schwächer als der falsche (indem zwar das
Stehen sichtbar wird, doch nicht die Bewegung, da durch
die nach »Volk« ent-stehende Pause die Tänzer und die
Geiger auch wieder zur Redensart werden), aber immerhin
einen Übergang des Tones gestattet. Ich wußte, daß er auch
dieser Wendung nicht fähig war, sondern, daß seine Zeile
eben lauten mußte: »Stand dieses — —« und daß alles, was
über dieses Niveau emporragt, nur ein Druckfehler sein

kann. Ich glaube, daß, wenn ich die Methode meiner Prüfung auf eine größere Quantität von Wildgans'schem Werk anwenden wollte, für die Qualität wenig hinzukäme. Ob das Gedicht »Legende« gut täte, von mir kennengelernt zu werden, bleibe unentschieden. Mir genügt »Infanterie«, das doch eines von denen ist, die bei einem Publikum, bei einer Literaturkritik und bei allen Instanzen, die in sprachlichen Dingen im Gegensatz zu mir kein Vorurteil kennen, sondern alles was sich reimt fressen, den Dichter berühmt gemacht haben. Es hätte mir aber auch die eine Strophe genügt, von der ich nunmehr glaube, daß sie, auf ihren wahren »Stand« gebracht, so richtiggestellt erscheint, als es nur irgendmöglich ist und der hervorragenden Bedeutung des Dichters entspricht, in der ihn herabzusetzen zwar ein aussichtsloser, aber nicht unberechtigter Versuch ist. Ich würde um alles in der Welt der erfrischenden Naivität, mit der das Publikum die Unversehrtheit seiner Lieblinge von mir reklamiert, auch nicht ein Wort, wie es ihr Dichter geschrieben hat, vorenthalten wollen.

Bei aller dankbaren Schätzung einer lebendigen Teilnahme, die sich in der Befassung mit Sprachproblemen, sei
es in dem Interesse für die schon untersuchten, sei es in der
Aufwerfung neuer, kundgibt, muß gesagt werden, daß der
Dank des Lesers für die Erschließung des geistigen Gebiets
nicht zur Belästigung entarten darf und zum Mißbrauch der
Zeit, die einer Arbeit gehört, an deren jeden Buchstaben
sich ja Sprachprobleme hängen. Wo käme man hin, wenn
man sie alle mit den Lesern erörtern wollte? Haarspalten
ist eine unmögliche Beschäftigung, wenn man's nicht trifft,
und die Nachhilfe, die da von mir verlangt wird, läßt mich
oft in einen Refrain einstimmen, wonach Holzhacken mir
lieber wäre. Weitaus peinlicher sind allerdings die Exper-
ten. Das sind jene, die bereits ein mißlungenes Resultat
darbieten, und zwar mit stummer Gebärde, gegen die es
keine Berufung gibt. Sie zitieren einen Satz aus der Fackel,
streichen den vermeintlichen Fehler an und sind nun überzeugt, daß der Autor da nichts als Zerknirschung fühlen
werde.

»Aber er hat eben dem Erlebnis dieses Kontrastes später einen Aufsatz gewidmet, v o n d e m anonyme Dummköpfe m i c h f r a g t e n ,
ob ich . . . .«

Also eine Konstruktion, von der ein solcher offenbar zweifelt, ob ich —. Die Fortsetzung lautet: ». . . ihn mir ‚gefallen
lassen‘ werde«, und ich ließ ihn mir so gut gefallen wie die
Konstruktion, deren Freiheit in nichts anderm besteht als
in der Verwendung einer Form, die in Fällen, »von« denen
etwas »gilt«, »von denen sie sagten, meinten, wußten,
wünschten« nur darum plausibler ist, weil man, unbezüglich,
»von einem« zwar etwas sagt usw., jedoch nicht fragt. In
Wirklichkeit ist es aber an und für sich eine haltbare (freilich
fast lateinische) Konstruktion, da dieses »von« im relativen
oder sonst freieren Anschluß ein ganz anderes ist als das
in der absoluten und strengen Fügung. Ganz deutlich wird
das bei »zweifeln«. Man könnte nicht sagen: »ich zweifle

von ihm, ob er ...«, wohl aber, »er, von dem ich zweifle, ob er ...«. Und ganz ebenso auch bei »fragen«. Dieses »von« in loserer Anknüpfung ist eben nicht jenes, das die unmittelbare Verbindung mit dem Gegenstand herstellt, sondern es ermöglicht, von ihm etwas auszusagen, was sich »von« ihm eigentlich nicht aussagen läßt, nur ungefähr über ihn, mit Beziehung auf ihn. Die Wendung: »Ein Aufsatz, über den (oder bezüglich dessen) sie mich fragten, ob ich« wäre aber plump. Dieses »von« in der Bedeutung »in Betreff« läßt sich sogar verwenden, wenn die Anknüpfung eine absolute ist, zum Beispiel bei Wedekind: »Und vom Beifall vieler braver Seelen frag ich mich umsonst, woraus er stammt« (zusammenfassend für »was den Beifall .. betrifft«). Es ist eben einer jener Fälle, v o n denen man zwar schon alles zu wissen glaubt, v o n denen man aber zur Kenntnis nehmen soll, daß sie noch manches Wissenswerte enthalten, welches erst jenseits der Schulregel erkennbar wird. (Nun dürfte man aber nicht etwa antworten: Ich nehme von diesen Fällen zur Kenntnis, daß sie ..., sondern: Ich nehme zur Kenntnis, daß diese Fälle ...) Der Stil holt sich seine Erlaubnisse nicht vom grammatikalischen Aufpasser; seine Freiheit beruht auf einem Gesetz, dem sich schließlich auch die syntaktische Norm verdankt.

⁂

Oktober 1925

Recht fatal ist ihm auch die Bereitschaft solcher, die ihm nicht mit der Grammatik, sondern mit anderen Wissenschaften unter die Arme greifen wollen:

>»Die größere Hälfte des Ertrages ....« In den mathematischen Wissenschaften gibt es nur zwei gleiche Hälften. Ist es in den Sprachwissenschaften anders?

Gewiß nicht, wenn sie das mathematische Objekt betreffen. In der Sprachkunst aber kann es auch anders sein. Etwa, wenn wohl ursprünglich die Absicht bestand, zwei Hälften, also natürlich gleiche Hälften, zu verteilen, wenn das aber dann nicht geschah, weil zu der einen noch etwas dazukam, und gleichwohl die ursprüngliche Absicht bekundet werden sollte. Oder wenn der Griff anschaulich gemacht würde, der in gleiche Teile zu teilen unternahm und ein anderes Ergebnis hatte. In der körperlichen und wissenschaftlichen Welt sind's dann keine Hälften mehr, in der geistigen noch immer. Aber es sei zugegeben, daß die Krämerelle der verläßlichere Stil ist.

*

Oktober 1926

Ein Leser verweist auf zwei allerdings problematische Wendungen in der Fackel, deren Gemeinsames in der äußern Inkorrektheit und der scheinbaren Flüchtigkeit besteht. Gleichwohl ist es das Ergebnis einer Verdichtung, wenn in Nr. 668—675 von dem Prunkvorhang die Rede ist, »den ich seit so vielen Jahren wiedersah« und in Nr. 676—678 von dem Bestreben, »um ihre tiefe Nichtbeziehung zum Theater hinwegzukommen«. In einer Sprache der Mitteilung wären es jedenfalls Fehler, und gewiß kann auch hier ohne Schaden für die Gestaltung »nach« und »herumzukommen« gesetzt werden. Rationalistisch besehen, würde die erste Stelle bedeuten, daß seit so vielen Jahren das Wiedersehen vor sich ging. Aber sie bedeutet, daß ich ihn seit so vielen Jahren nicht mehr und nun wieder gesehen habe. In der andern ist gedacht, daß sie um ihre tiefe Nichtbeziehung herum- und darüber hinwegkommen wollen. Für den einfacheren Ausdruck bliebe noch ein Zweifel, ob »um« durch »über« oder »hinweg« durch »herum« zu ersetzen wäre. Das zweite schiene mir der Gesamtvorstellung besser zu entsprechen. Doch kommt es in sprachlichen Dingen mehr auf den Zweifel an als auf die Entscheidung.

*

Dezember 1924

Hochverehrter Herr K.!

Ich verdanke hauptsächlich Ihnen, daß ich mit vermehrten Sinnen lese: die schöne Sprache erhöht den Genuß der geistigen Darbietung. Und umgekehrt darf ich wohl sagen, es sei Ihre dankenswerte Schuld, wenn mir Sprachschlampereien die Freude an inhaltlichen Kunstwerken verleiden.

Dies zur Erklärung meiner Fragen, die dem Wunsch entstammen, belehrt zu werden, nicht dem Ehrgeiz, eines Dichters Irrtümer aufzuspüren.

1.) Ich glaube, der erste Satz der letzten Fackel hätte zu lauten: In dieser kleinen Zeit, die ich noch gekannt habe, a l s sie so groß war; . . . .

Nein. Es ist eine vorhandene, jargonhafte Wendung, die aber auch richtig deutsch ist. »Als« wäre die Zerstörung des Zitats, wäre eigene Aussage und schlecht. Würde bedeuten: ich habe die kleine Zeit damals gekannt, als sie groß war, es wäre also von ihr höchstens ausgesagt, daß ich sie gekannt, nicht aber daß ich sie a l s große Zeit gekannt habe. Es ist einer jener Fälle, wo als der weitere, über die bloße Datierung hinausgehende Begriff der Agnoszierung mit vollem Recht »wie« statt »als« eintritt.

2.) Ich halte es für unzulässig, eine Frage d a h i n zu beantworten und jemanden d a h i n zu informieren, wie es auf S. 36 .. und auf S. 154 .. geschah. Ich meine, es hätte im ersten Falle »damit«, im zweiten »darin« zu heißen; zum Vorbild der Leser umsomehr, als es geradezu krankhafter Brauch geworden ist, sich auch dann »dahin zu äußern« und auch dann »dahin Stellung zu nehmen und zu antworten«, wenn das Wort »dahin« o h n e Ersatz gestrichen werden muß.

Es gibt eben Leser — und gewiß sind sie nicht die schlechtesten —, die der Fackel die »schöne« Sprache verdanken und die Witterung für die Sprachschlampereien in andern Druckwerken. Sie wissen aber doch nicht genug von einem Stil, der die Trivialität des Lebens aus deren eigenem Sprachstoff gestaltet. »Die bekannte Schuldfrage dahin beantworten« ist nicht so schön wie »damit«, aber damit ist meine eigenste Schuldfrage nicht beantwortet. In einer Epoche, in der der bessere Ausdruck plausibel war, hätte ich diesen gebraucht. Heute und hier war die Sphäre nicht anders darzustellen. Ich stelle dar, ich zitiere. Darin ist mehr Stil als im Schreiben. Eben den »krankhaften Brauch« brauche ich. Wo's mein eigenes Wort ist, wird man schon merken. Im zweiten Fall — »dahin richtig informiert werden, daß« —, wo geradezu die Sphäre der Presse den Ausdruck liefert, wäre »darin« auch an und für sich falsch, eine Verschiebung des Gedankens. Nie wäre die Lesung: d a rin zu erzwingen, und »d a hin« bezeichnet eben die Richtung der Information, die Weisung.

3.) Es fällt mir auf, daß Sie auf S. 46.. von einer F ä h i g k e i t, etwas tun zu k ö n n e n, sprechen. Hieße es nicht richtig: »die wegen ihrer Fähigkeit, vom Krieg zu erzählen, von der Verpflichtung, ihn zu erleben, enthoben waren«? Dadurch träte auch der Gegensatz des Erzählens zum Erleben noch schärfer hervor.

Eben nicht. Auch mir fällt und fiel natürlich auf, daß die Fähigkeit, etwas tun zu können, ein Pleonasmus ist. Aber diese Fähigkeit, dieses Können kann ja gar nicht oft genug berufen werden. Die Fähigkeit, vom Krieg zu erzählen, wäre bloß die literarische Fertigkeit, die sie hatten und die sie vom Krieg befreit hat, nicht die moralische Bereitschaft, die sie außer jene Menschheit gestellt hat, welche nur leiden konnte. Sie waren nicht nur fähig, zu schreiben, das heißt, sie konnten nicht nur schreiben, nein sie waren fähig, es zu können. In der glatteren Antithese: »..wegen der Fähigkeit, vom Krieg zu erzählen, von der Verpflichtung, ihn zu erleben..« erledigt sich der grimmige Kontrast schon durch das unübersichtliche Nebeneinander der drei gleich kurzen Satzteile, zwischen denen noch die Nähe der sinnverschiedenen »vom« und »von« Verwirrung stiftet. Ähnlich hat mir einmal jemand die bewußte Überfülle einer Wendung wie etwa »Er erlaubt sich, etwas tun zu dürfen« bemängelt, weil er nicht bemerkt hat, daß hier Devotion dargestellt war. (In diesem beabsichtigten Pleonasmus vertritt das Komma einen Doppelpunkt.) Und noch ein unerfüllbares Begehren:

4.) Endlich bitte ich Sie um Aufklärung, warum Sie mitunter Fremdwörter auch dort setzen, wo gleicher, wenn nicht besserer Sinn und Klangfarbe mit deutschen Worten erzielbar ist. Zum Beispiel: S. 22 Existenz (Dasein), Artikel (Aufsatz), konsequent (beharrlich, unwandelbar, unentwegt); S. 42 interessant (reizvoll, fesselnd), Publikation (Herausgabe), Diktion (Sprache, Fassung), Thema (Gegenstand, Dinge,

Stoff). Ich habe mich auf Fälle beschränkt, in denen es sogar genügt, einfach das Fremdwort zu übersetzen, ohne erst den Satzbau umdenken zu müssen.

In unwandelbarer Verehrung und Ergebenheit

Warum ich Fremdwörter auch dort setze, wo gleicher, wenn nicht besserer Sinn und Klangfarbe mit deutschen Worten erzielbar ist? Weil dort nicht besserer oder auch nur gleicher Sinn und nicht Klangfarbe mit deutschen W o r t e n erzielbar ist (wiewohl diese vermöge ihrer Bodenwüchsigkeit auch den stärkeren Plural haben). Man versuche nur einmal, an jenen Stellen die Fremdwörter in die empfohlenen deutschen Worte zu übersetzen (ohne erst den Satzbau umdenken zu müssen; denn das fehlte noch, daß ich einen Satz anders zu bauen hätte, um ein Fremdwort zu vermeiden). Abgesehen von dem klanglichen Unterschied sollte es mir einfallen, statt von einer journalistischen Existenz von einem journalistischen Dasein zu sprechen! Es wäre geradezu eine Blasphemie (wofür ich tatsächlich Gotteslästerung sagen könnte). Man versuche insbesondere, jenes »interessant« zu übersetzen. Oder die »Diktion« etwa in die »Sprache«, die gleich darauf vorkommt. In den meisten Fällen wird wohl auch dann, wenn der Sinn und selbst auch die Klangfarbe nicht unmittelbar berührt würde, das Fremdwort von mir vorgezogen werden: denn meine Mission ist eine profane und mein Reich ganz von dieser Sprachwelt. Das interessante Thema ist hier oft und oft erörtert worden. Das beste Deutsch hat zwischen zwei Fremdwörtern Raum. Deren Gegner mögen erst ein paar Generationen an die Neuerung gewöhnen, dann werde ich, was die folgende tut, wenn ich's erlebe, in deutschen Worten abbilden.

*

Oktober 1925

... »den k e i n e s Leumunds Schande n i c h t überwinden kann.« Die (wohl?) beabsichtigte doppelte Negation ergäbe wiederum eine sinnstörende Bejahung.

Kein Zweifel. Und dennoch könnte sie beabsichtigt sein? Aber die »Sprachlehre« kann unmöglich auch dem löblichen

Zweck gerecht werden, die Grundlage der Schulbildung auszuflicken. Denn wenn eine Leserin sich Sorgen macht, weil sie doch in der Logikstunde gelernt hat, daß eine doppelte Negation eine Bejahung ergibt, so ist das zwar bedauerlich. Aber dafür, daß sie in der Lesebuchstunde die Beispiele der verstärkten Negation (zumal in der volksmäßigen Tonart der Sphäre, in der der Leumund umgeht) versäumt hat — dafür werde ich doch nicht verantwortlich sein?

Und so geht's weiter im Bedürfnis nach einer Aufklärung, die sich doch jeder in einer Besinnungspause, ehe er den Briefträger mobilisiert und noch andere Arbeitskräfte beschäftigt, selbst verschaffen könnte. Ärger aber sind die Fälle, in denen sie nicht erbeten, sondern gewährt wird, und der ärgsten einer: der mich nicht selbst betrifft, sondern im Ton der Beschwerde an ein vermeintliches Aufsichtsrecht appelliert. Ein Rechnungszettel eines Zahlkellners oder ein Abriß vom Rezeptblock eines andern Fachmannes ist es, auf dem schlicht die Anzeige erstattet wird:

Lichnowsky, Fachmann, 284 oben:
»mitbringen w ü r d e , wenn Sie mir Gelegenheit g e b e n« (entweder w e r d e , dann g e b e n , oder w ü r d e , dann g ä b e n).
285 unten: »Apfelmus .... Teller davon machen zu lassen« Aus Apfelmus kann man keinen Teller machen, d i e D a m e meint »T e l l e r v o l l« machen zu lassen. Sie hat wenig von Ihnen gelernt, ähnliches findet sich fast auf jeder Seite.

Wenn sich ähnliches auf jeder Seite des »Kampfs mit dem Fachmann« findet, dann ist jede Seite gut. Wenn ich aber das gelehrt habe, was der kundige und manierliche Thebaner mir abgenommen haben will, dann ist jede Seite von mir schlecht. Es ist ein ausgesprochenes »Mausi« von einem Fachmann, der den Kampf aufnimmt, und es bleibt schon nichts übrig, als es mit dem Speck seiner Sprachkenntnis zu fangen. Zunächst dort, wo der Fachmann für Grammatik auch einer für Tellererzeugung ist, der sehr richtig meint, daß man »aus« Apfelmus keinen machen kann. Nur daß eben die Autorin nicht von einem Teller »daraus«, sondern von einem »davon« gesprochen hat. Von Apfelmus kann man immerhin ein Quantum machen und selbst ein Porzellanfachmann würde wissen, daß ein Teller nicht nur als Gefäß, sondern auch als Maß in Betracht kommt. Der andere Einwand ist das Schulbeispiel einer Ahnungslosigkeit, die durch ihre Pietät für den Willomitzer vor jedem Eindringen in die sprachliche Sphäre geradezu geschützt bleibt. Man muß aber den Kampf selbst mit einem Flachmann aufnehmen, der da vermutet, daß, weil hier »wenn« steht, eine conditio sine qua non vorliege, ein Verhältnis, in dem der Nachsatz den Vordersatz bedingt und dieser ohne jenen überhaupt nicht bestünde: Ich würde die Trophäe mitbringen, wenn Sie mir Gelegenheit gäben zu jagen — Sie tun es aber nicht. Also schon eine reine Kausalbeziehung. Gedacht ist aber, daß die Gelegenheit außer Zweifel steht. Auf dieser einmal gegebenen Prämisse ist das Mitbringen der Trophäe etwas, was sein oder nicht sein kann. Der Erfolg hängt nicht von der Gelegenheit ab, sondern von der Fähigkeit (von der Wahl, die dann immer noch bleibt, oder dergleichen). Die Gelegenheit ist schon da, auf ihrer Basis beruht die Möglichkeit, beruht die Entscheidung über das, was im »würde« enthalten ist. Das »wenn« ist hier so viel wie etwa ein »sobald« (sobald als), das »würde« nichts anderes als ein »werde«, welches aber mehr das Vorhaben ausdrücken würde als die Fähigkeit, die sich die Leistung zutraut. Auch in der Wendung: »ich werde..., wenn Sie mir geben« wäre natürlich keine Bedingung enthalten, sondern nur das Verlangen nach der Gelegenheit, die Leistung zu vollbringen. Der Fachmann ist durch das »wenn« geblendet, vermutet eine zu erfüllende oder bereits unerfüllte Bedingung und würde wohl auch die (bald folgende) Konstruktion bemängeln: »Und wenn der Brief hundertmal echt war, gerade der Ton könnte die Annahme rechtfertigen, daß er erfunden sei«. Hier ist das »wenn« ein »wenn auch«, eine gedachte Grundlage, auf der sich erst die weitere Möglichkeit (»könnte«)

ergibt. (»Wenngleich« würde die konkrete Grundlage bedeuten.) »Wenn sich ähnliches auf jeder Seite des ‚Kampfs mit dem Fachmann' findet, dann ist jede Seite gut.« Ich könnte auch, ohne den leisesten Zweifel ausdrücken zu wollen, sagen: »dann wäre jede Seite gut«, in dem Sinne eines Eingehens auf die von jenem gesetzte Basis: »wenn das so ist, dann wäre«; ich sage es nur positiver. Freilich: »wenn sich ähnliches.. fände, dann wäre...« —dies wäre die bedingende Beziehung, durch die ich ausdrücken will, daß es sich n i c h t findet, weshalb n i c h t jede Seite gut ist. Die getadelte Wendung ist grammatisch richtig. Die engere grammatikalische Konvention, die dieses Stilproblem unmöglich berühren kann, darf bei der Niederschrift eines solchen Satzes wohl vor das Bewußtsein treten, aber einzig zu dem Zweck, um mit gutem Entschluß sogleich zurückgestellt zu werden. Er ist, wie er ist, stilistisch der vollkommene Ausdruck dessen, was ausgedrückt werden soll, und jeder der beiden, die der Fachmann vorschlägt, wäre schlecht. Ob der Autor des Kampfs mit der Sorte etwas »von mir gelernt hat«, weiß ich nicht. Hätte er aber nur solche Erwägung und solches Vollbringen wie die vom Fachmann getadelten Sätze von mir gelernt, so wäre das offenbar doch mehr, als was die Fachmänner von mir gelernt zu haben wähnen.

✳

August 1924

Sehr verehrter Herr K.,

Es ist nicht einfach, Ihnen einen Brief zu schreiben; aber vielleicht entschuldigt der gute Wille das Wagnis.

In der letzten Nummer der Fackel, Seite 139, letzte Zeile, schreiben Sie: ».... denn schließlich alle Tage wird man nicht fünfzig Jahre und ebensooft hervorgerufen.«

Das Wort »ebensooft« ist unbedingt ein Lapsus; denn die Beziehung auf »fünfzig« oder auf »fünfzig Jahre« ergibt eine Glosse in der Fackel!

Darf man Sie mit dem Hinweis auf diese winzige Entgleisung bitten, bei Autoren, die sonst ein einwandfreies Deutsch schreiben, Nachsicht walten zu lassen — in der nachsichtigen Annahme, daß sie nur »entgleist« sind?

Wer ich bin: ein Übersetzer, der bisher übersetzt hat aus Liebe

zum Wort und zur Wortschöpfung — — und der Ihnen dankt für
das Beispiel, das Sie allen ohne Ausnahme geben, durch Ihren ex-
tremen Respekt vor der »Alchimie des Wortes«.

Ihr aufrichtig ergebener

— —

Sehr geehrter Herr!

Sie sagen, es sei »nicht einfach«, Herrn K. einen Brief
zu schreiben, und müssen leider Recht behalten. Der »gute
Wille, der das Wagnis entschuldigen soll«, ist die Absicht,
in der Wendung ». . . denn schließlich alle Tage wird man
nicht fünfzig Jahre und ebensooft hervorgerufen« einen
Fehler zu entdecken. Das Wort »ebensooft« sei »unbedingt
ein Lapsus; d e n n die Beziehung auf ‚fünfzig‘ oder ‚fünfzig Jahre‘ ergibt eine Glosse in der Fackel!« Unbedingt
erscheint uns hier nur das »denn« als ein Lapsus, während
uns die Glosse keineswegs ein unvermeidliches »Ergebnis«
jener Beziehung dünkt. Sie danken Herrn K. für den »ex-
tremen Respekt vor der Alchimie des Wortes«, haben ihn
aber selbst ganz und gar nicht bewährt, indem Sie in der
satirischen Abbreviatur der Verbindung bereits gesetzter
Motive: »fünfzig Jahre« und »fünfzig Hervorrufe« nicht
die stilistische Absicht erkannt haben. Wir machen Sie deshalb auf einen weiteren Fehler dieser Wendung aufmerksam: denn nicht nur, daß ebensooft (statt etwa »ebenso
viele Male«) nicht den fünfzig Jahren entspricht, können
Fünfzig Jahre werden und Hervorgerufenwerden kein gemeinsames »wird« ergeben. Aber der Alchimie des Wortes,
als der Kunst, unedle Metalle in edle zu verwandeln, ist
eben alles möglich. Trotzdem steht der Erfüllung Ihrer
Bitte, »bei Autoren, die sonst ein einwandfreies Deutsch
schreiben, Nachsicht walten zu lassen«, nichts im Wege. Zumal wenn diese Bitte pro domo gesprochen wäre — Sie
stellen sich ja als Übersetzer vor —, und wiewohl gerade
ein »einwandfreies« Deutsch diese Eigenschaft nicht zu beweisen scheint. Die Nachsicht für »Entgleisungen«, die Sie
wegen der ihm selbst widerfahrenen vom Herausgeber der
Fackel verlangen, wird Ihnen ganz und gar gewährt, und
um dieser Beruhigung willen ist es gut, daß Sie sich im

Gegensatz zu so vielen Briefschreibern nicht beschieden haben, Ihre Entdeckung anonym vorzubringen.

— —

Die Folge: das immer wieder erlebte, hier einstweilen noch briefliche Umsichschlagen des »Verehrers«: »in der letzten Zeit« sei ich »größenwahnsinnig geworden, größenwahnsinnig und eitel« (eine etwas späte Entdeckung), Freunde hätten ihm abgeraten, mir das zu schreiben, ich würde ihn nun »erledigen«, er jedoch würde sich das »zur Ehre anrechnen« (das glaub ich), »im Übrigen ist das unwesentlich« (glaub ich auch); meine Art beginne »peinlich« zu werden (ohne Zweifel), die Antwort habe ihn »einfach traurig gemacht«, »traurig und niedergeschlagen« sei er. Ja warum denn? Weil er, der seine stilistische Unzulänglichkeit durch deren Anschuldigung beweist, sachlich belehrt wurde? Nein, weil ich damit »eine so verblendete Eitelkeit« beweise, »daß man nur traurig werden kann«. Ich; man. Und was die Sache betrifft?

Im Übrigen haben Sie meine Einwände nicht entkräftet, sondern einen großen, von »liebenswürdigen«, unsachlichen Bemerkungen t r i e f e n - d e n B o g e n um den Mittelpunkt der Sache geschlagen.

Und was ich doch, durch meinen beispielgebenden Respekt vor der Alchimie des Wortes, wieder einmal für Unheil angerichtet habe! Ein Bogen, der trieft und zwar von unsachlichen Bemerkungen. Und ich hätte geglaubt, daß das nur ein Tinterl kann.

*

August 1924

Einer, der nicht traurig, sondern heiter, und nicht niedergeschlagen, sondern, weil anonym, frech ist. Aber da so etwas auch die Frechheit hat, seine Bemängelung »Zur Sprachlehre« zu betiteln, und weil sie in der Tat in diese gehört, so sei ihm das Hochgefühl, von mir beachtet zu sein, vergönnt:

Nr. 649—656, Seite 78: »als ob nicht gerade an dem Tage ganz Berlin s c h o n gelacht hätte.« Frage an Herrn Kraus: Sie wollten also nicht sagen, daß an dem Tage schon (dem Ihrer 1. Vorlesung in B.) ganz Berlin das Lachen begonnen hatte, sondern daß ganz B. schon gelacht h a t t e? Es hatte bereits ausgelacht, hatte sich den Bauch gehalten vor Lachen, war damit, wie gesagt, aber bereits fertig! Frage an Herrn Kraus: ?

> Krieeeeeh!
>
> (der im übrigen brav die Fackel liest)

Ein scherzhafter Blödling. Er meint offenbar, der Ruf des zerspringenden »Spiegelmenschen« werde nun von mir ausgestoßen werden. So etwas, durch mein Dasein in unaufhörlicher Bewegung, glaubt etwas entdeckt zu haben und überzeugt damit gewiß zwei Dutzend noch zarterer Organismen, welche ihn für den berufenen Vertreter der Sache halten, die ich usurpiert habe. Noch aufs Kuvert — nachträglicher Einfall — setzt er:

> Ausrede auf »schon ganz B e r l i n« gilt nicht! (Krieeeeeh)

Ich werde diese Ausrede keineswegs gebrauchen, sie wäre nur die Dummheit dessen, dem sie als Möglichkeit einfiel, denn welche Stadt außer Berlin sollte noch gelacht haben? Glücklicher wäre die Ausrede (die er nun gebrauchen wird): »schon g a n z Berlin«. Aber daß »an dem Tage schon« das Lachen begonnen hatte, wollte ich tatsächlich auch nicht sagen, weil mir die witzige Möglichkeit, daß das Lachen meiner ersten Vorlesung gegolten hat, nicht in den Sinn kam. Und noch weniger wollte ich sagen, daß ganz B. schon gelacht h a t t e. Die Vorstellung, daß das »als ob . . . . gelacht hätte« die konjunktivische Form des Plusquamperfekts »gelacht hatte« (mit dem Lachen fertig war) bedeuten könnte, kann nur ein ganz armer Teufel hegen, der es, selbst wenn ich's ihm einbläue, nicht spüren wird, daß der Sinn, den er mir da scherzhaft unterschiebt, doch die Form verlangte: »gelacht gehabt hätte«, während »gelacht hätte« die Gleichzeitigkeit mit der Handlung des Hauptsatzes voraussetzt. (Herr Kerr »hat sich präsentiert«, als ob Berlin nicht »gelacht hätte«. Das Lachen wäre in d i e s e m Konjunktiv nur dann bereits vorbei, wenn es hieße: Er präsentiert sich, als ob B. nicht gelacht hätte.) Da ich aber nicht dies, nicht das und nicht noch etwas, das einem sprachstrengen Esel einfallen könnte, habe sagen wollen — was wollte ich dann eigentlich sagen? Ich wollte sagen und habe gesagt: Die Kerr-Sensation begann an dem Tage, an dem die erste Vorlesung stattfand, vor deren Publikum er sich »n o c h in voller Unbefangenheit präsentiert« hat. An dem Tage hat ganz Berlin s c h o n g e l a c h t. Nicht zu Ende gelacht (nicht: gelacht gehabt), sondern mit dem Lachen begonnen; nicht weil es meine erste Vorlesung war, sondern weil es der Tag war, an dem die erste Enthüllung über Herrn Kerr erschien, und das Lachen wurde mit jedem Tage, der eine neue brachte, stärker, bis daß er nach Kalifornien ging. Aber er zeigte sich »noch«, als man »schon« lachte. Das »schon« antwortet also dem »noch«. Der Satz hat den Akzent, den die Stellung des »schon« vor »gelacht« erzwingt, und damit den einzigen Sinn, den er haben kann: den Sinn, den er hat. (Wobei das »schon«, dank seiner Stellung nach »Berlin«, immerhin auch an den Umfang des Gelächters — g a n z B e r l i n schon — etwas abgeben mag; denn ein Satz ist eine Gestalt und nicht bloß eine Konstruktion und muß die Kraft haben, über die Sinnbetonung hinaus jedem Begriff zu seiner Fülle zu verhelfen.) Nur einem Drehgehirn kann es gelingen, auf der Suche nach dem Sinn ihn zu verlieren, ihn durch Beziehung des »schon« auf den »Tag« (der ja durch das »gerade« determiniert ist) oder auf »Berlin«, oder gar auf ein unmögliches »hatte« zu verhunzen. Und es will mir »Sprachlehre« unter die Nase reiben!

*

August 1924

Einer, der den Mut seiner Überzeugung hat:

In Ihren »Sprüchen und Widersprüchen« schreiben Sie:
»Ich möchte den Schweiß um die Trophäen der Kindheit nicht v o n meiner Erinnerung wischen.«

Ohne diese Versicherung hätte ich nicht geglaubt, daß Ihre Erinnerung schwitzt.

— —,

der niemals — also auch Ihnen zuliebe nicht — anonym schreibt.

Gut. Doch anonym wäre besser, da ich nicht Bekanntschaften mache. Aber warum sollte meine Erinnerung nicht schwitzen, wie die Stirn, hinter der sie sich begibt, und wie die Stirn, an der sich begab, woran sie sich erinnert? Die Erinnerung tut doch alles, was ihr Inhalt tut! Das hat sie vor den gescheiten Lesern voraus, die bei einem Gedicht nicht mittun wollen. Sie wird sogar lachen, wenn sie sich einmal an die Versuche erinnert, mir fehlerhafte Formen nachzuweisen. Ich bin nicht so größenwahnsinnig zu glauben, daß ich keiner solchen fähig sei, ich bin darin sogar recht unsicher und habe eigentlich eine Richtlinie nur in der Gewißheit, daß jene Formen, die die gescheiten Leser für fehlerhaft halten, es nicht sind.

*

Juni 1921

Bei aller Wertschätzung für Karl Kraus wäre es doch besser gewesen, den Aufsatz .. nicht gar so langatmig zu halten. Nicht jede Nichtigkeit ist derart breitzutreten!

Ich glaube nicht, daß der viel von der Sprachlehre haben wird. Welche Nichtigkeiten werden da breitgetreten! So breit, daß man aus jeder Zeile erst etliche Seiten schlagen müßte, um sie für so einen Leser verständlich zu machen. Es besteht ganz sicher eine Tollhausperspektive zwischen mir und dem gesunden Leserverstand; nur fragt sichs, wer drin und wer draußen ist. Ich bin für derlei ein Problem der Quantität geworden! Nämlich so: mir können im Anschauen eines solchen Gehirns, vor dem ich mit verschränkten Armen, es spielen lassend, dasitze, zehn volle Seiten einfallen. Es antwortet, ich hätte eine Nichtigkeit breitgetreten. Nun ist aber jede Zeile der zehn Seiten so schlank und schmal, so fettlos, so mazeriert, daß man sie, um sie wieder für das Gehirn genießbar zu machen, zu zehn Seiten mästen müßte. Es denkt: Zehn Seiten sind »über« etwas geschrieben, dessen Beachtung im täglichen Berufsleben, das kaum Zeit für die Aufnahme der wichtigsten Themen gestattet, nicht eine Zeile verdienen würde. Also habe ich die Nichtigkeit offenbar breitgetreten. Denn über den Napoleon kann man ein Buch schreiben; wer jedoch über einen Feldwebel eines schreibt, hat das Thema breitgetreten. Diese Anschauung ahnt gar nicht, daß es noch den Vorwurf gibt: daß mein Stil schmalgetreten sei und daß die größte Schwierigkeit für den Leser in der gedanklichen Überlastung des Wortes beruhe und in der Unmöglichkeit, in dem vom Feuilleton her gewohnten Tempo auch nur den oberflächlichen Sinn mitzunehmen. Mit der Langatmigkeit aber stimmt es durchaus. Sie dünkt denen, die zu kurz atmen, um mitatmen zu können, als ein Mangel. »Bei aller Wertschätzung wäre es —« Was schätzt mich da wert und was mag es an mir wertschätzen? So kurzatmig kann ich nicht schreiben, aber wenn ich eine Seite über diese Konstruktion schriebe, wie ginge ich der Wertschätzung erst verlustig! Denn es ist doch eine Nichtigkeit, die nicht wünscht, daß man sie breittrete. Nicht daß es so etwas gibt, ist das Kuriosum, sondern daß es glaubt, auf mich einen andern Eindruck zu machen als den der Erinnerung, daß es so etwas gibt. Einer, der von meinem Plan wußte, den Lesern nicht nur Sprache zu geben, sondern auch Sprachlehre zu erteilen, prophezeite mir einen Aufruhr des faulen Leserbehagens, wie ich ihn noch nicht erlebt habe. Ich erwarte mir mehr stille Apathie. Von zehntausend dürften dreihundert wissen, daß hier eben darum so Wichtiges vorgebracht ist, weil es die andern nicht ahnen, und diese, mit dem Gefühl, betrogen zu sein, ihren Groll hinunterwürgen und mich künftig ungeschoren lassen. Daß sie »kein Interesse« für dergleichen haben, ist doch eben das, was mich interessiert. Umso näher ist mir das mir Nächste, je ferner es ihnen liegt. Ich fühle ganz mit ihnen, daß es fürs Leben wichtigere und zur Erholung geeignetere Beschäftigungen gibt als den Versuch, Normen und Formen vom Sprachgeist her zu durchdringen. Aber da der einzige Erfolg, den ich mir wünsche, darin besteht, mich mit dem, was ich für wesentlich halte, beschäftigen zu dürfen und darin ungestört zu sein, so kann mich ihr Verdruß beiweitem nicht so enttäuschen wie sie meine Passion.

Ein klassisches Zeugma
(Verbannung des Subjekts)

Dezember 1924

Verehrlicher Verlag!

— — Im Augustheft der Fackel findet sich ein Artikel »Zwei, die über mich herzlich gelacht haben« (S. 145), worin mir die tödlich treffende Bemerkung zu dem Satz: »Daß er in den Jargon ausrutscht....« helle Freude bereitet hat. Die Kennzeichnung der Ihering'schen Sprachsünde als »Inzucht von Subjekt und Objekt« ist von unübertrefflicher Prägnanz.

Nun aber finde ich auf Seite 183 ein Zitat mit dem Zusatz: »Gegen Ehrenstein? Nein, von!« Hier ist »Ehrenstein« zwar beidemale Objekt, aber das einemal im 4., das anderemal im 3. Fall. Auch diese Inzucht von Akkusativ und Dativ erscheint mir unzulässig. Dies wird sofort klar, wenn man das Satzfragment in's Lateinische übersetzt. »Contra Ehrensteinum! Non, ab!« ist nach meinem Empfinden unmöglich. Es würde mich interessieren zu hören, ob hier ein Übersehen des Herrn K. vorliegt oder ob er die erwähnte Sprachbildung mit irgendwelchen mir nicht bekannten Gründen rechtfertigen kann. In diesem Zusammenhang verweise ich übrigens auf einen Schiller'schen Satz, der an dem gleichen Übel krankt. Der Titel seiner Antrittsvorlesung in Jena lautete: »Was ist und zu welchem Ende studieren wir Universalgeschichte?« (Ich zitiere aus dem Gedächtnis.)

In Erwartung einer wahrscheinlich lehr- und aufschlußreichen Erwiderung des Herrn K. zeichne ich ergebenst — —

Im allgemeinen ist es gewiß schon viel, daß Leser sich eines Problems bewußt werden, wenn sie gleich nicht die Lösung finden. Hier aber scheint es fast schwieriger, das Problem zu sehen, als die dann selbstverständliche Lösung zu finden. Es bedarf natürlich nicht der Übersetzung ins Lateinische, um mir klar werden zu lassen, daß »Ehrenstein« dort ein Akkusativ, da ein Dativ ist, also an und für sich nicht von verschiedenen Verhältniswörtern abhängen kann. Die Schiller'sche Wendung, die dasselbe Wort als Nominativ und als Akkusativ fungieren läßt, ist natürlich nicht besser als die des Herrn Ihering. Derselbe Grammatikfehler in der Wendung »Gegen Ehrenstein? Nein, von!« ist keiner, sondern ein stilistischer Vorzug. D e r F e h l e r w ä r e vorhanden, wenn es hieße: »Nicht gegen, sondern von E.!«, wenn es sich also um eine ernsthafte Aussage handelte. Bei Schiller und bei Ihering handelt es sich um eine solche, um einen Satz, den der Autor sagt. Im andern Fall liegt geradezu das Schulbeispiel jener satirischen Darstellung vor, die so offenkundig, parodierend fast, das Fehlermaterial verwendet, daß man gar nicht versteht, wie der Leser an Bewußtheit und Absicht des Autors zweifeln und hier noch etwas entdecken kann. Es ist eine satirische Abbreviatur, ganz wie die Wendung »fünfzig Jahre alt und ebensooft hervorgerufen werden«, die jenem Schmock, der von der Alchimie meines Wortes etwas zu wissen vorgab, als ein »Lapsus« erschien, der eine Glosse in der Fakkel verdiene, welche denn auch erschienen ist. Und auch hier wäre der Zweifler, wie jener, der solche Großmut nicht verdient hat, auf einen weiteren Fehler der Wendung aufmerksam zu machen: wie kann denn ein Satz mit »von« enden? Aber sollte diese Summe von Nichtgrammatik und Namensmißhandlung — eines Namens, der freilich so deklinabel ist wie der des Herrn Ehrenstein — nicht die stilistische Absicht einer grammatischen Mißgeburt klar machen? Es ist nicht uninteressant, daß der Bemängler von »fünfzig Jahre alt und ebensooft hervorgerufen werden« das Musterbeispiel einer Inzucht (»werden« in zweierlei Verwendung) als freiwillige Draufgabe erhielt, und eben in dem Heft, wo sie Herrn Ihering verübelt wurde. Ich bin mir also offenbar solcher Mißbildungen mit äußerster Klarheit bewußt. Trotzdem und deshalb mußte mir das mit Ehrenstein passieren! Aber ich nehm's dem Leser, der bemerkt hat, was nicht zu verbergen war, durchaus nicht übel. Ich würde mich auf solche Beschwerden ja überhaupt nicht einlassen, wenn ich sie nicht als einen Beweis redlichsten Anteils würdigte, ja als den Maßstab für ein Leserniveau, das ganz gewiß an keinem andern Knotenpunkt des geistigen Verkehrs heute anzutreffen ist, und wenn ich einmal von Lesern als lästigen Begleiterscheinungen der Fackel gesprochen habe, so bin ich umso dankbarer für die erfreulichen. Sie haben den Mut, zu jenen Sorgen kleinsten Formats zu stehen, auf die diese ganze mißratene Zeitungswelt mit Verachtung herabsieht, weil sie ihnen nicht gewachsen ist.

*

März 1925

Im letzten Dezemberheft der ,Fackel' ereiferte sich einer Ihrer Sprachschüler — übrigens ganz unbegründet, wie ich glaube und wie Sie es ja nachweisen — über die sprachliche Unzulässigkeit der Zusammenstellung »gegen Ehrenstein? Nein, von!« Er weist im gleichen Zusammenhange auf einen Satz Schillers hin, der, wie er sagt, »an dem gleichen Übel krankt«. Seine Schlußbeifügung in Klammern, daß er aus dem Gedächtnis zitiere, war freilich sehr am Platze, zugleich aber auch ein Beweis allzu rascher Verurteilung der Schiller'schen Sprachlehre. Zudem war das Zitat unrichtig. Der Titel der Antrittsrede Schillers lautet nicht: »Was i s t und zu welchem Ende s t u d i e r e n w i r Universalgeschichte?«, sondern: »W a s h e i ß t u n d z u w e l c h e m E n d e s t u d i e r t m a n U n i v e r s a l g e s c h i c h t e?« Schon vor etwa 25 Jahren, in meiner Gymnasialzeit, hat mich dieser Schiller'sche Satz intensiv und unaufhörlich beschäftigt, und immer wieder habe ich mir den so unschönen, so verdächtig jargonähnlichen, dem inneren wie dem äußeren Ohr mißfallenden Anfang dieses Satzes nicht recht erklären können. Denn auch im richtigen Zitat: »W a s h e i ß t und zu welchem Ende studiert m a n Universalgeschichte?« sieht es so aus — und sah es auch für mein Studentenauge so aus —, als ob hier ein Subjekt »Was« und ein Objekt im Akkusativ »Universalgeschichte« gleichzeitig vom Verbum »heißt« abhängig gemacht sei, was auch Sie, sehr geehrter Herr K., gerechterweise als fehlerhaft bezeichnen. Erst viele Jahre später bin ich daraufgekommen, daß Schiller g r a m m a t i k a l i s c h hier ganz im Rechte war (wenn auch vielleicht nicht phonetisch). In seinem Satze ist zweifellos das Wörtchen »man« als das gemeinsame Subjekt für beide durch »und« verbundenen Sätze aufzufassen und das Verbum »heißt« bloß als eine transitive Ersatzform für die Wendung »nennt man«. Die Fassung müßte, um Undeutlichkeit zu vermeiden, genau also lauten: »Was heißt man und zu welchem Ende studiert man Universalgeschichte?« und diese Verdoppelung von »man« hat Schiller offenbar als unschön vermeiden wollen. Das Wort »Was« steht bei Schiller genau so wie »Universalgeschichte« im A k k u s a t i v, nicht im Nominativ. — Dem Dichter Schiller grammatikalische Fehler anzukreiden, dürfte übrigens weitaus schwerer fallen als etwa den Dichtern K l e i s t, H e b b e l und A. W. S c h l e g e l. Auch in der oft bemängelten Stelle aus dem Tell-Monolog »Auf dieser Bank von Stein will ich mich setzen« ist von Schiller sicherlich wohl überlegt der Dativ statt des gebräuchlichen

Akkusativs verwendet worden. In der Fortsetzung ».. . Dem Wanderer zur kurzen Ruh bereitet« ist leicht die Erklärung dafür zu finden, daß Schiller nicht auf die Frage »wohin sich setzen« antworten wollte, sondern auf die Frage, was an der Stelle, wo sich Tell gerade befindet, dieser nun außer dem Warten gerade unternehmen soll. Und er antwortet sich gleich dann selber: er will irgendwo kurze Rast halten. Zu langer Ruhe l e g t man sich, zu kurzer Ruhe s e t z t man sich, aber man s t e l l t sich nicht auf die Bank oder man s t e h t nicht auf ihr, weil sie eben nur für's Sitzen »zur kurzen Ruh bereitet« ist. Eine Wendung wie aus Kleists »Penthesilea«: »Was geht dem Volke der Pelide an?« dürfte man bei Schiller vergeblich suchen. Ebenso das von H e b b e l oft mißbrauchte »größer wie« statt »größer als«. Aber Vielen wird es wohl auch entgangen sein, daß die folgende berühmte Stelle aus »H a m l e t« in der Schlegel'schen Übersetzung grammatikalisch unmöglich ist:

> »Gewiß, der uns mit solcher Denkkraft schuf,
> Voraus zu schaun und rückwärts, gab uns nicht
> Die Fähigkeit und göttliche Vernunft,
> Um ungebraucht in uns zu schimmeln.«

Die Konjunktion »um« könnte grammatikalisch in zwei Ausdrücke aufgelöst, nur auf das Subjekt des Hauptsatzes zurückbezogen werden, das hier gemeint ist, nämlich auf G o t t : Er, der uns mit solcher Denkkraft schuf, gab uns nicht die Fähigkeit und göttliche Vernunft, damit er ungebraucht u. s. w. Das gäbe natürlich gar keinen Sinn. Bei Schlegel aber ist der mit »um« eingeleitete Nebensatz d. h. das in der Konjunktion »um« versteckte Subjekt »wir« auf die Objekte »Fähigkeit« und »Vernunft« bezogen, was grammatikalisch unzulässig ist. Man müßte die Stelle etwa so ergänzen: sondern er gab sie uns, damit wir sie richtig gebrauchen oder, damit er uns eben dadurch vom Tiere unterscheiden könne. Mit andern Worten: Die Akkusativ-Objekte »Fähigkeit« und »Vernunft« des Hauptsatzes dürfen in dem (mit »um«) abgekürzten Kausalnebensatze a u c h n u r im Sinne eines A k k u s a t i v s versteckt sein, und nach Auflösung des Nebensatzes in »damit wir sie . . .« muß auch das Ersatzwort »sie« im Akkusativ stehen. —

Nicht, weil ich in der ‚Fackel' Sprachlehre treiben möchte, sondern nur, um S c h i l l e r vor ungerechten Vergleichen eines aus schwachem Gedächtnis Zitierenden zu schützen, bitte ich Sie, sehr geehrter Herr K., diese Richtigstellung im nächsten Hefte — nach Belieben verkürzt oder unverkürzt — zu veröffentlichen.

In besonderer Hochachtung und Verehrung

Ihr ergebener — —

Hier ist manches gut, aber nicht richtig gemeint, mehr

noch unrichtig begründet oder gesagt, doch alles bietet dankenswerten Anlaß, vieles zu sagen und zu begründen. Zunächst muß, ob der Einsender Recht oder Unrecht mit seiner Verteidigung des Schiller-Satzes habe, dieser in das Recht seines Wortlautes eingesetzt werden. Das bekannte Zitat war also falsch; aber daß es so plausibel echt klingt, daß ich der Fahrlässigkeit schuldig wurde, es nicht zu überprüfen, ist doch ein Beweis dafür, daß die Auffassung, im Original sei ein grammatikalischer Fehler enthalten, fast schon einer Zwangsvorstellung entstammt, und so interessant die Entdeckung der Funktion des »man« ist, sie wird dieser Auffassung kaum den Garaus machen. (Wäre übrigens das »man« entscheidend, so hätte der Einsender gar nicht sagen dürfen: »Z u d e m war das Zitat unrichtig«, sondern die Unrichtigkeit des Zitats, die Reklamierung des »man« wäre ja das Um und Auf seiner Verteidigung der grammatikalischen Richtigkeit des Originals.) Wenn das Zitat richtig gewesen wäre, bliebe der traditionelle Tadel des klassischen Zeugmas zweifellos im Recht. Er ist aber auch nicht durch die Herstellung des Wortlauts entkräftet und bei der Wahl, die diese noch übrig läßt: zwischen einem schlichten grammatikalischen und einem komplizierteren (und auch stilistischen) Fehler Schillers, möchte ich lieber für jenen entscheiden, der wohl einer ist, aber bei einer chiffrehaft verkürzenden Titelgebung — mag solche auch eher einem kommerziell und telegraphisch bestrebten Zeitalter anstehen — immerhin als Absicht denkbar. Gewiß ist die Deutung »Was heißt man« möglich, aber als Rettung des Satzes doch fragwürdig. Was dabei herauskommt, wäre nur die Erkenntnis, daß diese Abkürzung, für das schärfere Ohr, gleichfalls auf Kosten der Grammatik erfolgt, daß sie aber vor allem eine Überschätzung der stilistischen Tragfähigkeit bedeutet, also einen Stilfehler. In die Begründung führe ich am besten ein, wenn ich vorerst den Einsender darüber aufkläre, daß der grammatikalische Fehler durchaus nicht darin gelegen ist, daß »ein S u b j e k t ‚Was‘ und ein Objekt im Akkusativ ‚Universalgeschichte‘ gleichzeitig vom Verbum ‚heißt' abhängig gemacht« wird, »was auch ich gerechterweise als fehlerhaft bezeichne«. Das tat ich keineswegs, vielmehr habe ich die gleichzeitige Funktion eines Wortes als Nominativ und als Akkusativ als fehlerhaft bezeichnet, die des Wortes »Universalgeschichte«: also die Verwendung dieses Wortes als Subjekt und Objekt. Denn »Universalgeschichte« ist das Subjekt des ersten Satzteils und nicht »Was«, wie der Einsender glaubt, welches vielmehr das Prädikat des ersten Satzteils ist. Jener Satzteil, konstruktiv niedergeschrieben, lautet: »Universalgeschichte heißt: was?«. Antwort: Weltgeschichte, oder die oder jene Wissenschaft. Dies natürlich nur dann, wenn »heißt« »bedeutet« bedeutet. Was heißt (oder bedeutet) »heißt« aber sonst noch? »Wird genannt« oder »führt den Namen«. In diesem Fall, also in: Was heißt Universalgeschichte = Was wird Universalgeschichte genannt?, tritt die Umkehrung ein: »Was« ist nun tatsächlich Subjekt geworden, »Universalgeschichte« jedoch Prädikat. In beiden Fällen ist »Universalgeschichte« ein Nominativ, also unmöglich als solcher aus der späteren akkusativen Funktion der Universalgeschichte herstellbar, unmöglich mit ihr zusammenlegbar. Das hatte ich gemeint. Der Schiller'schen Wendung — wenn man sie jenseits jener Möglichkeit des »man« durchdenkt — liegt offenbar eher »bedeutet« als »wird genannt« zugrunde. Aber wenn selbst das zweite der Fall, also »Was« tatsächlich Subjekt wäre, bliebe noch immer die Angabe unverständlich, es werde an der Schiller'schen Wendung ausgesetzt, daß dieses Subjekt und jenes Objekt »gleichzeitig vom Verbum ‚heißt' abhängig gemacht« sei. Das wäre an und für sich ganz unmöglich, denn »heißt« hat doch nur eine Funktion im ersten Satzteil. Also keine Gemeinsamkeit zwischen dem »Was« und der »Universalgeschichte«, sondern ausschließlich eben deren, der Universalgeschichte, Gemeinsamkeit für zwei Aussagen (heißen und studieren) bildet den Fehler. (Wenn der Einsender — ehedem — »Was« so ohneweiters für ein Subjekt hielt, konnte er am Ende auch annehmen, »Universalgeschichte« sei das Akkusativobjekt des ersten Satzteils, was zwar keinen Sinn ergäbe, aber dafür die Verbindung grammatisch ermöglichte.) Zu Schillers Zeiten war aber die Diskrepanz eher noch größer als heute. Denn in der Bedeutung »heißt = bedeutet«, die ich dem ersten Satzteil zugrunde lege, war da wohl noch ein rechtschaffenes Akkusativobjekt vorhanden: nicht in der »Universalgeschichte« — da wäre ja die Abkürzung gestattet —, sondern im »Was«, welches heute ein Nominativprädikat ist. »Universalgeschichte heißt die oder jene Wissenschaft«: das war in sprachdenklicherer Zeit ein transitiver Gedanke, mit einer deutlichen Zielbeziehung von Subjekt zu Objekt, die heute nur noch (und kaum fühlbar) in »bedeutet« vorhanden ist, während an »heißt« einfach ein Nominativ oder etwas Unflektierbares angegliedert wird. Es mag ja schon etwas (Nominativ) heißen oder etwas (Akkusativ) bedeuten, daß heute selbst die Grammatiker nichts darüber aussagen, daß bei solcher Bedeutungsidentität zweier Worte ein Tausch von Prädikat und Objekt stattfindet und daß bei dem unmerklichen Bedeutungswechsel eines und desselben Wortes (»heißt« = »bedeutet« und = »wird genannt«) eine gänzliche Umkehrung von Subjekt in Prädikat platzgreift. Dieses »heißen« hat freilich seine Geheimnisse und Tücken, die man ohne heißen Kopf kaum durchdenken kann. Die so leichte Möglichkeit, auch bei dem »heißt« im Sinne von »bedeutet« das »Was« als Subjekt anzunehmen, was natürlich falsch ist, ermöglicht leicht die doppelte Verwendung der »Universalgeschichte«. Sie ist aber in Wahrheit nicht möglich, und ganz ebenso wenig bei »wird genannt«. Sehen wir zu, ob sie bei »heißt man = nennt man« grammatikalisch gelingen kann. Damit wären wir zu der Deutung des Einsenders gekommen, daß dieses »heißt« nicht vom intransitiven, sondern vom transitiven »heißen« (von »nennen«, nicht von »genannt werden«) genommen sei, welches ja gleichfalls vorhanden ist. (Nebstdem daß es auch noch anderes bedeutet, wie »befehlen« oder »es geht die Rede« im formelhaften »es heißt«.) Also: »Was heißt man Universalgeschichte?«.

Das ist gewiß die kommodeste Art von »heißen«. »Was« wäre dann das Objekt des ersten Satzteils, »man« das gedachte Subjekt, und »Universalgeschichte« das gedachte akkusative Prädikat. Nun, die Vereinigung eines solchen mit dem ausgesprochenen Objekt des zweiten Satzteils, oder vielmehr seine Beziehung aus diesem bliebe noch immer ein grammatikalisches Problem, und für gelungen würde ich die Doppelverwendung hier bei weitem nicht halten. Nur wenn der Sinn des ersten Satzteils der gerade umgekehrte wäre — und die Gefahr, ihn mitzudenken, liegt verteufelt nahe —: Als w a s bezeichnet man Universalgeschichte? W i e nennt man s i e? Wie oder was heißt man sie? Etwa: »Das Weltgericht« oder »Eine Wissenschaft, die leichter ist als Sprachlehre« — nur dann wäre es grammatikalisch tadellos, zu verbinden: W a s heißt man und zu welchem Ende studiert man Universalgeschichte? (Wobei ich keineswegs auf die Verdoppelung des »man« verzichten möchte.) Und etwa die Antwort: »Weltgericht heißt man und zu frommem Zweck studiert man Weltgeschichte«. Schiller fragt aber: Was wird Universalgeschichte geheißen, oder: W a s i s t e s, d a s man Universalgeschichte h e i ß t, und zu welchem Ende studiert man sie. Er will eine Definition und nicht eine Bezeichnung für sie; er fragt, was es ist, das man so nennt, und nicht, wie man sie nennt. (Hier wird sich gewiß bei den meisten Lesern das Bedürfnis nach einem kalten Umschlag geltend machen; aber Kompressen sind nur nötig, weil man so lange Pressen aufgelegt hatte und einen Kopf bekam, der so frei war, eben das, was man spricht, nicht zu denken.) Die Passivkonstruktion dürfte die Unmöglichkeit der Verschmelzung des Prädikats mit dem Objekt (noch dazu eines Gedachten mit einem Konkreten) klarer machen: »Was wird Universalgeschichte geheißen und zu welchem Ende studiert man sie«. In dem bei Schiller gegebenen Sinne jedoch wäre eine grammatische Parallelität der Objekte nur so erzielt: »W a s heißt man Universalgeschichte und zu welchem Ende studiert man e s?« Aber nehmen wir getrost an, daß ein so unbeschwerter Akkusativ wie der prädikative und ein so gewichtiger wie das Objekt grammatisch verschmelzen können, so bliebe nichts übrig als die stilistische Fragwürdigkeit dieser Verwendung und dazu der Aussparung des »man«. Ich glaube nicht, daß Schiller das intransitive »heißt« im Sinne von »wird genannt« (oder »führt den Namen«) gedacht hat, und auch nicht, daß er das transitive »heißt« gedacht hat, also »nennt man«. Gewiß nicht in einer Frage, die mit »Was heißt« beginnt und die aus ihrer klischeehaften Natur jede Deutung vorweg abweist außer der einen: »Was bedeutet«. Es ist einfach unmöglich, daß ein Stilist einen Satz mit »Was heißt« anfängt und im Vertrauen auf ein postumes »man« erzwingen will, daß ein »Was heißt m a n« gedacht werde. Das Typische der Formel, die Nominativkraft des »Was« als Auftakt der Frage schließt eine solche Fortsetzung einfach aus. Bewußt vorgenommen, würde sie aber das Bewußtsein der natürlichsten, hier so hinderlichen Assoziation des Lesers vermissen lassen, also einen Stilfehler bedeuten. Ja, so fest haftet das Abschlußhafte der Wendung »Was heißt«, daß für ihr Verständnis selbst die gegenteilige Möglichkeit, daß ein Leser das »man« hinzudenken könnte, keine Gefahr wäre und von dem empfindlichsten Bewußtsein des Autors, dem sie einfiele, getrost abgewiesen werden könnte. Kommt dazu die immerhin vorhandene Bedenklichkeit der Stellvertretung eines Prädikats durch ein späteres Objekt, so bildet die Wendung ein stilistisches Monstrum im Vergleich zu jenem grammatischen Willkürakt der mechanischen Verkürzung. Und nicht zuletzt wäre zu sagen, daß auch die Doppelverwendung des »man« eine stilistische Bedenklichkeit insoferne bedeutet, als derselbe Faktor, der sich über das Wesen der Universalgeschichte schon im Klaren ist, nicht so ohneweiters identisch mit dem sie erst studierenden sein könnte. Da ist es doch natürlicher und stilistisch erlebter, die Definition zu sondern und an sie die Frage nach dem Zweck des Studiums anzuschließen, mag dies auch mit einer grammatikalischen Unebenheit erkauft sein, die den Fehler durch die Handlichkeit einer ja doch verständlichen und eben nur in einem Titel gebrauchten Chiffre wettmacht. (Würde doch auch jenes zu antizipierende »man« eine der Abknappungen vorstellen, wie sie im Zeitalter der literarischen Kopisten und Synkopisten üblich sind und etwa aus dem verbreiteten Glauben der Schriftsteller sich ergeben, daß ein und dasselbe »ist«, das nicht ein und dasselbe ist, Verbindungen stützen kann wie: »X., der sein Freund und ihm zu Hilfe gekommen ist«.) So verführerisch also die Version durch ihren Einfall sein mag, so würde ich sie doch ablehnen und keineswegs zur höheren stilistischen Ehre Schillers gelten lassen.

Was diese Bank von Stein betrifft, möchte ich eher Dante zitieren, um jene zu warnen, die sich grammatikalisch auf ihr, sagen wir niederlassen wollen; denn da ist jede Hoffnung verloren. An das Wohlüberlegte des Dativs glaube ich nicht und in der kurzen Ruh des Wanderers die Erklärung leicht zu finden, fällt mir schwer. Wenn an der Stelle, wo sich Tell befindet, »dieser nun außer dem Warten gerade etwas unternehmen« will und sich wie in der jüdischen Anekdote auch hundertmal fragt: »Also was tun mr jetzt?« (die ihm ja nach dem Hinweis »auf dieser Bank« geläufig zu sein scheint), und wenn er selbst den Gedanken ablehnte, sich auf die Bank zu stellen oder auf ihr zu stehen, ja ganz mit Recht erkennte, daß man sich zu langer Ruh legt und zu kurzer setzt, so wird er als richtiggehender Schweizer doch nicht umhin können, sich in diesem Fall auf sie und nicht auf ihr zu setzen, weil er ja auch im andern Fall sich nicht auf ihr legen wird. Den Erlebnisvorgang, den der Einsender nach der Betrachtung der Bank einzuschalten scheint, in Ehren: aber selbst wenn der Wanderer die Bank noch so lange betrachtet, um bei der Wahl zwischen der langen Ruhe und der kurzen, zwischen »sich legen« und »sich setzen«, für dieses zu optieren, wird ihm (und wiewohl bereits seine Gedanken auf ihr ruhen mögen) gar nichts anderes übrig bleiben, als sich regelrecht auf sie zu setzen. (Der Entschluß, es auf ihr zu tun, setzt einen Schwebezustand voraus. Eher wäre es, wenn das Stadium des Sitzens erledigt ist, möglich, sich auf ihr zu legen. Wobei ja auch dahingestellt bleiben mag, warum die Bank, obschon sie nur zur kurzen Ruh »bereitet« sein mag, nicht ein Lagern gestatten soll, welches ja auch nicht von langer Dauer sein muß. Daß sie, weil sie zur kurzen Ruh bereitet ist, ihrer Beschaffenheit nach einer langen widerstreben sollte, ist gewiß nicht der Fall und daß etwa in der hohlen Gasse die Anlagen dem Schutze des Publikums empfohlen waren und infolgedessen das Sichniederlegen verboten, dafür gibt es doch gar keinen Anhaltspunkt bei Schiller.) Nein, viel einfacher wird es schon sein, an einen Druckfehler oder — und das müssen die Literarhistoriker wissen — an einen mechanischen Schreibfehler zu glauben. Ich entscheide für den Schreibfehler, den die gewissenhafte Profession anzutasten scheute, sie, die sich vor der »Pandora« entschlossen hat, aus Pietät für Goethe den Urtext, den sie nicht verstand, »rasch vergnügt« durch die eigene Dummheit zu ersetzen. (Auf die Bitte eines Lesers will ich — die Gelegenheit ist günstig — auch gern dahin wirken, daß in Goethes »Grenzen der Menschheit« statt der »segnenden Blitze«, die eine pietätvolle Literaturwelt, kindliche Schauer treu in der Brust, bis heute aus rollenden Wolken empfangen hat, was sie gar nicht genierte: endlich einmal »sengende Blitze« gedruckt werden, der Anschauung des Vorgangs zu Ehren und weil jene zwar dem Verstand eingeleuchtet haben, aber das Furchtbare doch noch tiefer auf die Knie zwingt als der Segen.)

Was nun der Einsender zur Hervorhebung Schiller'scher Sprachreinheit an abschreckenden Beispielen bei anderen Dichtern anführt, erscheint mir gleichfalls weder glücklich gewählt noch glücklich dargestellt. Daß man eine Wendung wie die aus Kleists »Penthesilea«, in der »angehen« mit dem Dativ konstruiert ist, bei Schiller vergeblich suchen würde, kann weder für diesen noch gegen jenen Autor das geringste beweisen, sondern nur, daß Schiller die alte, heute längst ungebräuchliche Dativform der Wendung eben nicht gebraucht hat, was unter Umständen bedauerlich ist. Dieser stärkere Dativ dürfte manchem heutigen Ohr vielleicht auch in der Form »es kostet mir« oder gar im faustischen »Wer ruft mir?« verdächtig klingen. Sprachkritisch wird man wohl die »Penthesilea« im Ernst nicht untersuchen wollen, wenn die »Jungfrau von Orleans« in der Nähe steht. Dagegen möge es gestattet sein, an ein Abenteuer mit dem Kleist'schen Gedichte »Der Schrecken im Bade« zu erinnern, wo eine stilistische Unbedachtsamkeit dazu führt, diesen selbst zu übertrumpfen. Kleist gebraucht als den Genitiv von Mai »des Mais«, was keineswegs falsch ist, aber gerade in der Stelle:

> Nun heiß, fürwahr, als sollt' er Ernten reifen,
> War dieser Tag des M a i s und, Blumen gleich,
> Fühlt jedes Glied des Menschen sich erschlafft

eine falsche Vorstellung herbeiführt. Gedacht, gesagt. Achtzehn Zeilen später lese ich:

> — — und lauert
> Dem Hirsch auf, der uns jüngst d e n M a i s zerwühlte.

Ein stilistisches Verhängnis, dem zu entrinnen es eben doch an etwas gefehlt hat. Das Hebbel'sche »wie« nach dem Komparativ, statt »als«, ist natürlich falsch (»mißbraucht« ist aber hier eigentlich nicht das »größer wie«, sondern nur das »wie«); doch kommt es auch bei anderen berühmten Autoren vor und wäre das geringste, was gegen die Sprache bei Hebbel einzuwenden ist. Da und von da abwärts, etwa bei Grillparzer, hätte man fast Vers für Vers weiß Gott anderes zu bemerken, staunend über eine Literaturwelt, die dergleichen Papierschmuck als Dichtung fortschleppt. Aber so wenig wie dort, wo die Sprache kaum mehr als Oberfläche hat, der Außenfehler in Betracht kommt, so hebt er sich in tieferen Regionen von selbst auf. Es könnte da dem Sprachgefühl, wenn es sich nicht gewaltsam auf den Anspruch einer Sittenpolizei herabsetzt, unmöglich gelingen, solche Abnormitäten als Minus und nicht als Plus wahrzunehmen. Darum mag die in der Schlegel-Übersetzung des »Hamlet« zwar »vielen entgangen sein«, aber hoffentlich manchen nicht als Vorzug. Was der Einsender, der für seinen anregenden Eifer gewiß allen Dank verdient, da einwendet, ist an und für sich halb richtig; wäre es ganz richtig, gelangte es doch nicht an die Sphäre, in der der Gedanke sein volles sprachliches Leben nicht nur trotz dem beanstandeten Konstruktionsfehler bewahrt, sondern durch ihn erst empfängt. Doch wollen wir, ehe der Vorzug bewiesen sei, den Fehler untersuchen. Zuerst würde man glauben, daß hier etwas Richtiges vorgebracht sei, dessen Geltung auf der Ebene rationaler Sprachkritik nur durch die Begründung gefährdet wird. Denn bei Schlegel ist das in der Konjunktion »um« versteckte Subjekt nicht »wir«, sondern, wenn das gedachte Subjekt reklamiert werden soll, »Fähigkeit und Vernunft«, das syntaktische: »Gott«. Die Stelle muß auch gar nicht »etwa so« oder anders ergänzt werden. Aber da man nicht versteht, warum der einzig mögliche grammatikalische Einwand solche Umwege braucht, ersieht man plötzlich, daß hier die Kritik auf dem eigensten Gebiete fehl geht. Denn die Forderung ist einfach die, daß bei einem »um zu« mit dem Infinitiv das Subjekt des Finalsatzes (der kein »Kausalsatz« ist) identisch sei mit dem des Hauptsatzes, so daß also bei Schlegel tatsächlich Gott ungebraucht in uns schimmeln müßte, »um« die Konstruktion zu rechtfertigen, während dies doch von dem Objekt des Hauptsatzes (Fähigkeit und göttliche Vernunft) gelten soll. Der Einsender verlangt aber, »um« den Fehler zu beheben, daß dieses Objekt im Finalsatz »auch nur im Sinne eines Akkusativs versteckt« sei. Das Objekt des Hauptsatzes braucht jedoch im abhängigen Satz weder so noch anders versteckt noch überhaupt vorhanden zu sein, sondern im strengen grammatikalischen Sinn ist nur unerläßlich, daß das Subjekt wiederkehre. Der Einsender wäre also befriedigt, wenn Schlegel konstruiert hätte: »Gott gab uns nicht die Fähigkeit, um sie ungebraucht in uns schimmeln zu lassen« (nämlich: damit w i r sie schimmeln lassen); denn er verlangt, daß das »uns« als »wir« wiederkehre, was aber dem »um zu«-Infinitiv ganz egal ist, indem er viel zu zielstrebig ist, »um« auf so etwas Wert zu legen. (Und die Gefahr der Zweideutigkeit wäre größer, da hier bei grammatisch korrektem Anschluß die Handlung des Nebensatzes dem Subjekt des Hauptsatzes, Gott, ohne jeden Aberwitz zuzutrauen ist, während doch gemeint sein soll, daß w i r schimmeln lassen.) Ohne Zweifel hat der Einsender, der eine sehr ermäßigte Forderung stellt und einen im strengen grammatikalischen Sinn ebenso verpönten Fehler gelten ließe, das richtige Gefühl gehabt, daß hier eine normwidrige Konstruktion vorliegt, und nun zwar im Negativen — des Nonsens vom schimmelnden Gott — den Fehler erkannt, aber von seiner Interpretierung des Sinns eine positive grammatische Forderung abgeleitet, deren Unzulänglichkeit er nicht mehr fühlte. Hätte er aber selbst radikal die Abweichung von der Regel, daß die Subjekte identisch sein müssen, als den Fehler der Stelle erkannt, so hätte er noch immer stilkritisch Unrecht. Denn was in der Prosa, selbst in der gestaltenden und nicht bloß gesprochenen, unmöglich oder doch bedenklich wäre, ist im Shakespeare-Schlegel'schen Versbereich eben nicht nur möglich, sondern wirklich. Hier darf und soll die Unregelmäßigkeit, daß in der »um zu«-Konstruktion statt der beiden Subjekte das Objekt des Hauptsatzes und das gedachte Subjekt des Nebensatzes identisch seien, statthaben. Also das Akkusativobjekt »Fähigkeit und Vernunft« und das gedachte »sie«, nicht aber das Dativobjekt »uns« und ein gedachtes »wir«. Diese Sinnrichtigkeit wäre hier, wenn sie Vers werden könnte, nicht nur banal, sondern weit mißverständlicher und gleichfalls unrichtig. Die ganze Kraft der Stelle liegt in der grammatikalischen Verbiegung, die, ohne die geringste Sinnverschiebung zu bewirken, dem »um«-Vers zu einem Eigenleben verhilft. Die Absicht, diesen Regionen, in denen die Sprache sicherer nachtwandelt als sie auf Erden richtiggeht, mit grammatikalischen Maßen nahezutreten, negiert nebst dem Ur-Recht der künstlerischen Zeugung jene sprachliche Macht, der sich die Regeln irgendeinmal verdanken, und vor ihr bestünde keine »Helena«, keine »Pandora« und nicht der vom Zauber Shakespeares begnadete Schlegel (den durch andere Übersetzungen verdrängen zu wollen, nur der kunstgewerblichen Spielerei einfallen kann oder der textvergleichenden Gewissenschaftlichkeit, die mit ihrem Unverstand immer die Quelle verunreinigt). Denn im Mutterschoß der Sprache trägt sich alles jenseits von Richtig und Unrichtig zu. Wie sollten ihr von der Vorschöpfung geringere schöpferische Möglichkeiten aufbewahrt sein als der Liebe? Die ästhetische Gerechtigkeit, die den Bestandteil prüft, reicht an die erotische Willkür, die ihn verwandelt, nicht hinan. »Dein Fehler, Liebste, ach ich liebe ihn, weil du ihn hast« — dies würde auch allem Sprachgebilde gelten, wenn hier die Liebe nicht doch die Schranke hätte: daß die Häßlichste mir nicht »durch ihn erglänzen wird«. Die bleibt den Vorschriften unterworfen. Und etwas anderes ist es, dem Sprachgeheimnis, es unter die Verantwortung der Regel stellend, nahezutreten, oder ihm nahezukommen, indem man die Regel selbst zur Rechenschaft zwingt. Denn es gibt keine, und schiene sie noch so äußerlich, der sich nicht das Innerste von jenem Wesen absehen ließe, an das sie nicht herankommt.

SPRACHLEHRE

Zu den Vorurteilen gegen mich, die wohl nicht mehr aus der Welt zu schaffen sein werden, gehört die Vermutung, daß ich die Zeitungen lese, »um etwas zu finden«, woran ich Anstoß nehmen könnte, während ich in Wahrheit im Blätterwalde so für mich hingehe und nichts zu suchen mein Sinn ist. Ja bereit, die Herren Journalisten zu bestechen, damit ich nur ja nichts zu finden brauche, was mich zur Wiederherstellung der Natur nötigt, komme ich mir wie der Nestroysche Hausmeister vor, der »lieber selber einer jeden Partei ein Sechserl schenken möchte«, um nur seine Ruh' zu haben. Und oft denke ich mir, wie gern ich die Zeit, die sie mir rauben, daran wenden würde, ihnen rechtzeitig zu helfen, alles das zu unterlassen, was mich in Tätigkeit setzt. Denn ich bedarf doch wahrlich nicht mehr ihrer Anstöße, um mir über die Gestalt, die sie der Welt gegeben haben, etwas einfallen zu lassen. Wenn sie nur gewillt wären, mir täglich ihre Bürstenabzüge zur Korrektur zu schicken, so wäre ich erbötig, bei voller Belassung der moralischen Eigenart, ihnen das Gröbste im Stilistischen und Grammatikalischen abzutun und gerade dadurch ihre schlechten Absichten wirksamer herauszuarbeiten. Ich muß diese Arbeit ja oft genug an Zitaten besorgen und manchen Formfehler beseitigen, um die Aufmerksamkeit nicht von dem Schwachsinn der Gedankenführung oder der Lumperei der Gesinnung abzulenken. Sie wissen es nicht, merken es nicht und ich stiller Wohltäter mache kein Aufheben davon. Aber natürlich wäre ich auch bereit, in den Inhalt einzugreifen, zu dämpfen, zu beleben, zu veredeln, kurz eine Textgestalt herzustellen, die vor meinem Witz sicher sein kann. Weiß Gott, es wäre gar nicht übel, die Vorzensur, die sich im Krieg bloß auf die Unterdrückung von Artikeln beschränkt hat, die die Siegeszuversicht herabmindern konnten, in meine Hände zu legen, welche doch für einen weit kulturvolleren Zweck tätig wären. Aber wie ich die Herren Journalisten kenne, werden sie diese Idee als eine unerlaubte

Zumutung an die Freiheit der Prostitution stolz von sich weisen, und was ich seit Jahrzehnten als Zensor ihrer Resultate leiste, hat, ach, nicht einmal an der äußersten Oberfläche der Sprachkorrektur seinen erzieherischen Einfluß bewährt. Man kann es mit dem ihnen geläufigsten Worte sagen: sie haben »daran« vergessen, auch wenn es ihnen noch so oft eingetrichtert wurde; und wenn sie auch nichts wissen, sie »brauchen nicht lernen«. Aber vielleicht kommen wir einander ein wenig näher, wenn ich von Zeit zu Zeit die ärgsten sprachlichen Mißbildungen förmlich ausstelle — ohne an bestimmte Fälle anzuknüpfen, denn da täten sie's justament! Um nur, was mir gerade zur Hand liegt, zu erwähnen: »w i e s o kommt es«, daß sie so schlechtes Deutsch schreiben und daß diese Frage, die der Tandelmarkt frei hat an das Schicksal, immer wieder gestellt wird? Also man fragt: w i e (oder w o h e r) kommt es (das andere bedeutet etwas ganz anderes). »N a c h vorwärts« geht es in keinem Fall, sondern es sollte bloß »vorwärts« gehen. Dies gilt natürlich auch wo es »rückwärts geht«. Dagegen soll nie etwas »rückwärts sein«, sondern nur h i n t e n. Völlig unmöglich aber ist es, die Fremden, die man nach Wien lockt und denen man solche Lokalismen als Sehenswürdigkeiten bietet, »Gäste v o n a u s w ä r t s« zu nennen, weil da zwei entgegengesetzte Richtungen karambolieren. Die Herren Journalisten werden sagen: Wir »v e r b i e t e n u n s« diese Kontrolle. Aber was mich betrifft, ich kann weder ihnen noch mir ihr schlechtes Deutsch verbieten, ich kann es mir nur — gleichfalls ohne Aussicht — v e r b i t t e n. Denn ich kann ihnen nicht gebieten, daß sie besser schreiben, ich kann sie nur darum bitten. (Wenn ich's erpressen könnte, würde ich es tun.) Imperfektum: nicht er »verbot sich etwas«, sondern er »verbat« es sich. Perfektum: nicht »er hat es sich verboten«, sondern »verbeten«. W i e kommt das? Woher kommt das? Eben nicht von »bieten«, sondern von »bitten«. (Der Nestroysche Sprachwitz, in der wienerischen Üblichkeit begründet, ist ein rein akustischer: »Ich werd' mir das verbieten!«. »Sich können Sie verbieten, was Sie wollen, aber mir nicht!«. Wenn die Gegenfigur deutlich sagte: Ich werd' mir das verbitten!, wäre der Witz nicht möglich.) Bei dieser Gelegenheit: Wenn ich einem etwas »geboten« habe, so kann das sowohl von »bieten« wie von »gebieten« kommen: nicht zu verwechseln mit: »gebeten«, das von »bitten« kommt und wieder nichts zu tun hat mit »gebetet«, das von »beten« kommt. Die Sache ist nicht leicht, aber da wir zum Publikum sprechen, so müssen wir doch, nicht wahr, mit gutem Beispiel vorangehen. Nun, ich m u t e ihnen z u, es sich zu merken, ohne daß ich ihnen diese Fähigkeit z u t r a u e. Sie aber beklagen sich: ich »mute ihnen zu, es nicht zu wissen« — was so viel bedeutet als: ich verlange von ihnen, daß sie es nicht wissen, während ich doch das gerade Gegenteil von ihnen verlange, wenngleich nicht erwarte, es ihnen also nicht »zutraue«. Denn sie haben mich, wie sie sagen würden, nicht »allzu verwöhnt«. Eine arge Misere ist diese Verbindung von »allzu« mit einem Zeitwort. Der gebildete Schmock schreibt, einer habe »allzu dominiert«. Nun wäre wohl seine »allzu dominante« Stellung denkbar, aber er könnte natürlich nur »allzu s e h r« dominieren. Etwas mag allzu lieb, selbst allzu geliebt sein (wenn das Partizip mehr als Adjektiv denn als Zeitwort gedacht wird), aber man kann nur »allzu sehr« lieben. Einer kann allzu groß sein, aber nicht allzu gewachsen. Es wäre auch möglich, daß er »allzu verwöhnt ist«, aber er »wurde allzu sehr verwöhnt«. Komplizierter wird es, wenn der Schmock schreibt, man dürfe »einem nicht allzu unrecht tun«. Man kann sich wohl »allzu unrecht« (unrichtig) ausdrücken, aber man kann nur »allzu sehr unrecht« tun (allzu großes Unrecht). Tue ich das? Es gibt kaum einen sprechenden oder schreibenden Menschen in Wien, der sich nicht erlaubte, »bißchen« schlampig zu sein statt »e i n bißchen« (das von einer sehr realen Sache, nämlich einem kleinen Bissen stammt.) Vollends mit dem »bis« wird aber verfahren, daß es schon nicht mehr schön ist und die Bedeutung auf dem Kopf steht: sie werden einem etwas sagen, »bis er kommt«. Aber sie meinen natürlich nicht, daß sie es ihm so lange sagen werden, bis er kommt, sondern erst sagen werden, w e n n er kommt. In Wien geht der Krug erst dann zum Brunnen, wenn er bricht, weshalb er meistens zu spät kommt. Und wird »bis« schon einmal richtig statt für den Zeitpunkt für die Zeitstrecke verwendet, so kann man sicher sein, daß ein »nicht« seine Begleitung anbietet:

ein Gnadengesuch, mit dessen Erledigung so lange gewartet werden sollte, bis die Entscheidung des Oberlandesgerichtes ... n i c h t vorlag.

Fast alle diese Bildungen sind spezifisches Wiener Gewächs, dessen jüdische oder nichtjüdische Herkunft nicht mehr feststellbar ist. Wenn die Wiener heute »a m Land« sind, so ist es kaum mehr das alte: »aum« (auf'm) Land. Hier kann man jüdisch oder zur Not alldeutsch sprechen, deutsch keineswegs. Ein Franzose, der schlecht französisch spricht, ist kaum vorstellbar, dagegen ist er stolz darauf, wenn er schön französisch spricht. Eine verstorbene Freundin, die für diese Werte ein besseres Gefühl hatte als die ganze Kollektion, die Kürschners Literaturkalender umfaßt, schilderte mir einmal, wie sie in einem kleinen Laden einer Pariser Vorstadt nach etwas vergebens fragte, aber nicht von einem Klachel in einem undefinierbaren Dialekt angeschnauzt wurde, sondern freundlich an einen Konkurrenten gewiesen, der die Ware bestimmt vorrätig habe: »Und außerdem spricht er ein so schönes Französisch!« Man versuche sich vorzustellen, daß eine solche Auskunft bei uns, in Kauderwelschland, erteilt würde. Die Zusammenhänge mit dem Infanterieregiment Nr. 4 sind in Wien weit lebendiger als die mit den Deutschmeistern. Die Perversität aber, daß die gedruckte Sprache auf einem noch tieferen Niveau angelangt ist als die gesprochene, ist das geistige Unikum, das diesem Klima vorbehalten blieb. Die öffentliche Meinung ist zur Wand eines Abtritts geworden, auf der nicht nur jede Büberei der Gesinnung Platz hat, sondern auch jede Missetat an der Sprache. Setzt der jüdische Journalist die Wendung hin: »worauf man darauf folgern kann«, so antwortet der Arier: »wonach hervorgeht«. Die Lokalredakteure müssen als Volksschüler doch ein besseres Deutsch geschrieben haben;

sonst wären sie es noch heute. Kürzlich schrieb einer:

Die Anklage wird auf einen w e i t e r e n s i c h g e s t e r n z u g e -
t r a g e n e n Vorfall ausgedehnt.

Dem geschätzten Autor würde man natürlich auch nicht begreiflich machen können, daß er durch das Fehlen des Kommas nach »weiteren« ausgedrückt hat, die Anklage habe sich
auf einen abermals »sich gestern zugetragenen« Vorfall bezogen. Aber sie können nicht nur nicht die Wörter richtig
zusammenstellen, nein, da liest man täglich auch solche, die
es gar nicht gibt: »insbesonders« dieses. Der Dichter der
‚Wiener Stimmen‘, von dem man doch annehmen müßte,
daß er, wenn schon nichts anderes, so zum mindesten eine
Muttersprache habe, beginnt ein Verslein mit dem Wört-
lein: »zumindestens«, das sich ihm aus dem Vorrat von
»mindestens«, »zumindest« und »zum mindesten« geballt
hat; »zumeistens« würde er kaum riskieren. Einer, der trotz
seinem Mauscheldrang ein kerndeutscher Mann ist, prophezeite kürzlich, ein Jargonstück werde »durch Wochen lang«
zugkräftig sein. Dem Grafen Keyserling — der gewiß eine
fatale »Einstellung« zur deutschen Sprache hat und ehe er
die Schule der Weisheit gründete die andere geschwänzt
haben muß — korrigierte er einen ausnahmsweise korrekten Satz. Die Strafe folgte auf dem Fuß:

Wenn ich nun einen Menschen .. fragte, worin also die Lehre des
Grafen Keyserling b e s t ü n d e, so würde ich ....

Der Konjunktiv ist sicherlich eine schwierige Angelegenheit
der deutschen Sprache, die auch den besten Schriftstellern
schon Kummer bereitet hat. Selbst wenn jenes »fragte« ein
inneres Imperfektum wäre — das es hier ja nicht sein
kann —, ihm also »ich fragte« und nicht »ich frage« zu-
grundeläge, so müßte es heißen: »worin die Lehre b e -
s t e h e«. Der Konjunktiv des Imperfekts wäre nur dann
richtig, wenn der Satz bedingt gedacht oder in eine Bedingung fortgesetzt würde: »bestünde, w e n n ...« Er wäre
richtig, wenn der Satz nicht die Frage enthielte: »Worin be-

steht die Lehre?«, sondern: »Worin bestünde die Lehre?«. (Dies wäre etwa möglich, wenn bereits alles, worin sie nicht besteht, dargestellt wäre und der Schluß übrig bliebe, daß sie in nichts besteht. Im Falle Keyserling zwar denkbar, aber hier nicht beabsichtigt.) Immerhin ist es vielleicht das Bemühen um eine consecutio temporum, die im Deutschen so leicht wider den Gedanken geht. Aber der Konjunktiv imperfecti ist an und für sich das Prunkstück der Bildung. Ein geräuschvoller Advokat, der sich auch in der Presse als Polemiker lästig macht, schrieb kürzlich:

Und er f i n d e t , daß alles prächtig vorwärts g i n g e .

Eine ausnahmsweise richtige Konstruktion — wenngleich durch andere Fehler wettgemacht — ist der Neuen Freien Presse passiert:

Der Inspektor erklärte, daß er die Angeklagte, t r o t z d e m sie i h m beschimpft habe, hätte laufen lassen, wenn sie nicht eine Beschwerde gegen ihn erstattet hätte.

»Ihm« ist der typische Setzfehler der Wiener Druckereien; vom Schreiber, der vielleicht so spricht, ist zu vermuten, daß er »beschimpfen« doch mit dem Akkusativ konstruiert. »Trotzdem« als führendes Bindewort des Konzessivsatzes (statt »obgleich«) mag als ein tief eingewurzelter Mißbrauch hingehen. Aber der Satzbau ist in Ordnung. Hier ist das »hätte laufen lassen« richtig, weil ihm der Konditionalsatz folgt: »wenn sie nicht erstattet hätte«. Hätte sie aber die Beschwerde n i c h t erstattet und h ä t t e er sie laufen lassen, wäre also der Sachverhalt das Gegenteil, so hätte die Zeitung wohl trotzdem geschrieben: »Der Inspektor erklärte, daß er die Angeklagte hätte laufen lassen«. Anstatt richtig zu schreiben: »Der Inspektor erklärte, daß er die Angeklagte habe laufen lassen«, »laufen ließ« oder »er habe sie laufen lassen«. Der ‚Abend‘, der außer dem Namen seines Herausgebers kein Fremdwort in seinen Spalten duldet, der sich grundsätzlich nicht an die Adresse, sondern an die Anschrift der Proletarier wendet und dessen Sätze zu neunzig vom Hundert nicht deutsch sind, stellte kurz und bündig fest:

Das Berliner Gesundheitsamt m e l d e t , die Krankenhäuser w ä r e n überfüllt.

Man erwartet etwa die Fortsetzung: wenn nicht schleunigst neue eröffnet worden wären. Richtig muß es heißen: »die Krankenhäuser seien überfüllt« oder »daß die Krankenhäuser überfüllt sind«. »Sie wären überfüllt« würde geradezu bedeuten, daß das Blatt die Meldung des Berliner Gesundheitsamtes als Lüge hinstellen will. Ein Zweifel an ihr wäre schon angedeutet durch den Konjunktiv präsentis: »daß sie überfüllt seien« (während »sie seien überfüllt« bloß den Ersatz für den daß-Satz mit Indikativ vorstellt). Selbst wenn das regierende Verbum die Zeitform des Imperfektums oder Perfektums hätte: »das Amt meldete« oder »hat gemeldet«, so wäre fortzusetzen: »daß die Krankenhäuser überfüllt sind« oder »sie seien überfüllt«. Dies, wenn der Inhalt des abhängigen Satzes für den Berichterstatter feststehen soll. Ohne diese Tendenz darf sich hier der »daß«-Satz mit dem Konjunktiv präsentis anschließen: »meldete, daß sie überfüllt seien«. Der Konjunktiv imperfecti nur dort, wo der des Präsens nicht in Erscheinung tritt, z. B. »er versicherte, daß sie kommen m ü ß t e n« (statt »müssen«). Sonst aber würde er immer den Zweifel an der Aussage bezeichnen. Sanders hat hier ein vorzügliches Beispiel aus Schiller, das, gleichfalls eine Krankmeldung betreffend, nebeneinander die Vermutung der Lüge und die Behauptung der Wahrheit durch Modus wie Tempus ausdrückt:

> Mir meldet er aus Linz, er l ä g e krank,
> doch hab' ich sichre Nachricht, daß er sich
> zu Frauenberg v e r s t e c k t beim Grafen Gallas.

Bedenklich dagegen ist die von Sanders angeführte und nicht ausdrücklich getadelte Wendung bei Goethe:

Da er hörte, daß ich viel zeichnete und Griechisch k ö n n t e.

Wäre hier der Konjunktiv unerläßlich, so wäre zwar »zeichnete« richtig, da »zeichne« als Konjunktiv nicht hervortritt;

»könnte« jedoch ist nicht richtig und die gedankliche Diskrepanz hebt sich nur im Mitklang auf. Immerhin regiert hier das Imperfektum. Unmöglich aber ist es, von einem Präsens das Imperfektum des Konjunktivs abhängig zu machen, ohne damit die Aussage als unglaubwürdig oder als bedingt hinstellen zu wollen. Da hat eine Berlinerin mit Rilke gesprochen:

> Er erzählte, daß er im Wallis bei Sierre wohne, in einem kleinen, alten Schloß, ganz einsam, Jahr für Jahr, und nur selten, wenn es nicht mehr anders g i n g e , einen kurzen Flug in die Welt hinaus mache. Der Kanton Wallis sei das Landschaftsbild, welches ihm durch seine Romantik und Üppigkeit am nächsten k ä m e , und w a s ihn außerdem so sehr an seinen Aufenthalt in Spanien erinnere.

Wie man nur aus einem Gespräch mit einem deutschen Dichter so schlechtes Deutsch bewahren kann! Von dem »was« abgesehen — warum denn »ginge« und »käme«? warum dann nicht auch »wohnte«, »machte«, »wäre« und »erinnerte«? »Wenn es nicht mehr anders ginge«? Es ginge nicht mehr anders, wenn —! Aber in der deutschen Presse geht es wirklich nicht mehr anders. Vor dem Konjunktiv wird alles, was Deutsch schreiben möchte, scheu. Freilich anders, als es »der Wustmann« meint, welcher es verkehrt meint, gerade in diesem Kapitel seinem Namen, der geradezu ein Symbol der Sprachverwirrung geworden ist, Ehre macht und dem Titel seines berühmten Buches »Allerhand Sprachdummheiten« zu einem unbeabsichtigten Sinn verholfen hat. Auch er verwendet zufällig das Beispiel einer Krankmeldung, aber freilich um jede Sprachsimulation zu erlauben. Es sei »ebensogut möglich, zu sagen«: er s a g t , er w ä r e krank, wie: er sagte, er sei krank u. dgl. Aber das erste ist in Wahrheit nur möglich, wenn der Krankmeldung das stärkste Mißtrauen entgegengesetzt wird. Über den Bedeutungsunterschied der Formen macht er sich so wenig Gedanken, daß er schlicht erklärt, der Konjunktiv der Gegenwart werde von vielen »als das Feinere« vorgezogen; »wenn sich aber jemand in allen Fällen lieber des Konjunktivs der Vergangenheit bedient«, so sei auch dagegen »nichts ernstliches einzuwenden«. Gleich darauf beklagt er aber die »fortschreitende Abstumpfung unseres Sprachgefühls«, von der er selbst, ohne es zu ahnen, die lebendigsten Beweise gibt. Der Mann, der die Verderbnis unserer Schriftsprache von dem Übel herleitet, daß man nicht schreibe, wie man spricht — wiewohl man es doch längst tut, ja noch schlechter schreibt als man spricht —, bringt es zuwege, Wendungen, die natürlich und richtig sind, für »papieren« zu erklären und die papiernen für natürlich und richtig.

Eine der fixen Ideen dieses Wegweisers, der in Deutschland so beliebt ist, weil er einen flachen Ernst mit einem seichten Humor verbindet, ist sein Kampf gegen das Relativpronomen »welcher«, welches man nicht schreiben dürfe, weil man es nicht spricht. Findet er es bei Goethe und Hölty, so ist es »nichts als ein langweiliges Versfüllsel, eine Strohblume in einem Rosenstrauß«. Aber wenn man bedenkt, daß so ziemlich aller Wert der geschriebenen Wortschöpfung jenseits aller Sprechbarkeit besteht und daß kaum je ein Satz aus der »Pandora« zur Verständigung im täglichen Umgang gedient haben dürfte, so kann man ermessen, auf welchem Niveau sich diese Sprachkritik bewegt. Um bei dem »welcher« zu bleiben: es ist natürlich nicht nur, wie Wustmann großmütig zugesteht, zur Not in einer Folge von abgestuften Relativsätzen, im Wechsel mit dem einzig konzessionierten Pronomen »der« anwendbar, sondern es waltet da wohl ein Bedeutungsunterschied, der nicht nur dem Wustmann, sondern auch solchen Grammatikern fremd ist, die das »welcher« ohne Angabe der Gründe tolerieren. Ich will das Gefühl für diesen Unterschied an einem der verbreitetsten Fehler zu wecken versuchen. In einem Blatt, das zwar großdeutsch, aber nicht deutsch geschrieben ist, heißt es:

Die Art, wie das Gedenken um Rainer Maria Rilke .. zum Ausdruck kam, ist sicher eine der besten und schönsten, die für einen solchen Anlaß .. möglich w a r.

Es muß natürlich heißen: ... eine der besten, die möglich w a r e n. Der Nonsens, den der Singular ergibt, hätte den folgenden Sinn: die Art ist eine der besten und sie war denn auch für einen solchen Anlaß möglich. Es würde also von der besten Art noch ein Weiteres ausgesagt. Wäre dies der Sinn, so würde ihm »welche« eher gerecht als »die«: eine der besten Arten, welche eben hier möglich war (welche = und eine, die). Um es an einem gegenständlicheren Beispiel zu erläutern: »Eines der besten Bücher, das ich gelesen habe«. So sprechen und schreiben die Leute, die sagen wollen: Eines der besten Bücher, d i e ich gelesen habe. Das heißt: von den Büchern, die ich gelesen habe, eines der besten. Es soll aber nicht von einem der besten Bücher die Rede sein, die als solche schon feststehen, nicht von einem unter ihnen, von dem noch besonders gesagt wird, daß ich es gelesen habe. Wäre dies - also eine bloß beigeordnete Aussage — beabsichtigt, so träte der Fall ein, wo das Relativpronomen »welches« vorzuziehen ist: »eines der besten Bücher« als eine für sich stehende Charakteristik, »welches ich gelesen habe« als ein hinzutretender Umstand. (Also: eines der besten Bücher und eines, das ich gelesen habe.) Dagegen: »Eines der besten Bücher, die ich gelesen habe« — hier hat der Relativsatz eine bestimmende Funktion. Es handelt sich nicht um die besten Bücher als solche, sondern um die besten von denen, die ich gelesen habe. Diese Aussage enthält das wesentliche Kennzeichen der Bücher, keinen bloß hinzutretenden Umstand, denn es sind die besten der von mir gelesenen Bücher, von deren einem ich spreche und über die ein anderer anders denken wird. Hier ist das Relativpronomen »die« zu setzen, nicht »welche«. Zwischen »der« und »welcher« fühle ich einen Unterschied, der etwa dem zwischen einer d e t e r m i n a t i v e n und einer a t t r i - b u t i v e n Beziehung gleichkommt. Der Relativsatz, den ich mir, ohne das Wesentliche der Vorstellung des Gegenstandes zu verletzen, auch eliminiert denken könnte, ist eher mit »welcher« anzuschließen. Der Relativsatz, der diese Vorstellung erst bildet oder wesentlich ergänzt, nur mit »der«. Diese Form (die im Genitiv »dessen« ohnehin die andere verschlungen hat) wird freilich beiden Bedeutungen gerecht, und innerhalb des gedanklichen Unterschieds werden Rücksichten des Wechsels, des Klanges und allerlei sonstiges Stilgeheimnis die Wahl bestimmen — keineswegs aber irgendwelche ungeistige Vorschrift. »Der schlechteste Sprachlehrer, den ich gekannt habe«: das ist nicht der schlechteste Sprachlehrer überhaupt, sondern der schlechteste von denen, die ich gekannt habe. Sage ich: »Der schlechteste Sprachlehrer, welchen ich gekannt habe«, so spreche ich von dem überhaupt schlechtesten, von einem, der als solcher schon dargestellt ist, wozu ich nur noch bemerke, daß ich ihn gekannt habe. Das Relativpronomen kann eine schwierige Unterscheidung erleichtern: »Eine der anmutigsten Frauen, die ich gesehen habe«: da wird der Relativsatz wohl vom Plural abhängen. »Eine der anmutigsten Frauen, welche ich gesehen habe«: hier wohl von der einen. Beim Maskulinum und beim Neutrum ist die Unterscheidung, ob Singular oder Plural, von selbst gegeben. »Einer der reichsten Männer, der eine Zeitung subventioniert«: das dürfte der typische Fehler sein, den solche Zeitungen machen, und es ist wohl gemeint: einer der reichsten Männer, die eine Zeitung subventionieren. Nehmen wir aber den einfacheren Fall: »Der reichste Mann, der eine Zeitung subventioniert« und »Der reichste Mann, welcher eine Zeitung subventioniert«. Dort ist von dem größten Zeitungskapitalisten die Rede: der Relativsatz gibt das Wesen. Hier ist von dem größten Kapitalisten die Rede, von welchem auch gesagt wird, daß er Geld für eine Zeitung übrig hat: der Relativsatz fügt dem Wesen etwas hinzu. Daß da ein weltenweiter Abstand der Relativbegriffe vorliegt, daran ist nicht zu zweifeln. Ob ich diesem Abstand durch meine Verteilung von »welcher« und »der« gerecht werde, mag jeder beurteilen, der über diese Dinge nachdenkt. Es könnte sich ihm — gleich mir selbst — ergeben, daß er manchmal einer andern, gar der gegenteiligen Entscheidung nahekommt; jedenfalls wird er, an den geeigneten Beispielen, des von mir gewiesenen Unterschiedes und seiner Gesetzlichkeit habhaft werden. Scheinbar kommt ja der Form »welcher« die stärkere Beziehungsfähigkeit zu, wie sie auch die Fügung »derjenige, welcher«

dartut. Aber diese deutlichere Relation spielt sich e r s t i n -
n e r h a l b d e s h i n z u t r e t e n d e n U m s t a n d e s ab,
den ich die Form »welcher« bezeichnen lasse, und nachdem
die allgemeine Begriffsbestimmung der Person oder Sache
schon vollzogen ist. Dies ist gerade an Fällen nachweisbar,
wo die attributive Beziehung in die determinative überzugehen scheint; wenn kontrastierende Gegenstände durch eine
Aussage von einander unterschieden werden sollen, die keineswegs ihrer wesentlichen Bestimmung dient. Wenn ich
von zwei Leuten erzählen will, die ich getroffen und deren
einen ich gegrüßt habe, so sage ich: »Den einen, welchen ich
gegrüßt habe, kenne ich seit langem . . . .«. Ich will von ihm
sagen, daß ich ihn seit langem kenne etc. Ich mache ihn in
der Erzählung aber kenntlich durch den eingeschalteten Relativsatz, der ihn sofort von dem andern unterscheiden soll,
welchen ich nicht gegrüßt habe. Dieser Relativsatz mit »welcher« könnte auch zwischen Gedankenstrichen oder in Klammern stehen, ja für den Hörer, der den Sachverhalt schon
erfaßt hat, sogar wegfallen. Eben in ihm ist das »derjenige,
welcher« enthalten. Dieses »welcher« hat die Gabe der Erläuterung oder der Absonderung, es bezeichnet ein hinzutretendes, oft unterscheidendes Merkmal, es bestimmt aber
keineswegs den Begriff der Person oder Sache als solcher,
von der ich aussage. Es ist scheinbar determinativ, in Wahrheit attributiv. Schriebe ich nun: »Der eine, den ich gegrüßt
habe . . .«, so erhielte der »e i n e« leicht die stärkere Betonung als »gegrüßt«, es ergäbe zunächst den Sinn, daß ich
beide gegrüßt habe und von jedem der beiden Gegrüßten
etwas aussagen will. Wäre dies beabsichtigt, so könnte vor
»den« sogar das Komma entfallen, denn es handelte sich
um »den einen Gegrüßten« (von ebensolchen zweien), nicht
um »den einen, den Gegrüßten«. Bei »welcher«, welches
die Tonkraft dem eigenen Prädikat zuschiebt (»welchen ich
g e g r ü ß t habe«), ist dem Relativsatz begriffliches Eigenleben erhalten; das schwächere »der« liefert es dem regierenden Satze aus. Dieses Prinzip wird man an allen Beispielen bestätigt finden, wiewohl die Verhextheit gerade

dieser sprachlichen Region immer wieder zu neuen Zweifeln verführen mag.

Ist es aber nicht Resultat genug, sich verführen zu lassen? Die Grammatiker haben es nicht getan und Wustmann ist weit davon entfernt. Er macht sich wohl über allerhand Sprachdummheiten Gedanken, aber nicht ohne jene durch diese zu vermehren. Namentlich hat es ihm auch der Konjunktiv angetan, zu welchem ich darum gern zurückkehre. Er spricht von der »kläglichen Hilflosigkeit unserer Papiersprache«, der er etwa die korrekte Wendung zuschreibt:

Es ist eine Lüge, wenn man behauptet, daß wir die Juden nur a n - g r e i f e n , weil sie Juden sind.

Es müsse »unbedingt« heißen: »a n g r i f f e n«, denn »es muß der Konjunktiv stehen, und das Präsens ,angreifen' wird nicht als Konjunktiv gefühlt«. Das zweite ist wahr, das erste ist falsch, denn es muß der Indikativ stehen. (»Angriffen« würde aber als der Indikativ imperfecti gefühlt werden.) Selbst wenn es schlechthin hieße: »es ist eine Lüge, wenn man behauptet, daß wir die Juden angreifen«, so wäre der Indikativ nicht unrichtig, wiewohl wir die Juden tatsächlich nicht angreifen. Was vom Berichtenden hier als falsch hingestellt wird, ist zwar der Inhalt einer bestimmten Behauptung, jedoch einer, die eben in ihrer Bestimmtheit ausdrücklich schon als Lüge deklariert ist. »Mir meldet er aus Linz, er läge krank«: da wird der Inhalt der Meldung erst durch den Konjunktiv angezweifelt. Nun heißt es aber vollends, es werde behauptet, daß wir die Juden »n u r an- greifen, w e i l sie Juden sind«. Es wird sogar der Inhalt der Behauptung, daß wir die Juden angreifen, bestätigt und nur der Grund des Angriffs in Abrede gestellt. »Weil sie Juden s i n d«: das wollte Wustmann offenbar nicht bezweifelt wissen; Wunder genug, daß er nicht trotzdem »seien« verlangt oder »wären« erlaubt hat. Hervorragend ist der Mangel an Unterscheidungsfähigkeit, mit dem er seine Vorschriften erläßt. Er führt eine Reihe von Sätzen an, die nach seiner Meinung falsch sind, und setzt »das richtige immer gleich in Klammern daneben«. Da findet sich denn:

Er hatte .. den Wunsch geäußert, die Soldaten mögen (möchten!) ... nicht zielen.

Richtig, aber nicht weil der Satz den Konjunktiv erfordert — auch »mögen« ist einer —, sondern weil der Konjunktiv — und der vom Indikativ unterscheidbare des Imperfekts — hier als Ersatz für das fehlende »daß« auch dann eintreten müßte, wenn diesem der Indikativ folgte.

Es ist ein Irrtum, wenn behauptet wird, daß sich die Ziele .. von selbst ergeben (ergäben!).

Es ist ein Irrtum: hier ist kein Konjunktiv beabsichtigt.

Von dem Gedanken, daß in Lothringen ähnliche Verhältnisse vorliegen (vorlägen!) ... muß ganz abgesehen werden.

Hier k a n n ein Konjunktiv beabsichtigt sein, darum wäre das Imperfekt — der Unterscheidung wegen — möglich.

Es wird mir vorgeworfen, daß ich die ursprüngliche Reihenfolge ohne zwingenden Grund verlassen habe (hätte!).

Verlassen hat er sie ja, vorgeworfen wird ihm nur die Grundlosigkeit, also ist der Indikativ richtig. Dagegen: »es wird mir (schlechthin) vorgeworfen, daß ich sie verlassen h ä t t e«; es ist nicht wahr, ich habe sie nicht verlassen. Aber es dürfte — wie oben bei dem Angriff auf die Juden — berichtigt werden: »es ist eine Lüge, wenn mir vorgeworfen wird, daß ich sie verlassen h a b e«. Die Unwahrheit des Vorwurfs kann ich durch den Konjunktiv charakterisieren, wenn ich aber den Vorwurf ausdrücklich schon eine Lüge nenne, so bedarf ich des Konjunktivs nicht mehr. Durch diesen würde ich meine eigene Aussage über den Vorwurf als zweifelhaft hinstellen.

H. Grimm geht von der Voraussetzung aus, daß ich den Unterricht bekrittelt habe (hätte!).

Hier hat Wustmann recht, denn es wird eine falsche Voraussetzung Grimms angenommen, die nicht anders als durch den Konjunktiv entwertet werden kann, während oben die Behauptung, daß sich die Ziele ergeben, als solche feststehen muß, um eben als »Irrtum« entwurzelt zu werden.

Aber er schließt summarisch: »daß die Verfasser dieser Sätze den Indikativ h ä t t e n gebrauchen wollen, ist nicht anzunehmen; sie haben ohne Zweifel alle die Absicht gehabt, einen Konjunktiv hinzuschreiben«; und sie hätten eben fälschlich den papierenen Konjunktiv präsentis oder perfecti erwischt, der als solcher nicht erkennbar ist. Aber woher wußte Wustmann, daß sie, wenigstens zum Teil, nicht den Indikativ beabsichtigt haben? Und wie hätte er in diesem Falle bewiesen, daß es fehlerhaft sei? Wustmann schreibt, es sei nicht anzunehmen, daß sie den Indikativ h ä t t e n gebrauchen wollen. Ich nehme an, daß selbst e r hier den Indikativ hat gebrauchen wollen, also zu sagen gehabt hätte: »daß sie den Indikativ h a b e n gebrauchen wollen«. Sein eigener Zweifel ist ja durch die Negation im Hauptsatz (»nicht anzunehmen«) konsumiert und was er geradezu »nicht annimmt«, ist als Tatsache zu setzen. (Sonst würde er ja seine eigene Nichtannahme bezweifeln.) Wenn ich nun soeben schrieb: »daß er zu sagen gehabt h ä t t e«, so stellt dieser Konjunktiv den besonderen Fall einer gedachten Bedingtheit vor, auf den ich schon hingewiesen habe. Auch in direkter Aussage würde es hier heißen: »er hätte zu sagen gehabt« (ergänze: statt daß er gesagt hat). Er aber hätte vermutlich sogar das Folgende gesagt oder erlaubt: »Es ist nicht anzunehmen, daß die Verfasser behaupten würden, die Sätze, die sie geschrieben h ä t t e n, seien Indikativsätze.« Hier liegt der Fall vor (den Sanders richtig heraushebt), daß der Zwischensatz eine Bemerkung des Aussagenden ist und nicht eine Bemerkung dessen, von dem ausgesagt wird, daß es also heißen muß: »... behaupten würden, die Sätze, die sie geschrieben h a b e n, seien Indikativsätze«. Vielfache stilistische Rücksicht kann hier wie überall gegen die Vorschrift gelten. Aber umsomehr gegen eine Erlaubnis, die von keinem Gedanken bezogen ist. Supra grammaticos wird immer die künstlerische Entscheidung stehen und ein scheinbarer Fehler dürfte manchmal gegen alle Regel alles Recht von der gedanklichen Vollmacht seiner Umgebung erhalten. Eben solchem Wert kann sprachlogisches Bemühen, das Richtige vom Unrichtigen zu unterscheiden, nur zugute kommen. Richtig gebaut ist zum Beispiel ein Satz in einer Erklärung, die ich in einer Polemik der Arbeiter-Zeitung zitiert finde und die eine Ausnahme vom Wiener Amtsdeutsch zu bilden scheint:

> In den letzten Tagen ist in Versammlungen wiederholt behauptet worden, Vizekanzler Dr. Dinghofer h a b e sich gegenüber einer Abordnung des Reformverbandes der Hausbesitzer geäußert, die Hausbesitzer k ö n n t e n sich auf den vielumstrittenen Beschluß der steiermärkischen Landesmietenkommission auch ohne amtliche Kundmachung des Beschlusses berufen. Demgegenüber wird f e s t g e s t e l l t , daß der Vizekanzler eine solche Erklärung nicht abgegeben h a t . Er hat nach den Ausführungen des Sprechers der Abordnung, der seine eigenen Ansichten vortrug, lediglich bemerkt usw.

Weit entfernt, aus dem richtigen Ausdruck des Sachlichen auf die sachliche Richtigkeit zu schließen, gehe ich zu der polemischen Antwort über. Sie enthält eine kuriose Fügung, der man häufig bei einem Publizisten begegnet, dessen Fehler besser sind als die Vorzüge anderer Zeitungsleute:

> Wonach es wohl so sein wird, daß Herr Dr. Dinghofer den Hausbesitzern das gesagt h a b e , was sie hören wollten . . . .

Aber da es doch einem entgegengehalten wird, der seine Worte verleugnen möchte, so könnte es gar keinen indikativeren daß-Satz geben als diesen und er müßte natürlich lauten: »daß er ihnen gesagt h a t «. Hier hat wohl das »wohl« des regierenden Satzes den indikativen Charakter des abhängigen Satzes zu Unrecht beeinflußt. Warum sollte denn ein Zweifel an der eigenen Deutung ausgedrückt sein? Es soll doch nur das vom andern Teil Gesagte entwertet werden, nicht die Entgegnung, welche durch das »wohl« ja noch ironisch verstärkt wird. Nun, es ist wohl der Absprung einer jähen Feder, während die Willkür in modis und temporibus geradezu das System einer Tagesschriftstellerei ausmacht, die im falschen Modus gern ihre Bildung und im falschen Tempus deren Imperfektheit zeigt. Was aber bedeuten selbst solche Formsünden in einer Sphäre, wo fast jedes Wort, das hervorkommt, Sünde wider den Geist

ist? wo überhaupt nur mehr gestottert wird, um den schäbigsten Sachverhalt an einen Leser heranzubringen, der es vielleicht doch etwas besser sagen könnte, wenn er nicht täglich diesem verderblichen Einfluß ausgesetzt wäre, so daß er schließlich selber zum Journalisten taugt! Ein Theaterkritiker, dessen apodiktische Ödigkeit sich in kurzen Absätzen auslebt, die jeder für sich nur einen Satz, aber dafür einen schlechten bilden, beschwert sich über seinen Sitznachbarn:

... der junge Mensch vergnügte sich damit, die Schnur an d a s Aluminium des Feldstechers zu r e i b e n, was ein kreischendes, kratzendes, Nerven erregendes Geräusch verursachte.

Kein Wunder, wenn »an etwas reiben« als Akkusativ konstruiert wird. Aber das Geräusch hört nicht auf, denn:

... er w e t z t e die Schnur ausschließlich dann an d a s Fernglas, wenn der Vorhang hochgegangen war.

»An etwas wetzen« als Akkusativ ist freilich auch eine rechte Störung im Theater. Damit man aber sieht, was so ein Sitznachbar imstande ist, faßt der Kritiker seine Eindrücke noch einmal zusammen:

... Er r i e b und w e t z t e die verdammte Schnur an d a s verdammte Aluminium. Für meine Erfahrung war das eine neue Nuance.

Für meine auch. Es muß schrecklich sein, so empfindlich für alle Geräusche, aber so verlassen von allem Sprachgefühl im Theater zu sitzen. Offenbar verwechselt man »reiben« und »wetzen« mit »rühren« und »stoßen«. In diesen Wörtern ist auch die Bewegung »an den« Gegenstand hin enthalten, »an dem« sich der Vorgang abspielt, während dort nur dieser selbst ausgedrückt wird. Man stößt sich an dem oder an das (gegen die Sitte anstoßende) Benehmen des Sitznachbarn, der aber die Schnur bloß an d e m Aluminium reiben oder wetzen kann. Freilich, in der Wiener Presse würde es heißen: »man s t o ß t sich«, wie man ja dort auch »l a u f t«.

Das Analphabetyarentum ist geradezu erfinderisch in Ausbau und Vertiefung dessen, was als Zeitungsdeutsch schon eingelebt ist. Daß in diesen Kreisen »n a c h d e m« längst auf die temporale Bedeutung zugunsten der kausalen verzichtet hat, ist bekannt. ,Bühnen'-Ausflüge fanden statt, nachdem der Wettergott ein Einsehen gehabt hatte: aber nicht »als«, sondern »weil«. Sie finden sogar statt, nachdem heute schönes Wetter »ist«. Daß aber »nachdem« nebst dem Präsens-Charakter sogar einen futurischen sich zuziehen kann, bedeutet eine große Errungenschaft. Beides ist in dem Folgenden geglückt:

Man wird sich überall in allen Theatern, die für Frau Roland in Betracht kommen, fragen, weshalb die Roland eigentlich aus dem Burgtheater weg mußte, n a c h d e m Schauspieler und Schauspielerinnen, die sich mit dieser Frau beiweitem nicht messen können, seit Jahren behaglich im Burgtheater s i t z e n und wahrscheinlich bis an ihr seliges Ende dort sitzen bleiben w e r d e n.

Dieses »nachdem« mit dem Präsens bedeutet schon nicht mehr »weil«, sondern »während hingegen«. Aber n a c h - d e m etwas geschehen w i r d : einen temporellen Inhalt da hineinzudenken, dürfte ohne Kongestion nicht möglich sein. Es gelänge auch nicht am Beispiel einer bequemeren Materie, etwa: Man wird sich überall fragen, weshalb Herr Bekessy eigentlich von Wien weg mußte, nachdem seine Redakteure in Wien schreiben und wahrscheinlich bis an ihr seliges Ende hier weiter schreiben werden. (In Wien sitzen wird nicht einmal er.) Daß der Tandelmarktjargon druckreif geworden ist, ja daß es überhaupt keine andere Schriftsprache mehr gibt als ihn, offenbart der flüchtigste Blick in ein Zeitungsblatt. Es ist bereits möglich geworden, daß eine Wendung in Druckerschwärze erscheint wie diese:

Nach und nach entdeckte sie, daß es ihm a n S a c h e n fehle, w a s jeder andere . . besitzt.

Oder diese:

weil sie mit ihm N a c h t m a h l e s s e n w a r.

Man fragt sich nun, wie (nicht wieso) insbesondere (nicht insbesonders) solches möglich ist. Denn es versucht geradezu den Jargon konstruktiv einzurichten. Schon die Wendung: »Ich war mit ihm essen« ist im Privatleben selten. Man hört gerade noch: »Ich war essen« und nur als Antwort, nämlich durch die Verführung der Frage: Wo warst du? Man kann sich akustisch vorstellen, daß einer bekennt: »Ich war baden«, aber doch nur als Antwort auf die Frage, was er unternommen habe. Fragt man einen, der sich nebenan im Badezimmer aufhält: Was tust du?, so könnte er natürlich nicht antworten: Ich bin baden. Auf die Frage, was er tun werde, nicht antworten: Ich werde baden sein. Für die Vergangenheit geht es irgendwie vom Mund. Nie aber selbst von diesem innerhalb einer festen Fügung, mit dem nachgestellten Hilfszeitwort: weil ich baden war, weil ich essen war, oder gar: »weil ich mit ihm Nachtmahl essen war«, also als richtiggehende Begriffsfolge. Hier ist Neuland des Jüdelns erobert. Außer bei ganz wenigen einfachen Verrichtungen des täglichen Lebens wie »essen«, »baden«, eventuell »tanzen«, »eislaufen«, also was man so zu tun hat — aber schon nicht bei »schlafen«, welches doch nicht so kurz abgemacht wird — ist dieser entsetzliche Infinitiv mit diesem entsetzlichen »war« kaum vorstellbar. Dem Leser, der das, was ihm im intimsten Kreis von der Lippe fließt, als kausale Konstruktion gedruckt findet, wird sogar noch das Mauscheln verhunzt. Er liest von einem Mann, der einen Preis gewonnen hat (denn mit so etwas entschädigt jetzt die Zeitung ihre Opfer):

... ist nach einer halben Stunde noch so aufgeregt, daß er den Bleistift nicht führen kann, um sich d i e A d r e s s e zu notieren, a n d e r er heute p h o t o g r a p h i e r t w e r d e n s o l l.

Aber der Reporter kann die Feder führen. Ein anderer schäkert:

Schauen Sie sich den blauen Luftballon an, m i t s e i n e n s c h w e l - l e n d e n F o r m e n, der so hübsch a n d e r zierlichen H a n d Ihrer Nachbarin in die Höhe r a g t.

Oder er plaudert im Metapherndrang über Orangenschalen:

Der Fuß s t o l p e r t leicht über die d i c k e H a u t des süßen Obstes.

Sonst rutscht man in solchem Falle nur aus; aber die Metapher bleibt insofern doch heil, als man von derlei Geistern eben sagen kann: Das stolpert über eine Orangenschale! Wenn sie nur die Feder in die Hand nehmen, sehen sie schon nicht mehr das Ding, das sie beschreiben wollen, und verlieren noch die Vorstellung, die sie nicht haben. Auf diese Art können aber sogar Zeichnungen entstehen. Im Analphabetyarenblatt ist eine erschienen: ein alter Mann steht vor einer Wiege, in der ein Säugling schreit. Titel: »Breitner ist Vater geworden«. Text:

— Was, nur ein Mäderl? Bei d e r Steuerpolitik, da muß man Junge kriegen...

Versteht man, was da passiert ist? Der Analphabetyar, der die »Idee« gehabt hat, war der Meinung, daß die Redensart: »Da muß man Junge kriegen« den Plural von »ein Junge« enthalte. Daß zu den Jungen, die man kriegt, gleichfalls ein Mäderl gehören kann, ahnte er nicht. »Ein Junges« (»das Junge«), Plural »Junge« (»die Jungen«) — »Ein Junge« (»der Junge«), Plural »Jungen« (»die Jungen«). Läßt man nun den Blödsinn zu, daß der Steuerpolitiker selbst »Junge kriegt«, während die Verzweiflung, die in der Redensart ausgedrückt wird, doch der Zustand der Besteuerten ist, so hätte der »Witz« natürlich lauten müssen: »Was, ein K i n d? Ja, bei der Steuerpolitik, da muß man Junge kriegen!« Oder, dem Sachverhalt entsprechender: »Wie, e r ist Vater geworden? Und wir haben geglaubt, daß w i r Junge kriegen müssen!« So ist denn ein Zeichner das Opfer eines geworden, der nicht schreiben kann. Da heißt es immer, daß aller Anfang schwer sei; weit schwieriger ist alle Endung. Der Analphabetyar wird sich im Zweifelsfalle immer für die unrichtige entscheiden. Er spricht davon, daß die Luxussteuer »für eine ganze Reihe von A r t i k e l aufgehoben« wurde. Gleich darauf wird aber »der erste der drei Gruft d e c k e l n abgehoben«. So geht es auf und ab, aber immer falsch. Ein sehr häufiges Wort in diesen Kreisen ist doch »Mädel«; also wäre als Mehrzahl zu merken: die Mädel, der Mädel, den Mädeln. (Wozu gleich ein für allemal gesagt sei, daß der Genitiv von »Fräulein«: des Fräuleins, jedoch der Plural: die Fräulein heißt.) Die

Endung »-el« scheint in der Wiener Presse geradezu panikartig zu wirken. Sie wissen nicht, daß die Mehrzahl des Neutrums wie des Maskulinums nur im Dialekt (oder dort wo die stilistische Absicht diesen verlangt) das »n« verträgt. Also vielleicht »Mäderln«; keineswegs aber »Erdäpfeln«, dagegen »Kartoffeln«. Im Zentralblatt der Bildung hat kürzlich einer geglaubt, daß eine Epistel sächlichen Geschlechtes sei und folgerichtig konstruiert: »E i n e s dieser E p i s t e l lautet«. Vor dem Fehler: »Eines dieser Episteln« hat er sich gehütet; doch vielleicht lernt er noch, daß »eine dieser Episteln« das beste ist. Offenbar hat er gedacht, mit »Epistel« sei das so wie mit »Kapitel«. Aber einer, der die Artikel verwechselt, sollte höchstens Episteln schreiben, und keine Artikel. All dies und speziell »eine ganze Reihe von Artikel« ist gewiß bloß aus der Einschüchterung durch mich zu erklären. Ich hatte den analphabetyarischen Plural »die Artikeln« ebenso wie »die Titeln« gerügt, und da traute man sich halt nicht mehr. Es ist wohl eine der kulturell besondersten Tatsachen, daß der Beruf, dessen Aufgabe es ist, Artikel zu schreiben und Titel darüber zu setzen, sogar an der Bezeichnung dessen strauchelt, was er nicht kann. Und weil sie das Wesentliche nicht wissen, so wissen sie auch nicht, daß »ein Trottel« selbst in der Mehrzahl nur Trottel ergibt.

Der und welcher [*]

Unheimlich ist der Anschluß des Gedankenganges zu »Der und welcher«, welcher in dem voranstehenden Kapitel betreten wurde, an die Untersuchung, die in dem Abschnitt durchgeführt ist: »Vom Bäumchen, das andere Blätter hat gewollt«, den ich vom Zeitpunkt seines Erscheinens bis zu der Nacht nach dem Vortrag des neuen Kapitels nicht angesehen hatte. Dort gelangte die Untersuchung, ausgehend von dem Problem der mit dem Artikel zusammengezogenen Präposition, zu eben derselben Unterscheidung der Relativbegriffe, nur daß noch nicht deren Besetzung mit »welcher« und »der« vorgenommen erscheint. Es wird zwischen dem koordinierten Relativsatz unterschieden und dem subordinierten, bei dem aber das Verhältnis so fest sei, »daß der Hauptsatz in ihm einen Gefangenen gemacht hat, der ihn nicht mehr losläßt«. Hier eben sei die Zusammenziehung des Vorworts mit dem Artikel (vom, am, zum, im, beim) verfehlt. (Es ist, als ob die eine Verhaftung die andere ausschlösse.) Ein Beispiel war: »Vom ältesten Wein, den ich gekostet habe« und »Von dem ältesten Wein, den ich gekostet habe«. Dem ersten Fall — wo ich sagen will, daß ich den überhaupt ältesten Wein gekostet habe — wäre im Sinne der neuen Untersuchung »welchen« angemessen. Im zweiten Fall (»Von dem«) hat der Artikel hinweisenden Charakter, kann also nicht mit »von« verschmolzen werden: hier wäre »den« angemessen. Es ist unter den Weinen, die ich gekostet habe, der älteste, während dort von dem ältesten Wein als solchem die Rede ist, welcher nur noch überdies als derjenige, den ich gekostet habe, bezeichnet (identifiziert) ist. Der Unterschied zwischen dieser attributiven und jener »definierenden« Bedeutung des Relativums wurde klar gemacht. Am klarsten wohl an dem fehlerhaften Schillerwort »Zum Werke, das wir ernst bereiten«. Das »Zum« vertrüge nur die Fortsetzung: »welches wir (nämlich, übri-

---

[*] Ursprünglich als Fußnote zu dem voranstehenden Kapitel.

gens, eben)....« Zum Werke, n ä m l i c h zu demjenigen, das wir.... = Z u m Werke, welches wir.... Gedacht aber ist: Zu demjenigen Werke, das wir.... = Z u d e m Werke, das wir.... (Artikel demonstrativen Inhalts). Zu einem (solchen) Werke, das ernst getan wird, muß auch ernst gesprochen werden. Sehr wesentlich war ferner die Unterscheidung von dem anderen klassischen Fehler: »Vom Rechte, das mit uns geboren ist«. In beiden Fällen enthält der Relativsatz kein bloß hinzutretendes, erläuterndes Moment, sondern erst den vollen Begriff des Gegenstandes. Im zweiten ist der Fehler größer, da hier mit dem dichterischen Gedanken auch dem äußern Sinn Abbruch geschieht. Im Schiller-Zitat spielt sich die Antithese von ernstem Tun und ernstem Reden ab, doch das »Werk« ist dasselbe. Es besteht ein ursächlicher Zusammenhang zwischen dem Gedanken des Hauptsatzes: der Forderung des ernsten Wortes, und dem des Relativsatzes: dem Moment des ernsten Bereitens, jener wird von diesem bedingt; doch die Vorstellung des Werkes ist gegeben. Bei Goethe ist die Antithese an die v o r h e r gesetzten »Rechte« geknüpft, die sich forterben; es wird nunmehr von einem ganz andern »Recht« gesprochen, demjenigen, das mit uns geboren ist. Folgerichtig würde das der Konstruktion »V o m Rechte« entnommene Recht etwa das umfassende Jus bedeuten, von dem dann sonderbarer Weise ausgesagt wäre, daß es mit uns geboren ist. Dazu und zu allem, was in jenem Kapitel enthalten ist, ergibt sich nun freilich etwas noch Schwierigeres, das den Fall zur Falle macht. Hier scheint die d e t e r - m i n a t i v e Beziehung in die a t t r i b u t i v e überzugehen. Hier — in dem Fall einer Wesensbestimmung, wo die Anwendung von »welches« nicht möglich ist — fällt doch der Hauptton dem Prädikat des Relativsatzes anheim. Wie geht das zu? Im Hinblick auf das Beispiel: »Der eine, welchen ich gegrüßt habe.... der andere, welchen ich nicht gegrüßt habe« und das davon abgeleitete Betonungsmoment könnte man sich in ein Chaos versetzt fühlen. Da ich ein solches für äußerst tauglich halte, um zur Ordnung zu führen, will ich dem, der den Willen hat, den Weg weisen bis zu dem Punkt, wo der Unterschied klar wird. Es geht also um den Vergleich mit bereits charakterisierten Rechten, und nun gelangt man zunächst zu dem Ergebnis: Von dem Rechte, das mit uns geboren ist = Von dem a n d e r n Rechte, (nämlich) welches mit uns g e b o r e n ist. Das ist, wie sich zeigen wird, nur äußerlich richtig. Es ist nur scheinbar der Fall wie mit dem »einen, welchen ich g e g r ü ß t habe«. Denn darin kontrastieren z w e i schon v o r h a n d e n e Begriffe, deren Kontrast relativisch dargestellt wird. In der Goethezeile aber e n t s t e h t der e i n e Begriff erst durch die relative Bestimmung, um dann mit dem vorhandenen zu kontrastieren. Was hier geschieht, ist, daß der durch den Relativsatz gleichsam e r w o r b e n e Begriff des »gebornen Rechtes« dem Begriff der »sich forterbenden Rechte« entgegengestellt wird. Das Kontrastmoment erzwingt auch hier die Betonung wie in dem Fall jener rein attributiven Beziehung; aber man könnte hier nicht »welches« setzen und die Präposition nicht mit dem Artikel verschmelzen, während man in jenem Fall sehr wohl sagen könnte: »v o m einen, welchen ich gegrüßt habe ...«. »Vom Rechte, welches« wäre nur möglich, wenn der Begriff dieses Rechtes (als Naturrecht, als Menschenrecht) b e r e i t s f e s t s t ü n d e. Selbst dann nur wäre auch möglich: »Von dem Rechte, welches« oder »Vom andern Rechte, welches«. Denn auch dieses wird erst durch das Moment des Mitgeborenseins definiert. Es kann, im wohlerfaßten Goetheschen Sinne, nur »von d e m j e n i g e n Rechte, das« die Frage (oder leider nie die Frage) sein. Es ist allerdings ein »anderes« Recht als die bereits gesetzten, aber eines, das erst begrifflich bestimmt wird. Es ist das »mit uns g e b o r n e Recht«, auch »das andere, das mit uns geborne Recht« (welches aber nicht verwechselt werde mit dem »andern mit uns gebornen Recht«). Dagegen bedeutet, wie schon seinerzeit ausgeführt, »v o m Rechte, das« (welches): daß von einem absoluten Recht die Rede ist und nebenbei gesagt wird, daß es mit uns geboren sei. Also nicht, wie es richtig wäre: von dem mit uns g e b o r n e n

Recht, sondern: von dem mit uns gebornen R e c h t (im Gegensatz zu anderen mit uns gebornen Dingen, etwa der Pflicht). Das »Recht« zieht eine ihm nicht gebührende Tonkraft an sich. Das ganze Problem löst sich in der Durchschauung des Artikels, der dem führenden Wort vorangeht. »Der Mann, den ich bekämpft habe«: wenn »Der« hinweisenden Charakter hat wie »Ein«, »Ein solcher«, »Derjenige«, so wird der Begriff des Mannes durch den Relativsatz mit »den« bestimmt. Ist es bloß der Artikel zu einem bereits begrifflich gesetzten »Mann«, so tritt nur ein Merkmal hinzu: »welchen ich bekämpft habe«. Die Verschmelzung der Präposition mit dem Artikel ist dort, wo er hinweisenden Charakter hat und ein bestimmender Relativsatz nachfolgt, unmöglich, denn die Beziehung hängt vom Artikel ab, dessen Kraft wieder so stark ist, daß sie das Komma aufzehren kann. Dagegen könnte dieses nicht fehlen, wo die Verschmelzung möglich ist und der Relativsatz nur eine absondernde Bedeutung hat. (Da könnte es sogar dem Doppelpunkt weichen. Siehe die obige Wendung, die auch so gesetzt sein könnte: »die Beziehung hängt vom Artikel ab: dessen Kraft wieder so stark ist . . .«.) Um also zum ersten Beispiel zurückzukehren: »Von dem ältesten Wein(,) den ich gekostet habe« und »Vom ältesten Wein, welchen ich gekostet habe«. Hier ist es der älteste Wein überhaupt, dort der älteste unter d e n e n, die usw. Hier ist die Rede »vom ältesten, von mir gekosteten«, dort »von dem ältesten von mir gekosteten«. Nun könnte in diesem schwierigsten aller Abenteuer der Sprache immer wieder der Einwand auftauchen: Sollte bei richtiger Erfassung des Unterschieds nicht die verkehrte Anwendung der Pronomina statthaben? »Welcher« bezeichnet doch eher etwas wie die Kategorie, die Gattung, die Sorte, determiniert doch eher (als daß es bloß beifügt), siehe die Verbindung »derjenige, welcher« (welche ich für bedenklich halte). Richtig, aber erst innerhalb des hinzutretenden Umstandes, nach erfolgter Bestimmung des allgemeinen Begriffs. Das wird am deutlichsten, wenn dieser selbst eine Gattung bezeichnet: »Der Löwe, welcher der König der Tiere ist« [attributiv] und: »Der Löwe, der entsprungen ist«, also das Individuum Löwe, dessen Vorstellung ich erst durch diese Aussage bestimme [determinativ]. (Dagegen: »Der [eine] Löwe, w e l c h e r entsprungen ist« — im Vergleich mit einem andern Individuum Löwe, von welchem anderes ausgesagt wird [attributiv und nur scheinbar determinativ, da dem schon gesetzten Begriff bloß ein unterscheidendes Merkmal beigefügt wird].) In die Apposition gebracht: »Der Löwe, der König der Tiere (Komma!)« und »Der entsprungene Löwe«. (Im Vergleich wieder: »Der Löwe, der entsprungene«.) Sollte sich nun nicht für »welcher« eine Rechtfertigung aus dem f r a g e n d e n »welcher« ergeben? Wie gelangten wir zu ihr? »Der Löwe, welches Tier der König der Tiere ist« (und im Beispiel des Vergleichs: »Der Löwe, welcher Löwe entsprungen ist«). Hierin ist das fragende »welcher« enthalten. D a s b e z ü g l i c h e F ü r w o r t »w e l c h e r« t r i t t d o r t e i n, w o i h m b e i v o l l e r E n t w i c k l u n g d e s S i n n e s d e r A u s s a g e d a s f r a g e n d e »w e l c h e r« e n t s p r i c h t. Also: Welches Tier ist der König der Tiere? Der Löwe. (Und im Vergleich der zwei Löwen: Welcher Löwe ist entsprungen? Der afrikanische.) Dagegen: »Der Löwe, der entsprungen ist, stammte aus Afrika« läßt keine a n a l o g e Frage (mit »welcher«) a u s d e m B e g r i f f d e s R e l a t i v s a t z e s zu, nur aus dem des Hauptsatzes: Woher stammte er? Also auch: Welchen Wein habe ich gekostet? Den ältesten. Im andern Falle (»Der älteste Wein, den ich gekostet habe . . . .«) nur aus dem Begriff des Hauptsatzes, etwa: Wie hat er geschmeckt? — Wir sind also wie bei dem Problem der Zusammenziehung des Vorworts mit dem Artikel zu einer Unterscheidung zwischen dem k o o r d i n i e r t e n und dem s u b o r d i n i e r t e n Relativsatz gelangt: dort ist die Zusammenziehung möglich, hier unmöglich; dort »welcher«, hier »der«. Eine Bestätigung des dargelegten Unterschieds als solchen empfange man noch aus dem Vergleich von »was« (trotz dessen weiterer Bedeutung) und »das«. Sollte man ihn nicht erkennen, w a s i c h bedauerlich fände, so würde ich das (Axiom), d a s ich aufgestellt habe, gleichwohl nicht zurückziehen. Doch dürfte die Unterscheidung schon so deutlich sein, daß sie auch den Fachleuten einleuchten wird, vielleicht sogar den Schriftstellern, welchen ich freilich die Befassung mit den Problemen des Wortes weder zumuten noch zutrauen darf.

∗

Mai 1927

Nachtrag

»Der Bediente, der die Pflicht hat, zu chauffieren« (kann leicht etwas im Zimmer vernachlässigen) und »Der Bediente, welcher die Pflicht hat, das Zimmer aufzuräumen« (ist für die Reinheit der Möbel verantwortlich). »Die einzige, die ich damals kennen gelernt habe« (war Frau X.) und »Die Einzige, welche ich damals kennen gelernt habe« (pflegte zu sagen). »Das Mädchen, das er liebte« (war zwanzig Jahre alt) und »Das Mädchen, welches er l i e b t e« (war zwanzig Jahre alt). Hier ist überall der Relativsatz eingeschaltet. In den Fällen, wo er bloß ein Merkmal und nicht den vollen Begriff darstellt, könnte die Absonderung auch durch Gedankenstriche vollzogen werden: »Der Bediente — welcher die Pflicht hat, das Zimmer aufzuräumen — ist...«. Wenn der älteste Moselwein der von 1810 ist und ich ihn getrunken habe, so werde ich sagen: Der älteste M., welchen ich getrunken habe, ist von 1810. Wenn der älteste, den ich getrunken habe, einer von 1870 ist, so werde ich sagen: Der älteste M., den ich getrunken habe, ist von 1870. (Im ersten Fall auch: — welchen ich getrunken habe —.) Dort handelt es sich ums Datum, hier ums Trinken. Man beachte den Wechsel der Begriffsgestalt, den in allen diesen Beispielen dasselbe den Relativsatz regierende Subjekt — einmal auch mit demselben Hauptsatz — durchmacht. Nach der Aufstellung des Unterschiedes zwischen »der« und »welcher« habe ich — nebst vielen Proben bei Schopenhauer — seine konsequente Einhaltung bei Jean Paul (Vorschule der Ästhetik) gefunden, von wenigen Stellen abgesehen, wo sichtlich und hörbar aus Gründen des Wohlklangs eine Abweichung erfolgt ist. Ferner auch in der Urfassung meiner eigenen Schriften, in deren späteren Auflagen manchmal Redigierungen gegen das Grundgefühl vorgenommen erscheinen. Nachdem eben die erste Texterung gefühlsmäßig richtig durchgeführt war, ist später, lange vor dem Bewußtwerden des Prinzips, aber nach dem Bekanntwerden der Marotte des »Wustmann«, aus bloßer Abneigung gegen diese, häufig auch dort »welcher« gesetzt worden, wo es eine klangliche Rücksicht nur irgend rechtfertigen mochte. Wie immer man nun zu dem Problem sich stellte, und gewänne man ihm auch keine Verpflichtung zu konsequenter Praxis und keinen andern Wert ab — der der höchste wäre — als den des Zwangs, es durchzudenken, so bliebe doch hinreichend absurd die deutsche Geltung und Möglichkeit eines Katechismus, der das Wort »welcher« aus der Sprache ausjäten will, weil man es »nicht spricht«. Gerade das Widerstreben gegen die Erleichterungen der »Umgangssprache«, eines Instruments, das jedermanns Mundstück ist, mag die saubersten Stilisten verführt haben, das begrifflich engere »welcher« auch dort anzuwenden, wo es keinerlei Funktion hat und nicht einmal einem Bedürfnis nach Klang und Abwechslung Genüge leistet.

Vom Plagiat

Der anschlägige Kopf, der mich »St. Crausiscus« nannte und der über Scherz, Satire, Ironie ohne tiefere Bedeutung verfügt und demgemäß unerschöpflich ist an Buchstabenwitzen ohne gedanklichen Fonds, also ein rechter Einfallspinsel, hat nachgewiesen, daß die Bestandteile meines Gedichtes »Apokalypse« sich in der Offenbarung Johannis vorfinden. Er hat sich aber für den Beweis, daß mir die Tat zuzutrauen war, eine Stelle in dem Versstück »Nach zwanzig Jahren« entgehen lassen, in der wörtlich zwei Zeilen aus »Hamlet« vorkommen. Ich zähle da alle meine Themen und Motive auf und bereichere sie wie folgt:

> Geschlecht und Lüge, Dummheit, Übelstände,
> Tonfall und Phrase, Tinte, Technik, Tod,
> Krieg und Gesellschaft, Wucher, Politik,
> der Übermut der Ämter und die Schmach,
> die Unwert schweigendem Verdienst erweist,
> Kunst und Natur, die Liebe und der Traum —
> vielfacher Antrieb, sei's woher es sei,
> der Schöpfung ihre Ehre zu erstatten!

Nun wird es gewiß mehr Leute geben, denen das Zitat bekannt ist — und ich rechne sogar meinen Enthüller dazu —, als solche — und zu ihnen rechne ich ihn nicht —, die verstehen werden, daß mein Gedanke geradezu von dieser Voraussetzung lebt, also darin seinen Wert hat, daß er ein Plagiat ist. Wäre dies nicht der Fall, so wäre der Gedanke wertlos und ich hätte mir bloß ein Schmuckstück angeeignet, das meinen eigenen Besitz beschämt. Aber der Gedanke beruht eben nicht in den zwei Versen, sondern darin, daß sie nicht von mir sind, in der Übernahme, und in der Stelle, an der sie nun stehen. Natürlich ist die Liste der Plagen und Klagen, die Hamlet aufzählt, ein wichtigeres Werk als die Liste meiner Themen und der Sprachwert der beiden Zeilen nicht zu verkennen. Aber es handelt sich hier nicht um diesen, sondern einzig darum, daß auch bei mir jedes Thema eine Beschwerde ist und die noch fehlenden zwei: die bedrückende Staatlichkeit und die totschweigende Öffentlichkeit eine Lücke ließen, in die das Zitat einschlüpfen mußte, weil ja ganz sicher ist, daß von keinem Shakespeare hier etwas stärkeres Neues gefunden werden könnte als dieses Shakespeare-Zitat, aber nicht als Inhalt, sondern weil es das Zitat ist. Der künstlerische Wert dieser Einfügung besteht in der selbstverständlichen Deckung mit den noch zu bezeichnenden Themen und die originale Leistung in der Weglassung der Anführungszeichen. Die Sphäre, in die die Worte eingesetzt sind, ist von der Sphäre, der sie entnommen sind, so verschieden, daß auch nicht die Spur einer innern Identität mehr vorhanden ist, und die äußere, also das Plagiat, ist nichts anderes als die Leistung, die solches bewirkt hat. Aber wahrscheinlich wird es leichter möglich sein, vor einem intellektuellen Forum mit der Begründung, daß es ja doch ein unverkennbares Zitat ist, von dem Vorwurf der Aneignung freigesprochen zu werden als ihm plausibel zu machen, daß eben diese der originale Wert ist und daß sich die Produktion hier nicht in den Worten, sondern in ihrer Anwendung, ihrer Einschöpfung vollzieht. Wie diese den Bestandteil der Sprache, das vorhandene Wort, so kann sie auch den Bestandteil des vorhandenen Kunstwerks, der wieder Stoff wurde, betreffen. Ob sie ihn nun in eine solche gedankliche Beziehung bringt, die schon in dem bloßen Anwenden ihr Leben und ihre Berechtigung bewährt, oder ob sie ihm wie jede Nachdichtung neue Werte abgewinnt, sie wird allemal nur dem verdächtig erscheinen, dessen Respekt vor dem Wort sich nur der Distanz dazu verdankt und dessen Materialkennerschaft nicht weiß, worauf es ankommt und daß die Erlaubnis der Nachschöpfung ausschließlich von deren Wert und von der Notorietät des Originals abhängt. Die Übernahme der Shakespeare-Stelle ist durch den Einfall, sie zu übernehmen, berechtigt; die Verwendung von Bibelmotiven erst durch die Entscheidung, daß sie gelungen ist — eine Entscheidung, wie sie schließlich auch jedem andern Gedicht den Eigenwert bestimmt. Wer den Wert des Stoffes vor Nachdichtung behütet, ist zu solcher Entscheidung ebensowenig befugt wie einer, der den Unwert eines Stoffes behauptet. Da das Buch Josua gegen mein »Gebet an die Sonne von Gibeon« bis heute unbeschützt geblieben ist, mag es dankenswert sein, selbst auf jene Quelle zu verweisen, bei deren Benützung ich mich gleichfalls weniger an Luther als an Leander van Eß gehalten habe. Die Stelle vom »Geschrei« ist aus den Abschnitten 5, 10, 16 und 20 des VI. Cap. bezogen. Die Gegenüberstellung soll den Nachweis meines Plagiats erleichtern: ich habe den Lärm von dort genommen, wo er lebendiger ist als im berichthaften »Feldgeschrei« und wo er fast schon den Dialekt meiner Verkürzung hat.

5 Und wenn man des Halljahrs Horn bläset, und tönet, daß ihr die Posaunen höret, so soll das ganze Volk ein großes Feldgeschrei machen; so werden der Stadt Mauern umfallen, und das Volk soll hinein fallen, ein Jeglicher stracks vor sich.

Und es soll geschehen, wann man das Jobelhorn bläst, wann ihr den Schall der Trompete höret; so soll das ganze Volk ein großes Geschrei erheben; dann wird die Mauer der Stadt umstürzen an ihrer Stelle; und das Volk soll hinaufsteigen, Jeder vor sich hin.

10 Josua aber gebot dem Volk, und sprach: Ihr sollt kein Feldgeschrei machen, noch eure Stimme hören lassen, noch ein Wort aus eurem Munde gehen, bis auf den Tag, wann ich zu euch sagen werde: Machet ein Feldgeschrei; so machet dann ein Feldgeschrei.

Und dem Volke gebot Josua. und sprach: Ihr sollet kein Geschrei erheben und nicht hören lassen eure Stimme; kein Wort soll aus eurem Munde gehen, bis zu dem Tage, wo ich euch sagen werde: Erhebet Geschrei! dann erhebt Geschrei.

16 Und am siebenten Mal, da die Priester die Posaunen bliesen, sprach Josua zum Volk: Machet ein Feldgeschrei, denn der Herr hat euch die Stadt gegeben.

Und es geschah beim siebenten Male, wie die Priester in die Trompeten stießen, da sprach Josua zu dem Volke: Erhebet Geschrei! denn der Herr hat euch die Stadt gegeben.

20 Da machte das Volk ein Feldgeschrei, und bliesen die Posaunen. Denn als das Volk den Hall der Posaunen hörte, machte es ein großes Feldgeschrei. Und die Mauern fielen um, und das Volk erstieg die Stadt, ein Jeglicher stracks vor sich. Also gewannen sie die Stadt.

Da erhob das Volk Geschrei. und man stieß in die Trompeten. Und es geschah, wie das Volk den Schall der Trompeten hörte, erhob es ein großes Geschrei; und es fiel die Mauer auf ihrer Stelle; und das Volk stieg hinauf in die Stadt, ein Jeder vor sich hin. und sie nahmen die Stadt ein.

Das Geschrei ist in die folgenden Strophen übernommen:

Und der eifrige Gott, welcher am siebenten Tag
der Zerstörung nicht ruht, hieß sie vollenden, bis
sie der besiegten Welt den Fuß auf den Nacken gesetzt
und ein Geschrei erheben gedurft.

Denn es ward ihnen gesagt, nicht zu erheben so lang
Geschrei, bis ihnen gesagt, daß sie erheben Geschrei,
dieses hielten sie ein, dann aber gingen sie hin,
Geschrei zu erheben wie ihnen gesagt.

Wie das Geschrei nun erscholl, da fiel die Mauer ein,
und wie das Volk es sah, daß da die Mauer fiel
auf das Geschrei, das Volk ein großes Geschrei erhob,
herzufallen über die Stadt sogleich.

Nichts ähnliches ist bis heute ob dieser Verwendung laut
geworden.

Januar 1917

Kann ein Fürst in die Nachwelt mit nichts als mit den schönen Tigerflecken der Eroberer strahlen wollen, womit ihn die Timurs, Attilas, Dessalines und andre Geißeln Gottes oder Knuten des Teufels überbieten? Wie kalt geht man in der Geschichte über die unzähligen Schlachtfelder, welche die Erde mit Todesbeeten umziehen? Und mit welchen Flüchen eilt man vor der Krone vorüber, welche die sogenannte Ajüstagen oder Blechaufsätze nur auf dem fortspritzenden Wasserstrahl der Fontänen, ebenso nur auf emporspringenden Blutströmen in der Höhe sich erhalten!

Der Satz aus Jean Pauls »Levana«, wörtlich so der Reclam'schen Ausgabe entnommen, dürfte durch einen jener Druckfehler verstümmelt sein, die dieses schwierigste aller Genies noch unwegsamer machen, den Dichter, der sich durch Empfindungs- und leider auch Bildungskonglomerate, die oft — oder vielmehr »häufig« — seine Sätze sind, den Strom der Phantasie staut und den Schritt, der fähig wäre, seiner Vision zu folgen, noch durch die Angeln der Fußnoten zu hemmen weiß. Die Wendung: »die sogenannte Ajüstagen« als alten grammatischen Usus anzusprechen, ist auf den ersten Blick verlockend, hieße aber den ganzen Satz zu einem Monstrum machen, da der Vergleich schlecht konstruiert wäre. Es bleibt wohl nichts übrig als »die« durch »w i e« und den Plural »sich erhalten« durch »s i c h e r h ä l t« zu ersetzen. Jener Plural ist kein Druckfehler, sondern offenbar eine Entgleisung, da ja das Verbum von »der Krone«, die verglichen wird, ausgeht und nicht von den Ajüstagen oder Blechaufsätzen, mit denen verglichen wird. Der Dichter war hier offenbar durch die Nähe des Plurals »Blutströmen« klanglich verführt. Aber so schön der Vergleich ist, ganz Sprache ist der Gedanke eben doch nicht geworden, wenn der bessere Klang mit dem bessern Sinn nicht zusammenstimmt. Jean Paul wirkt manchmal so, als ob die Schöpfung an einem Wunder die letzte Korrektur versäumt hätte, etwa auch die vorletzte, und seine Nachdrucker haben das übrige getan, indem sie es unterlassen haben. Der Schutz der Dichter gegen das Recht ihrer Verbreitung ist eine grauenvolle Sorge. Der deutsche Literarhistoriker, dem das deutsche Wort immer ein Fremdwort ist, ahnt nicht, selbst wenn er »Lesarten vergleicht«, was aus den Klassikern im Lauf jener Jahrzehnte, in denen die deutsche Bildung grassiert, geworden ist. Wie sollte es da der Leser ahnen?

✳

August 1924

Sehr geehrter Herr!

In der letzten Nummer der »Fackel« ist eine kleine Unrichtigkeit unterlaufen. Dort heißt es S. 74 im Programm der Berliner Vorlesung vom 26. Februar: Liliencron: Die b e t r u n k e n e n Bauern.

Liliencron selbst betitelt den dreiundzwanzigsten Kantus von »Poggfred«: Die b e s o f f e n e n Bauern.

Ich mache Sie auf dieses Versehen aufmerksam, weil dadurch die ganze urwüchsige Titelkraft verlorengeht.

Weidlingau, 14. Juni 1924.

In dankbarer Verehrung

— —

Der Fall ist nicht uninteressant, denn »unterlaufen« kann da gar nichts sein, sondern alles nur beabsichtigt, und die Unrichtigkeit steht vielleicht im »Poggfred«. Tatsächlich verhält es sich so: Der Titel »Die betrunkenen Bauern«, der ja auf keinem Druckfehler und keinem »Versehen« beruhen kann, muß in dem Text, aus dem vorgelesen wurde, vorhanden und müßte dort falsch gewesen sein. Dieser Text ist der der Fackel, in der, wie oft in Vorlesungsprogrammen angeführt erschien, das Gedicht als Manuskript veröffentlicht wurde. Der Kantus des »Poggfred«, in dem es später erschien, war damals schon im Druck und brachte den Titel, den Liliencron de facto ursprünglich geschrieben hatte: »Die besoffenen Bauern«. Die Bezeichnung entbehrt im Gegensatz zur Ansicht des freundlichen Schreibers so sehr der urwüchsigen Titelkraft, daß diese ihr durch keine wie immer geartete Änderung verloren gehen könnte, aber ganz gewiß durch die Änderung in »Die betrunkenen Bauern« zuwächst. Wie nun kam diese Änderung zustande? Weil eben das gerade Gegenteil von dem, was hier gemeint wird, vorhanden ist; weil die »besoffenen« Bauern nur einer ganz äußerlichen Realistik des Exzesses, des alltäglichen Einzelfalles entsprechen, während die betrunkenen Bauern dem Stil, dem Typus, dem Ein- für allemal dieser unvergleichlichen Trunkenheit wie an einem niederländischen Gemälde gerecht werden; weil das kräftigere Wort schwach und leer, das schwächere stark und voll ist, habe ich mich seinerzeit entschlossen, Liliencron, der für stilistische Ratschläge zugänglich war, die Änderung vorzuschlagen. Er ging darauf ein, und in meinem Besitz ist der Korrekturabzug des Gedichtes, auf dem er »besoffenen« gestrichen und »betrunkenen« mit seinen großen Lettern hinzugeschrieben hat. Allerdings scheint er die künstlerische Absicht, die ihm die Korrektur anriet, mißverstanden zu haben, denn er schrieb in dem Begleitbrief:

Alt-Rahlstedt bei Hamburg, 5. 11. 5.

Hochverehrter, lieber Herr Kraus,
ich sende mit wendender Post die Correctur zurück, die ausgezeichnet war. Gern: Die betrunkenen statt Die besoffenen Bauern. Einmal mußt ich schon vor Jahren in Österreich Schmutz für Dreck corrigieren. Oh Ihr lieben zarten Österreicher!

Mit alter Liebe
Ihr Liliencron.

Ich dürfte wohl daraufhin deutlicher expliziert haben, daß ich keineswegs aus österreichischer Zartheit die nur scheinbar schwächere Fassung der nur scheinbar stärkeren vorzog und daß ich, der natürlich nicht gezögert hätte, Dreck für Schmutz zu setzen, hier aus Gründen der künstlerischen Anschauung, und gerade um die ganze Fülle des Begriffes zu sichern, den schwächeren Ausdruck als den stärkern empfand und vorzog. Ganz gewiß gehört diese Änderung nicht in die Kategorie jener, die Liliencron sonst in Österreich widerfuhren oder die ihm der Simplicissimus angetan hat, der ihm den Titel »Die alte Hure im Heimatdorf« durch den Titel »Im Heimatdorf« ersetzt hat. Liliencron, der mir (April 1903) dieses Gedicht in Alt-Rahlstedt vorlas und mit Recht seine Freude an dem Titel hatte — besonders der Eindruck, den er damit auf die gleichfalls zuhörende Bahnhofwirtin machte, belustigte ihn höchlich —, war über die Verstümmelung, die bald darauf dem Simplicissimus beliebte, ehrlich empört. Frank Wedekind, der sein Lebtag unter den wirklichen oder angenommenen Verfolgungen der Zensur litt, ersparte ihr leider in einem besonders kostbaren Fall die Mühe, zu der sie sich der Fackel gegenüber nie aufgerafft hätte, und schickte mir die moralistisch dürftige Variante des schönen Gedichtes »Konfession«, wonach er mit nicht sehr freier Stirne schwört, daß er viel lieber eine »Dirne« wäre, anstatt — eine Möglichkeit, von der ich leider erst später erfuhr — mit freiem Schwure zu bezeugen, daß er viel lieber eine Hure wäre als an Ruhm und Glück der reichste Mann. Er freilich hat mich nicht für jenen zarten Österreicher gehalten, zu dem er sich wohl des Vorschlags der Abschwächung zu versehen gehabt hätte, weshalb er ihm die stärkere Fassung gar nicht erst zumuten wollte; er hat die Zartheit der Zensur bedacht. Es verdrießt mich noch heute. Daß sich aber Liliencron die Änderung völlig zu eigen gemacht hatte, beweist die folgende rührende Anfrage:

Alt-Rahlstedt bei Hamburg, 5. 11. 5.

Lieber Herr Karl Kraus, den 20. dieses Monats lese ich vor in Frankfurt am Main. Würden Sie erlauben, daß ich dort »D i e b e t r u n - k e n e n B a u e r n« vortrage? Um freundliche Antwort bittet Ihr alter Liliencron.

Sonst pflegen die Vortragenden nicht einmal um Erlaubnis zu bitten, wenn sie die Gedichte anderer vortragen wollen.

* Januar 1924

In der Fackel ist das links stehende, im Prager Tagblatt das rechts stehende Gedicht gedruckt worden:

Als der erste Schnee fiel	Das Mädchen an den Schnee
Von Leopold Friedrich Günther von Goeckingk	Nach Leopold Friedrich Günther von Goeckingk (um 1780).
	Von Fiete Fischer.
Gleich einem König, der in seine Staaten Zurück als Sieger kehrt, empfängt ein Jubel dich!	Gleich einem Herzog, der in seine Staaten Zurück als Sieger kehrt, empfängt der Jubel dich!

Der Knabe balgt um deine
    Flocken sich,
Wie bei der Krönung um
    Dukaten.
	Der Knabe s c h l ä g t um deine
	    Flocken sich
	A l s um Dukaten.

Selbst mir, obschon ein Mädchen,
    und der Rute
Lang' nicht mehr untertan, bist
    du ein lieber Gast;
Denn siehst du nicht, seit du die
    Erde hast
So weich belegt, wie ich mich
    spute?
	U n d mir, obschon ein Mädchen,
	    und der Rute
	K a u m n o c h untertan, bist du
	    ein lieber Gast:
	S i e h s t d u, seit du die Erde
	    hast
	So weich belegt, wie ich mich
	    spute?

Zu fahren, ohne Segel, ohne
    Räder,
Auf einer Muschel hin durch
    deinen weißen Flor,
So sanft, und doch so leicht, so
    schnell wie vor
Dem Westwind eine Flaumen-
    feder.
	Zu g l e i t e n, ohne Segel, ohne
	    Räder,
	Auf e i n e m S c h l i t t e n durch
	    d e n weißen Flor,
	So sanft, und doch so leicht, so
	    schnell, wie vor
	Dem W i n d e eine Flaumenfeder.

Aus allen Fenstern und aus allen
    Türen
Sieht mir der bleiche Neid aus
    hohlen Augen nach;
Selbst die Matrone wird ein leises
    Ach
Und einen Wunsch um mich
    verlieren.
	Aus allen F e n s t e r n, a l l e n
	    Türen
	Sieht mir der bleiche Neid aus
	    s c h e e l e n Augen nach.
	Ja selbst die M u h m e muß ein
	    leises Ach
	Und einen s t i l l e n Wunsch um
	    mich verlieren.

Denn der, um den wir Mädchen
    oft uns stritten,
Wird hinter mir, so schlank wie
    eine Tanne, stehn,
Und sonst auf nichts mit seinen
    Augen sehn.
Als auf das Mädchen in dem
    Schlitten.
	U n d e r, um den i c h m i t d e n
	    S c h w e s t e r n m i c h
	    g e s t r i t t e n,
	Wird hinter mir, s c h l a n k w i e
	    d i e Tanne, stehn,
	Und sonst auf nichts mit seinen
	    Augen sehn,
	Als auf das Mädchen in dem
	    Schlitten.

Der Name des Dichters des rechts stehenden Gedichtes war klein, der der Entdeckerin fett gedruckt. Die gelindere Annahme wäre noch, daß die Dame mit einer früheren Fassung des Gedichts ihr Spiel treiben wollte und unter den Beweis ihres literarischen Geschmacks einfach ihren Namen gesetzt habe. Das ist aber wohl auszuschließen, weil selbst ein erster Entwurf solche Minderwertigkeiten nicht enthalten haben kann. Auch gibt sie ja ausdrücklich an, daß es sich um eine »Nachdichtung« handelt. Nun versuche ein Mensch zu ergründen, welcher Teufel eine Literatin reitet, ein vollkommenes Meisterwerk herzunehmen — das sie, wenn sie es in ihrer Urteilslosigkeit schon für verbesserungsbedürftig hält, noch immer nicht vor der Öffentlichkeit anzutasten hätte — und Zeile für Zeile zu besudeln, mit ihrem Kitsch zu überziehen, ihm den einzigartigen Wohllaut, sein Wesen: die Empfindung des Gleitens durch den Schnee, einfach auszutreiben. Und doch vermeint sie offenbar, all dies erst recht hineinzubringen, wenn sie das Fahren durch ein wörtliches »Gleiten« ersetzt, als ob nicht eben das Wunder in dem Fahren ohne Segel, ohne Räder enthalten wäre. (Man beachte das erstaunte Innewerden, das in dem Komma »zu fahren, ohne ....« angedeutet ist.) Und in der Muschel, die nun ihren Stimmungston und lieblichen Zeitcharakter für einen Schlitten eingebüßt hat. Die ganze Schlittenfahrt war in den Zeilen »Denn siehst du nicht, seit du die Erde hast / so weich belegt, wie ich mich spute«, während »Siehst du« eine ebenso schroffe wie dumme Frage ist, die das entzückende Übergleiten in die zweite Zeile zerstört und damit das »weich belegt« zur nüchternen Feststellung macht. Und welche Verwandlung von »durch deinen weißen Flor« in »durch den weißen Flor«! Man beachte jedoch vor allem, welch empörende Missetat an diesem unsterblichen Hauch begangen ist:

wie vor
Dem Westwind eine Flaumenfeder.

Wie fest nun die Flaumenfeder dem gewöhnlichen »Winde« standhält. Und wie unscheinbar nun Der ist, der früher »so schlank wie eine Tanne« stand! Was soll man mit dieser Fiete machen, die nicht nur in der Überzeugung lebt, daß sie Goeckingk verbessert hat, sondern auch den Mut hat, sie drucken zu lassen. Und macht man nichts, warum sollte sie nächstens nicht auf die Idee verfallen, dem Nachtlied Goethes auszuhelfen, etwa mit:

Und für solchen Frevel, für den »Verletzung des Autorrechts« — gäbe es ein solches — gar keine Bezeichnung wäre, gibt's keine Sühne, sondern vermutlich noch Honorar in tschechischen Kronen — von einer Redaktion, die wissen mußte, daß das Gedicht in der Fackel erschienen oder hier doch von Goeckingk die Rede war und die, wenn sie schon kein Bedenken gegen den bloßen Versuch der Veränderung eines vorhandenen Kunstwerkes hatte, eine Erkundigung nach dem Urtext nicht unterlassen durfte. Das Mindeste, was sie nunmehr zu tun hat, ist, daß sie diesen wiederherstellt und ihren Lesern die Entscheidung überläßt, ob Goeckingk der Unterstützung durch die Fiete Fischer bedurft hat.

*

Januar 1924

Das vielberufene »Zweite Sonett der Louïze Labé« lautet nach dem altfranzösischen Original:

> O beaus yeus bruns, ô regards destournez,
> O chaus soupirs, ô larmes espandues,
> O noires nuits vainement attendues,
> O jours luisans vainement retournez:
>
> O tristes pleins, ô desirs obstinez,
> O tems perdu, ô peines despendues,
> O mile morts en mile rets tendues,
> O pires maus contre moi destinez.
>
> O ris, ô front, cheueus, bras, mains et doits:
> O lut pleintif, viole, archet et vois:
> Tant de flambeaus pour ardre une femelle!
>
> De toy me plein, que tant de feus portant,
> En tant d'endrois d'iceus mon coeur tatant,
> N'en est sur toy volé quelque estincelle.

Rilke hat es übersetzt und in »Worte in Versen« IV hat »nach dem Original und einer vorhandenen Übertragung« — also nach der Rilkes — ein Versuch zu der Gegenüberstellung geführt:

O braune Augen, Blicke weggekehrt, verseufzte Luft, o Tränen hingegossen, Nächte, ersehnt und dann umsonst verflossen, und Tage strahlend, aber ohne Wert.	O schöne Augen, Blicke abgewendet, o Seufzer, Klagen, o vergoßne Tränen, o dunkle Nächte, die durchwacht mein Wähnen, o lichter Tag, vergebens mir verendet!
O Klagen, Sehnsucht, die nicht nachgibt, Zeit mit Qual vertan und nie mehr zu ersetzen, und tausend Tode rings in tausend Netzen und alle Übel wider mich bereit.	O Trauer du, da Sehnsucht stets verweilt, o alle Übel wider mich bereitet, o tausend Tode rings um mich gebreitet, o Ewigkeit der Qual, da Zeit enteilt!
Stirn, Haar und Lächeln, Arme, Hände, Finger, Geige, die aufklagt, Bogen, Stimme, — ach: ein brennlich Weib und lauter Flammen-Schwinger.	O Geigenton des Leids, Musik im Schmerz, o Lächeln, Stirn und Haar, o edle Hand — zu viele Flammen für ein armes Herz!
Der diese Feuer hat, dir trag ichs nach, daß du mir so ans Herz gewollt mit allen, und ist kein Funken auf dich selbst gefallen.	Weh dir, der alle diese Feuer trägt, daß du sie an mein Leben hast gelegt, und bleibst von jedem Funken unverbrannt!

Solche Kleinodien zu finden und zu lieben, ist Sache Rilkes, ist ein Teil seiner Produktion; das gefundene zu fassen, ist ihm in diesem Fall nicht so gelungen wie es zu vergeuden. Gelegentlich eines Vortrags hieß es:

Sie trägt, wie man noch hörend sieht, die initialen O als eine Perlen-kette der Tränen. In Rilkes Sachlyrik entbehrt sie dieses Schmucks, ist die Leidende der Liebe ein Aschenbrödel der Wortgnade, sich bescheidend auf »Blicke w e g g e k e h r t«, auf »Tage strahlend, aber ohne Wert«, und die schmerzensreiche Gewalt des »Tant de flambeaus pour ardre une femelle!« verkümmert zu dem schmerzhaften Kontrast: »ein brennlich Weib und lauter Flammen-Schwinger«. Von dieser Über-tragung angeregt, die neben dem Original gedruckt erschienen ist, habe ich eine andere versucht.

Diese folgt sicherlich weniger dem Original als dem Be-streben, jene Härten »wegzukehren«. Felix Grafe, dem

sonst manche Nachdichtung — auch ehedem für die Fakkel — geglückt ist, hat nun — in der ‚Wage‘ — den Ehrgeiz, wieder etwas von dem Weggekehrten zurückzuschaffen:

> Oh brauner Blicke wimpernweites Meer,
> oh heißer Atemhauch im Strom der Tränen,
> oh schwarzer Abend, schwer von eitlem Sehnen,
> oh goldner Tage eitle Wiederkehr.
>
> Oh Klagen, Wunsch, oh Schwanken hin und her,
> worin vergeudet Stunden leer sich dehnen,
> oh Fangnetz, das mit tausendfältigen Zähnen
> mich einstrickt in ein Sterben hart und schwer.
>
> Oh heitere Stirn, Haar, Finger, Arm und Hände!
> Du Geige, Bogen, Stimme, Aufschrei, Ruf:
> Zu heiß, zu heiß für mich armseliges Weib!
>
> Dich klag’ ich an, der dieses Feuer schuf,
> daß du mein Herz enzündet allerenden,
> doch ach, kein Funken sprang auf deinen Leib.

Die Tränen sind beibehalten, aber die Perlenkette ist durch-
brochen. Und wo kommt nur der »Aufschrei, Ruf« her, dessen Inhalt ja doch nicht der folgende Vers sein darf, der
i h r e n Aufschrei, i h r e n Ruf enthält: Zu heiß, zu heiß
usw. Dieser ist die Gefühlskonklusion der Erinnerungs-
momente und nicht das, was die »Stimme« spricht (die in
meiner Umdichtung so wenig wie der Doppelpunkt vorkommt, der in ihr nur allzu klar gewesen wäre, aber hier
verhängnisvoll zweideutig ist). Bei Rilke sind immerhin die
argen Flammenschwinger (die bloß eine Reminiszenz an
den Krieg sind und nicht an die Liebe) an einem zusam-
menfassenden »ach« entzündet, das unglücklich genug mit
einem »nach« reimt. Aber für une femelle: »mich armseliges
Weib«, das ist zwar dauerhafter als ein brennlich Weib,
gleichwohl wird auch da wieder der Empfindungston mit-
zerstört, der eben zwar in »femelle«, aber nie in »Weib«
enthalten ist und darum, wie immer man dieses auch bezeichne, doch nur in einem »armen Herzen« durchschlägt.
Gerade weil »zu heiß, zu heiß« ihn schon hat, wirkt dann

das Weib umso armseliger, doch anders armselig als es soll. Recht verunglückt ist in der vorletzten Strophe auch das »Haar«, da es in die Senkung geraten ist, was im Original dem erst an vierter Stelle stehenden »bras« widerfährt, aber hier darum fatal ist, weil es im Vortrag ein Stirnhaar ergibt. (Bei Rilke, wo Stirn in die Senkung kommt, ist's ein Stirnh a a r.) Der Reim »Hände — allerenden« ist die Sackgasse, in der das nach meinem Versuch recht überflüssige Experiment endet; und daß schließlich kein Funken auf den Leib sprang, wirkt als dürftiges Fazit, Postfizit, Defizit. Gleichwohl ist auch hier eine gewisse poetische Befreiung aus jener Dinglichkeit der Rilkeschen Lyrik geglückt, wo seit jeher »die Liebe geleistet« wird und eine Leidenschaft dem, der sie entzündet hat, es »nachträgt«. (Man soll einem nichts nachtragen, außer ein solches Wort in solcher Sphäre.) Und es wäre eine vielleicht doch nicht fruchtlose Übung, wenn alle deutschen Lyriker es mit diesem Sonett versuchen und mit meinem Versuch aufnehmen wollten. Es wäre die Ausfüllung des Semesters einer Sprachschule, die mir immer vorschwebt und in der ich mich verpflichten würde, in einer Stunde den Hörern mehr von dem Gegenstand beizubringen, als ihnen eine Leihbibliothek der deutschen Literatur vermittelt, und so viel gutzumachen, als zehn Jahrgänge deutscher Zeitungslektüre an ihnen gesündigt haben. Aber es wird wohl, dank der anderen Arbeit, dabei bleiben, daß ich mit solcher Fähigkeit prahle statt sie zu betätigen, ganz wie bei der Großsprecherei, daß ich mit dem kleinen Finger die Bühne führen könnte, die andere mit beiden Händen ruinieren.

HEXENSZENEN UND ANDERES GRAUEN

Sagt, wann treffen wir drei zusammen:
Wenn Donner krachen oder wenn Blitze flammen?

Wenn verzischt des Schlachtbrands Funken,
Wenn die Erde Blut getrunken.

Eh die Sonne noch versunken.

Wo der Ort?
     Die Heide dort.

Dort hört Macbeth unser Wort.

Schön ist häßlich, häßlich schön.
Wir weichen wie Wolken und Windeswehn.
     (Sie verschwinden.)

Schwester, sag an, was hast du vollbracht?

Hab Säue gewürgt bis in sinkende Nacht.

Schwester, was du?
     War auch nicht faul.
Ein Schifferweib hatte Pflaumen im Maul
Und fraß und fraß und wurde nicht satt.
»Will fressen«, sprach ich, »an deiner Statt«.
»Pack dich du Hexe!« die Vettel schreit.
Ihr Mann ist nach Aleppo heut.
Da schwimm ich nach in einemfort
Und geh als Ratte dann an Bord
Ihn plagen, plagen, plagen!

Ein gutes Werk!
     Ein Werk des Heils!

Ich werde tüchtig meinesteils
Dort nisten, necken, nagen.
Dann sei nicht am Tag und nicht in der Nacht
Keine Ruh, und kein Auge ihm zugemacht.
Aber meines sieht, wie die Gestalt
Immer welker wird und runzlig und alt.
Das Kähnlein, geht es schon nicht unter,
Dreht es sich doch um sich selber munter!
Pflückte ein Pfand mir fürs Gelingen.

Ei, laß sehn, was tätst du bringen?

Ei, es befühlt sich weich wie Pflaumen.

Weis' her, es wässert mir schon der Gaumen,
Weis' her, laß sehn!

Eines Wuchrers Daumen.
Ein fetter Fang, den ich mir fing,
Ich lutschte an dem dicken Ding,
Als er getrost am Galgen hing.

Soll dir frommen früh und spat.

Hört die Trommeln! Macbeth naht!

Schwestern, die durch Meer und Land
Leichten Fußes umgewandt,
Macht die Runde Hand in Hand,
Macht die Runde um und um.
Krumm ist grad und grad ist krumm,
Legt den Bann und schlingt das Band!

Bei der Bearbeitung des »Macbeth« erwies es sich als
notwendig, die ersten zwei Hexenszenen neu zu schreiben.
Um das Rechte zu treffen, genügte es, alles Unrechte in den
verfügbaren »Macbeth«-Übersetzungen zu betrachten und
zu vergleichen. Dabei ergaben sich Wahrnehmungen, die
ein Grauen auf der dürren Heide eines deutschen Sprachgefühls verbreiteten und einer deutschen Shakespeare-Kul-
tur, die sich der englischen überlegen rühmt. Das schauder-
hafteste Abenteuer war mit dem als Shakespeare-Autorität
geheiligten G u n d o l f zu bestehen, von dem man wohl
sagen könnte — wenn man nicht insgemein anderer Ansicht
wäre —, daß er ein standard work gewissenhaftester Shake-
speare-Verschandelung hervorgebracht hat. Welche Sorgfalt und Ausdauer doch so ein deutscher Gelehrter (Ameise,
geh zum Gundolf) verwendet, wenn es gilt, eine künstlerische Schöpfung vom Sprachgrund aus zu verderben! Da
bleibt kein Stein auf dem andern, und zwischen »Folio« und
»Quarto« wird eine so gründliche Auswahl jedes echten
Shakespearewortes getroffen, daß zum Schluß nicht ein echter
Shakespearesatz mehr vorhanden ist. Eine tadellose Roh-

übersetzung aus einem Sprachenbureau, das sie auch gleich sozusagen in Verse bringt. Alles garantiert sinngemäß und so, daß auch nicht ein Vers mehr den Atem hat, der durch die Gnade Schlegels, ja selbst der untergeordneten Helfer in unsere Seele übergegangen ist. Man kann es einfach nicht ausdenken, daß es eine Beschäftigung sein soll, die ein Rudel Philologen, Verleger, Drucker und Erzeuger feinsten Papieres nährt: Worten, die nun einmal leben und über den Umkreis einer höher gearteten Menschheit geflogen sind, einfach darum die Flügel auszurupfen, weil eben diese sich äußerlich nicht mit ihren Vorlagen decken. Welches Mißverständnis im Geiste aller Sprachen, daß die Dichtung durch das Diktionär besser aufgehoben sei als in der Diktion des Nachdichters! Als wäre die Analogie nicht vermöge der Verschiedenheit der Sprachnaturen hundertmal stärker vorhanden in der Veränderung durch einen Schlegel als in der Angleichung durch einen Gundolf! Der Abgrund der Banalität, in die uns das Ergebnis führt, ist gar nicht zu ermessen, und man müßte ein Buch schreiben, umfangreicher als die Gundolfsche Übersetzung, um die Ungeheuerlichkeit des Vollbringens auch nur an deren empörendsten Beispielen darzustellen. Doch um dem Anreiz zu wehren und die Angst zu stillen, die Zeile für Zeile gleich den nächsten Tod einer geliebten Metapher ahnend vorwegnimmt, muß man schon dem Blick über diese Fülle von Barbarismen des Sprachgefühls und der Pietät Zwang antun. Herr Gundolf — ein gebildeter und in Sprachdingen feuilletonistisch versierter Kopf, der gewiß, wenn er's nicht getan hätte, über die Verfehltheit solchen Tuns Bescheid wüßte — hat, soweit mir der eine, wichtigste Band Aufschluß gibt, drei Methoden der Shakespeare-Verhunzung beliebt: er hat »neu übersetzt« — eine Katastrophe der Sorgfalt —, er hat »übertragen auf Grund der Schlegelschen Übersetzung« und er hat »Schlegels Übersetzung durchgesehen«. Diese scheinbar gelindeste Form von Fleißaufgabe qualifiziert sich als der gelungene Versuch, die Vorzüge einer vorhandenen Arbeit auszumerzen und durch gröbliche Fehler zu ersetzen, für die nebst einer tiefinnersten Nichtbeziehung zum Wort die Berufung auf die Wörtlichkeit einstehen muß.

Um gleich das nichtswürdigste Beispiel zu zitieren, das ich, auch ein Durchseher, mit dem ersten Blick ergreifen konnte: im »H a m l e t«, den Herr Gundolf leider durchgesehen hat. lauten die wunderbar epilogisch überschauenden Worte des Horatio:

> Und laßt der Welt, die noch nicht weiß, mich sagen,
> Wie alles dies geschah; so sollt ihr hören
> Von Taten, fleischlich, blutig, unnatürlich,
> Zufälligen Gerichten, blindem Mord;
> Von Toden, durch Gewalt und List bewirkt,
> Und Planen, die verfehlt, zurückgefallen
> Auf der Erfinder Haupt: dies alles kann ich
> Mit Wahrheit melden.

Wann wäre es mir je in den Traum gekommen, in den überstandenen Bluttraum vom Weltende, diese erhabene Stelle an den Schluß meines Nörgler-Monologs zu setzen, wenn ich ihre große Linie — von einer interpunktionellen Verschnörkelung abgesehen — auf solche Referendarweis' abgebogen gefunden hätte:

> Und Planen s c h l i e ß l i c h die, verfehlt, gefallen
> Auf der Erfinder Haupt....

Herr Gundolf hat die Stelle »durchgesehen«, aber nicht gefühlt, daß dieses öde »schließlich« tausendmal stärker in dem »Und Planen« schon enthalten ist und daß es die Plane um Gewicht und vokalische Weite, den Rückwurf auf der Erfinder Haupt um seine Kraft bringt:

> z u r ü c k gefallen
> Auf der Erfinder H a u p t

Er hat jedoch sofort erkannt, daß in einer Aufzählung der Ordnung halber ausdrücklich der Schluß anzugeben sei, weil sie sonst weitergehen und den Erfindern über das Haupt wachsen könnte. Dieser praktischen Einrichtung zuliebe mußte das »zurück«, das die Vergeltung grandios abschließt, zurückgenommen werden. Ich konnte nun die Möglichkeit, daß solches Übersetzen (über die Dichtung) durch den Wortlaut gedeckt sei, nicht von vornherein ablehnen. Wäre es der Fall, so hatte Schlegel, der ein Dichter war, hundertmal recht, den großen Zug, den bei Shakespeare das »schließlich« ohne ein »zurück« bewahren konnte, durch das wörtliche Gegenteil würdig nachzubilden. Aber es stellte sich heraus, welchen Begriff dieser Übersetzer selbst von der »Wörtlichkeit« hat:

> And, i n t h i s u p s h o t , purposes mistook
> Fall'n on the inventors' heads: all this can I
> Truly deliver.

Herr Gundolf hat sich also verpflichtet gefühlt, »zu diesem Ausgang«, den Schlußpunkt, in den die Schicksalslinie mündet, mit einem »schließlich« abzumachen und nicht einmal mit einem vorangestellten:

> Und, schließlich, Planen...

das noch einige Schlußkraft gehabt hätte. So hat denn nichts als das seelische Unvermögen, die von Schlegel gedankentreu nachgebildete, vielleicht gesteigerte Größe zu spüren, den Durchseher zu solcher Verkümmerung und Verödung animiert. Aber was Herr Gundolf da bei offenbar sorgfältiger Durchsicht alles in Grund und Boden verflacht hat, läßt sich bei flüchtiger Durchsicht nicht festhalten. Wer an den leuchtenden Sprachgebilden Schlegels die höhere Gesetzlichkeit achtet (die über jede Kontrolle erhaben scheint), dem bleibt nur mehr die Vorstellung, als wären aus der Druse die Kristalle ausgebrochen und nichts geblieben als der Hohlraum mit etwas absonderlichem Zierat, wie ihn ein respektloser Intellekt als Ersatz bietet. Die unvergeßliche Vision, die der abgehende Geist von Hamlets Vater hinterläßt:

> 's ist fort.

> Wir tun ihm Schmach, da es so majestätisch,
> Wenn wir den Anschein der Gewalt ihm bieten.
> Denn es ist unverwundbar wie die Luft,
> Und unsre Streiche nur boshafter Hohn

wird zu einer Armseligkeit, die auch den bewahrten dritten Vers reduziert:

's ist fort.

Wir k r ä n k e n s, wenn wir ihm in seiner H o h e i t
Mit Anschein der Gewalt e n t g e g e n k o m m e n.
Denn es ist unverwundbar wie die Luft,
Und unsre Streiche b ö s l i c h e s G e n e c k.

»Was tat ich«, könnte der durchaus abgehende Geist Herrn Gundolf fragen, »daß du gegen mich die Zunge so toben lassen darfst« (oder »so roh darfst toben lassen«, wie es bei ihm heißt):

Solch ein W e r k
Das Huld und S c h a m d e r S i t t s a m k e i t entstellt....

Bei Schlegel:

Solch eine Tat,
Die alle Huld der Sittsamkeit entstellt....

Und großartig endet es:

... o eine Tat,
Die aus dem Körper des Vertrages ganz
Die innre Seele reißet, und die süße
Religion zum Wortgepränge macht.
Des Himmels Antlitz glüht, ja diese Feste,
Dies Weltgebäu, mit traurendem Gesicht,
Als nahte sich der jüngste Tag, gedenkt
Trübsinnig dieser Tat.

Herr Gundolf, dem »ein Werk« das zweite Mal nicht den Vers gefüllt hätte, hält für besser:

... o eine Tat,
Die g l e i c h s a m aus dem L e i b d e s B u n d e s g r a d
Die Seele ausreißt und den süßen Glauben
Zum W o r t s c h w a l l macht, des Himmels Antlitz glüht,
Ja, diese Veste, dieser Weltbau zeigt
Mit Trauermienen, wie vorm Jüngsten Tag,
T r ü b s i n n bei diesem W e r k.

Und die Königin fragt, welches »Werk« denn so laut brülle. Eines, das Herr Gundolf zum Wortschwall gemacht hat, und Hamlets Frage müßte auch ihm gelten: was für ein

Teufel bei der Blindekuh ihn so betört hat, daß er just die schönsten Verse dieser Szene ersetzen zu müssen glaubte. Denn wahrlich, zwischen dem Träger von Apollos Locken und einem geflickten Lumpenkönig kann kein größerer Unterschied sein als zwischen Schlegels und dieser Übersetzung. Selbst die Monologe, deren Unantastbarkeit doch einen Kirchenfrevler abschrecken würde, haben an den Fleiß dieses (wühlst so hurtig fort?) trefflichen Restaurierers glauben müssen. Wie sehr bejaht man die Frage:

> Ist es nicht f u r c h t b a r ? Hier der Spieler konnte
> Bei bloßer Dichtung, bloßem Traum v o n W u t
> Nach seinem Sinn so seine Seele zwingen,
> Daß sein Gesicht von d e r e n Regung blaßte,
> Sein Auge naß, Bestürzung in den Mienen,
> Gebrochne S t i m m e u n d d i e ganze Haltung
> G e f o r m t d e m S i n n n a c h !

Aber das ist nicht einmal dem Sinn nach geformt, geschweige denn der Seele nach. Denn wenn es bei Schlegel heißt:

> Gebrochne Stimm', und seine ganze Haltung
> Gefügt nach seinem Sinn

so ist eben die gebrochne Stimm' koordiniert den anderen Darstellungsmomenten, die wie ein unmittelbares Erlebnis wirken, und nur die »ganze Haltung«, die nach dem abschließenden Komma alle zusammenfaßt, ist nach dem Sinn des Schauspielers gefügt. Von dem nassen Auge, den bestürzten Mienen und der gebrochenen Stimme soll nicht gesagt sein, daß sie »dem Sinn nach« geformt sind; aber die Haltung des Schauspielers ist es in einem Maße, daß alle die zum Beweis aufgezählten Momente Naturfarbe haben. Doch was sind Herrn Gundolf vorhandene und dem Gedächtnis unverlierbare Sprachwerte? Was ist ihm Hekuba? Dies:

> Geformt dem Sinn nach! Und a l l das um nichts!
> Um Hekuba!
> Was ist ihm Hekuba, was ist er ihr,
> Daß er d r u m weinen soll?

Grammatisch schon mit »Nichts« beantwortet. Possierlich

der Anspruch, daß irgendein deutscher Mensch, der Shake-speare nicht zum erstenmal empfängt, hier nicht mit der gegebenen Fassung des Zitats hineinfahre! Wie Herr Gundolf aber eine Wortreihe umgruppiert, den Sprachschwung lähmt und die Tirade geradezu in eine Retirade verwandelt, zeigt das folgende Beispiel. Wie mächtig schließt sich bei Schlegel der Kontrast zusammen:

> ... Hätte er
> Das Merkwort und den Ruf zur Leidenschaft
> Wie ich: was würd' er tun. Die Bühn' in Tränen
> Ertränken ...

Bei Gundolf setzt sich die Frage, was ihm Hekuba und er ihr ist, gleichmäßig in die ganz anders geartete Frage fort:

> ... Was würd' er tun,
> Hätter das Stichwort und den Ruf zur Wut
> Wie ich? Die Bühn in Tränenflut ertränken ...

Trotz Wut nur ein Argumentieren. Bei Schlegel würde er des weitern »das allgemeine Ohr mit grauser Red' erschüttern«, bei Gundolf füglich nur »mit wildem Wort zerreißen jedes Ohr«, dem der edlere Ton eingepflanzt ist. »Denn wer ertrüg' der Zeiten Spott und Geißel«, die einem solche Erneuerung antun:

> Was in dem Tod-schlaf kommen mag an Träumen.
> Wenn wir den Knäul des Irdischen
>   abgespult — —
> Denn wer ertrüge Volkes Spott und Geißel — —
> Wenn er sich selbst in Ruhstand setzen könnte
> Mit einem bloßen Pfriem? — —
> So macht Bewußtsein Feige aus uns allen,
> Und angeborne Farbe der Entschließung
> Wird von Gedankens Blässe angekränkelt — —

Wie die Natur Shakespeares von solcher Kunst. Im »Lear« war es nicht die Durchsicht, die keine Nachsicht gekannt hat, sondern die unerbittliche Übersetzung. Die gute Arbeit Baudissins, zu deren Verbesserung mir für meinen Vortrag der Ersatz durch etliche Zeilen und Worte vollauf genügt, die bei Voß oder dem ungewichtigern Kaufmann gelungener sind — sie besteht vor dem neudeutschen Philologenblick überhaupt nicht; da mußte alles abgebaut und verflacht werden. Um nicht in eine dem Grundthema angepaßte Raserei zu geraten, habe ich bei meiner Durchsicht der Gundolfschen Übersetzung mit einigen Strophen des Narren, den zwei großen Ausbrüchen des Lear und ein paar andern Stellen mir's genügen lassen. Welch ein tragischer Auftakt, wenn der süß-bittere Narr, dessen Herz diesen großen Verfall der Hoheit mit seinen Zuckungen begleitet, die Frage stellt:

> Weißt du den Unterschied, mein Junge, zwischen einem bittern Narren und einem süßen Narren?

Und wenn er dann auf Lears Weisung:

> Nein, Bursch, lehr ihn mich.

ausholt:

> Der dir's geraten, Lear,
> Dein Land zu geben hin,
> Den stell hierher zu mir,
> Oder steh du für ihn.
> Der süß' und bittre Narr
> Zeigt sich dir nun sofort,
> Der eine scheckicht hier,
> Den andern siehst du dort.

Nun folgt:

> »Nennst du mich Narr, Junge?«
> »Alle deine andern Titel hast du weggeschenkt, mit diesem bist du geboren.«

Und so weiter, bis der Narr die Bitte stellt, ihm ein Ei zu geben, wofür er zwei Kronen geben werde. Herr Gundolf schließt diese Bitte unmittelbar an die Aufforderung Lears an, ihn den Unterschied der beiden Arten von Narr zu lehren, und erklärt die Weglassung des erschütternden Unterrichts in seinen »Anmerkungen« damit, daß zwar »das unten übersetzte Liedchen« (aus der Quarto) »die richtige Antwort scheint«, doch »auch die abrupte Gegenbitte des Narren« (in der Folio) »durchaus im Geist der Rolle, dramatisch und dichterisch« sei. Das ist sie nun ganz und gar nicht und der Narr wäre ein Narr in Folio, wenn er unter Verzicht auf die schöne Stelle die zwei Narren durch die zwei Kronen illustrieren wollte. Herr Gundolf weiß aber, daß »die Folio den von Shakespeare beabsichtigten endgültigen Text darstellt«, weil die Weglassungen (wie etwa diese zeigt) nicht bloß aus bühnentechnischem, sondern »aus ersichtlich dichterischem Grund kommen«. Trotzdem ist er hinreichend gewissenhaft, das »Liedchen« in seiner Übersetzung uns nicht vorzuenthalten. Es beginnt:

> Der dirs geraten, Lear:
> »Verschenket euer Reich«
> Den bring hierher zu mir
> Und du stell dich ihm gleich.

Wer hört nicht den Schmerz singen:

> Nie machten Narren weniger Glück,
> Denn Weise wurden täppisch;
> Ihr bißchen Scharfsinn ging zurück
> Und all ihr Tun ward läppisch.

Hier:

> Den Narren geht es heuer schlecht:
> Die Weisen wurden Laffen.
> Ihr Kopf sitzt ihnen nicht mehr recht,
> Sie machens wie die Affen.

Auf die Frage Lears, seit wann er so reich an Liedern sei, antwortet der Narr:

Das ward ich, Gevatter, seit du deine Töchter zu deinen Müttern machtest; denn als du ihnen die Rute gabst und dir selbst die Hosen herunterzogst,

> Da weinten sie aus freud'gem Schreck,
> Ich sang aus bitterm Gram,
> Daß solch ein König spielt Versteck
> Und zu den Narren kam.

Und bricht dann in den Wunsch aus, lügen zu lernen. Und nun versuche man sich vorzustellen, daß aus solchem Herzen, das mit solch einem König empfindet, die folgenden Verse aufgeschluchzt werden könnten:

> Vor Freuden weinten sie da r a s c h ,
> I n d e s i c h t r a u r i g s i n g ,
> Daß solch ein König s p i e l t H a s c h h a s c h
> Und zu den Narren ging.

»Solch ein König« hat von der Erniedrigung durch das Ekelwort angezogen; die Größe ist dahin wie der Gram, der den Verlust beklagt. Nun zieht das Gewitter herauf. Vor dem finstern Blick Gonerils, die erschienen ist, schlägt sich die Wahrheit auf den Mund:

> Ja doch, ich will ja schweigen, das befiehlt mir euer Gesicht, obgleich
> ihr nichts sagt.
> > Mum, mum,
> > Wer nicht Kruste noch Krume bewahrt auf dem Teller,
> > Und schon müd' ist des Talers, dem fehlt bald der Heller.
> (er zeigt auf Lear)
> > Das ist so 'ne leere Erbsenschote!

Und nun springt der Satan los:

> > Nicht dieser freche Narr allein, Mylord,
> > Auch mancher eurer zügellosen Ritter....

Bei Gundolf:

> > .... Mum, mum,
> > Wer, gesättigt, Krust und Krum
> > Wegwirft, gäb einmal was drum.
> Das ist so 'ne ausgekernte Erbse.

Und Gonerils hohe Niedrigkeit beginnt in solcher Sprachniederung:

> > Herr, nicht nur dieser stets straffreie Narr,
> > Auch mancher eures zuchtlosen Gefolgs....

Herr Gundolf hat von der Möglichkeit, ein Gewitter durch eine Wortstellung aufziehen zu lassen, keinen Hauch verspürt. Und man versuche, sich die Majestät dieses Grausens zu vergegenwärtigen, wenn Lears Fluch:

> > Heb' deinen Vorsatz auf, wenn du geplant,
> > Fruchtbar zu machen diese Kreatur!

um einen Fuß verkürzt, als der ernüchterte Finalsatz hinfällt:

> > Daß dies Geschöpf hier trächtig werde.

Statt:

> > Unfruchtbarkeit sei ihres Leibes Fluch! —
> > Vertrockn' ihr die Organe der Vermehrung;
> > Aus ihrem entarteten Blut erwachse nie....

äußerst sachlich:

> Schlag ihren Schoß mit K i n d e r l o s i g k e i t.
> Vertrockn ihr die Organe der Vermehrung,
> U n d nie entsprieße ihrem U n h e i l s - L e i b....

Wobei die Atemlosigkeit der Raserei höchstens durch den Mangel an einem Apostroph in dem schönen »Vertrockn« zum Ausdruck kommt. Daß Herr Gundolf nach neudeutscher Weisung, den Vorrat an Beistrichen zu strecken, sich diese vor jedem Relativsatz vom Mund abspart, macht seine Ausgabe vorweg zur Augenweide. (Beim Grundsatz des George-Kreises, daß, wer die kleinen Buchstaben nicht ehrt, der großen nicht wert ist, hat er wider den Stachel gelöckt.) Nun aber, da Lear ohne ein »Du sollst, das schwör ich dir!« abgegangen, ist der Gemütlichkeit dieser Szene noch lange kein Ende. Albanien, erschüttert, entscheidet sich auf die frech abwälzende Frage Gonerils

> Habt ihr's gehört, Mylord?

mit einer Wendung, die die Menschlichkeit der Hörigkeit förmlich abringt:

> Bei meiner großen Liebe, Goneril,
> Kann ich nicht so parteiisch sein —

und die abweisende Kanaille:

> Ich bitt' euch, laßt das gut sein.

Hier ist das Vorwort zu der Erkenntnis gesprochen: »O Goneril, du bist des Staubs nicht wert....«. Bei Gundolf:

> »Habt ihr gehört, Mylord?«
>
> »Goneril, ich kann nicht so parteiisch sein,
> Wie sehr ich euch auch liebe —«
>
> »Ich bitte, gebt euch drein....«

Wie da in den Herzen mit Wasser gekocht wird, zeigt sich an dem beteiligtesten, dem des Narren. Welch ein Überquellen bei diesem Abgang bewahren wir im Gedächtnis:

> Gevatter Lear, Gevatter Lear, wart und nimm den Narrn mit dir.
> > Die Füchsin, die man sperrte ein,
> > Und solch ein saubres Töchterlein,
> > Die sollten mir am Galgen sein,

> Wenn statt der Kapp' ein Strick wär' mein!
> So schleicht der Narr hinterdrein.

Dieses Herzbrechen gestaltet Herr Gundolf folgendermaßen:

> Gevatter Lear, Gevatter Lear, wart und nimm den Narren mit.
>> Füchsin, sitzt sie in der
>> Fall, und solche Kinder
>> Müßten mir zum Schinder.
>> Ein Strick tuts nicht minder.
>> Der Narr geht dahinter.

Der erste Akt, der in jeder Bühnenbearbeitung mit jenem Nachfluch des Getreuen füglich schließt, aber mit solchem Firlefanz nie schließen könnte, läßt, wie immer im Shakespeare-Text, dem großen Abschluß noch Beiläufiges folgen. Im Hof von Albaniens Schloß wird das Zwiegespräch Lears mit dem Narren, das in der Aufführung an den Beginn des zweiten Aktes rückt, vom Narren mit einer Wendung zum Publikum und ins versöhnlich Obszöne beendet, wie es Beruf und Zeitgeschmack erfordern mochten. Keinesfalls ließe sich ein Vorhang herbei, sich über die Pointe herabzulassen, mit der sich Gundolf dichterisch bemüht hat. Bei Baudissin reimt sich:

> Die jetzt noch Jungfer ist, und spottet mein und stichelt,
> Die bleibt's nicht lange, wird nicht Alles weggesichelt.

Bei Kaufmann:

> ..... und meines Weggehns lacht,
> Soll nicht lang Jungfer sein, wird nicht was kurz gemacht.

Wiewohl die wahre Shakespeare-Erneuerung in solchen Fällen es noch weit kürzer machen müßte als die Folio, hat Gundolf gerade an diese Stelle viel Kunst gewendet:

> Die, jetzt noch Jungfer, meines letzten W o r t s l a c h t ,
> Bleibts nicht mehr lang, wenn man nicht manches k o r z
>> m a c h t ,

Solche Praktik des Humors findet sich auch im Pathos zurecht. Beim Anbruch des Wahnsinns, in der großen Rede vor den Töchtern, ruft Gundolfs Lear:

> O f r a g t n i c h t , w a s m a n b r a u c h t — —
> Wird nur dem Dasein was das Dasein braucht,

> Lebt Mensch und Vieh gleich wohlfeil — —
>   ... doch was man w i r k l i c h b r a u c h t —
> Gebt, Götter, mir Geduld, es braucht Geduld!

Ferner:

> Seid ihrs, die dieser Töchter Herzen r e i z t
> Wider ihren Vater....

Kent im Block:

> Ganz erschöpft und überwacht,
> Nehmt wahr des Vorteils, müde Augen, nicht
> Zu schaun dies schnöde Lager.

Hier:

> Müde ganz und überwacht
> F r e u t e u c h , ihr schweren Augen, daß ihr nicht
> Dies schmähliche Lager seht.

Edmund spekuliert darauf, daß er erhalten werde, was man dem Vater, den er denunziert, wegnimmt. Man hat die Fanfare des Abgangs im Ohr:

> Dies scheint ein groß Verdienst und soll mir lohnen
> Mit meines Vaters Raub, den Gütern allen:
> Die Jungen steigen, wenn die Alten fallen!

Bei Gundolf berechnet er:

> ... und bringt mir ein
> Was man dem Vater — n ä m l i c h a l l e s ! — kürzt.
> Der Junge steigt, sobald der Alte stürzt.

Das erste Wort des geblendeten Gloster:

> Alles Nacht und trostlos.
> Wo ist mein Sohn Edmund? —
> Edmund, schür' alle Funken der Natur,
> Und räche diesen Greul!

reduziert auf:

> N a c h t u n d V e r z w e i f l u n g r i n g s ! Wo ist mein
>   Edmund?
> Edmund, schür alle Funken der Natur,
> M a c h d i e s e n G r e u e l w e t t !

Das könnte man nicht; »rächen« will ich ihn. Die mittlere Zeile ist Herrn Gundolf gelungen, wie manche, die von früher stehen geblieben ist. Aber es ist dem Klima der

Sprache eigentümlich, daß auch der Rest einer verwüsteten Landschaft aufhört, Oase zu sein.

»Neu übersetzt« ist, daß Gott erbarm, auch »M a c - b e t h«. Hier war sicherlich nicht schon das bloße Beginnen Frevel an Gedächtnis, Zitat und überkommenem Sprachgut. Es gibt im Grunde keine bekannte deutsche Macbeth-Vorlage, an der sich Herr Gundolf hätte versündigen können, weder im Gestrüpp der meisten Übersetzungen noch im Flachland der Schillerschen Nachdichtung. Immerhin gibt es die Leistung Tycho Mommsens, die mit Benützung der unzulänglichen Arbeit Dorothea Tiecks und kleiner Bruchstücke aus Schlegels Nachlaß entstanden ist. Tycho Mommsen nennt es in seinem Nachwort (zur Schlegel-Tieck-Ausgabe bei Georg Reimer) mit Recht eine der schwersten Aufgaben

die Macbeth-Gedanken, die so kurz und unheimlich einander überzucken und überblitzen wie gekreuzte Schwerter, die Macbeth-Sprache, in der fast jedes Wort ein Dolchstoß ist

getreu wiederzugeben. In wie hohem Maße es Herrn Gundolf mißlungen ist, zeigt unter anderen Szenen und vor allen die Tafelszene, bei der ihm Mommsens Geist erscheinen müßte. Wie schön endet sie bei diesem:

Komm, schlafen wir! Der Traum, der mich gequält,
War Neulingsfurcht, der harte Übung fehlt.
Wir sind noch jung an Taten.

Gundolf, sicherlich auf seine Wörtlichkeit gestützt, läßt den Abgang wie folgt begleiten:

Ja, schlafen wir! Mein wilder Selbstbetrug
Ist Neulings-furcht, noch nicht geprobt genug.
Wir sind noch jung i n T a t.

Im Original wird wohl der Singular die Kraft des deutschen Plurals haben. Daß es auf die Übertragung der Aura des Wortes ankommt, auf die Erfüllung der andern Sprachlandschaft mit dem lebendigen Atem, dürfte Herr Gundolf wissen; aber da er es nicht vermag, so wird er den Unterschied erst spüren, wenn man ihm ihn vorstellt. Bei Mommsen geht Macbeth so in den Tod:

Vor die Brust

Werf ich den Hünenschild. Triff, daß es schallt!
Und fahr' zur Hölle, wer zuerst ruft: Halt!

Das ist schon die Musik der Hölle. Gebändigt von Gundolf:

Vor den Leib

Werf ich den Krieger-schild. Macduff, komm her!
Und sei verdammt wer ruft »Halt ein, nicht mehr!«

Vorher geht bei Mommsen Macbeth mit den Worten ab:

Auf, läutet Sturm! Wind, blase! Komm, Verderben!
Den Harnisch auf dem Rücken wolln wir sterben!

Herrn Gundolf passiert da das Folgende:

Auf, läutet Sturm! Blast, Winde! T r ü m m e r , t r e i b !
So sterb ich doch m i t d e m G e s c h i r r a m L e i b.

In der ersten und der zweiten Hexenszene bleibt er hinter den anderen Übersetzern nicht allzuweit zurück; sie sind bei allen unmöglich. An einigen soll es dargetan sein. Am erträglichsten erscheint die erste Szene noch bei Dorothea Tieck, deren Fassung Mommsen übernommen hat:

E r s t e H e x e

Sagt, wann ich euch treffen muß:
In Donner, Blitz oder Regenguß?

Z w e i t e

Wann der Wirrwarr ist zerronnen,
Schlacht verloren und gewonnen.

D r i t t e

Noch vor Untergang der Sonnen.

E r s t e

Wo der Platz?

Z w e i t e

Der Heide Plan.

D r i t t e

Da woll'n wir dem Macbeth nahn.

E r s t e

Ich komme, Murner.

Molch ruft auch; — sogleich!
Schön ist wüst, und wüst ist schön.
Wirbelt durch Nebel und Wolkenhöhn.

Zu dürftig zum Schicksalsprospekt und zum Vorspiel des
kriegerischen Grausens. Die zweite Hexenszene (3. Auftritt
des I. Aktes) bei Dorothea Tieck:

Erste Hexe

Wo warst du, Schwester?

Zweite

Schweine gewürgt.

Dritte

Schwester, wo du?

Erste

Kastanien hatt' ein Schifferweib im Schoß
Und kaut' und kaut' und kaut': Gib mir, sprach ich.
Pack dich, du Hexe, schrie die dicke Vettel.
Ihr Mann ist nach Aleppo, führt den »Tiger«;
Doch schwimm' ich nach im Sieb, ich kann's,
Und als 'ne Ratte ohne Schwanz
Komm' in sein Schiff ich Schlaue
Und kaue, kaue, kaue.

Zweite

Geb' dir 'nen Wind.

Erste

Bist lieb gesinnt.

Dritte

Ich den zweiten obendrein.

Erste

All die andern sind schon mein;
Und sie wehn nach jedem Strand,
Jeder Richtung, die bekannt
Auf des Seemanns Karte.
Dürr wie Heu soll er verdorr'n,
Und kein Schlaf, durch meinen Zorn,
Tag und Nacht sein Aug' erquicken;
Leben soll wie'n Fluch ihn drücken

Sieben Nächte, neunmal neun.
Siech und elend schrumpf' er ein;
Kann ich nicht sein Schiff zernagen,
Soll'n doch Stürme es verschlagen.
Schau, was ich hab'.

Zweite

Weis' her, weis' her.

Erste

Daum 'nes Lotsen, der versank
Auf der Heimfahrt und ertrank.
(Trommeln hinter der Szene.)

Dritte

Trommeln, — Ha!

Macbeth ist da.

Alle drei

Schicksalsschwestern, Meer und Land
Rasch durcheil'nde: Hand in Hand
Laßt uns Runden, Runden tanzen;
Drei sind dein, und drei sind mein,
Und noch drei, so macht es neun. —
Halt! — Der Zauber ist gezogen!
(Macbeth und Banquo treten auf.)

Diese Belanglosigkeit hat Mommsen nur stellenweise belebt:

»Wo bist gewesen, Schwester?«

»Würgte die Säu'.«

»Schwester, wo du?«

»Ein Schifferweib hatt' in dem Schoß Kastanien,
Und käut', und käut', und käute — ,Gib mir', sprach ich.
,Packe dich, Hexe!' schreit das fette Scheusal. —
Ihr Mann ist nach Aleppo fort, Herr an Bord des Tigers: —
Doch schwimm' ich nach im Sieb mit Glanz,
Und will als Ratte ohne Schwanz
Da stören, stören, stören!«

»Ich geb 'nen Wind dir hintennach.«

»Wie gütig, ach!«

»Meiner auch soll mit dir wandern.«

»Und ich selbst hab all die andern.
Wo sie wehn, die Küsten kenn' ich,
Jeden Punkt, um einen Pfennig,
Auf des Seemanns Karte nenn' ich.
Dörren soll er mir wie Heu;
Schlaf nicht Nachts noch Tags erfreu
Seines Auglids schwere Wucht;
Leben soll er wie verflucht;
Müde Wochen, neun mal neun,
Schwind' er, siech' er, leid' er Pein.
Kann sein Schiff nicht untergehn,
Soll es doch sich wirbelnd drehn. —
Schau, was ich hab!«

                    »Laß sehn, laß sehn.«

»Da! 's ist eines Lotsen Daum,
Der versank im Meeresschaum.«

            (Trommelwirbel hinter der Szene.)

»Ha, Trommeln! Ha!
Macbeth ist da!«

»Unholdinnen Hand in Hand,
Eilende durch Meer und Land,
Gehn wir so herum, herum.
Drei Runden dein, drei Runden mein,
Und drei dazu, so sind es neun.
Halt! Der Bann ist aufgewunden.«

Bei Bodenstedt geht es glatter:

»Wann finden wir drei uns wieder ein
In Regen, Donner und Wetterschein?«

»Wenn das Kampfgetös vollbracht,
Wenn verloren und gewonnen die Schlacht.«

»A l s o noch vor Graun der Nacht.«

»Wo treffen wir uns?«

                    »Im Heidegrunde.«

»Dort hört Macbeth unsre Kunde.«

»Ich komm', Graulieschen!«

                    »Paddock ruft.«

                              »Sogleich.«

»Schön ist häßlich, häßlich schön:
Auf durch Dunst und Nebelhöhn.«

Und:

>Wo bist du gewesen, Schwester?<

>Schweine zu würgen.<

>Schwester, wo du?<

>Ein Schifferweib hatte Kastanien im Schoß
Und schmatzt', und schmatzt', und schmatzt'. ,Gib mir',
                                              sprach ich.

,Fort mit dir, Hexe!' schrie die feiste Vettel.
Ihr Mann fuhr nach Aleppo, führt den Tiger:
Im Siebe segl' ich nach, ich kann's,
Wie eine Ratte ohne Schwanz;
Ja, das tu' ich, das tu' ich, das tu' ich.<

>Ich geb' dir 'nen Wind.<

>Bist freundlich gesinnt.<

>Auch ich geb' dir einen.<

>Alle andern sind die meinen,
Und ich weiß, wohin sie wehn,
Alle Striche, wie sie stehn
Auf der Seemannskarte.
Dürr wie Halme mach ich ihn,
Schlaf soll Tag und Nacht ihn fliehn,
Ruhelos, voll Angst und Beben
W i e   i m   B a n n f l u c h soll er leben;
Schwere Wochen neunmal neun
Soll er siech und elend sein;
Darf sein Schiff nicht untergehn,
Soll's doch Sturm und Not bestehn.
Schau', was ich hab'.<

                          >Zeig' her, zeig' her.<

>Eines Lotsen Daum ist dies,
Den ein Sturm zum Abgrund blies.<

>Horch, Trommeln da!
Macbeth ist nah.<

>D i e Schicksalsschwestern Hand in Hand.
Schweifend über Meer und Land,
Drehen so im Kreise sich:
Dreimal für dich, dreimal für mich,
Noch dreimal, daß es neune macht.
S t i l l ! d e r Z a u b e r i s t v o l l b r a c h t.<

Schwer zu glauben. Und nicht unheimlicher ist der aus

Bodenstedt und Tieck-Mommsen gezogene Zauber, den F. A. Leo für die Deutsche Shakespeare-Gesellschaft vollbracht hat:

>Wann treffen wir Drei uns das nächste Mal,
Beim Regen, Donner oder Blitzes Strahl?«

>Wenn der wüste Wirrwarr schweigt,
Wenn der Schlacht Erfolg sich zeigt.«

>D a s   i s t, eh' die Sonn' sich neigt.
Wo der Ort?«

>Die Heide dort.«

>M a c b e t h   d a   z u   t r e f f e n. — Fort!«

>Ich komme, Graukätzchen.«

>Paddock ruft: — Sogleich. —
Schön ist wüst und wüst ist schön:
Schwebt durch Nebel und dunst'ge Höh'n.«

Und:

>Wo warst du, Schwester?«

>Hab' Schweine vergift't.«

>Schwester, und du?«

>'nes Schiffers Weib, Kastanien hatt's im Schoß
Und schmatzt und schmatzt und schmatzt! ,Gib mir was',
sag' ich:

,Mach fort, du Hex'!' die dicke Vettel schreit.
Ihr Mann ist nach Aleppo, führt den Tiger:
Nun geh' ich in 'nem Sieb auf's Meer,
Und segl' als Ratt' ohne Schwanz hinterher.
Ich tu's, ich tu's, ich tu's!«

>'nen Wind kriegst von mir.«

>Da danke ich dir.«

>Von mir kommt ein zweiter.«

>Die andern hab' ich, d a n n   f e h l t   n i c h t s   w e i t e r;
Und sie blasen in alle Häfen hinein,
Und kennen jeden Winkel so klein
Auf des Schiffers Kart'.
Ich dörr' wie Heu ihm jedes Glied —
Nicht ruht auf seinem Augenlid
Der Schlaf bei Tage noch bei Nacht;
Zum Fluch sei 's Leben ihm gemacht:

Schwerer Wochen neun mal neun
Soll er keiner Ruh' sich freu'n:
Nicht bohren darf ich 's Schiff zu Grund,
Doch Sturm soll's hetzen alle Stund'.
Schaut, was ich hab!«

>>Laß sehn, laß sehn.«

»'nes Lotsen Daumen h a b ' i c h d a ,
Der Schiffbruch litt der Heimat nah.«
»Trommelschlag tönt hell!
Macbeth kommt zur Stell'!«

»D i e Zauberschwestern, Hand in Hand,
Schwebend über See und Land,
So im Kreis', im Kreise ziehn:
Dreimal dein, und dreimal mein,
Und dreimal noch, soll's neune sein.
Still! Der Zauber ist gediehn.«

Auf eine kräftigere, aber auch skurrile Art war der Zauber bei Gottfried August Bürger gediehen, dessen Prosaübersetzung, unterbrochen von den Hexenversen, aus der Vor-Schlegelschen Zeit und nach Wieland und Eschenburg die bemerkenswerteste ist. Auf Anregung des großen Schauspielers Schröder entstanden, ist sie eine Leistung, mit der ihr Autor sein »andächtiges Entzücken« an dem »größten Dichtergenius, der je gewesen ist und sein wird«, nicht gerade zum entsprechendsten Ausdruck gebracht hat. Er hat nebst andern Sünden und dem Grundübel einer Prosa den König Duncan schon vor Macbeth aus dem Wege geräumt, und die Hexen läßt er es so treiben:

»Na! sagt, wo man sich wiederfind't:
In Donner, Blitz, o'r Schlackerwind?«

»Wann sich's ausgetummelt hat,
Wann die Krah am Aase kraht.«

»Daumenbreit vor Eulenflug
Treffen wir uns früh genug.«

»Und wo wandern wir zu Chor?«

»Auf der Heid', am faulen Moor.«

»Eia! Da nick' ich Macbeth ein Grüßchen.«
      (Wird innen gerufen.)

»Ich komm', ich komme flugs, Graulieschen!«
(Wieder gerufen.)

»Unke ruft! — Geduldchen! Flugs! —«

»Weiß in schwarz, und schwarz in weiß;
Heiß in kalt, und kalt in heiß!
Das kann wips! ein winzig Wort.
Husch! Durch Schlickerschlacker fort!«

Das ist künstlerisch zweifellos besser als das glatte Geklimper, aber eben nur tauglich, eine Sturm- und Drangprosa des Schicksals einzufassen.

»Wo gewest, Schwesterle?«

»Schweine gewürgt!«

»Schwesterle, wo du?«

»Kastanien hatt ä Schiffersweib im Schoß,
Und schmatzt' und schmatzt' und schmatzte dir drauf los!
Mir auch, sagt' ich, ä bissel! —
Quark dir, Tranhexe! Marsch!
Grunzte der vollwampigen Bache Rüssel. —
Hu! Donner, Hagel, Mord und Gift!
Ihr Kerl ist zur Türkei geschifft.
Im Siebe schwimm' ich nach. — Ich kann's!
Wie eine Ratte ohne Schwanz.
Mein Sixchen, das tu' ich, mein Sixchen!«

»Tu' das, tu' das, Nixchen!
Ich borg' auch dir ä Wind darzu.«

»Sa! bist ä wacker Schätzel, du!«

»Und von mir kriegst auch noch einen.«

»Topp! Die andern sind die meinen,
Sind mir hold und untertan!
Wie und wo und wann sie wehen,
Sausen, brausen, Wirbel drehen,
Weiß ich, trotz dem Wetterhahn.
Hu! Ich will ihn trillen, zerren,
Kraus, wie Heu und Hotzeln dörren!
Nachts und Tages sonder Ruh',
Klapp' ihm keine Wimper zu!
Sieb'nmal sieb'n und sieben Wochen
Soll er frieren, soll er kochen,
Soll sich krümmen, winden, wimmern,

Ächzen, krächzen und verkümmern;
Darf sein Schiff gleich nit zertrümmern,
Roll' ich's doch im wilden Meer,
Her und hin und hin und her.
Schau', was hier! . . .«

»Weis' her, weis' her!«

»Schau', ä Bankrottierers Daum,
Der sich selbst erhing am Baum!«

»Horch! es trommelt, trom-trom-trommelt!
Der Tumult hat ausgetummelt! —
Macbeth kommt!«

»Hui! Wir Schwestern, Hand in Hand,
Huschen über See und Land,
Walzen, walzen um und um,
Runde, runde, rund herum!
Eins und zwei und drei für dich;
Eins und zwei und drei für mich;
Eins, zwei, drei, zum dritten Reihn;
Dreimal drei rundum macht neun.
Halt! — Der Spuk wird fertig sein.«

Es erhebt sich hoch über die Gewässer der andern, aber
doch nicht so hoch, daß man »fürchterliche Naturlaute« zu
hören glaubt, »die eine unheimliche Begleitmusik zu den
aufsteigenden Nachtgedanken in Macbeths Seele abgeben«.
So sagt eine Neuausgabe, die freilich auch behauptet, daß
»die leidenschaftliche Glut und wilde Wucht des Originals«
in der freien Form der Prosa weit besser zur Geltung komme als »in der für die deutsche Sprache schwer erträglichen
Fessel des fünffüßigen Jambus«. Bezöge sich der Vergleich
etwa auf Schillers Nachdichtung, wäre er mehr als berechtigt. Aber der wilde Realismus Bürgers ist von der Welt
heroischer Unwirklichkeit so weit entfernt wie der süße Un-
naturalismus Schillers. Wenn der neue Herausgeber des
Prosa-Macbeth (bei Trowitzsch & Sohn, Berlin) einen Vergleich der zweiten Szene des zweiten Aktes mit dem ihr
entsprechenden Auftritt bei Bürger empfiehlt und die Meinung kundgibt, »bei Schlegel-Tieck werde das Dämonisch-
unheimliche, das Vibrieren der aufgepeitschten Seele künst-

lich in korrekter Metrik abgedämpft und abgewürgt«, während es bei Bürger »düster und visionär hervorbricht«, so hat man es schon mit einer komplizierten Einfältigkeit zu tun. Meint er die Übersetzung Dorothea Tiecks, so ist die Metrik dieses Macbeth-Monologs zwar korrekt, aber die Verse sind nicht gut. Meint er Mommsens Nachdichtung für die Schlegel-Tieck-Ausgabe, so sind deren Verse unvergleichlich stärker als die Prosa.

Ist dies ein Dolch, den ich vor Augen schaue,	Hah! — Ist das ein Dolch da vor mir, der Griff gegen meine Hand?
Den Griff mir zugekehrt? Komm, laß dich packen. —	Her, daß ich dich packe! Wie? Nicht? und doch seh' ich dich
Ich hab' dich nicht, und dennoch seh' ich dich.	immer! Verdammter Spuk! Bist du denn nicht für die Faust, was
Bist du, schrecklicher Spuk, ergreifbar nur	du fürs Auge bist? Etwa nur ein Dolch der Phantasie, nur ein
Dem Auge, nicht der Hand? Bist du vielleicht	Dampf meines erhitzten Gehirns? —
Ein Dolch der Seele, eine falsche Schöpfung,	
Vortretend aus dem glutbedrängten Hirn!	
. . . Ich seh' dich noch:	. . . . Wie? Immer und immer noch
Auf Klinge dir und Kreuzheft perlt das Blut,	da? Sogar Blutstropfen auf deiner Klinge? Die waren doch vor-
Was erst nicht war. — Nein! Nichts davon ist da:	her noch nicht da! — — Nein! es ist nichts Wirkliches. Der blutige
's ist nur das Blutgeschäft, das so den Augen	Vorsatz meiner Seele ist's, der so die Augen täuscht. — — Jetzt
Sich meldet. Jetzt scheint auf der halben Erde	scheint auf der einen Hälfte der Welt die Natur tot. Teufels-
Tot die Natur, und böse Träume quälen	träume necken den Schlaf hinter zugezogenen Vorhängen. Hexerei
Den dichtverhang'nen Schlaf; die Hexenzunft	und Satansgesindel treibet jetzt seinen Unfug. Der Wolf heult:
Begeht den Dienst der bleichen Hekate;	und heult den gräßlichen schwarz-gelben Mord aus dem Schlaf auf!
Und, aufgeschreckt von seinem wachen Knecht,	Siehe! Auf den Zehen schleicht er mit langen leisen Diebesschritten
Dem Wolf, der heulend ihm die Stunde ruft,	seinem Vorsatz entgegen! — O du derber, angelfester Erdball,
Schreitet der hagre Mord gespenstisch leise,	dröhne nicht! Höre nicht die Tritte dieses Ganges! Deine Steine
Ausholend weit mit dem Tarquiniustritt,	möchten ihn sonst ausplaudern

Dem Ziele zu. — Du festgefugte
  Erde,
Hör' meinen Fuß nicht, wo er
  geht; es möchten
Die Steine selbst mein Wohinaus
  erzählen,
Und brechen in der Welt das
  grause Schweigen,
Das jetzt ihr ziemt. — Er lebt,
  dieweil ich drohe.
Worte sind kalter Hauch für
  Tatenlohe.
    (Ein Glöckchen läutet.)
Ich geh' und 's ist getan. Die
  Glocke ladet. —
Hör' sie nicht, Duncan! Es ist
  Todesläuten,
Das Himmel dir und Hölle kann
  bedeuten.

und unterbrechen die schauervolle
Stille dieser Mitternachtsstunde,
die mich begünstigt. — Aber was
droh' ich lange? Von Drohen
stirbt er nicht. — *(Man hört die
Glocke.)* Worte kühlen die Hitze
der Tat nur zu sehr ab. Fort! Drei
Schritte, so ist es getan! *(Wieder
die Glocke.)* Die Glocke ruft. —
Höre sie nicht, Duncan! Es ist
deine Sterbeglocke. Sie ruft dich
zum Himmel, oder zur Hölle.

Aber vielleicht sollte man nicht sagen, daß jenes unvergleichlich stärker ist als dieses, weil dieses und jenes sich überhaupt nicht vergleichen lassen. Die stärkste Prosa ist hier doch nur Inhaltsangabe dessen, was dort im Vers in andrer Sphäre lebt. Korrekte Metrik als solche dämpft und würgt das Bedeutende nicht ab und der fünffüßige Jambus ist ihm als solcher keine schwer erträgliche Fessel. Schlegels Shakespeare und die Iphigenie können zwar nicht vor, aber trotz einem Libertinertum und Berlinertum bestehen, das mit dem Verstandesmaß eine Dimension der Schöpfung ergreifen möchte, deren Wesen eben in einer höheren Gebundenheit leben, lieben, handeln und sterben. Was sollte ein Macbeth in Prosa anderes beweisen als die Geringfügigkeit der aus dem höheren Element befreiten und auf die Erde gesetzten Gedanken? Bürger, der gewiß ein Dichter war, wenngleich er undichterisch über Poesie geschrieben hat, mochte wünschen, daß seine »armen Zutaten keine Bettlerflicken auf dem Shakespeareschen Purpurmantel sein mögen« — der Versuch als solcher kann mit der Region, in der diese Pracht besteht, überhaupt nichts zu schaffen haben. Eine Ausnahme bilden die Hexenszenen, deren dritte

und vierte er stark und mit Verzicht auf den Dialektspaß
nachgebildet und die er um zwei wertvolle Auftritte vermehrt hat. Aber anschaulicher als sein Hexenzauber ist die
grause Verwandlung, die Shakespeare durch den Absturz
in die Prosa erleidet:

»Euch fehlt die Würze aller Kräfte, Schlaf.«	»Dir fehlt's an dem Bedürfnis aller Wesen, an Schlaf.«
»Komm, schlafen wir! Der Traum, der mich gequält, War Neulingsfurcht, der harte Übung fehlt. Wir sind noch jung an Taten.«	»Komm, wollen schlafen gehn! Mein Hauptfehler ist Furchtsamkeit des Neulings, den Übung noch nicht abgehärtet hat. In solchen Taten sind wir noch allzusehr Kinder.«

So weltenweit nun Bürgers Prosa uns von Shakespeare
entfernt, so ist sie, in ihren kräftigeren Teilen, immer noch
eher Shakespeare und mehr den hohen Maßen des Mythos
angenähert als Schillers Nachdichtung. Wenn es nie gelänge, mit aller Ehrfurcht vor der edlen Seele eines Dichterfürsten zu beweisen, daß er keiner war, so sollte man doch
glauben, daß es an diesem rührenden Versuch einleuchtend
würde: Glut und Wut einer Höllennacht in einem lächeln-
den See abzukühlen, der zum Bade ladet, und Shakespeare
in eine Form zu versetzen, die zwar nicht aus Lehm, aber
aus Zucker gebrannt dasteht. Es mag ja die deutscheste
aller Tatsachen dieses Kulturlebens sein, daß eine Menschheit, deren Begriff von Dichtung, trotz allem Fortschritts-
trug in Technik und Tinte, über ein Schmückedeinheim, über
den Geistes- und Gemütsinhalt von Inschriften auf Schlum-
merrollen nicht hinausgelangt ist, den höchsten Genius der
Sprache in der Gestalt verkörpert sieht, die den unbekannten Dichter der Helena und der Pandora mit dioskurischer
Gunst in die Unsterblichkeit mitnimmt. Wenn Liliencron
in seinen Versen an Goethe geklagt hat:

Die Deutschen lieben
Schiller;
Bilderbücher jeder Art
— Mit Bildern, ohne Bilder

so hat er vielleicht nicht einmal die des übermalten Macbeth im Auge gehabt, der, wenngleich auf einer mit außerordentlicher Theaterkenntnis eingerichteten Szene, Dinge tut, die die Nacht nicht schauen sollte. Wie die von Schiller gestrichene Szene der Lady Macduff mit der Tötung des kleinen Sohnes ausgesehen hätte, läßt sich nicht vorstellen: aber sie hätte in dem süßen Zeitvertreib dieser Mordbegebenheiten auch kein böses Blut gemacht. Der Literarhistoriker Goedeke rühmt die Einlage des Pförtnerliedes:

> Verschwunden ist die finstre Nacht,
> Die Lerche schlägt, der Tag erwacht,
> Die Sonne kommt mit Prangen
> Am Himmel aufgegangen

und so weiter bis:

> Drum freue sich, wer, neu belebt,
> Den frischen Blick zur Sonn' erhebt!

als etwas, »womit Shakespeare.. wenig zufrieden gewesen sein möchte, umsomehr aber das Gemüt des Deutschen sich befreunden mußte, das in dem Kontrast der Schreckenstat mit dem frommen Frühgesange des einfachen Menschen an der ersteren nicht unterging, sondern mit dem letzteren aufatmend sich wieder erheben konnte«. Aber auch der schottische Edelmann Rosse kann da mit Anerkennung nicht zurückhalten:

> Nun, das muß wahr sein, Freund! Ihr führet eine
> So helle Orgel in der Brust, daß Ihr damit
> Ganz Schottland könntet aus dem Schlaf posaunen.

Eine starke Übertreibung für Schalmei und Flöte, aber beides hinreichend, um wenigstens Deutschland munter zu machen und Gemüter, die von der Schillerschen Fassung der Schreckenstat in sanften Schlummer versetzt waren, vollends zu beruhigen. Goedeke sagt:

Auch die Shakespeareschen Hexen hob Schiller aus dem Gemeinen und Widerwärtigen zum Furchtbaren und Großartigen der Schicksalsschwestern, wie er es der Tragödie für allein würdig hielt.

Nämlich so:

> »Wann kommen wir drei uns wieder entgegen,
> In Donner, in Blitzen oder in Regen?«
> »Wann das Kriegsgetümmel schweigt,
> Wann die Schlacht den Sieger zeigt.«
> »A l s o eh der Tag sich neigt.«
> »Wo der Ort?«
> > »Die Heide dort.«
> »Dort führt Macbeth sein Heer zurück.«
> »Dort verkünden wir ihm sein Glück!«

Und nun entpuppt sich die erste Hexe als Trägerin der
christlichen Nächstenliebe, wird jedoch von den andern als-
bald eines Schlechteren belehrt:

> Aber die Meisterin wird uns schelten,
> Wenn wir mit trüglichem Schicksalswort
> Ins Verderben führen den edeln Helden,
> Ihn verlocken zu Sünd und Mord.

Das klingt ganz, als ob sie's von Schiller hätte. Die dritte
widerspricht, wiewohl sie's offenbar auch von Schiller hat:

> Er kann es vollbringen, er kann es lassen:
> Doch er ist glücklich, wir müssen ihn hassen.

Er hat sich's selber zuzuschreiben:

> Wenn er sein Herz nicht kann bewahren,
> Mag er des Teufels Macht erfahren.

Doch wie soll er sein Herz bewahren, wenn der Vorgang
sich so abspielt:

> Wir streuen in die Brust die böse Saat,
> Aber dem Menschen gehört die Tat.

Er hat es schwer, und das eben, wiewohl es von Schiller
ist, kommt der ersten so unchristlich vor. Sie bittet, zu bedenken:

> Er ist tapfer, gerecht und gut;
> Warum versuchen wir sein Blut?

Dafür gibt's eine Erklärung, die jener, obgleich sie als Hexe
aufgewachsen ist, bisher offenbar nicht zuteil wurde; die
zwei andern sagen ihr klipp und klar:

> Strauchelt der Gute und fällt der Gerechte,
> Dann jubilieren die höllischen Mächte. (Donner und Blitz.)

Das scheint nun jener, weil sie ja schließlich, wenngleich von Schiller, doch eine Hexe ist, einzuleuchten — vielleicht wollte sie die andern nur in die Versuchung des Guten führen —, und sie sagt:

> Ich höre die Geister!

Worauf dann alle einig sind:

> »Es ruft der Meister!«

> »Padok ruft. Wir kommen! Wir kommen
> Regen wechsle mit Sonnenschein!
> Häßlich soll schön, Schön häßlich sein!
> Auf! Durch die Luft den Weg genommen!«

Wie furchtbar und großartig aber bei Schiller die Schicksalsgöttinnen entwickelt sind, zeigt sich so recht erst in der Veredlung der Hexenrache am Schiffersweib zu einer Fischerballade, deren Held ohne jeden ehelichen Umstand zu Falle kam. Die Geschichte trägt sich nicht auf dem Meer zu, nicht einmal am Vierwaldstättersee, sondern am Rand eines Bächleins, an dem jener saß. Wenn man es nicht weiß auf schwarz hätte, man würde nicht glauben, welches Schicksal da, der Tragödie allein würdig und für das Gemüt des Deutschen erfreulich, dem Auftreten Macbeths als Ringelreihen präludiert:

> »Schwester, was hast du geschafft? Laß hören!«

> »Schiffe trieb ich um auf den Meeren.«

> »Schwester! was du?«

> »E i n e n   F i s c h e r   f a n d   i c h , zerlumpt und arm,
> Der flickte singend die Netze
> Und trieb sein Handwerk ohne Harm,
> Als besäß er köstliche Schätze,
> Und den Morgen und Abend, nimmer müd,
> Begrüßt' er mit einem lustigen Lied.
> Mich verdroß des Bettlers froher Gesang,
> Ich hatt's ihm geschworen s c h o n   l a n g   u n d   l a n g —
> Und als er w i e d e r zu fischen war,

> Da ließ ich einen Schatz ihn finden;
> Im Netze, da lag es blank und baar.
> Daß fast ihm die Augen erblinden.
> Er nahm den höllischen Feind ins Haus.
> Mit seinem Gesange, da war es aus.«

Was die zwei andern Hexen zustimmend zur Kenntnis nehmen:

> Er nahm den höllischen Feind ins Haus.
> Mit seinem Gesange, da war es aus.

Wenn man bedenkt, daß es die barmherzige Schwester der ersten Szene ist, die solches berichtet, so muß man zugeben, daß sie in der kurzen Zeit viel gelernt und geleistet hat:

> Und lebte wie der verlorne Sohn,
> Ließ allen Gelüsten den Zügel,
> Und der falsche Mammon, er flog davon,
> Als hätt' er Gebeine und Flügel.
> Er vertraute, der Tor! auf Hexengold
> Und weiß nicht, daß es der Hölle zollt.

Was die zwei andern — denn wem sagt sie das — aus langjähriger Erfahrung nur bestätigen können:

> Er vertraute, der Tor! auf Hexengold
> Und weiß nicht, daß es der Hölle zollt!

Gespannt, was nun geschehen wird, lassen sie sich weiter erzählen:

> Und als nun der bittere Mangel kam,
> Und verschwanden die Schmeichelfreunde,
> Da verließ ihn die Gnade, da wich die Scham,
> Er ergab sich dem höllischen Feinde.
> Freiwillig bot er ihm Herz und Hand
> Und zog als Räuber durch das Land.
> Und als ich h e u t will vorüber gehn,
> Wo der Schatz ihm ins Netz gegangen,
> Da sah ich ihn heulend am Ufer stehn,
> Mit bleich gehärmten Wangen,
> Und hörte, wie er verzweifelnd sprach:
> Falsche Nixe, du hast mich betrogen!
> Du gabst mir das Gold, du ziehst mich nach!
> Und stürzt sich hinab in die Wogen.

Was von den zwei andern nur gebilligt werden kann, die

doch schon gestern gewußt haben, daß ein solcher Fall den höllischen Mächten zugute kommt; freilich nicht ohne eine kleine Abweichung:

> Du gabst mir das Gold, du ziehst mich nach!
> Und stürzt sich hinab in den wogenden Bach!

So überraschend es einer Hexe in der Macbeth-Gegend vorkommen dürfte, daß ihr einer zuruft: »Falsche Nixe, du hast mich betrogen!« und daß sie selber in so kurzer Frist den ganzen Ablauf einer Ballade bewirkt hat, so findet sie sich doch in die Wirklichkeit und ruft nun schlicht:

> Trommeln! Trommeln! Macbeth kommt.

Worauf alle drei einig sind:

> Die Schicksalsschwestern, Hand in Hand,
> Schwärmen über See und Land,
> Drehen so im Kreise sich,
> Dreimal für dich
> Und dreimal für mich,
> Noch dreimal, daß es Neune macht,
> Halt! Der Zauber ist vollbracht!

Wer, der ein Gemüt hat, könnte sich diesem Zauber entziehen? Die Verse der Shakespeareschen Hekate:

> Und schlimmer noch, uns wird kein Lohn,
> Ihr dientet dem verkehrten Sohn,
> Der, trotzig und voll Übermut,
> Sein Werk nur, nicht das eure, tut.

lauten bei Schiller:

> Und überdies, was ihr getan,
> Geschah für einen schlechten Mann,
> Der eitel, stolz, wie's viele gibt,
> Nur seinen Ruhm, nicht euren, liebt!

Was für ein Tee dann vollends im Hexenkessel gebraut wird, ist nicht vorstellbar.

> Geister, schwarz, weiß, blau und grau,
> Wie ihr euch auch nennt,
> Rührt um, rührt um, rührt um,
> Was ihr rühren könnt.

Noch weniger vorstellbar, was sich im Bann solcher Schicksalsmusik dann in der heroischen Welt sprachlich begibt. Es läßt nur das Bedauern übrig, daß nicht auch Österreichs Klassiker für die reifere Jugend, der ja gleichfalls die Dämonen eines Traums in Zucker einmachte, sich an die Nachdichtung des »Macbeth« gewagt hat, eines Werkes, von dem Schlegel sagt: »Es ist, als ob die Hemmungen an dem Uhrwerke der Zeit herausgenommen wären, und nun die Räder unaufhaltsam abrollten. Nichts ist der Gewalt der Darstellung in Erregung des Grausens zu vergleichen.« Daß er diesem Eindruck die nachbildende Sprachtat schuldig blieb, ist ein unwiederbringlicher Verlust für die deutsche Bühne, auf der Macbeth selbst in Zeiten einer heldischen Schauspielkunst ein seltener Gast war. Sie hat sich, wohl ohne Kenntnis von Mommsens Arbeit, zumeist mit der Schillerschen Umdichtung beholfen, die, mit unleugbarem dramaturgischen Verdienst, die Szene der Leidenschaften mit einem sentimentalern Klima erfüllte; oder die sprachdünne Fassung von Philipp Kaufmann (bei Cotta) verwendet, der für den Anfang der ersten Hexenszene — bis zur Aufrollung der Gewissensfrage — Schillers Vorbild nicht verschmäht hat. Auch sonst haben die Übersetzer einander wie die Hexen 'nen Wind gegeben, und so untief das Wasser war, auf dem sie ihren Spuk verrichteten, von Kaufmann hat wieder Bodenstedt, von diesem noch F. A. Leo geschöpft. Der erste verfügt freilich über Seichtheiten, die ihm nicht nachgeahmt wurden:

> Wenn ich 's Schiff nicht brechen kann,
> Sei gehudelt doch der Mann.

Oder dieser Abschluß der Tafelszene:

> »Euch fehlt die Labung der Natur, der Schlaf.«

> »Komm, laß uns schlafen. Meine Geistestrübung
> Ist Neulingsfurcht, mir fehlt nur harte Übung.
> Wir sind noch jung in solchen Taten.«

Es ließen sich noch etliche deutsche Macbeths heranziehen, um darzutun, daß jede Übersetzung Shakespeares durch einen Nichtdichter Unfug ist, während der Dichter getrost mit Schiller die Nichtkenntnis des Originals und der englischen Sprache gemeinsam haben könnte, um aus einer Übersetzung eine Dichtung zu machen.

Wollte ich, für das von Schlegel Unterlassene, mich solcher Tat vermessen, ich nähme mir freilich nicht Gundolfs Vorlage, deren Absonderlichkeit zwar eine Gewähr der Wörtlichkeit ist, aber darum weit mehr ein Versteck der Dichtung als der mittlere Kitsch der andern, welche einer fragwürdigen Phantasie, aber keiner fixen Idee Spielraum ließen, um Shakespeare zu entstellen. In wie hohem Grade ihm dies gelungen ist, dafür bietet seine Macbeth-Übersetzung, von mir durchgesehen, die eindrücklichsten Beweise. Man lese, man höre — denn er will seinen Wortwert erst im Vortrag erkannt sein lassen —, was er aus den ersten zwei Hexenszenen gemacht hat:

>Wann sehn wir drei uns nächstes Mal
Bei Regen oder Wetterstrahl?«

>I s t der Wirrwarr durchgemacht,
G a b Verlust und Sieg die Schlacht.«

>Noch vor Abend ists vollbracht.«

>Wo die Stätte?«

>Auf der Ö d.«

>Da begegnen wir Mac b e t h.«

>Ich komme, Grauchen.«

>Kröte ruft.«

>Sogleich.«

>Schön ist wüst und wüst ist schön:
Durch Dunst und Nebel auf in die Höhn!«

Das Fehlen eines Satzzeichens nach dem ersten Vers läßt wie bei Bodenstedt, im Gegensatz zu den andern Übersetzern, nicht erkennen, daß die Drei entweder bei Regen oder bei Gewitter sich treffen wollen, sondern die Frage scheint bloß den Zeitpunkt der Zusammenkunft anzugehen, zu welcher Regen oder Gewitter die übliche Begleiterscheinung bildet. Bodenstedt sagt:

In Regen, Donner u n d Wetterschein

und so wird deutlicher, daß nicht gefragt werden soll, unter welchen Umständen, sondern wann. Obgleich Herr Gundolf den Donner wegläßt, ist, da ihn alle Übersetzer haben, sein Vorhandensein im Original zu vermuten. Die Verkürzung hat ihm aber noch lange nicht dazu geholfen, das »Wann« als führend und den zweiten Vers als mitgeführt empfinden zu lassen. Das wäre, selbst wenn dieser keine Alternative enthielte, also nicht die Ausführung der Frage vermuten ließe, unmöglich. Wenn Shakespeare es so gewollt hat, war anders zu übersetzen. Warum sollte es aber darauf ankommen, wenn der deutsche Vers, der diesen Sinn vermittelt, den Eindruck versagt? Weit unheimlicher als die Frage nach dem Zeitpunkt der Begegnung wäre die Wahl der Wetterart, die sie bestimmt. Diesem Gedanken aber kommt keine Nachdichtung, am wenigsten die Schillersche, die ihn »in Regen« kulminieren läßt, »entgegen«, und die Bedeutsamkeit solchen Zeremoniells wäre eben durch grelleres Sprachlicht und durch stärkeren Sprachlaut, selbst unter Verzicht auf den Regen darzustellen — was ich ohne jede Beziehung auf das mir sprachferne Original versucht habe. Aber da Herr Gundolf gehört sein will, unternehme ein deutsches Ohr, die Antwort der zweiten Hexe zu erfassen. Es wird von den beiden gleichartig ohne »Wenn« konstruierten Bedingungssätzen unfehlbar den Sinn empfangen, daß der zweite der Hauptsatz ist. Also:

> Wenn der Wirrwarr durchgemacht,
> Gab Verlust und Sieg die Schlacht.

Das wäre zwar keine logische Antwort auf die Frage der ersten Hexe, aber da man mit solchem Anspruch ja an Hexen nicht herantritt, denkbar. Unmöglich kann der Konditionalsinn der wenn-losen ersten Zeile so stark sein, noch den der folgenden zu sichern, die bei jedem Versuch, es zu erzwingen, als Dominante ins Ohr schlüpfen wird und nicht als koordinierte Fügung. Wie vorher das »Wann« nicht ausreicht und der Nachvers sich selbständig macht, so geschieht es wieder. Hier hat eben Herr Gundolf irgendeiner Wortgenauigkeit zuliebe — alle kann er ja beim besten Willen nicht einhalten, weil er sonst wohl nie einen Vers, geschweige denn einen Reim fertigbrächte —, hier hat er einen Wirr-warr bewirkt, der nicht durchzumachen ist. Es wäre nun gewiß drollig, zu erforschen — ich habe, flüchtig wie ich bin, bloß die »Hamlet«-Stelle festgestellt —: ob sich im Eng-lischen auch etwas auf Macbeth reimt wie die Öd, die Herr Gundolf zustande gebracht hat. Ganz ausgebreitet ist sie schon über der zweiten Hexenszene:

»Wo warst du, Schwester?«

»S c h w e i n e   t ö t e n.«

»Schwester, wo du?«

»Kastanien hatt ein Schifferweib im Schoß
Und m a m p f t und mampft und mampft. Gib mir, sag ich.
Marsch, Hexe, schreit das trebernfette Aas.
Ihr Mann ist nach Aleppo, B a a s des ‚Tiger‘.
I c h   h i n t e r h e r im Siebe tanz
Und wie ’ne Ratte ohne Schwanz
I c h   t u,   i c h   t u,   i c h   t u.«

Sie entwickelt also keinen Plan, sondern berichtet im histo-rischen Präsens die Ausführung: Ich, nicht faul, hinterher. Die andern haben auch nicht Zeit, erst Apostrophe zu machen:

»Ich geb d i r n Wind.«

»Bist lieb Kind.«

»Ich ’nen andern.«

»I c h   h a b   s e l b s t   s c h o n all die andern,
Die bis an die Häfen wehn
Aller Ecken wie sie stehn
Auf der Seemannskart.
Dürr wie Heu wird er verdorrt,
Tag und nächtens jag ich fort
Schlaf aus seinem A u g e n h a u s.
Hundeleben halt er aus.
Schwere Wochen neunmal neun
Siech er, welk er, schrumpf er ein.
Kann sein Boot nicht untergehn,
Soll sichs doch im Wirbel drehn . . .
Schau was ich hab!«

»Zeig her, zeig her!«

> »Nahm den Daum 'nes Seemanns mit
> Der beim Heimweg Schiffbruch litt.«

> »Trommeln, T r o m m e l n!
> Macbeth ist k o m m e n.«

> »Unheilschwestern, Hand in Hand,
> W a n d r e r über See und Land
> Gehn s o rund herum, herum,
> Dreimal dein und dreimal mein,
> Nochmals drei — so macht es neun...
> S t i l l d e r Z a u b e r ist g e k n ü p f t.«

Und welchen faulen Zauber hat der Wortwart des George-
Kreises (der für »Heine und die Folgen« ziemliches Verständnis bekundet hat), in unterfeuilletonistischem Drange
aus der dritten und der vierten Hexenszene geknüpft! Gerade da ist Tycho Mommsen nichts schuldig geblieben, bei
welchem — fast wie die Scheltrede der Chorführerin in der
»Helena« durch das Nebelwallen bricht (»Vorschnell und
töricht, echt wahrhaftes Weibsgebild!«) — Hekate groß anhebt:

> Hab' ich nicht recht, Altmütter, die ihr seid?
> Wie habt ihr, allzufrech, es nicht gescheut,
> Daß ihr mit Macbeth kippt und wippt,
> An Rätselkram und Mordwerk nippt....

Die ersten zwei Zeilen dürften, wie ich aus der Übereinstimmung der deutschen Texte schließe, im Original Blank-
verse sein wie die beiden letzten:

> Man ruft mich, horch! Mein kleiner Geist, o schau!
> Sitzt in der Nebelwolk' und harrt der Frau.

Und wären sie's nicht, so wäre doch der Wechsel — wie
ein zur Rede stellen zum kurz Angebundenen wird — von
großem Reiz. Gundolf macht's korz:

> Hab ich nicht Grund, ihr Vetteln ihr?
> Was, gar zu Freche, wagt ihr hier,
> Daß mit Mac b e t h ihr treibt und tut
> G e h e i m d i n g und G e s c h ä f t v o n B l u t?

Bei Mommsen die schon zitierte schöne Stelle:

> Und schlimmer noch, uns wird kein Lohn,
> Ihr dientet dem verkehrten Sohn,

> Der, trotzig und voll Übermut,
> Sein Werk nur, nicht das eure, tut.

Bei Gundolf:

> Und schlimmer noch! was ihr getan
> War nur n a c h d e s M i ß r a t n e n P l a n
> Voll Wut und Haß — w i e m ä n n i g l i c h
> Wirkt er für euch nicht, nur für sich.

Der Kehrreim der Hexen in ihrem vierten Auftritt lautet
bei Mommsen:

> Alle, alle, mischt am Schwalle,
> Feuer brenn' und Kessel walle!

Noch anschaulicher bei Bürger:

> Lodre, brodle, daß sich's modle,
> Lodre, Lohe, Kessel, brodle!

Bei Gundolf:

> Doppelt, doppelt, S u d u n d S t r u d e l,
> Feuer brenn und Kessel b r u d e l!

Das alles ist, trotz raren Worten und eigener Interpunktion, von ungewöhnlicher Banalität und man hat bei Gundolf durchaus den Eindruck, als sei er bemüht, dem seichten Fluß der normalen Übertragung durch künstliche Stauungen Tiefe anzudichten und dem ihm Nichtergreifbaren auf Ungemeinplätzen zu begegnen. Vergebene, aber nicht zu vergebende Mühe! Denn so kommt ein Shakespeare zustande, dessen äußere Lückenlosigkeit die Fülle verdrängt, während die wahre Restaurierung in der Nachbildung der Vision, des Gedankens, der Stimmungsfarbe mit den Mitteln der andern Sprache zu bestehen hätte, auf die Gefahr hin, selbst das Vorstellungsmaterial einer Wendung durch ein ganz anderes ersetzen zu müssen. Und wäre es nicht, da die äußere Vollständigkeit oder Genauigkeit der vorhandenen Übersetzungen doch immer zugänglich bleibt, eine Tat für sich und verbunden mit der Tat am Wort: endlich für die Bühne oder für die vielleicht noch vorhandene Szene der inneren Vorstellung die endgültige Form zu schaffen, in der ein deutscher Shakespeare, sprachlich nur dort erneuert und verbessert, wo es Schlegel unterlassen hat, von Ballast und Beiwerk befreit erschiene? Mehr als der szenischen Fülle, die die Einrichtung meines Vortrags ergibt, bedarf weder Hörer noch Leser, und die schlechteste Übersetzung enthält Verse, die in der neuen Umgebung zu stärkerem Atem kämen, ganz wie sie ihn, aus Schlegel in die dürftigere Landschaft übernommen, verlieren. Wenn mir die Befassung mit den Ungeheuern einer irdischen Region einmal Raum und Ruhe ließe, Sprachwerte aus einer höhern zu schöpfen, dann wollte ich es aus keiner andern tun als aus der Wunderwelt Shakespeares und durch kein eigeneres Erlebnis als aus dem lustvollen Gefühl, es tun zu sollen!

Von Humor und Lyrik

In diesem Sommer habe ich die Gelegenheit wahrgenommen, die überwältigende Humorlosigkeit der deutschen Literatur von zahlreichen berühmten Beispielen auf mich einwirken zu lassen. Das Wesen des deutschen Humors, dem Betrachter eine Belustigtheit aufzudrängen, die er selbst dann nicht mitmachen könnte, wenn er auch nur imstande wäre, ihre Ursache zu ergründen, hat sich mir am faßlichsten in Gerhart Hauptmanns »Jungfern vom Bischofsberg« offenbart, einem Lustspiel, das ich aus Furcht vor einer Enttäuschung am Dichter des Hannele und der Pippa seinerzeit gemieden hatte und das mir nun durch das Mitleid mit dem Humor jenes archäologischen Fundes einer Wurst geradezu die Bedingungen einer Gerhart Hauptmann-Tragödie zu erfüllen schien. Es war sicherlich kein Zufall der Wahllosigkeit, daß ich unmittelbar vorher Nietzsche, an den die fröhliche Wissenschaft um dieses blamierte falsche Gelehrtentum sichtlich anknüpft — eine Zopfneckerei, die pedantischer und enger ist als alles Zopftum —, gelesen und mich an Witzen, wie etwa, daß die deutsche Kultur an der »Rhinoxera« leide, delektiert hatte und an ähnlichem polemischen Geist, der nun einmal — ja, so sind sie diese Deutschen — der Unsterblichkeit einverleibt ist. Und mit dem Respektmangel, zu dem einen kein anderer Autor so sehr autorisiert wie der, der Kant einen Idioten genannt hat, darf auch gesagt sein, daß ich unmittelbar darauf zu den höchsten Vorbildern deutschen Mißhumors vordrang, zu den Dioskuren der Witzlosigkeit, deren Xenien ich bis dahin noch nicht in ihrer erschöpfenden Fülle genossen hatte. Ich fand sie in einem merkwürdigen Band »Nachträge zu Goethes sämtlichen Werken, gesammelt und herausgegeben von Eduard Boas, Leipzig, Verlag von L. H. Bösenberg 1841«, der einfach vorbildlich ist für alle falsche Optik, durch die sich die Literaturgeschichte vor jeder andern menschlichen Betätigung auszeichnet. Es muß wirklich so sein, daß schon die bloße Möglichkeit, sich berufsmäßig mit Dingen des Geisteslebens zu befassen, den Menschen dahin bringt, das Kleine groß und das Große klein zu sehen. Die Xenien sind ganz bestimmt nichts anderes als die Ausführung des Vorsatzes zweier Schriftsteller, weil sie sich langweilten, es darum auch andern zu tun, und sie hätten das Jahr ihrer Entstehung kaum überlebt, wenn nicht eben zwei Namen darunter stünden, die wie ein gemeinsamer Schritt vom Erhabenen zum Lächerlichen und doch nicht Lustigen nur dem Staunen Raum lassen, daß es im geistigen Gebiet solche Verwandlungen geben kann. Es ist denn auch wirklich schwer, die Dioskuren auseinanderzuhalten und die Spuren Schillers von jener tieferen Humorlosigkeit, die die Satire »Götter, Helden und Wieland« oder die »Aufgeregten« geschrieben hat, zu unterscheiden und umgekehrt. Verdrießlich ist dabei nicht, daß der Schöpfer der Helena und der Pandora keine Heiterkeit verbreiten konnte, wohl aber daß er es wollte, und erstaunlich ist, daß es ihm gelang. Denn die Urteilslosigkeit der Literaturgeschichte kann sich mit Recht auf die Empfänglichkeit der Zeitgenossenschaft berufen, die von jenem Boas wie folgt vermerkt wird:

Am 31. Oktober 1517 ward die kirchliche Reformation in Deutschland begonnen; im Oktober 1796 nahm die literarische ihren Anfang. Damals schlug Luther seine Thesen zu Wittenberg an, jetzt erschien der Schillersche Musenalmanach mit den Xenien. Niemals zuvor hatte Einer den Mut gehabt, alle sanktionierten Dummheiten so schonungslos aufzurütteln, die Heuchler so scharf zu geißeln. Unermeßlichen Vorteil zog das deutsche Schrifttum aus diesem Ereignis, und wir wollen hier einen kurzen Abriß seiner Geschichte geben.

— — Da erzürnten sich endlich die Leuen zu Jena und Weimar heftig; sie beschlossen, einmal furchtbar Gericht zu halten, und Schiller ging mit dem gewohnten Feuer darauf ein, als Goethe den Anschlag zu den Xenien machte. Alles Kraftlose, Gemeine, Altersmorsche und Selbstsüchtige sollte befehdet, jedoch die Grenze des frohen Humors nicht überschritten und alles Kriminelle vermieden werden, damit die Musen dem Scharfrichter nicht ins Handwerk fielen. So ging man denn l u s t i g ans Werk, und in ganzen Schwärmen, wie Zugtauben, f l a t t e r t e n die bunten Epigramme m i t d e r B o t e n f r a u zwischen Jena und Weimar hin.

— — Auch d i e f r i s c h e, u n b e f a n g e n e J u g e n d jauchzte laut den Xenien entgegen, u n d v i e l e d e r j e n i g e n L i t e r a t e n, welche verschont geblieben waren, f r e u t e n s i c h h ä m i s c h d e r F l a m m e auf des Nachbars Dach.... D i e a b e r (die Dioskuren) saßen lächelnd und unnahbar in ihrer Götterruhe, machten psychologische Studien an der fieberhaften Aufregung ihrer lieben Zeitgenossen, und ließen sich durch alles Gebell und Gewinsel nicht stören....

In voller Nachlebensgröße tritt hier weniger sympathisch die Doppelgestalt hervor, die, schon in Marmor, psychologische Studien an der Erregung macht, als die ahnungslose Botenfrau, die mit den Epigrammen zwischen Jena und Weimar hin- und herflattern mußte.

Schiller schrieb den 12. Dezember 1796 an Goethe: »Ich werde, wenn der Streit vorbei ist, Cotta vermögen, alles, was gegen die Xenien geschrieben worden, auf Zeitungspapier gesammelt drucken zu lassen, daß es in der Geschichte des deutschen Geschmackes ad Acta kann gelegt werden.«...

In diese Geschichte des deutschen Geschmackes gehört nicht so sehr alles, was gegen die Xenien geschrieben wurde, wiewohl es ja auch trostlos genug sein mag, sondern das Werk selbst und die Begeisterung dafür. Zwar ist die frische, unbefangene Jugend jenes Zeitalters, die sich somit kaum von der heutigen unterschied, sofort als das Literatentum agnosziert, das sich hämisch der Flamme auf des Nachbars Dach freut; aber die Anspruchslosigkeit, die hier eine Flamme gewahrte, zeigt, welches Minimum von Satire damals genügt hat, um den Instinkt der Schadenfreude, der dieser Zunft wie keiner andern eingeboren ist, in Betrieb zu setzen. Das Feuer hätte schon an den schlechten Hexametern ein natürliches Hindernis finden müssen. Gleich das erste Distichon, das den »ästhetischen Torschreiber« fragen läßt:

Halt Passagiere! Wer seid Ihr? W e ß Stand e s und Charakters?
Niemand passieret hier durch, bis er den Paß mir gezeigt

deutet an, daß hier in der Tat ein großer Widerstand zu

überwinden war, um die Grenze des frohen Humors zu überschreiten, und gar nicht so uneben wie solche Distichen war jenes, mit dem einer geantwortet hat:

— ∪ ∪ — — — — — ∪ ∪ ∪—∪ ∪ — —

In Weimar und in Jena macht man Hexameter wie der;

— ∪ ∪ —∪ ∪— — — — —∪ ∪ —

Aber die Pentameter sind doch noch excellenter.

Gewiß gehört aber in die Geschichte des deutschen Geschmackes mehr als solche Polemik die Art, wie der Literarhistoriker auf die Gegenschriften reagiert. Unter einem Dutzend, das er anführt, bespricht er eine folgendermaßen:

10. Urian's Nachricht von der neuen Aufklärung, nebst einigen anderen Kleinigkeiten. Von dem Wandsbecker Boten. (Hamburg, 1797.)
Herr Claudius gehörte zu den Leuten, die den Mund gern etwas voll nehmen, und von Allem, was sie betrifft, recht viel Spektakel machen. So freute er sich gewiß auch innerlich über den Xenienangriff; denn er konnte doch eine Entgegnung schreiben, und die Leute sprachen nun von ihm. Zuerst berichtet Herr Urian den Dänen über das neue Licht, das in Frankreich aufgegangen, dann schießt er grobe, plumpe Epigrammenpfeile auf Schiller und Goethe ab. Nur ein witziger Vers steht unter allen:

Der Wilhelm.
Wie er so leidig spielt mit Namen!
Nennt seinen Liebling Nickel,
Und seine Nickels Damen.

Das Xenion aber lautet:

18. Erreurs et vérité.

Irrtum wolltest du bringen und Wahrheit, o Bote von Wandsbeck.
Wahrheit, sie war dir zu schwer; Irrtum, den brachtest du fort!

Dazu die Erläuterung des Herrn Boas:

Matthias Claudius in Wandsbeck, der Übersetzer des Buchs »Des erreurs et de la vérité« von Marquis St. Martin, wovon jener sehr naiv gestand: »Dies Buch ist ein sonderliches Buch, und die Gelehrten wissen nicht recht, was sie davon halten sollen, denn man versteht es nicht. — Ich verstehe es auch nicht.«

Claudius, der sich mithin im Gegensatz zu den zeitgenössischen Literaten der Flamme auf dem eigenen Dach gefreut haben muß, hatte gewiß nicht mehr Humor als dem besten Deutschen von der Natur zugemessen wurde, immerhin etwas weniger gewaltsamen, als in 413 Xenien enthalten ist. Daß aber der Dichter des Abendliedes ein Reklameheld war, diese Entdeckung konnte nur der deutschen Literaturgeschichte gelingen, und daß unter die Leute, die den Mund gern etwas voll nehmen, ein Literarhistoriker Claudius einreihen kann und nicht etwa Claudius den Literarhistoriker, gehört zu den Dingen, die eben nur in der deutschen Literaturgeschichte möglich sind. Noch im Jahre 1841 also, 26 Jahre nach seinem Hingang, konnte über einen Mann, dessen edlen Sinn jedes Wort, das er geschrieben hat, verbürgt und der nicht Goethes Umfang und Größe, aber tiefere lyrische Augenblicke als selbst er erreicht hat, in so niedrigem Ton geschrieben werden. Den Begriff, den jener Boas von der lyrischen Schöpfung hat, offenbart er aber auch in allem, was er für Goethe zu sagen hat; etwa so:

Goethe war eine viel künstlerischere Natur; er b e h e r r s c h t e seine Werke immer und warf nichts aufs Papier, ehe es nicht g l a t t und vollendet vor seinem Geiste stand.

Trotzdem gibt's aber Varianten bei Goethe, durch deren Mitteilung sich Boas ja ein Verdienst erworben hat:

— — wir belauschen den Dichter, wie er doch zuweilen noch g l ä t - t e t e, oder neue Linien eingrub, und finden dadurch ein Mittel, seinem hohen Bildungsgange folgen zu können.

Was nun diese Varianten betrifft, so geht ihre Bedeutung dem Literarhistoriker nicht aus ihnen selbst hervor, sondern:

Übrigens bin ich gegen den Einwand gewaffnet, »daß diese Varianten, sowohl in Hinsicht auf Masse als Inhalt, zu geringfügig seien, um hier mitgeteilt zu werden.«

Ein im deutschen Sprachgebiet, wo man den Wald vor lauter Blättern nicht sieht, wohl möglicher Einwand, dem Boas aber wie folgt begegnet:

Ich denke, es reicht vollkommen hin, wenn ich darauf erwidere: Die Veränderungen müssen doch wohl nicht so ganz bedeutungslos sein, da Goethe sonst gewiß Alles gelassen hätte, wie es früher war.

Ohne Zweifel. Und da geschieht es dem Literarhistoriker, der zuerst die endgültige Fassung von Wanderers Nachtlied mitteilt, daß ihm der Drucker den Schluß so hinsetzt, wie etwa der Ungar in der Anekdote ein Reimwort zitiert.

> Über allen Gipfeln
> Ist Ruh,
> In allen Wipfeln
> Spürest du
> Kaum einen Hauch;
> Die Vögelein schweigen im Walde.
> Warte nur, balde
> Ruhest a u c h d u.

Wird hier durch die Umstellung zweier Worte das Werk entwertet, so zeigt die Urfassung in der Tat, wie wenig Worte verändert werden mußten und wie weit doch der Weg zu einem Gipfel deutscher Lyrik war:

> U n t e r allen Gipfeln ist Ruh;
> In allen Wäldern hörest du
> Keinen Laut!
> Die Vögelein schlafen im Walde;
> Warte nur! balde, balde
> Schläfst auch du!

(Man hätte nur »Die Vögelein s c h l a f e n« erhalten gewünscht.)

Dieser Goethesche Ernst rührt doch mit jedem Buchstaben an tiefere menschliche Gründe als der Entschluß, die Grenze des frohen Humors nicht zu überschreiten, aber auch nicht zu erreichen. Und wann wäre dieses Gebiet von einem deutschen Geist jemals betreten worden? Wobei ich natürlich mit dem denkbar größten Respekt jenen Humor außer allen Zweifel stelle, den die Humorlosen als so etwas wie ein metaphysisches Schmunzeln über sämtliche Schwächen der Menschheit definiert wissen wollen und der zwar behaglicher und geruhsamer, aber nicht dankenswerter ist als alle Versuche, sie mit Langeweile zu geißeln.

Man wird schon gemerkt haben, daß ich Humor mit Witz verwechsle, aber ich tue es gern, indem ich tatsächlich nicht weiß, was das Wesen des Humors ist, wenn ihm der Witz fehlt. Ich will ja nicht behaupten, daß ich zur Beurteilung dieser Dinge kompetent sei, aber an den großartigsten Beispielen von deutschem Humor ist er mir als die Eigenart erschienen, keinen zu haben und für diese menschliche Schwäche ein verstehendes Lächeln aufzubringen. Jean Paul, der gewiß in vielem verehrungswürdige und trotz umfassender Bildung unbeschränkte Geist, sagt, daß der Humor, als das umgekehrte Erhabene, nicht das Einzelne, sondern das Endliche durch den Kontrast mit der Idee vernichte; es gebe für ihn keine Toren, sondern nur Torheit und eine tolle Welt. Es wird wohl noch wenigen Lesern gelungen sein, an des Feldpredigers Schmelzle Reise nach Flätz diese Erkenntnis zu überprüfen; aber ich glaube, daß der Witz unzweifelhaft daran festzustellen ist, daß er im Einzelnen das Endliche durch den Kontrast mit der Idee vernichtet, während der Humor eigentlich daran zu erkennen ist, daß er durch die Ausflucht in das Allgemeine dieses Kontrastes gar nicht habhaft und seine Beziehung auf die Idee oder seine Vernichtung des Endlichen nur glaubhaft wird, weil er nicht das Temperament hat, sich zu dem Einzelnen so herabzulassen, daß es nicht mehr vorhanden ist, was diesem doch widerfährt, wenn sich der Witz nur zu regen beginnt. Da ich infolge einer angeborenen Unzulänglichkeit Romane nicht zu Ende lesen kann, indem ich, der imstande ist, sechzehn Stunden ohne Unterbrechung und ohne Ermüdung zu arbeiten, schon beim geringsten Versuch, mir zu erzählen, daß Walter beim Betreten des Vorzimmers auf die Uhr sah, was mich so wenig angeht wie alles was weiter geschah, in tiefen traumlosen Schlaf verfalle, so sind mir sicherlich, nebst allem, was die Menschheit in Spannung versetzt, zahllose Perlen entgangen, die gesammelt ein Schatzkästlein deutschen Humors ergeben würden. Selbst die anerkanntesten Abkürzer — von Kleist, der mit einem »dergestalt daß« über alles Unwesentliche bei der Vergewaltigung der Marquise von O. hinweggeht, bis zu Heinrich Mann, der überhaupt nur jenes Wesentliche andeutet, das ihm die Erscheinungen sowie Hintergründe des mondänen Lebens erschlossen haben — konnten mir's nicht leichter machen, da ich mir eben nichts »erzählen« lasse und mir die letzte Lokalnotiz oder deren Dichtung bei Peter Altenberg stets unendlich mehr gesagt hat als jedes Werk einer Kunstform, die, wie keine andere, der Sprachschöpfung entraten kann (um alles andern willen was nichts mit der Sprache zu schaffen hat, wie Bericht und Psychologie) und in deren unkontrollierbarer Weite die wirkende Persönlichkeit zugunsten der Wirkung abdankt. Es scheint mir überhaupt keine andere Wortkunst zu geben, als die des Satzes, während der Roman nicht beim Satz, sondern beim Stoff beginnt. Dagegen vermöchte ich von der Lyrik nichts Höheres auszusagen, als was mir ein Berliner Raseur, ungefragt aber bedankt, ins Ohr geflüstert hat: »Ja, d e r Bart hats i n sich!« Im Drama bleibt die reine Schöpfung um die Notwendigkeit verkürzt, sie durch szenische Anweisungen und Behelfe für die reale oder vorgestellte Bühne zu ergänzen. Was die humoristischen Vertreter der Gattung betrifft, so möchte ich gestehen, daß mich seit der Minna von Barnhelm, die bekanntlich ein echt deutsches Lustspiel ist, eine unbestimmte Furcht vor dem Genre beseelt hat, welche durch Freytags »Journalisten« nicht behoben werden konnte, so gern ich einräume, daß es großen Schauspielern gegeben war, in den Rollen solcher Stücke eine gewisse Heiterkeit zu verbreiten. Die typische Hoffnung der Literarhistoriker, daß dieser oder jener Autor dem Publikum endlich »das deutsche Lustspiel schenken« werde, habe ich immer als eine bange Erwartung mitgemacht und erlöst aufgeatmet, sooft nichts daraus wurde. Was Grabbe in seiner maßlos einfältigen Schrift über die »Shakspero-Manie« (die in jeder Zeile belustigender wirkt als ein deutsches Lustspiel und zum Beispiel sein eigenes) gegen den Falstaff sagt, ist so übel nicht: »Ein Charakter, der bloß des Lebensgenusses wegen komisch und witzig ist«, sei »von der Grundlage der deutschen National-Komik, welche auch das Lustige unmittelbar auf Ideale bezieht und daher schon dessen Erscheinung als solche schätzt, weit entfernt«. Das ist er in der Tat. Man vergleiche nur jede Geste dieser Gestalt — die erst in der dem deutschen Publikum bekannten Oper »Die lustigen Weiber von Windsor« zur Leibhaftigkeit ihres Genies herabgekommen ist — mit allem, was das deutsche Lustspiel auf der Grundlage der deutschen National-Komik hervorgebracht hat. Wann aber hätte gerade sie das Lustige auf andere Ideale bezogen als auf das Fressen und Saufen, hinter dessen Komik doch nicht die Spur eines tragischen Zugs, wie er jener ritterlichen Verlumpung anhaftet, wahrnehmbar wird! Siebzig Jahre ‚Fliegende Blätter‘, die den Frohsinn einer Nation von deutscher Burschenherrlichkeit zu deutscher Philisterschäbigkeit fortgebracht haben, sprechen wohl ebenso viele Bände für das Wesen deutscher Erlustigung: in Wort und Bild Illuminierung des Umstands, daß »Humor« Feuchtigkeit bedeutet. Die Charaktere, die aus solcher Belletristik in solches Leben hineingewachsen sind und umgekehrt, haben mit dem Falstaff nicht einmal den Lebensgenuß, sondern bloß dessen Mittel gemeinsam; ganz gewiß nicht den Ertrag der Komik und des Witzes. Wenn die deutsche Literatur nur an das Thema des Fressens und Saufens rührt, so stellt sie die lebendige Atmosphäre der Unappetitlichkeit her, die die physische Zeugenschaft dieses Aktes zur Pein macht, und es vollzieht sich alles mit dem Anspruch, daß die Aufnahme von Lebensmitteln an und für sich etwas Bemerkenswertes und Komisches sei. Nichts wird dem deutschen Humoristen zum größeren Erlebnis als die Vorgänge der Verdauung, und man erinnert sich noch, daß eine deutsche Sängerschar auf einer Ozeanfahrt sich und die Leser in der Heimat mit nichts Besserem zu zerstreuen wußte als mit der gegenseitigen Beobachtung der Seekrankheit und ihrer Begleiterscheinungen. Daß ein Wein gepantscht sein kann, ist ein Motiv, das von jeher deutsche Lustigmacher zu einem Grimm befruchtet hat, der in einem befreienden Lachen seinen versöhnlichen Ausklang zu finden hatte, und der deutsche Humor macht den Säufer nicht zum abschreckenden Beispiel, sondern sich zum Kumpan. In die Kategorie solcher urwüchsigen Geistlosigkeit gehört ein Gedicht, das ich in einer deutschen Zeitschrift, »Die Meister«, finde, die sich die Aufgabe gestellt zu haben scheint, vor deren Lektüre zu warnen. Von Ludwig Anzengruber, den die Liberalen zum Dichter gemacht haben, weil er den »Pfarrer von Kirchfeld« geschrieben hat, und dem, da er längst keiner mehr ist, die Klerikalen noch seine anständige Gesinnung nachtragen, rührt das Folgende her, das als Muster feuchtfröhlicher Fadaise schon ganz geschluckt werden muß:

Herr Wirt

Herr Wirt, was war das nächtens für
Ein gottverfluchter T r o p f e?
Es schmerzt mich heute morgens schier
Ein jedes Haar am Kopfe!
Wie muß die edle Gottesgab'
Verschändet und ver h u n z t s e i n?
Mein Seel, was ich getrunken hab',
Das war wohl eitel K u n s t w e i n!

Ei, heb' die Hand beteuernd nicht,
Daß dieser Soff Natur ist.
Man weiß ja doch, verdammter Wicht,
Daß leicht wie Spreu dein Schwur ist.
Üb' lieber Treu und Redlichkeit,
Schreib's an die Etikette,
Damit sich sachte noch beizeit
Ein Christmensch davor rette.

Du hättest nur wie vor und e h
'w a s Kellerei betrieben
Und dir sei an o r g a n i s c h e
Chemie ganz fremd geblieben?!
Hör du, es ist doch ganz u m s u n s t,
Hier Lügen zu erstinken,
's ist Kunstwein, denn 's ist eine Kunst,
Von diesem Wein zu trinken.

Von der Banalität abgesehn, die solche Anstrengung braucht, um zu solchem Einfall zu kommen, und nebst aller Versquetscherei ist der Reim »verhunzt sein« und »Kunstwein« bemerkenswert. Es ist aber der typische Reim der deutschen Lustigkeit, den die von ihr Befallenen noch als Reim hören.

Heine ist gewiß von anderer Art, da er mit etwas mehr wurzellosem Witz als urkräftigem Behagen die Herzen aller Hörer zwingt. Aber in einer seiner Klapperstrophen, die durch die Lizenz, daß sich der dritte Vers nicht reimen muß, einer Welt von Frechheit Mut zur Satire gemacht haben, reimt sich der vierte folgendermaßen:

> Von Köllen bis Hagen kostet die Post
> Fünf Taler sechs Groschen preußisch.
> Die Diligence war leider besetzt
> Und ich kam in die offene Beichais'.

Hier ist wirklich die äußerste Einheit gedanklichen und klanglichen Wertes erreicht. Der Dichter hat getrost einen Hinweis unterlassen können, daß »preußisch« »preußäsch« ausgesprochen werden soll, um den Reim zu ermöglichen. Es hätte ihm ohnedies nichts geholfen, da »Beichais« — man weiß zuerst gar nicht, was das ist — leider nun einmal »Beischäß« und nicht »Beißäsch« ausgesprochen wird. Da kann einer nur das Dichterwort zitieren, daß die Diligence leider besetzt war; bei solchem Mangel an Sorgfalt für das Wort muß man wohl oder übel in die Beichais' kommen. Aber ein Dichterohr merkt keinen Unterschied und eine Kultur hat von der Lieder süßem Mund, der die Vorstellung »preußisch« mit einer »Chaise« in Harmonie bringt, ihren Begriff von Lyrik abgenommen. Und ein erschrockener Wildgans-Verehrer fragt mich, ob ich am Ende auch das Buch jener Lieder meine, das »einen Teil des deutschen Kulturbesitzes ausmacht«, wenn ich von einer Lyrik spreche, die im tiefsten Einklang mit dem, was das Publikum zu hören wünscht, ihm das einsagt, was es aus Zeitmangel nicht selber dichtet. Er hat's erraten, aber ich meine es nicht nur auch, sondern auch nur es, denn alles weitere kommt ja davon, ist ja bereits von einem Publikum, das sich ausnahmsweise Zeit genommen hat und unter die Literaten gegangen ist. Und um den, der die Rechnung ohne den Wirt Humor gemacht hat, beim Wort zu nehmen: wem könnte es ferner liegen, als mir, zu bestreiten, daß die Heine'sche Lyrik einen Teil des deutschen Kulturbesitzes ausmacht.

Nicht zu ihm gehören Couplets von Nestroy, der von diesem Wirt keinen Kunstwein bezieht und dafür auch ein sprachliches Charakterbild von Versoffenheit hergestellt hat, das auf festeren Beinen schwankt als die gesamte deutsche Lustigkeit von Goethe und Schiller bis Anzengruber und Hauptmann. In der Fortsetzung des »Lumpazivagabundus« tritt der schon ganz verkommene Knieriem mit dem folgenden Entree auf die Szene:

Herr Wirt, ein' saubern Slibowitz,
Ich hab' jetzt g'rad auf einen Sitz
Drei Hering' 'pampft in mich hinein,
Drauf 'trunken a vier Halbe Wein,
Hernach hab' ich ein' Heurig'n kost't,
Acht Würsteln und sieb'n Seidel Most,
Dann friß ich, denn das war net gnua,
Fünf Brezeln und ein' Kaas dazua,
Drum möcht' ich, denn ich hab' so Hitz',
Mich abkühl'n mit ei'm Slibowitz.

Hab'n Sie 's schon g'hört, daß s' drent beim Rab'n
Mich heut hinausgeworfen hab'n?
A jede Ripp' in mir hat 'kracht,
Mein Plan zur Rache ist schon g'macht.
Die Gäst' drent hab'n mir d' Freud' verdurb'n,
Jetzt beutl' ich z'Haus den Schusterbub'n,
Und wenn mich jemand hier tuschiert,
Wird heut mein Weib noch malträtiert;
Ich lass' gern, komm' ich schiach nach Haus,
Mein' Zorn an der Familli aus!

Das wiegt natürlich — und kein Mensch kennt es — als Gestalt einen ganzen Schalanter auf und ist einfach das Denkmal eines Volkstums. Vor solcher Vergeistigung des Ordinärsten wird der deutsche Humor der Viktualien kleinlaut. Aber gegen diese Lyrik, in der man nach den Schlägen, die das Weib bekommt, skandieren kann, und gegen dieses versoffene Organ, in dem sich so organisch die Rache mit dem Krachen der Rippen zum Reim fügt, hat halt doch auch die Loreley einen schweren Stand. Nebst den scharfen Spuren, die er bei Lichtenberg und bei Busch hinterließ, dürfte der deutsche Humor, jener, der nicht von der eigenen

Belustigung lebt — der Humor der Sprache, nicht der des »Stoffes« (Alkohols) — ganz auf Nestroy aufgegangen sein. Und da er in ihm konzentriertester Spiritus war (und nicht bloß jene Feuchtigkeit, die den deutschen Sinn in Laune versetzt), so ergab er auch den echten Lyriker. Aber zum deutschen Kulturbesitz gehört das Bewußtsein, daß Humor sich dann bildet, wenn der Wein gepantscht ist, und Lyrik, wenn sie wie eine Blume ist. Wiewohl sie dann doch auch nur eine Kunstblume ist.

ÜBERFÜHRUNG EINES PLAGIATORS

Ich habe das Gedicht »Jugend« gesprochen, damit es als Anschauungsunterricht einem Beitrag zur Sprachlehre diene.

Unter den Lesern der Fackel sind viele Esel. Diese Naturanlage zeigt sich in der Beharrlichkeit, mit der sie Leser bleiben und die immer wieder abgelehnte Annäherung an unfaßbare Standpunkte versuchen. Sie bemühen sich auf jede nur mögliche Art ein Verhältnis zu der Sphäre herzustellen, die ihnen unzugänglich bleibt, weil die Sprache, in der hier gedacht wird, bei aller unbestreitbaren Ähnlichkeit der Laute eine wesentlich andere ist als die ihre, und dieses Bestreben wäre rührend, wenn dort, wo die Potenz fehlt, nicht so gern versucht würde, Ersatz in der Präpotenz zu finden. Ihr durchwaltendes Mißverständnis besteht nicht nur darin, daß sie, weil sie zur Not den Sinn ermitteln können, nun auch glauben, den Zutritt zum geistigen Inhalt zu haben, sondern vor allem in der Vermutung, daß ein geistiger Wert eben dadurch problematisch werde, daß er irgendwo außerhalb ihrer Verstandesebene beruht. Je intelligenter ein solcher Esel ist, umso aussichtsloser verirrt sich dieses Streben und Widerstreben in Gedankengängen, die nun einmal den dort nicht Beschäftigten verschlossen sind. Der so tiefgefühlte Wunsch, keine Briefe von Persönlichkeiten zu erhalten, deren mündliche Ansprache zu den unvorstellbaren Dingen gehört, die ich aus meinem Leben ausgeschaltet habe, muß eben dort vergeblich bleiben, wo eine Fülle von Dummheit leider von einem Mangel an Taktgefühl begleitet ist. Ich habe nicht erwartet, daß ich, je weiter ich mich von dem Niveau, auf dem Meinungen gebildet und übernommen werden, entferne, desto eher Ruhe haben würde. Ich wußte im Gegenteil, daß die Intelligenz umso mehr gereizt wird, je dürftiger der stoffliche Anhalt ist, der ihr geboten wird, und ich habe mich darum keineswegs über die Reaktion gewundert, die meine Beiträge zur Sprachlehre gefunden haben. Es war durchaus nicht überraschend, daß dieselben Leute, die zum erstenmal erfahren haben, was ein Reim ist, sich auf der Stelle und mit dem mir abgenommenen Rüstzeug der Dialektik an den Versuch machen, mir zu beweisen, daß jene Stelle aus »Faust«, die ich als das Musterbeispiel eines lebensunfähigen Versgedankens und eben darum als das geborene Zitat einer sprachfernen Bildung hinstellte, meinem Begriff vom Reim vollauf entspreche. Denn sie müssen es ja besser wissen. Sie haben mir zwar schließlich bewiesen, daß ich recht habe, es ist ihnen gelungen, mit dem gegenteiligen Bemühen, zu straucheln, und dargetan war die Möglichkeit, daß ein kaum geahntes sprachliches Ungefühl sich auf Verstandeswegen an eben die Probleme heranwagt, zu deren Lösung es auf nichts mehr und nichts weniger ankommt als auf das Fühlen. Aber nichts wird mich vor diesen Monologen schützen, wenn es nicht einmal die von mir inspirierte Erhöhung des Postportos vermag.

Die Unbeirrbarkeit der Versuche also, mich zum Ohrenzeugen einer Opposition zu machen, für die ich nicht die geringste Teilnahme aufbringe, hat nichts Überraschendes. Worüber ich aber noch jedesmal staunen kann, das ist die Unbefangenheit, die an mir satirisch gestimmt wird. Man sollte es nicht für möglich halten, aber es gibt Leute, die Witz haben, wenn sie mir schreiben; einen Witz, zu dessen Vaterschaft ich mich mit Scham bekennen muß und der sich mit echtem Kindesundank gegen seinen Ursprung wendet. Ich weiß ja längst, daß es nichts Abscheulicheres gibt als meinen Stil in fremder Hand, und der Verdruß über solches Unwesen eines angenommenen Wesens beruhigt sich nur bei dem Bewußtsein, daß andere Originale aus dem Grunde keine waren, weil die Nachahmer ihrer Schreibweise diese noch gefälliger ausgestalten konnten, wie ja jede technische Einrichtung es in sich hat, den verwöhnteren Ansprüchen der Neuzeit entgegenzukommen und mit ihnen fortzuschreiten. Wenn Heine die Generation von Talenten, die er in die Welt gesetzt hat, gekannt hätte, so hätte ihn ein Gefühl des Neides erfassen müssen, daß er es nicht so weit gebracht habe, während mich vor meinen Nachbildnern ein Grausen packt, das mich zwar mit voller Beruhigung für mich selbst erfüllt, aber doch auch mit dem Gefühl, Schuld zu tragen an einer geistigen Lebensführung, die den Leuten das Leben erschwert, ohne dazu berechtigt zu sein. Was mich aber gegen diese Erscheinungen, die ohne mich nie erschienen wären, besonders einnimmt, ist, daß sie sich mit der Mission einer Landplage nicht begnügen, sondern auch von dem Ehrgeiz besessen sind, sich vor mir selbst zu produzieren, mir dartun wollen, daß sie sich selbständig gemacht haben, und sich für berechtigt halten, die Quelle zu trüben, der sie entsprungen sind. Echtbürtig an dieser Art Satire ist bloß, daß sie grinst. Denn wenn sie mir alles absehen könnten — die sittliche Position, deren keine andere Lebensäußerung so wenig entraten kann wie die Satire, die Ehrfurcht vor irgendetwas, dem das satirische Opfer dargebracht wird, das sich selbst Verleugnen und sich selbst Bekennen, mangelt denen, die kein heiligerer Geist je als der Zeitgeist inspirieren könnte. Es ist meine ganze Fraglichkeit, daß sich gerade im sumpfigsten Terrain die Spuren meiner Wirkung nachweisen lassen und daß sich die Abhängigkeit der Generation am deutlichsten in der Rache betätigt, die sie dafür an mir nimmt. Sie tun gewiß nicht recht, mir ihre Schlechtigkeit zum Vorwurf zu machen, aber semper aliquid haeret und es wird schon etwas daran sein, daß sie ohne mich anders dagestanden wären, weshalb sie auch genötigt sind, sich mit meiner Hilfe meiner zu erwehren. So werde ich seit Jahr und Tag mit dem mir wohlbekannten Witz, den ich schon daran erkenne, daß sie ihn nicht haben, publizistisch und brieflich verfolgt, und da, gestehe ich, bin ich stets von neuem in Erstaunen zu setzen.

Denn auf alle möglichen Wallungen, die mein öffentliches Handeln bewirken könnte, Haß und Liebe und was so dazwischen Platz hat, bin ich gefaßt; nur daß es auf dieser Erde einen Verstand geben kann, der bei meinem Anblick zu Scherz, Satire, Ironie und tieferer Bedeutung aufgelegt wird, überrascht mich jedesmal, wie wenn ich eben erst in die Literatur getreten wäre, und ich möchte schnell meinen Fuß zurückziehen, als wäre ich in etwas Ähnliches getreten. Der Satiriker geißelt bekanntlich die Schwächen, und die einzige, die mir bisher mit Erfolg nachgesagt wurde, ist die Eitelkeit, die ja so offenkundig ist, daß sie ein Leben lang alle die Märkte wie die Pest meiden konnte, wo sie gemeinhin befriedigt zu werden pflegt. Aber jene Angreifer haben es nicht mehr auf meine Eitelkeit abgesehn, die ihnen vielleicht als ein schon zu populäres satirisches Motiv erscheinen mag, fast so veraltet wie der Drang, in die Neue Freie Presse zu kommen oder weil es nicht gelang, alles niederzureißen anstatt aufzubauen. Derlei ist der überholte satirische Standpunkt jener älteren Generationen, die längst aufgehört haben, mit mir fertig werden zu wollen. Die Satire der Neueren, die bei aller Unreife schon fertig sind, wenn sie mit mir anfangen, zielt auf eine schwächere Seite meines Wesens, nämlich auf meinen geistigen Defekt, dessen immer tiefer empfundenes Bewußtsein mich so oft genötigt hat, bei andern Geistern Anleihen zu machen. Unvergessen bleibt in dieser Hinsicht mein Plagiat an der Apokalypse des Johannes, das ein Schriftsteller enthüllt hat, dem es tatsächlich gelungen ist, nebst meinem Witz auch noch eigenen zu haben. Da ich, wenn ich den seinen hätte, längst Selbstmord verübt haben müßte und es nicht tat, so war die Dauerhaftigkeit seines Witzes schlagend bewiesen. Wir sind beide am Leben geblieben, ich an meinem und er an meinem. Dem Vorbild seiner eigenartigen satirischen Laune folgen nun seit Jahr und Tag Korrespondenten, von denen ich zwar nicht weiß, wie sie aussehen, es mir aber vorstellen kann, und jedenfalls höre ich deutlich, wie sie bei meinem Anblick kichern. Ich hatte mir bisher eingebildet, daß es in den Lachkabinetten dieser Welt keine Linie geben könnte, deren ich nicht habhaft zu werden vermöchte, und nun stellt sich heraus, daß ich meine eigenen Züge nicht wahrgenommen habe, die zu erfassen ·ben dem schärferen Blicke vorbehalten blieb. Es gibt Satiriker über mich, und wenn auch die Hühner darüber lachen mögen. Ihnen, den Satirikern, werde ich mit den Geheimnissen, die ich dem Wort im Vers abgelauscht zu haben vorgebe, kein Blimelblamel vormachen: denn es stellt sich einfach heraus, daß sie dem Wort im fremden Vers abgelauscht sind. Da habe ich vor gerade zehn Jahren, also zu einer Zeit, wo ich noch nicht wie heute imstande war, dir aus der Art, wie du mit der Sprache umgehst, zu sagen, wer du bist, und umgekehrt aus der Persönlichkeit auf den Wert des Wortes zu schließen, da habe ich damals Verse eines jungen Lyrikers namens Werfel von der Oberfläche einer sympathischen Gesinnung her gewertet und meiner Leserschaft mitgeteilt. Darunter ein Stück, das mir schon bald darauf als ein Beispiel für die Versatilität erschien, mit der junge Prager über den Unterschied zwischen sich und alten Weimaranern hinwegtäuschen können. Dieses Gedicht bringt nichts von innen her mit, aber alles von außenher, von früherher, alles was das Ohr nur mitnehmen kann, und es verwendet jenen Rhythmus, mit dessen Hilfe sich am leichtesten und gewandtesten auf Goetheisch leben läßt. Nun habe ich selber sechs Jahre später das Gedicht »Jugend« geschrieben, dem sich tatsächlich, und da hilft kein Leugnen, das gleiche Versmaß nachweisen läßt. Ein witziger Kopf, der mir eins auf die Kappe geben wollte, hat nun mich, der nach so vielen Jahren endlich hoffen konnte, über diesen Jugendstreich sei Gras gewachsen und man werde die Ähnlichkeit nicht mehr merken, auf eine überaus drastische Art überführt. Er läßt je eine Strophe jenes Werfelschen Gedichtes mit je einer Strophe aus dem meinen alternieren, und die Wirkung ist verblüffend. Wer Ohren hat, zu hören, wird sich ihr nicht entziehen können. Der Scherz, der sichtlich meine Methode an mir üben, mein eigenes satirisches Mütchen an mir kühlen will, ist entsprechend betitelt:

»Weltfreundliche« Worte in Versen.

> Alle sind mehr als ich,
> Sofa und Steine,
> Ach, so verbleibt für mich
> Sehnsucht alleine.

Pocht es von altersher,
öffn' ich die Sinne,
daß es wie damals wär',
wo ich beginne.

Abendlich angeschwellt,
Will ich enteilen,
In naher Villenwelt
Hügelwärts weilen.

In trüber Lebensluft
voller Gefahren
ahn' ich den Gartenduft
aus frühen Jahren.

Rühmlichsten Pavillon
Will ich ersteigen.
Nacht, sie empfängt mich schon,
Wirtlich zu schweigen.

Da schon die Blätter falb,
will ich nicht säumen,
innen und außerhalb
Frühling zu träumen.

Will ohne Liebesdank
Talhin mich spülen.
Will nichts, als stundenlang
Fühlen und fühlen.

,Fackel' Nr. 339/340 Seite 48.
,Fackel' Nr. 462/471 Seite 180.

Es ist eine satirische Art, Spreu von Weizen zu sondern,
die sich gewaschen hat (und es völlig überflüssig macht zu
betonen, welche der verknüpften Strophenreihen dem »Weltfreund« und welche den »Worten in Versen« zugehört; was
ja im Fall der Identität notwendig wäre). So mißtrauisch
und ablehnend ich von Haus aus jedem Briefkuvert, das ich
öffnen soll, gegenüberstehe, so dankbar bin ich für alle An-
regungen, die mir in das unermeßliche und immer wieder
unerschlossene Gebiet der Sprachlehre zugeflogen kommen.
Der anonyme Autor des sanglanten Scherzes ist jedenfalls
einer jener Literaten, die, ursprünglich dem Kaufmanns-
beruf bestimmt, sich ihm später zugewendet haben und

deren Existenz wirklich nur einem Zeitalter vorbehalten blieb, das zur Sprache keine andere Beziehung hat als zu den Errungenschaften, mit denen es den Mund voll nimmt. Er ist natürlich auch mit allem intellektuellen Eifer an meiner Sphäre geschäftig und kann die Entfernung von ihr nicht ganz verwinden. Er gehört zu der Jugend, die die Verehrung für mich durchgemacht hat wie die Masern, er trägt sie mir nach, und wenn er vielleicht in meinem Auditorium sitzt, so verrät er sich soeben durch eine Unruhe, die dem Sitznachbarn auffallen muß. Was ihm aber mit dieser Zusammenstellung gelungen ist, dafür kann sich einer bei ihm bedanken. Gewiß zerfallen einem heute die Gedichte des Weltfreunds, wenn man sie als Ganzes nur auf die flache Hand nimmt. Was mit ihnen aber vorgeht, sobald man sie in die Nähe organischen Lebens bringt, was sie erleiden, wenn man sie mit meinen Strophen so unerbittlich konfrontiert, das ist gar nicht zu sagen, dagegen ist die Auflösung in Atome ein fester Aggregatzustand. Und dies, wiewohl doch auch meine Worte von solcher Berührung Schaden nehmen und es sicherlich nicht gleichgültig ist, ob der Vorsatz, Frühling zu träumen, am Eingang einer stürmischen Lebensbeichte steht oder als Punkt eines Abendprogramms sich an den Plan anschließt, rühmlichsten Pavillon zu ersteigen. Aber man würde gar nicht spüren, wie original solche Ausflüchte eines abendlich Angeschwellten und talhin sich Spülenden sind, wenn sie nicht von meinen Sätzen gekreuzt würden. Dank dem Bestreben, mich, den zweifellos späteren Autor, zum Nachahmer des Herrn Werfel zu stempeln, tritt der schon in »Heine und die Folgen« an einem berühmteren Beispiel bezeichnete Fall von Vorahmertum ein. Die Dummheit jedoch, die Identität des Versmaßes für ein Verdachtsmoment zu halten, gewinnt insofern eine Grundlage, als nunmehr erst klar wird, wie weit das Original mit dem Rhythmus an noch älterem Besitz beteiligt ist. Es sei dem Schwachkopf, der einen so guten Fang getan hat, und allen, die auf dem Niveau seiner Sprachkennerschaft stehen, hiemit verraten, wie aus dem Gedicht »Jugend« wirklich ein

Plagiat an Herrn Werfel oder vielmehr ein Werfelplagiat an Goethe gemacht werden kann. Die erste Strophe setzt mit dem Erlebnis hastigen Verlangens ein, durchaus Frühling zu erleben:

> Da schon die Blätter falb,
> will ich nicht säumen,
> innen und außerhalb
> Frühling zu träumen.

Dieser Vorsatz mag eine lyrische Alterserscheinung sein, wie ein anderer Schwachkopf einmal meine Lyrik genannt hat, aber sie würde damit noch immer nicht auf den alten Goethe hinweisen. Die letzte Strophe trumpft nach allem Protest gegen solches Zeitgelichter den Entschluß auf, jünger als diese Art Jugend zu sein:

> Und weil die Blätter falb,
> soll es mich laben,
> innen und außerhalb
> Frühling zu haben!

Als ich das Gedicht geschrieben hatte, fiel mir nun die undenkbare Möglichkeit ein, daß diese letzte Strophe die erste wäre, nämlich so:

> Da schon die Blätter falb,
> soll es mich laben,
> innen und außerhalb
> Frühling zu haben.

Dann hätte sie zwar annähernd denselben Wortlaut, aber einen ganz anderen Gefühlslaut. Dann wäre nicht Hast und Trotz, sondern der Alterswunsch gefühlt, daß mich etwas »laben« möge, ganz so gemächlich und behäglich, wie es den jungen Prager labt, den Schlafrock des alten Weimaraners anzutun. Ich habe Zeugen für das nach allen Seiten grausame Sprachexperiment, das ich damals machte und durch welches ich dartun wollte, daß meine Zeilen von Werfel sein könnten, wenn sie dann nicht eben von Goethe wären. Denn mir war der Rhythmus des Werfelschen Gedichts so gut im Ohr wie ihm selbst, aber der meine saß mir tiefer und er war durch den Gleichklang mit solchem Original nicht umzubringen. Die Nachbildung des Nachbildners war erst durch jene Umstellung erreicht, die so recht den angemaßten Gefühlshabitus bezeichnet. Ich erkannte die Möglichkeit, daß ich meine Strophe nur versetzen müßte, damit sie von einem andern wäre, während die seinige, wo immer sie stehen mag, von einem andern ist. Aber was weiß die Literatur vom Wort! Ich könnte hundert Hefte mit diesen Erörterungen füllen, und würde das Gefühl für deren Inhalt dennoch um keinen Zoll weiter gebracht haben. Denn nichts ist schwerer, als sich über die Sprache mit Leuten zu verständigen, die sie sprechen oder gar schreiben.

Zweifel des Lesers

Weit entfernt von der Ansicht, daß einem Aufsatz über Konjunktive, Pronomina, Tempora, Kasus und dergleichen eine angeregte Unterhaltung nicht abzugewinnen w ä r e, wenn nämlich der Aufsatz von
K. K. ist und man das Wort »Unterhaltung« in einem etwas edleren
als dem landläufigen Sinne gebraucht, glaube ich vielmehr, kaum je
ein belletristisches oder polemisches Werk angeregter, ja gespannter
gelesen zu haben als diesen Aufsatz. In dem Satz nun auf Seite 79
des letzten Heftes, in dem jene Warnung an den auf stoffliche Unterhaltung erpichten Hörer enthalten ist, steht ein Konjunktiv imperfecti, den ich vorhin zu brauchen mir erlaubte, weil ich eben der Ansicht bin, daß dem Aufsatz eine angeregte Unterhaltung abzugewinnen i s t, der mir aber im Original von der Lehre des Aufsatzes abzuweichen scheint, da dort doch wohl dem Hörer ohne den Ausdruck
eines Zweifels mitgeteilt werden soll, dem Aufsatz sei eine angeregte
Unterhaltung nicht abzugewinnen. Liegt nun bei der Programmnotiz eine besondere stilistische Absicht vor, die mir entgangen ist,
oder habe ich den Aufsatz »Zur Sprachlehre« ohne Erfolg gelesen?

Für die Beantwortung der eben gestellten Frage würde ich ebenso
dankbar sein

(besser: »wäre ich ebenso dankbar«)

wie für die der folgenden: Auf Seite 38 der Nr. 751—756 findet
sich in der letzten Zeile der Passus »... was so viel bedeutet als...«.
Da man mich nun einerseits schon in der Schule lehrte, die Konjunktion »als« stehe in ihrer vergleichenden Bedeutung nur nach Komparativen und nach dem Wort »anders« und seinen Ableitungen, andererseits aber mein Sprachgefühl sich gegen die oben zitierte Wendung nicht im mindesten sträubt, zweifle ich, ob jene Schulregel überhaupt richtig ist. Oder steht das »als« an der zitierten Stelle nur deshalb, weil ein »wie« statt seiner dort klanglich sehr häßlich sein würde?

(besser: »häßlich wäre«)

Zum Schluß möchte ich noch eine Frage vorbringen: Ist nicht der
an sich unrichtige Wustmannsche Satz »es ist nicht anzunehmen, daß
sie den Indikativ hätten gebrauchen wollen« in der Zitierung S. 52
Z. 15 des Februar-Heftes durch die vom Zitierenden vorgenommene
Umwandlung des »ist« in »sei« wieder richtig geworden? Ist also nicht
der von Wustmann falsch geschriebene Satz durch die Zitierung in
indirekter Rede schon so weit korrigiert worden, daß man, um seine
Unrichtigkeit zu erkennen, auf das wörtliche Zitat Z. 7 derselben
Seite zurückgreifen muß?

Ob ich Herrn Karl Kraus die Beantwortung meiner Fragen zumuten kann, weiß ich nicht. Daß ich ihm die vollendetste und für mich genußreichste Klärung meiner Zweifel zutraue, brauche ich nicht zu versichern. — —

Schon diese richtige Anwendung von »zumuten« und »zutrauen«, die kein Wiener Journalist je lernen wird, hat eine Antwort verdient:

14. März 1927.

Wir danken Ihnen, auch im Namen des Herausgebers der Fackel, für die so freundliche Ansicht Ihres Schreibens wie auch für die durchaus anerkennenswerte Absicht, eine Klärung Ihrer Zweifel zu erlangen. Sie müssen sich aber, aus gewiß begreiflichen Gründen, mit der Versicherung begnügen, daß diese Zweifel sachlich nicht begründet sind. Wenn es die Arbeit gestattet und ermöglicht, wird ja wohl manches, wie etwa der Fall »als und wie«, publizistisch behandelt werden können. Immerhin möchten wir Ihnen sagen, daß Sie in dem Satz, der in jener »Warnung« steht, den rein konditionalen Charakter des Konjunktivs übersehen haben. (Es ist ja doch eben eine Warnung an solche, die dergleichen nicht vertragen und für die es nicht unterhaltend w ä r e , w e n n sie dablieben. Auch ohne »daß« w ä r e der Konjunktiv hier richtig.) Der Wustmann'sche Satz jedoch ist durch die indirekte Art der Zitierung keinesfalls richtiger geworden, ganz abgesehen davon, daß der F e h l e r , auf den das Zitat hinweist, durch die Sperrung des Wortes hinreichend anschaulich wird.

Mai 1927

A l s u n d w i e

Dem »als« an jener Stelle folgt ein Doppelpunkt:

ich mute ihnen zu .. was so viel bedeutet als: ich verlange von ihnen . . . .

Diese Setzung schon, die ein Wägen und Messen beinahe graphisch anschaulich macht, könnte den Unterschied erfassen lehren. Wenn er in der Schule so gelehrt wird, daß »als« »nur nach Komparativen und nach dem Wort ‚anders‘ und seinen Ableitungen« zu stehen komme, so wird er falsch gelehrt. Richtig ist, daß in solchen Fällen nicht »wie« gebraucht werden kann, »als« jedoch kann auch sonst gebraucht werden. Falsch ist es, zu schreiben, daß ein Ding besser oder anders ist »wie« ein anderes (wiewohl auch Klassiker manchmal nicht besser als so schreiben und Journalisten nicht anders »wie« so schreiben können.) Aber »als«, das einen größeren Geltungsbereich hat als »wie«, wird auch in der positiven Fügung oder scheinbaren Gleichstellung der verglichenen Begriffe gebraucht werden können. In dem zitierten Fall ist es dem »wie« vorzuziehen. Gerade an diesem Beispiel ließe sich der Bedeutungsunterschied auch dann vorstellen, wenn nicht der Doppelpunkt die Prozedur sinnfällig machte, die zum Ausdruck gelangen soll. Gewiß, wenn ich zwei begrifflich analoge Quantitäten verbinden will, so werde ich sie durch »wie« verbinden. Ich will ihre Gleichheit durch den Vergleich darstellen: ein Gegenstand wiegt so viel »wie« ein anderer. Wenn ich aber einen Gegenstand wägen will, so wird er so viel »als« einen Zentner wiegen. Der Wiener Dialekt trifft hier den Unterschied ganz richtig: »Das macht so viel als wie....«, während er sagt, daß ein Ding »so viel wie« ein anderes wiegt. Der Vergleich als solcher ist durch »wie«, das Moment des Maßes durch »als« bezeichnet. »Zumuten«, hieß es, »bedeutet so viel als: verlangen«. Aber bei den Journalisten bedeutet Zumuten so viel »wie« Zutrauen. In jenem Fall sage ich, w a s es bedeutet. In diesem: daß eines s o v i e l w i e das andere bedeutet; daß die Bedeutungen verwechselt werden. (Es ist gehupft »wie« gesprungen. Oder, um in der Sphäre zu bleiben: gedruckt »wie« gelogen.) An jener Stelle unterstützt der Doppelpunkt plastisch den Ausdruck der Messung. Die »klangliche Häßlichkeit« des »wie«, von der der Anfragende spricht, hat einen inneren Grund. Man könnte es dort nicht anwenden, es wäre ein anderer Gedanke, nämlich der: daß ich zwei bereits gemessene und gleich befundene Quantitäten miteinander verbinde, nicht: daß ich Maß oder Gewicht einer Quantität erst bestimmen will. Eine Sache bedeutet so viel »wie« eine andere Sache = sie bedeutet so viel, wie die andere bedeutet; beide bedeuten gleich viel. (Bezogen auf ein Tertium, mit dem beide verglichen gedacht werden.) Eine Sache bedeutet so viel »als« eine andere = sie bedeutet so viel als das, was die andere i s t; sie bedeutet die andere. Dort erfolgt der Vergleich zweier Quantitäten, hier der der einen mit dem Gewicht. Hier würde ich sagen, daß ich die eine »m i t der andern vergleiche«, dort, daß ich sie »der andern« vergleiche (also Dativ ohne Präposition, zur Bezeichnung des vorweg Übereinstimmenden). Der Bleistift wiegt so viel wie der Federhalter (Vergleich), aber: der Bleistift wiegt zweimal so viel als der Federhalter (Messung). Eine Sache ist so gut »als« möglich: das heißt, daß sie so gut ist, als e s möglich ist. Eine Sache ist so gut »wie« möglich: das hieße, daß sie so gut ist, wie s i e möglich ist, ebenso gut wie möglich, in demselben bereits gegebenen Maße, oder gut und möglich zugleich.

Mai 1927

Aus oder von

Wann schließe ich »aus« und wann »von« etwas auf etwas anderes? Wenn das, worauf ich schließen will, mich erst zu der Untersuchung dessen veranlaßt, woraus ich schließen will (erst das Eingehen auf dieses bewirkt), so schließe ich »aus« diesem. Wenn aber dieses in seiner Erscheinung schon die Gründe enthält und offenbart, aus denen ich schließe, so schließe ich »von« ihm. Mithin schließe ich »daraus«, daß du gestern nicht gekommen bist, darauf, daß du krank bist; denn du kommst fast täglich und dein Nichtkommen läßt mich jenen Grund erschließen. Du könntest mich aber belehren, daß solcher Schluß ein falscher sei und nur auf mich selbst zutreffen könnte, der ausnahmslos täglich kommt und dessen Ausbleiben allerdings nur durch Krankheit zu erklären wäre: daß ich mithin nicht »von« meinem Verhalten auf das eines andern schließen dürfe. Man könnte also auch sagen, daß »von« den Vergleich zweier analoger begrifflicher Materien (Ich und Du) ausdrückt, den Weg von der einen zu der andern bezeichnet, »aus« jedoch die Beziehung des Grundes einer Handlung zu der andern Handlung als solcher. Wenn ich »von« einer früheren gerichtlichen Entscheidung auf eine andere schließe, so vergleiche ich die beiden miteinander, obschon sie auf verschiedenen Umständen beruhen mögen. Dagegen werde ich, bei gleichgearteten Umständen, eher »aus« einer früheren Entscheidung auf eine zu erwartende schließen. Jenes reicht von der einen Tatsache zur andern, dieses vom Grund der einen zur andern. Ursprünglich wird man wohl nur »aus« etwas schließen gekonnt, nämlich aus einer gegebenen Wahrheit eine Erkenntnis gezogen haben. Das »von«, in welchem die Erscheinung angesehen wird, dürfte ein Hinzugekommenes sein, wird aber dem Denkprozeß durchaus gerecht. Du darfst nicht aus dem Grunde deines Handelns auf das meine = von deinem auf meines schließen.

Juni 1921

Nicht einmal!

Es wäre dem Menschen geholfen, könnte man ihm, wenn schon nicht das Auge für die fremde Schrift, wenigstens das Ohr für die eigene Sprache öffnen und ihn wieder die Bedeutungen erleben lassen, die er ohne es zu wissen täglich zum Munde führt. Ihn die Verlebendigung der Redensarten lehren, die Auffrischung der Floskeln des täglichen Umgangs, die Agnoszierung des Nichtssagenden, das einmal etwas gesagt hat. Wer weiß, ob nicht der blinde Entschluß, künftig nur mehr dazu Zeit zu haben, wozu man keine Zeit hat, und alles was bisher für nützlich und notwendig galt, zu versäumen, ob nicht die Zukehrung zu den geistigen Rohstoffen ihm die Sorge für die wirtschaftlichen ersparte. Je näher dem Ursprung, desto weiter vom Krieg. Wenn die Menschheit keine Phrasen hätte, brauchte sie keine Waffen. Man muß damit anfangen, sich sprechen zu hören, darüber nachdenken, und alles Verlorene wird sich finden. Was das Lesen betrifft, so ist es zunächst gar nicht notwendig, sich von den Zeitungen, die uns den Weg zur Sprache wie zu aller Natur verrammeln, zu trennen. Im Gegenteil wird es nützlicher sein, sie lesend zu durchschauen, und besser, eine Zeile des Leitartikels scharf ins Auge zu fassen, als von einem Vers der Iphigenie die schöne Ansicht abzunehmen. So ist es auch förderlicher, beim Sprechen nicht vorweg auf das bessere Sprechen zu achten, sondern das was man gesprochen hat, auf die Wurzel des Gedankens zurückzuführen. Eines von hundert Beispielen, über die man nachdenken kann, ist in folgendem Fall gegeben. Eine Frau, die besser spricht als man hierorts gewohnt ist, wird verlacht, weil sie auf die Frage, ob sie müde sei, die Antwort gibt: »Nicht einmal«. Sie denkt über die Wirkung und über die Wendung nach, findet, daß diese entsprechend sei, ohne auf den Grund ihrer Richtigkeit zu kommen. Ich rekonstruiere die Situation, in der die Wendung statthaben konnte. Sie stellt eine Ellipse vor, die in sich durchaus möglich und üblich ist und nur komisch wirken kann, wenn der Hörer an dem Erlebnis, das ihr zugrunde liegt, unbeteiligt ist oder es vergessen hat. Sie beruht auf der Prämisse einer Erwartung, die nicht eingetreten ist. Zwei machen einen Spaziergang; der eine hat geglaubt, daß seine Kräfte nicht zureichen werden. Auf die Frage, ob er müde sei, antwortet er: Nicht einmal [das, was man doch — oder mindestens — erwartet hatte: daß er ermüden, geschweige denn etwa, daß er versagen werde, ist eingetreten]. Jede Gedankenlosigkeit, die man spricht, war einmal ein Gedanke. Wenn man sich nur besinnt und sich fragt, ob das Gesprochene dumm sei, wird man schon wissen, was »Nicht einmal« bedeutet.

Mai 1927

Zwei, deren Ansichten auseinandergehen

Ein menschlich gesinnter Schriftsteller gibt eine Zeitschrift heraus, was einen gleichnamigen, deutsch gesinnten Schriftsteller zu der Erklärung bestimmt, daß er mit jenem nicht zu verwechseln sei, auch gehe seine »Ansicht über die nationale Frage«,

trotz mancher Übereinstimmung in anderen Dingen, v o n   d e r   s e i n e n   w e i t   a u s e i n a n d e r.

Daß also der deutsch gesinnte Schriftsteller, wie es sich gehört, nicht deutsch kann, ist nicht zu bezweifeln. Was nun den menschlich gesinnten Namensbruder anlangt, so sucht er es ihm auf eine Art zu beweisen, die, gleich allem was er schreibt, die redlichste Absicht dartut, aber auch wie recht er hat, seinen Widersachern, die ihm Nachahmung der Fakkel vorwerfen, zu antworten, daß diese unnachahmlich sei. Vorerst verwahrt er sich dagegen, daß er »Ansichten zu einer Frage habe«, denn es gebe nur »Antworten auf eine Frage«. Aber der andere hat von einer »Ansicht ü b e r die nationale Frage« gesprochen, die man wohl haben kann, da diese Frage nicht zu solchen Fragen gehört, die beantwortet werden, sondern etwas Fragliches, eine Streitfrage, ein Problem bedeutet, das hoffentlich einmal gelöst werden wird und z u dem man sich sogar mit der Ansicht stellen könnte, daß es endlich einmal an der Zeit wäre, die Menschheit davon zu erlösen. Mit diesem Versuch, die deutschnationale Gesinnung sprachkritisch zu entwerten, ist's also nichts. Dagegen kompromittiert sie sich gewiß durch die Erklärung, daß ihre Ansicht über die nationale Frage »von« der des Namensbruders »weit auseinandergeht«. Das empfindet auch dieser, hat aber leider den folgenden Plan, die Sache in Ordnung zu bringen:

Und außerdem kann man nur m i t jemandem auseinandergehen. Wer von etwas auseinandergeht, der explodiert. Es ist eben eine alte Erfahrung: Deutsch denken und Deutsch können ist zweierlei.

Ganz richtig. Diese beiden Fähigkeiten gehen auseinander. Dagegen geht auch der, der explodiert, nicht von etwas auseinander. Ferner kann man nicht mit jemandem auseinandergehen, weil solches hieße, daß man selbst darin mit ihm überein ist, also gerade im Explodieren. Dem deutsch gesinnten Schriftsteller wäre wohl nichts übrig geblieben als zu erklären, daß seine Ansicht über die nationale Frage u n d die seines menschlich gesinnten Namensbruders weit auseinander g e h e n. Was diesen betrifft, so hat er recht, sich solche Trennung gefallen zu lassen, und wenngleich er es bescheiden ablehnt, der Nachahmer eines »Dornes in den Augen der Menschheit« zu sein, so leistet er doch genug, wenn er, obschon in grauem Umschlag, als das rote Tuch für die steirische wirkt.

Mai 1927

»Verbieten« und »verbitten«

Es geht und geht halt nicht. Da rufen einander — nach einer Zeitung und dennoch glaubhaft — zwei Anwälte zu:

»Ich v e r b i e t e m i r eine solche Äußerung!« »Sie haben m i r gar nichts zu v e r b i e t e n!«

Das ist fast von Nestroy, wurde jedoch von dem Gerichtssaalmann einer andern Redaktion, in der die »Sprachlehre« Unruhe hervorgerufen hat, wie folgt geändert:

»Ich v e r b i t t e m i r eine solche Äußerung!« »Sie haben m i r gar nichts zu v e r b i e t e n!«

Eine halbe Sache, der zweite hätte dann sagen müssen: »Sie haben sich gar nichts zu verbitten!« Ein unverwüstlicher Schmock erkannte, daß da ein Problem sei, entschied aber so:

Wie lange ist es her .. daß man überhaupt wegen der »ernsten Zeit« jedes Vergnügen v e r b a t.

Ja, wenn man das Reden und das Schreiben durch Verbitten unterdrücken könnte, wär's auch schon ein Erfolg. Ich bete, daß es besser werde, ich bitte um Gehör und biete einen Rat: zu unterscheiden und entsprechend abzuwandeln: bat, betete, bot; gebeten, gebetet, geboten. Leicht ist's ja nicht, aber es wird sich lohnen.

Mai 1927 / Dezember 1925

Zuzumuten und zuzutrauen

ist ihnen nach wie vor nicht, daß sie auch diesen Unterschied erfassen. Da soll ein bekannter Individualpsychologe (der etwas viel Gemeinschaftsgefühl durch Interviews bekundet) geäußert haben:

Wir Wiener stehen in gutem Ruf, weil man uns z u m u t e t, daß wir neidlos und mit freundlicher Anerkennung das Gute schätzen, wo immer wir es finden.

Da sieht man wirklich, wie beliebt wir Wiener sind: man v e r l a n g t von uns, daß wir das Gute schätzen, und bevor wir dieses Verlangen noch erfüllt haben, stehen wir schon in gutem Ruf.

✳

Ein lehrreiches Beispiel — aus der Fülle dessen, was das Kommiswelsch jedes ‚Tages‘ und jeder ‚Stunde‘ bietet — ist die Wendung eines Brillantenschmocks, die Presse m u t e den Richtern nicht Ungerechtigkeit oder dergleichen z u. Wie sollte sie? Es hieße ja, sie v e r l a n g e von ihnen nicht Ungerechtigkeit. Nun kann es allerdings auch eine Lage geben, in der man versichern mag, daß man einem Richter so etwas nicht zumute. Nämlich vor einer Entscheidung: wenn man etwa, seinen gerechten Anspruch verteidigend, sagen wollte, damit, also mit dem Urteil, das man durchsetzen möchte, mute man ihm keine Ungerechtigkeit zu. Wenn man jedoch sagen will, daß man ihn nicht für ungerecht, ihn keiner Ungerechtigkeit für fähig halte, so muß man natürlich sagen, man t r a u e ihm keine Ungerechtigkeit zu. Zugemutet wird die L e i s t u n g, zugetraut die F ä h i g k e i t zu ihr. (»Ich mute dir zu, etwas zu tun, denn ich traue dir zu, daß du es tun kannst.« Richtig auch: »Ich traue dir zu, daß du etwas getan hast«, nämlich: weil du es kannst. Die populäre Unterscheidung ist die ausschließliche zwischen einem Positiven, das in »zutrauen«, und einem Negativen, das in »zumuten« begriffen wird. Jenes hat jedoch nichts mit dem Zutrauen, dem Vertrauen zu tun, bloß mit einem Glauben. Das andere ist ein Anmuten, ein Begehren, welchen Grades immer, wenngleich es zumeist etwas Minushaftes zum Objekt haben wird. Hier geht es um die Handlung, dort um die Tauglichkeit.) Aber die Journalisten werden alte Journalisten werden, bis sie diesen Unterschied erfassen, und selbst dann besteht keine Hoffnung. Denn sie werden immer die »Zumutung« abweisen, daß sie nicht deutsch schreiben, wiewohl man es von ihnen zwar nicht verlangt, sondern ihnen bloß zutraut.

Mai 1927

Es trog!

Unsicher sind sie auch mit »trog« von trügen und »trug« von tragen. Da die Handlung in jenem Fall ein Betrug ist, der aber auch ein Erträgnis bringt, so machen sie es so:

> Da verschwand sie aus Meran und kam Ende 1918 nach Innsbruck, wo sie sich als Oberin des Meraner Klosters und als Nichte des Erzbischofs von München ausgab. Das t r u g natürlich.

Also Geld oder Innsbrucker?

Juli 1931

Die Rettung

Der junge Springinsgeld kennt keinen Genitiv, denn er ist nicht der Sohn des, sondern von Moriz Benedikt. Das wäre noch richtig, wie ja auch einer dieser gräßlichen Leitartikel des Ernst Benedikt einer von Ernst Benedikt genannt werden kann, da er ja von ihm verfaßt ist. (Wer vermöchte es außer ihm!) Nun sitzt ihm aber das »von« — von der Monarchie her — noch so im Gemüte, daß er es als Zwangshandlung übt. Es geht ihm »um das Schicksal von Deutschland, aber auch um das Schicksal von Europa«, er glaubt an »die Zukunft von Österreich«, oder gar so:

> Hoffen wir, das Ausland werde begreifen, daß d i e R e t t u n g v o n Ö s t e r r e i c h wichtiger ist als alle Haftungen — —

Natürlich meint er als Patriot die Rettung Österreichs, aber als Stilist fühlt er nicht, daß er damit dem Ausland die Aufgabe zugewiesen hat, uns, die es hier auch nach erfolgter Sanierung schwierig finden, von Österreich zu retten. Denn wenn auch alles Finanzielle in Ordnung wäre, so bliebe der Zustand doch — und selbst wenn der Thoas in puncto Treuherzigkeit nicht mit Schober wetteifern könnte — taurishaft genug und ließe nur noch den Wunsch übrig:

> Und rette mich, die du vom Tod errettet,
> Auch von dem Leben hier, dem zweiten Tode!

Es geht hier also, wie man sieht, um die Rettung der Iphigenie von Tauris, nicht um die Rettung von der Iphigenie auf Tauris. Und dort um die Rettung Österreichs, nicht von Österreich. Aber man kann lang' Leuten zureden, die nur taurisch verstehn!

September 1930

Einer der besten Titel

die er je gesetzt hat:

> Gerüchte über e i n e n Tod Schmelings.

Hier hat die jüdische Zunge instinktiv, mit halbem Bewußtsein um ein Problem der Sprachlehre, die Klippe gefühlt in den Gerüchten »über den Tod Schmelings«: da wäre er nämlich tot gewesen und an den Tod hätten sich überdies noch Gerüchte geknüpft. Wie drückt man das also aus? »Gerüchte von Schmelings Tod«: darauf verfällt doch ein Preßmensch nicht (dessen typische Wendung der Tod »von Schmeling« wäre). Aber er fühlt, wenngleich das »über« falsch ist, ganz richtig, daß das Gerüchthafte im unbestimmten Artikel zum Ausdruck gelangen könnte: »Worüber wird geredet?« (Achselzuckend) »Etwas über einen Tod von Schmeling«. D a s wollte er zum Ausdruck bringen!

September 1930

Auf »Faust« hat er's abgesehn!

Unvergeßlich, wie er zitiert hat:

> so wie im »Faust« der junge Euphorion noch aus dem Abgrund die Mutter zu sich ruft: »L a s s e   m i c h   i m   T o t e n r e i c h e   n i c h t   a l l e i n !«

So ein verliebter Tor verpufft euch Sonne, Mond und alle Sterne zum Zeitvertreib dem Liebchen in die Luft? Keine Rede! Wie aber würde ein normales Gehirn, das die Verse nicht bewahrt hat und dessen Inhaber nicht Zeit hat, nachzusehen, gleichwohl jedoch frech genug ist sie anzuwenden, hier funktionieren? Etwa: Mephisto sagt, daß ein Verliebter Schindluder mit Sonne, Mond und Sternen treibt? Sol-

231

ches Treiben wäre äußerste Ehrerbietung vor der Schöpfung gegenüber dem Schindluder, das in der folgenden Leitartikelstelle getrieben wird, deren jüdischer Tonfall kaum übertroffen werden könnte. Von der Heimwehr, die ihren Kampf in das Heer, die Polizei und das Gendarmeriekorps hineintragen wollte, sagt er:

> Welche Verwegenheit und welche Verachtung für die leitenden Männer des Staates! Es heißt im »Faust« b e i l ä u f i g : So ein verliebter Tor v e r s c h w e n d e t Sonne, Mond und Sterne z u g u n s t e n d e r Geliebten.

»Beiläufig« ist gut. Im Faust I ist zwar manches beiläufig gesagt, aber gerade dieser Vers nicht. Er meinte, da er beiläufig zitierte, natürlich: ungefähr. Aber welches Gut von Sprache, Gedicht und Gedanken möchte so ein verschmockter Redaktor nicht verschwenden zugunsten der Zeitung!

Die Neue Freie Presse
erteilt Sprachlehre

Es war nicht notwendig, daß der deutschen Sprache zu dem Schaden, den sie durch die Journalistik erleidet, noch deren Spott zugefügt wird. So unwahrscheinlich es ist, es hat sich begeben: die Neue Freie Presse erteilt Sprachlehre! Sie hat zu den Methoden, ihre über die ganze Welt zerstreuten Leser noch mehr zu zerstreuen — sie sind nicht mehr so zahlreich wie der Sand am Meere —, eine neue ersonnen und führt gewissenhaft eine Rubrik »25 Fragen«, auf die sie selbst trotz deren Albernheit ebenso viele Antworten gibt, nachdem sie ihr die Leser offenbar schuldig geblieben sind. Raffiniert Einfältigeres als diese Fragen, deren wohlberechnete Anzahl schon die entsprechende Antwort in totum nahelegt, wäre kaum auszusinnen.

25. Wie lautet das deutsche Wort für Planeten?

Die Lösung des Rebus dürfte dem Leser wohl so leicht gelingen wie dem Fragesteller, den ein Blick ins Fremdwörterbuch angeregt hat. An welchem Tage aber Lessing gestorben ist, zu fragen, wäre doch nur dann spannend, wenn die Neue Freie Presse sicher wäre, daß kein Leser im Brockhaus nachschlägt, sondern zu raten beginnt. Komplizierter ist es ja mit Anton Bruckner. Wann er geboren wurde, wäre gewiß nicht allzu schwer festzustellen, eine Schwierigkeit entsteht aber dadurch, daß erst viel später gefragt wird, wann er gestorben ist, so daß man also doppelte Arbeit hat und dazu den Verdacht, die Neue Freie Presse wolle ihre Leser nicht nur zerstreuen, sondern auch foppen. Wenn sie nun fragt, wie viel Akte der »Biberpelz« hat, so könnte es ja vorkommen, daß einer das zufällig weiß, aber so ein Streber wird er doch wohl nicht sein, mit einem Wissen zu prunken, das er sich durch telephonische Erkundigung bei seinem Buchhändler verschaffen konnte. Eine Frage müßte doch entweder an ein Wissen rühren, das auch durch kein Nachschlagewerk so leicht zu erlangen ist, oder jenseits des

Wissens etwas problematisches betreffen. (Da käme die Zahl der Akte eines Dramas höchstens bei den »Unüberwindlichen« in Betracht, die, je nach Castiglionis Verfügung, bekanntlich sowohl vier als drei Akte haben können.) Die Bildung, die ermuntert wird, muß sich schon selbst strapazieren. So kann also vielleicht gefragt werden, »welcher Dichter den Phonographen vorausgeahnt« habe — immerhin eine Schmockerei, weil's nur der weiß, der's soeben gelesen hat —; aber zu fragen, an welchem Fluß Lyon liegt, ist darum töricht, weil die Frage auch der stellen kann, der grade nachgeschaut hat. Fragen nun, die Probleme berühren oder enthalten, wären solche sprachkritischer Natur. Aber da würde sich wohl, glaubt man, die Neue Freie Presse hüten, sich als ein seit siebzig Jahren täglich gebranntes Kind noch geflissentlich die Finger zu verbrennen? Mit nichten! Sprachlehre, ausgerechnet Sprachlehre erteilt die Matrone. Zuerst erschrickt man. Aber »wir möchten nicht« (wie der sachte Leitartikler sagt) gleich mit der vollen Wahrheit herausrücken, sondern vorerst den Satz zitieren, mit dem bei täglich unvorhergesehenen Elementarereignissen, als da sind Gärung im Staat, Hader der Parteien, Heimwehr, Schneeverwehungen oder Schmonzes schlechtweg, jener zu beginnen pflegt: »Das erste Wort gilt der Beruhigung.« Also: sie hat's vom Wustmann! Gehen wir sanft und sammetig wie sie selbst vor, damit sie nicht erschrickt. Wie der niederösterreichische Landtag ehedem auf die Erlegung jeder Kreuzotter ein Sechserl zu setzen pflegte, so müßte man es demjenigen offerieren, der einen geraden Satz nachwiese, den sie zwischen Leitartikel und Impressum enthält. (Ohne Gefahr der Verarmung!) Nun, daß man es bei der Neuen Freien Presse auf ihre alten Tage erleben werde, war gewiß nicht zu erwarten, aber es hat sich ereignet: sie, die alles kann, nur nicht Deutsch, gibt ihren Lesern Sprachunterricht! Nebst anderen sonderbaren Interessen, die sie da hat und befriedigt. Wenn sie die Antwort erteilt:

23. Baldur wurde von seinem blinden Bruder Hödur getötet

so mag sich dem Leser in die Bewunderung ihres Wissens

ein leichtes Staunen einschleichen, daß ihr das nicht so stagel-
grün aufliegt wie ihm selbst, während er bei

12. Der Tempel zu Jerusalem stand auf dem Berge Moria

schon eher finden könnte, daß es in Ordnung geht. Doch bei

19. Die Sarden sind die Einwohner von Sardinien

dürfte er insofern die Befriedigung empfinden, etwas zu-
gelernt zu haben, als er bisher geglaubt hatte, es wären die
Sardinen. Eine lohnende Frage wäre nun — für den, der
bloß die Antwort las —: wie da die Frage der Neuen Freien
Presse gelautet haben mag. Man glaubt vielleicht: »Wie
heißen die Einwohner von Sardinien?« Nicht doch: »Was
sind die Sarden?« Aber wer hätte gezweifelt? Manche Frage
regt freilich die Phantasie an. Wenn man zum Beispiel erfährt:

20. Die Buchstaben K. O. bedeuten Knockout

so wird man vielleicht auch der Entsprechung inne, daß
O. K. Oberkommando bedeutet. Dagegen dürfte man bei
der Antwort

18. Ein Meter ist größer als ein Yard, d a s etwa 90 Zentimeter mißt

zu der weiteren Frage geneigt sein, ob es nicht »der« heißen soll und ob sie ihn nicht mit dem Meter verwechselt,
der eigentlich sächlichen Geschlechtes ist und bei dem sie
sich mit dem unbestimmten Artikel aus dem Gedränge hilft.
Was nun die Sprachlehre betrifft, für welche ich den Leser möglichst lange in Spannung erhalten wollte, so hat's
die Neue Freie Presse, wie man in Berlin sagt, »in sich«.
Aber für alle Fälle hat sie sich doch den Wustmann — der
in der Hauptsache mit Recht so heißt — vergönnt, um auch
noch seine Mißverständnisse mißzuverstehen und sich auf
dieser gesicherten Basis mit Spracherkenntnissen aufzutun.
Der Wustmann ist ein überaus gewissenhafter Grammatiker, der »Allerhand Sprachdummheiten« gesammelt hat,
unter denen es ihm auch gelungen ist seine eigenen unter-
zubringen. Ein schrulliger Lehrmeister, der die Anweisung

gibt, zu schreiben, wie man spricht, und dann so ziemlich alles zu sprechen verbietet; ein schwärmerischer Pedant, der mit einer Fiktion von Sprachreinheit an Stilgestaltung beckmessert und dem im Gestrüpp der Konjunktivbegriffe, worin er glatt verloren ist, etwa das Folgende passiert:

Andere Verba gibt es, deren Sinn den Konjunktiv im abhängigen Behauptungssatz fordert, weil er nur die A n s i c h t d e r Ä u ß e r u n g eines andern als solche w i e d e r g e b e n kann, etwa w ä h n e n: E r w ä h n t, e r s e i e i n r e i c h e r M a n n.

Was ist das: die Ansicht der Äußerung eines andern wiedergeben? Kaum durchzudenken; eher: die Äußerung der Ansicht, aber dann genügte wohl: die Ansicht wiedergeben. (Oder doch: die Ansicht der Äußerung? Dann genügte: die Äußerung wiedergeben.) Wie immer dem sein mag, wahrlich ein beweiskräftiges Beispiel, worin der Konjunktiv ziemlich unproblematisch durch die Umschreibung des »daß«-Satzes entstanden ist! Dieser Wustmann nun hat die Neue Freie Presse zu der Frage verführt:

7. Welche der folgenden Satzbildungen ist richtig: »Er behauptet, er sei krank«, oder »Er behauptet, er wäre krank«?

Beide, liebes Kind, je nachdem! Aber sie will offenbar keine Frage, sondern eine Falle stellen, und ich weiß schon, wo sie hinauswill. Dem Wustmann, der im Gebiet des Konjunktivs auffallend tolerant ist und nur gewisse Fehler streng vorschreibt, entnimmt die Schäkerin die folgende Weisung:

7. M a n k a n n e b e n s o g u t s a g e n: »er behauptet, er sei krank« wie »er behauptet, er wäre krank«.

Man kann es auch ebenso schlecht sagen. Sie hat es vom Wustmann, der sich folgendermaßen ausdrückt:

Es ist ebensogut möglich, zu sagen: er s a g t, e r w ä r e krank — er s a g t, e r w ä r e k r a n k g e w e s e n — er s a g t e, e r s e i krank — er s a g t, e r s e i k r a n k g e w e s e n — er s a g t e, e r w ä r e krank — er s a g t e, e r w ä r e k r a n k g e w e s e n.

Es fehlen noch Varianten. Aber da hat die Neue Freie Presse — die »behauptet« sagt, um nicht ganz abzuschreiben — das Problem, das sie so wenig wie der Wustmann versteht, besser als er herausgestellt; denn es bleibt von der Zeitform des Hauptsatzes unberührt. Doch zwischen »sei« und »wäre« steckt es, und da ist es wohl »möglich«, so und so zu sagen, aber es kommt eben darauf an, was richtig ist. Wustmann, in diesem Punkt ungeheuer freigebig, fährt fort:

In der Schriftsprache ziehen viele in allen Fällen den Konjunktiv der Gegenwart als das Feinere vor und überlassen den Konjunktiv der Vergangenheit der Umgangssprache. Wenn sich aber jemand in allen Fällen l i e b e r des Konjunktivs der Vergangenheit b e d i e n t, so ist a u c h d a g e g e n n i c h t s e r n s t l i c h e s e i n z u w e n d e n. Wer vollends durch die Verwirrung der Tempora i n s e i n e m S p r a c h g e f ü h l v e r l e t z t w i r d, wem es B e d ü r f n i s ist, eine o r d e n t l i c h e consecutio temporum zu beobachten, d e n h i n - d e r t n i c h t s, das auch jetzt noch zu tun. D a m i t w i r d e r f r e i - l i c h n i c h t s e r r e i c h e n.

Was sollte er denn erreichen? Hier scheint Wustmann, dessen Sprachgefühl sonst grundsätzlich verletzt ist und der eine Korrektheit erreichen möchte, die der Sprache den Atem nimmt — hier scheint er förmlich auf die Geringfügigkeit solcher »Sorgen« innerhalb der Welthändel hinzuweisen. Aber der Unterschied zwischen »er sagt, er sei krank« und »er sagt, er wäre krank« liegt so auf der flachen Hand, daß ihn die Neue Freie Presse, die ja alles »ebenso gut« sagen kann, mit Kennerblick als nichtvorhanden herausarbeitet. Sie weiß zwar nebenher:

14. Wallenstein hieß mit seinem Vornamen Albrecht.

Das ist aber beiweitem nicht so wichtig wie der Konjunktiv, der im »Wallenstein« vorkommt und der zur Klarmachung jenes Unterschieds von dem oft Bescheid wissenden Sanders zitiert wird:

> Mir meldet er aus Linz, er l ä g e krank;
> Doch hab' ich sichre Nachricht, daß er sich
> Zu Frauenberg v e r s t e c k t beim Grafen Gallas.

Hier wird, »durch Modus und Tempus bezeichnet«, der Unterschied zwischen dem, was unglaubwürdig ist, und dem, was gewußt wird, einleuchtend. (Wozu nebenbei sowohl dem vorschreibenden Wustmann wie der abschreibenden Neuen Freien Presse zu sagen wäre, daß »er sagt, er s e i krank« an und für sich natürlich kein Beispiel für die Anwendbarkeit des Konjunktivs ist, weil dieser hier bloß durch die Umschreibung des »daß« zustande kommt.)

Aber die Neue Freie Presse nascht weiter. Wustmann bietet:

Bei den Hilfszeitwörtern k ö n n e n, m ö g e n, d ü r f e n, w o l l e n, s o l l e n und m ü s s e n, und bei einer Reihe andrer Zeitwörter, die ebenfalls mit dem Infinitiv verbunden werden, wie h e i ß e n, l e h r e n, l e r n e n, h e l f e n, l a s s e n (lassen in den Bedeutungen: befehlen und erlauben), m a c h e n, s e h e n, h ö r e n und b r a u c h e n (brauchen im Sinne von müssen und dürfen), ist schon in früher Zeit das Partizipium der Vergangenheit, n a m e n t l i c h wenn es v o r d e m a b h ä n g i g e n I n f i n i t i v stand (der Rat hat ihn geheißen gehen), durch die Infinitivform ersetzt worden. ....
Schließlich drang an Stelle des Partizips der Infinitiv vollständig durch, b e s o n d e r s dann, wenn der abhängige Infinitiv unmittelbar d a - v o r stand.

(namentlich bei dieser und besonders bei der verkehrten Stellung — hier stimmt schon etwas nicht in der Entwicklung)

und so sagte man nun allgemein: ich habe ihn gehen heißen, ich habe ihn tragen müssen, ich habe ihn kommen lassen, ich habe ihn laufen sehen, ich habe ihn rufen hören, er hat viel von sich reden machen .. du hättest nicht zu warten brauchen. (Bei »brauchen« darf natürlich »zu« beim Infinitiv nicht fehlen.)

(Diesen Zusatz allein sollte die Neue Freie Presse ad notam nehmen, hauptsächlich für den Salten, der immer »daran« vergißt und glaubt, daß man »zu« nicht setzen braucht.) Wustmann meint nun des weiteren, nur diese Form sei heute richtig, und empfiehlt sogar:

wir hätten diese Schuld .. auf uns l a s t e n f ü h l e n

Aber ich hätte sie auf mir lasten gefühlt, wenn ich je so geschrieben hätte. Was Wustmann vorschreibt, stimmt für die reinen Hilfszeitwörter (wie »können«, »lassen«), keineswegs jedoch für die »andern Zeitwörter« wie »hören«, »sehen« und »machen«. Selbst bei jenen, gewiß aber bei diesen wird die stilistische Notwendigkeit den Gebrauch bestimmen. Es wird schon ein Unterschied sein zwischen »Er hat viel von sich reden machen« und »Er hat viel von sich reden gemacht«, manchmal ein so großer wie zum Beispiel zwischen meiner Wirksamkeit und der eines Pen-Präsidenten. Aber »Hören« und »Sehen« vergeht einem vor dem Diktat, mit dem über diese »Hilfszeitwörter« verfügt wird. Wustmann betitelt das Kapitel »Singen gehört oder Singen hören?« Natürlich beides, je nachdem! Etwa: ich habe jemand zuerst etwas sagen hören, dann etwas singen hören (nicht gerade den Walter von der Vogelweide). Wenn ich aber in die Oper ginge, so hätte ich es mir selbst zuzuschreiben, denn ich hätte Herrn Piccaver den Lohengrin singen g e h ö r t. Ins Theater nimmt man kein Hilfszeitwort mit, sondern einen Operngucker, denn da kommt es aufs Sehen an; ich hätte Herrn Reimers so gern den Lear spielen g e s e h e n, aber er tut's nicht mehr. Diese Form schließt meine eigene, willentlich gesetzte Handlung ein (ich unterwürfe mich ihr), eine Wahrnehmung mit Absicht, nicht bloß mit Bewußtsein. Das Wahrnehmen ist hier betonter als das Wahrgenommene. Ich habe die Neue Freie Presse in sprachlicher Gegend oft und oft straucheln s e h e n: ohne daß ich besonders hinsah, ich kam halt so dazu. (Gleichwohl wäre selbst hier die Partizipform nicht unrichtig.) Doch als ich sah, wie sie Sprachlehre erteilte, da habe ich aufgepaßt und habe sie hineintölpeln g e s e h e n; die Kontrolle war meine Absicht, das Sehen meine Handlung. Denn sie hat wahrlich die Kühnheit, zu fragen:

6. W a r u m   i s t   e s   f a l s c h zu sagen: »Herr M. hat viel von sich reden gemacht«?

Aber es ist gar nicht falsch. (Wenn sie vielleicht Herrn Moissi meint.) Nur die Antwort ist falsch. Die Sprachlehrerin schreibt den Wustmann folgendermaßen ab, hört hört, seht seht:

6. E s   i s t   f a l s c h ,   z u   s a g e n : Herr M. hat viel von sich reden gemacht, weil Zeitwörter, d i e   w i e »m a c h e n« m i t   d e m   I n -

finitiv verbunden sind, ihr Partizipium der Vergangenheit, namentlich wenn es hinter dem abhängigen Infinitiv steht

(sie hat bereits die erste der Wustmannschen Stellungsvorschriften umgedreht)

diesem angleichen. Man sagt also richtig: Herr M. hat viel von sich reden machen, ebenso wie es heißen muß: »Wir haben ihn kommen lassen, singen hören, laufen sehen.«

Also doch Moissi; da klärt sichs in beiden Richtungen, beides ist richtig: ich habe ihn den Hamlet spielen gesehen, da hab ich ihn singen hören. Daß aber »machen« platterdings »mit dem Infinitiv verbunden« ist, ist eine Pointe für sich. Jene hat sich, wie man sieht, die Arbeit leicht gemacht: sie hat das Wustmann'sche Verfahren wesentlich vereinfacht und seine Vorschrift noch apodiktischer wirken machen, aber sie hat uns dafür glauben gemacht, es sei von ihr. (»Etwas läuten gehört oder läuten hören?« Hier bleibt das Problem offen. Vielleicht doch »gehört«: mit dem Willen zum Wustmann, nur ohne Verstand.) Nun möchte ich ihr zur Sanierung ihrer Administration so viele Groschen wünschen, als sie schon gegen die Regel verstoßen hat und noch verstoßen wird, die sie hier aufstellt und gegen die zu handeln sie für »falsch« erklärt. Ist das nicht bereits der Gipfel der Perversität? Man stelle sich vor, daß weiland die Madame Rosa eine Vorschrift erlassen hätte, daß man sich salonfähig zu benehmen habe!

Aber jene hat noch andere Sorgen:

21. Welcher Fehler ist in folgendem Satz enthalten: »Der Zuziehung von Fachmännern wird es nicht bedürfen, zumal in der Literatur einschlägige Werke genug vorhanden sind«?

Man ist gespannt. Nur ich nicht, der schon weiß, was sie da plant:

21. Der Fehler in dem Satz: »Der Zuziehung von Fachmännern wird es nicht bedürfen, zumal in der Literatur einschlägige Werke genug vorhanden sind«, liegt in dem Gebrauch von »zumal«, das ein Adverb ist, als Konjunktion. Es muß richtig heißen: .... nicht bedürfen, zumal da usw.

»Da« fällt mir sehr viel ein, vor allem: Da legst di nieder.
Oder: Sie soll sich nichts antun! Oder wie der Chor in der
»Großherzogin« immer wiederholend fragt: »Was hat sie
denn?« (bis es sich zuspitzt: »Was fehlt der Fürstin, mir
will scheinen, als quäle sie ein großer Schmerz«). Mit einem
Wort, man kann auch konstatieren: Ihre vielen Bekannten
werden erstaunt sein, zu erfahren, daß die Neue Freie Presse
erteilt Sprachlehre. (Zumal sie erst siebzig wird.) »Der Fehler in dem Satz« liegt vor allem in dem Gebrauch von »als
Konjunktion« statt »als einer Konjunktion«. Denn dort
wirkt sie als Nominativ und wird von der Neuen Freien
Presse wohl auch dafür gehalten. Sanders hat ja in seine
»Hauptschwierigkeiten« — an denen er manchmal scheitert — als Beispiel für fehlerhafte Apposition ihre Wendung aufgenommen:

Die Berufung Liebigs als außerordentlicher Professor ....

Aber das macht nichts, die meisten Sprachlehrer sprechen
die Sprache, die sie lehren, nur unvollkommen, geben einem
auf Schritt und Tritt Probleme auf, die interessanter sind
als diejenigen, die sie grade nicht lösen können, und tap-
pen in Theorie wie Praxis an der Sprache vorbei. Der Neuen
Freien Presse, von der nicht zu vermuten war, daß sie Neigung zu dem Beruf habe, möchte man den Titel fürs Abendblatt empfehlen: Laßt die Sprachlehre aus dem Spiele! (Oder
auch: Gebts Ruh!; und daran einfach die Aufforderung knüpfen: »Schau'n Sie, daß Sie h e r a u s kommen!) Im Ernst,
was hat sie angewandelt? Was treibt sie »da«? Wirklich
Sprachlehre? Von Wölfen, die Kinder rauben, war einmal
zu lesen: sie »trieben ihr loses Spiel«. Wie hat sie es s o
weit gebracht? Wer hat ihr d e n Floh ins Ohr gesetzt? Nun
ja, selbstverständlich, »der Zuziehung von Fachmännern
wird es nicht bedürfen, zumal in der Literatur e i n s c h l ä -
g i g e W e r k e genug vorhanden sind«! Vor allem der
Wustmann! Dem sie nicht nur die Lehre, sondern auch
wortwörtlich das Beispiel entnommen hat (9. Auflage, S. 87).
Nun, wo er recht hat, hat sie recht! Aber daß in einer wenngleich noch so bedauerlichen Sprachentwicklung die »zumal«-

Konstruktion ohne »da« bald so richtig sein wird, wie »solange« und »insofern« ohne »als«, oder »indem«, »nachdem« und sogar »trotzdem« ohne »daß« — es dürfte so wenig zu bestreiten sein wie die perfekte Schamlosigkeit einer Journalistik, die einen »Fehler« rügt, dem man, wenn man sich die Mühe der Kontrolle nähme, höchstwahrscheinlich in ihrer nächsten Spalte begegnen würde und ganz bestimmt tagtäglich als dem geringsten aller Fehler, die sie macht, fortan begegnen wird. Was hätte Jesus, der zu den Schriftgelehrten und Pharisäern, den »verblendeten Leitern«, sprach, daß sie »Mücken seigen und Kamele verschlucken« — was hätte er erst zu den Schriftgelehrten, Pharisäern und verblendeten Leitern der Neuen Freien Presse gesagt! Und wie konnte sie, die in sprachlichen Unehren grau geworden ist, so auf Abwege geraten? Ich gebe ihr Pleinpouvoir, »zumal« ohne »da« zu konstruieren, nebst dem ausdrücklichen Versprechen, daß ich in dem Punkt immer ein Auge zudrücken werde und zwar das heitere. Wenn sie aber, die auf dem Gebiete des Nichtschreibenkönnens schon so viel hat von sich reden machen, die Sprachlehre, deren sie bedarf, auch erteilen möchte, dann kann man nur entweder sagen, sie sei krank — oder ihr mit ihr antworten:

8. Homerisches Gelächter bedeutet starkes, anhaltendes Lachen. Nach Homer, der die Götter ein »unauslöschliches Gelächter« anheben läßt.

Es dürften die ältesten Abonnenten der Neuen Freien Presse sein.

AUS »VORLESUNGEN ÜBER KUNST«

Von John Ruskin

Es steht fest und ist keinem Irrtum und keiner Ausnahme unterworfen, daß die Kunst einer Nation der Ausdruck ihres ethischen Zustandes ist.

Der Ausdruck, nicht aber die Wurzel oder die Ursache. Man kann sich nicht zu einem guten Menschen singen oder malen. Man muß ein guter Mensch sein, um singen oder malen zu können, dann wird die Farbe oder der Ton das Beste in ihnen vollenden. Und das auch wollte ich Ihnen nahelegen, als ich in meiner ersten Vorlesung sagte: Hören Sie vor allem darauf, daß kein Kunstunterricht Ihnen nützen könnte, sondern eher schaden würde, wenn er nicht in etwas noch Tieferem wurzelte als alle Künste. Denn nicht nur mit der Kunst, deren Gesetze zu zeigen meine Aufgabe ist, verhält es sich so, sondern auch mit jener, die alle Menschen üben und die zu lernen Sie hauptsächlich hierher gekommen sind — mit der Sprache.

Die Hauptfehler unserer Zivilisation sind auf die Annahme zurückzuführen, daß eine edle Ausdrucksweise ein durch Grammatik und Betonung erlernbarer Kunstgriff sei, da sie doch nur der sorgfältige Ausdruck eines richtigen Gedankens ist. Alle Vorzüge einer Sprache wurzeln in der Moral. Sie wird deutlich, wenn der Sprecher wahrhaftig sein will, klar, wenn er mit Wohlwollen und dem Wunsche spricht, verstanden zu werden, kraftvoll, wenn er ernst ist, anmutig, wenn er Sinn für Rhythmus und Ordnung besitzt. Die Sprache hat keine Vorzüge, die sich durch Kunst lernen lassen. Ich möchte die Bedeutung einer der erwähnten Eigenschaften näher erläutern. Man kann das Wort eines Menschen wirklich nur dann verstehen, wenn man sein Temperament versteht. Ebenso wird einem andern unsere Ausdrucksweise eine fremde Sprache bleiben, wenn er unsere Natur nicht versteht, und diese Tatsache macht die Kunst der Sprache vor allen andern Künsten zum vornehmsten Werkzeug eines wahrhaft gebildeten Menschen. Die Bedeutung eines Wortes gründlich verstehen, heißt die Natur des Geistes verstehen, der es geprägt hat. Das Geheimnis der Sprache ist das Geheimnis des Mitempfindens, und ihr ganzer Zauber ist nur den edelsten Naturen zugänglich. Deshalb auch sind die Grundgesetze einer schönen Sprache durch eine aufrichtige und gütige Sprache festgelegt worden. Nach den Gesetzen, die die Aufrichtigkeit gegeben hat, kann man später eine falsche, anscheinend schöne Sprache ableiten, doch ist jede solche Äußerung, sei es in der Rede oder in der Poesie, nicht nur ohne dauernde Kraft, sondern sie zerstört auch die Prinzipien, die sie sich zu Unrecht angeeignet hat. Solange unsere Worte unserem Glauben entsprechen, so lange kann sich die Kunst der Sprache veredeln. In dem Augenblick, da sie nach äußerlichen Grundsätzen geformt wird, wird sie flach und ist keiner Entwicklung mehr fähig. Diese Wahrheit wäre längst allbekannt geworden, wäre nicht in den Zeiten vorgeschrittener akademischer Wissenschaft stets die Neigung erwacht, die Aufrichtigkeit der Meister einer Sprache zu bezweifeln. Wer in der Schreibweise eines älteren Autors anmutig zu schreiben gelernt hat, wird leicht glauben, daß auch dieser in der Manier eines andern geschrieben habe. Ein edler und richtiger Stil ist bis jetzt aber immer nur aus einem aufrichtigen Herzen hervorgegangen. Wer seinen Stil bilden will, darf keinen Schriftsteller lesen. der nicht wirklich meinte, was er sagt. Nur von einem solchen Menschen kann jemals ein wahrhaft großer Stil geschaffen werden. Finden Sie einen Mann, der eine neue, bedeutende Art zu schreiben hat, und Sie haben den Verkündiger neuer Wahrheiten oder aufrichtiger Leidenschaft gefunden. Ihre ganze Methode, zu lesen, wird so eine beschleunigte und vertiefte sein, denn da Sie wirklich überzeugt sind, der Autor meine, was er sagt, werden Sie umso sorgfältiger zu würdigen suchen, was er sagt. —

Von noch größerer Wichtigkeit ist es, zu wissen, daß jede Schönheit, die sich in der Sprache einer Nation verkörpert hat, bedeutungsvoll für die innersten Gesetze ihres Wesens ist. Wenn das Wesen eines Volkes streng und mannhaft ist, seine Verkehrsformen ernst und höflich, sein Sinn auf gerechte Taten gerichtet, so wird seine Sprache notwendigerweise eine große sein. Rückwirkend ist es daher nicht möglich, daß eine Sprache edel ist, deren Worte nicht wie Trompetentöne zum Handeln rufen. Jede große Sprache befiehlt große Dinge. Ihr Atem ist Inspiration, und man kann nur lernen zu sprechen, wie große Leute sprachen, wenn man wird, wie sie waren.

ZWEI DICHTER

Zum Zweck der deutschen Künstlerhilfe wurden im Unterrichtsministerium belegte Brötchen gegessen und zwar von den prominentesten christlichsozialen Wählern beider Konfessionen, die Spesen dieses »Routs« für die Notleidenden Deutschlands hatten die Notleidenden Österreichs zu bezahlen und fraglich bleibt, ob mehr Geld für jene hereingekommen ist als er diesen gekostet hat. Die Unappetitlichkeit solcher Wiener Veranstaltungen wird freilich durch die Geschmackigkeit der hiebei aufgebotenen Kunst wettgemacht und wie stets fiel auch diesmal von der Muse des Anton Wildgans ein Gustostückl ab, das unter dem Titel »Save our Souls!«, von ihm persönlich serviert, das Fest einleitete. Mein Ratefreund sagt dort, wo er schon sichtlich die Züge unseres Kanzler-Prälaten annimmt, beruhigend:

> Wir sind versorgt, das ist in guten Händen.
> es liefert uns die Wildgans den Prolog.

Das Vertrauen dieses Vaterlands in seinen Dichter — man spricht in solchen Fällen von einem Nachfahren Grillparzers, der seinerseits schon ein Nachfahr war — ist unerschütterlich und selbst dort, wo Gelegenheit die schlechtesten Reime macht, nicht umzubringen. Sie alle sind nun einmal im Banne eines Dichters, von denen und vor denen da gesagt wird:

> Die Menschen, die gekommen, alle sie
> Rief eine Kunde auf, erschütternd w i e

nämlich durch Flut und Wut der aufgewühlten See der Notruf eines Schiffs in Todesweh. Da gilt es, nicht zu säumen.

> Denn u n s r e Sprache ist es, die es sagt!
> Denn u n s e r Blut ist's, das in Seenot klagt!

Aber wenngleich Save our Souls eigentlich nicht unsre Sprache ist, so droht doch auch dieser eine Katastrophe. Zum Beispiel:

> Wann immer Unheil auf ein Volk ein b r i c h t,
> Dann halten fest der Ordnung Dämme n i c h t.

Man sieht wirklich, wie

> Verzweiflung überstürzt mit grausem Schwall
> D i e W e h r e und verwüstet überall.
> Gesetze knicken ein wie sprödes Schilf,
> Und jeder denkt: Nun helfe, was da h i l f t !

Gemeint sind natürlich die Sprachgesetze, nach denen es
entweder »die Wehr« oder »das Wehr« gibt und den Plural
»die Wehren«, und jeder denkt: Nun reime, was da reimt,
selbst wenn das Schilf so spröde ist, daß es weit und breit
kein »Schilft« gibt und man doch auch nicht gut einen Indikativ »hilf« bilden kann. Gewiß, Schulmeisterei gegenüber
einem Dichter, aber diesem muß man schon seine Haus-
arbeiten korrigiert zurückgeben. Denn er macht es so:

> Das ist die Zeit, da sich der Einzel n e
> Hinwegsetzt über's allgemeine W e h.

Und wie sehr es dem Einzelnen, der es doch tadelt, an
jeglicher dichterischen Anschauung gebricht, zeigt er so:

> Da gilt nur, wer die rohern Fäuste ballt,
> Der Finger, der nach fremdem Gute krallt;
> Der Fuß,

Nun müßte wohl aus der konkreten Sphäre des Fußes eine
Analogie zu dem, was dem Finger eigentümlich ist, kommen. Der Fuß:

> der flink einher ist nach Gewinn,

Aber was hat der Fuß in seiner Funktion als Fuß mit Gewinn zu tun, er wäre denn der Zinsfuß? Statt dessen konstruiert der Dichter eine andere Anschauung:

> Der Z i f f e r n m u n d , der plumpe Sachensinn;
> Und die Gemeinheit, die zum Himmel schreit,

Was tut die?

> Geht frech am Tag und wird g e b e n e d e i t !

Aber im Hause des Benedikt soll man nicht anzüglich werden. Freilich meint Herr Wildgans etwas ganz anderes,
nämlich die Entente.

> Denn immer noch, wenn Machtbegier und Haß
> Verschworen sich zum großen Aderlaß,

> Wenn Krämerneid und Götzendienst am Geld
> In dieser Welt ein Blutbad angestellt,

(Gott strafe England, welches das Ultimatum an die Mittelmächte geschickt hat, save our souls, und mir san ja eh die reinen Lamperln)

> Dann zahlt die Rechnung frevelhafter Tat
> Der Täter nicht, d e r i h r e n V o r t e i l h a t!

Wie sollte er? Sondern wer?

> Der Arme und der Edle zahlen s i e,
> Das träumende, versäumende G e n i e...

Also nicht England, Frankreich, Rußland und Serbien, sondern die deutschen Künstler, gegen die sie Krieg geführt haben und zu deren Gunsten jetzt ein Rout stattfinden muß. Ein deutlicher Fingerzeig zur Lösung des Kriegsschuldproblems, da die Armen und Edlen, die träumenden und versäumenden Genies in den Ententestaaten schon aus dem einfachen Grunde nicht hungern, weil solche dort nicht vorhanden sind, während es wieder in den Staaten der Mittelmächte keine Schieber gibt. Doch so weit, daß die deutsche Seele stirbt, wird es nicht kommen, und Wildgans tröstet:

> Noch lebt die Liebe, ohne die das Wort
> Des Menschen i s t ein schnöder Lautakkord.

Und dafür, daß es nicht zum schnöden Lautakkord werde, sorgt schon Wildgans, der ihn durchaus verschmäht, indem er etwa die deutsche Seele, »die vom Geiste glüht«, mit dem Reime beruhigt:

> Und ob sie auch in grimmer Not auf s c h r e i t,
> Noch ist es Zeit, w e n n a u c h d i e h ö c h s t e Zeit!

Diese ausgebildete Reimkunst führt dann zu dem folgenden Mißverständnis:

> Deutschland, du Schiff, umgraust von Sterbens Hauch,
> Wir kommen, kommen schon! Und sind wir a u c h
> Ein Häuflein nur, ein schwaches Aufgebot —

Das heißt also — da ja der Gedanke eines Verses im Reim gipfeln muß, wenn dieser nicht Kinkerlitzchen, Geklapper, Lautakkord sein soll —: obschon wir w i e i h r nur ein Häuf-

lein sind (so wird die Hilfe umso leichter gelingen). Wir
kommen schon mit Rout und Reim. Es ist das Kennzeichen
des Dilettanten, daß, wenn die Indignation den Vers macht,
das im Satz nebensächlichste Wort (wenn auch) den Reim
fängt; daß gedanklich Unbetontes in die Vershebung und
Betontes in die Senkung kommt:

> Noch sind wir nicht so elend, daß uns n i c h t
> Die größre Not auf r u f t zur Bruderpflicht.

Die Not, die auf r u f t , auf s c h r e i t , das Unheil, das ein-
b r i c h t — das ist nun einmal so bei jenen, die da glauben,
ein dürftiger Gedankeninhalt werde gebunden besser ins
Ohr geliefert. Es ist wahrlich jene Liebe, bei der sich nie
prüft, was sich bindet, und darum ist's auch nicht für die
Ewigkeit. Wie ganz und gar im Gegensatz zu meiner Definition des Reims:

> Er ist das Ufer, wo sie landen,
> sind zwei Gedanken einverstanden

die kürzlich ein Schweizer Kritiker sogar den Ausgesucht-
heiten der George, Rilke und — also Werfel entgegengehalten hat. Wenn der Reim aber das Ufer ist, wie erstaunt mag sich dort gar alles finden, was auf einer Wild-
gansfeder hingeweht wurde, etwa »der Einzelne« und das
»allgemeine Weh«, die noch nie einverstanden waren und
nun nicht wissen, was sie miteinander anfangen sollen. Er
setzt sich darüber hinweg, recht hat er. Gewiß, es geschieht
zum wohltätigen Zweck der deutschen Künstlerhilfe, aber
der Einzelné erscheint da nicht minder bemitleidenswert als
der allgemeine Zustand, und man möchte — durch das
spröde Schilf hindurchdringend — ihm, der offenbar ein
deutscher Künstler ist, helfen, ein Gedicht zu machen.

✻

Das Höchstmaß dessen, was sich die Ringstraße unter
einem solchen vorstellt, dürfte ihr der literarische Sonntag
der Neuen Freien Presse erfüllt haben, der ihr »Der Bild-
ner. Meudon, Maison Rodin 1913« von Stefan Zweig
brachte. Frisch gepflückt aus dem Insel-Verlag, und schon

»Meudon, Maison Rodin« kündigt an, was da an erlesener Schmockerei zu erwarten ist.

Der große Meister ist müde und alt. —

Beginnt das Reimfeuilleton und führt den Vorsatz aus, eine schier nicht zu bändigende Fülle von impressionistischen Adjektiven, wie sie zwischen 1910 und 1920 über die Zeitungsstränge schlugen, hinters Reimgatter zu sperren. Da ist ganz jenes sich Beziehen und Betun, das seit den Zeiten, wo sie wie eine Blume war, die Dinge nicht hinstellt, wie sie sind, sondern wie wenn sie wären. Von Rodins Statuen heißt es: »sie sind«. Aber man erfährt nicht, wie sie sind, sondern nur: sie sind wie. Die Literaturbackfische von heute schreiben schon wieder ganz anders, die können schon ballen. Zweig kann nun auch so, und plötzlich tut er sogar alles von sich und geht auf die Sprache selbst zurück. Er hat einmal von mir gehört, daß ein als Vers isoliertes Wort von eigenster Kraft sein kann. Das macht er nun. Der alte Meister geht durch die Säle.

> A b e r weiß,
> Ein funkelnder Kreis,
> Umstehn ihn die Statuen und strahlen von Licht!

Das Rufzeichen ist zugleich Hinweis und Strahl.

> Sie rühren sich nicht, sie regen sich nicht,
> Sie spüren sich nicht, sie bewegen sich nicht.

Ist das nicht eine Plastik, die die Rodin'sche noch übertrifft? A b e r jetzt:

> S t u m m

was tun sie da?

> Ruhen sie aus in unendlichem R u h m.

Ein Reim muß gewiß nicht rein sein, um gut zu sein. Aber so unrein außen und innen darf er nicht sein, und man kann schon sagen, daß auf einem öderen Gemeinplatz als diesem Ruhm Statuen noch nie gestanden sind.

> Ein Lächeln verloren im marmornen Mund,
> Stehen sie da, d i e g r o ß e n T r o p h ä e n

Jeder Kristall wieder ein Brillant aus dem Kästchen jenes
Schmocks, der noch nicht die Idee hatte, sie in Reime gefaßt
zu präsentieren.

> Wie ein Dürstender beugt er sich über den Stein
> In den Brunnen verschollener Jahre hinein.

Das ist so recht der Moment, wo man ähnlich wie bei Hans
Müllers gerösteten Erdäpfeln das Wasser im Munde der
freilich idealer orientierten Leser der Neuen Freien Presse
zusammenlaufen sieht. Sie sind überzeugt, daß dieser Zweig
ein großer Dichter ist.

> A b e r fremd
> Stehen die Statuen im Totenhemd.
> Sie ehren ihn nicht, sie wehren ihm nicht,
> Sie atmen nur Schweigen, sie leben nur Licht.

Hier ist etwas passiert, es müßte heißen: »Sie weben nur
Schweigen«, da wären jene auf dem Kopf gestanden, näm-
lich die Leser der Neuen Freien Presse, nicht die Statuen.
Diese hingegen:

> Wortlos gereiht
> Stehn sie in ihren weißen Gewändern
> Unberührt von Vergehn und Verändern
> Jenseits der Zeit.

Zweig ist tief. Und was er für Perspektiven hat:

> S t ä d t e erstanden und andre verdarben,
> G e s i c h t e r fielen aus Formen und Farben,
> Geschlechter erwuchsen, Geschlechter verblühten,
> Menschen wurden zu Masken und Mythen,
> Alles ward in der mitleidlosen
> Mühle der Jahre zerstäubt und zerstoßen —
> Nur sie in ihren erstarrten P o s e n
> Dürfen im rastlos Wandernden ruhn,
> Weil sie ihr Wesen ewig zu Ende tun.

Ja, Städte und Gesichter haben das eine gemeinsam, daß
sie verfallen, während Marmor —. Man soll ein lyrisches
Kunstwerk so wenig rationalistisch anfassen, wie Zweig das

Rodins. Sonst könnte man einwenden, daß erst nach 1913 in Frankreich Städte verdorben und erstanden sind, daß im Krieg auch ein Werk von Rodin hätte zugrunde gehen können, daß zu solchem Tiefsinn der Betrachtung über die Dauerhaftigkeit der Dinge, die aus Marmor sind, nicht so sehr der Kunstwert als das Material berechtigt, daß aber selbst dieses der versehrenden Wirkung der Zeit ausgesetzt ist und daß man, wenn sie von Volltreffern verschont bleiben, ganz denselben Gedanken vor den Werken Ambros Beis haben kann. Und ist es uns denn nicht, als ob unter den verklärenden Händen Zweigs die Werke Rodins zu eben jenen würden oder günstigsten Falls zu denen eines Künstlerhausbildners?

> Gestalteter Stein ist stärker als Zeit!

ruft Zweig

> Und selig erkennt er das große Licht
> Ob seinen Gestalten: Unsterblichkeit.

Nämlich Rodin. Was könnte über die Dauerhaftigkeit von Kundmanns Pallas Athene Stärkeres gesagt werden? Ein ganzer Heller'scher Buchladen von Impressionen vermag über den echten Kitsch dieser Lyrik nicht hinwegzutäuschen:

> Da lächelt der Meister zum erstenmal,
> Seit er stumm vor den Steinen steht.
> Von Licht und Schweigen orgelt der Saal,
> Und sein Herz braust mit in dem großen Choral. —
> Wie im Gebet,
> Hebt er die Hände,
> Die all dies getan,
> Und sieht sie, die eigenen, ehrfürchtig an.

»Zum erstenmal, seit er ...« ist eine schlichte Konstatierung. Doch auch wenn die Gestalten nunmehr »hinglänzen durch die stürzende Stunde«, so können solche Literaturneuheiten nichts daran ändern, daß es der älteste Dreck ist, also aus einem Material gestaltet, das nicht lange vorhalten dürfte. Nur einmal findet sich ein Sprachgedanke, der zumal mir etwas zu sagen hat: Rodins Gestalten, die einst in seinen

Händen »wie zitternde, unflügge Vögel waren«, sind nun »eine niederverlorene Engelschar,

Die Gott a n s c h w e i g t mit marmornem Munde.«

A l l e V ö g e l s i n d s c h o n d a: »es schweigt mich an wie eine Sage«. Und ich denke, daß hier, wiewohl nur in einem Zimmer mit Photographien an der Wand, der Raum zwischen dem Vergänglichen und dem Andern von Gedanken erfüllter ist und das Wort bleibender, als wenn Zweig durch Meudon, Maison Rodin schreitet.

Überfracht

Es gibt einen Wunsch, eine Erlaubnis, eine Pflicht, eine Fähigkeit, etwas zu tun. Was da aber schreibt, hat den Wunsch, es tun zu »wollen«, leider auch die Erlaubnis, es tun zu »dürfen«, maßt sich ferner die Pflicht an, es tun zu »müssen«, und hat so ganz und gar nicht die Fähigkeit, es tun zu »können«. Bei einer Forderung schwanken sie, ob ihr Inhalt noch extra durch ein »wollen« oder »müssen« auszudrücken sei. Kommen dazu Konjunktivschwierigkeiten, so quetscht sich der Stilist der Neuen Freien Presse wie folgt aus:

In der ‚Arbeiter-Zeitung‘ wird berichtet, der Bürgermeister habe die Forderung erhoben, daß die Bankabteilung .. rasch liquidiert werden s o l l e und daß auch die Bezüge der leitenden Funktionäre eine Schmälerung erfahren m ü s s e n.

Eher eine Bank, der man Pleonasmus nachsagen kann. Zunächst: wenn es »solle« heißen soll, so muß es »müßten« heißen (wegen der Unkenntlichkeit des Konjunktivs im Präsens), wenn es aber »müssen« heißen sollte (also indikativisch gedacht wäre), so müßte es »soll« heißen. Sodann ist die Unterscheidung »sollen« und »müssen« falsch und nichts als ein Gegacker. Es müßte entweder heißen: »rasch liquidiert werden und auch die Bezüge .. eine Schmälerung erfahren sollten« (oder sollen), oder es sollte heißen: »rasch liquidiert werden und auch die Bezüge .. eine Schmälerung erfahren müßten« (oder müssen). Sodann wäre auch dies bedenklich, da der Inhalt der Forderung weder durch ein Sollen noch durch ein Müssen bezeichnet werden muß, sondern bloß durch das, was geschehen soll oder muß, bezeichnet werden soll. Der Bürgermeister kann zwar sagen: Die Bankabteilung soll liquidiert und die Bezüge müssen geschmälert werden, aber er stellt die Forderung, daß jene liquidiert (werde) und diese geschmälert würden (wegen der Unkenntlichkeit des Konjunktivs im Präsens statt: »wer-

den«). Allenfalls, wenn der Inhalt der Forderung sehr stark
hervortreten soll, darf das Sollen oder das Müssen ausgesprochen sein, aber dann besser im Indikativ als im Konjunktiv. (Wie nach einem Doppelpunkt kommt gleichsam
der Fordernde zu Wort.) Mit Recht wäre also zu fordern,
daß die Satzbildung liquidiert werde und der Pleonasmus
eine Schmälerung erfahre, aber nicht, daß jenes geschehen
solle und dieses geschehen müsse. Denn das wäre eben jene
Überfracht, mit der der Journalismus reist, weil ihm das
einfache Gepäck zu schwer ist.

Mai und Oktober 1925

Sprachlehre für die Nationalbank

Eine Karte an den Verlag der Fackel:

eine Krone	zwei Kronen
ein Schilling	zwei Schillinge

Daß man dem Sprachlehrer K. K. das sagen muß! Instruieren Sie
den Setzerlehrling!

Die Antwort des Verlags:

Wir senden Ihnen Ihre nicht nur törichte, sondern auch
in ungebührlichem Ton gehaltene Karte zurück. Es fällt uns
schwer, Ihre Entrüstung über den Plural »Schilling« auf
dem Umschlag, selbst wenn er falsch wäre, nachzufühlen,
wir möchten Ihnen aber für alle Fälle nebst einer Belehrung auch die Beruhigung erteilen, daß der Plural »Schilling« richtig ist, und richtig bleibt, wiewohl die Nationalbank Noten auf »Hundert Schillinge« ausgegeben hat. Dieser Plural ist der inkorrekte, auch wenn Sie durch den auf-
trumpfenden Hinweis auf den ganz anders gearteten Fall
der »Krone« den andern für den falschen halten. Auch ohne
diesen Hinweis glauben wir Ihnen natürlich gern, daß der
Plural von Schilling an und für sich »Schillinge« lautet, und
wenn Sie die einzelnen aufzählen, werden es schon solche
sein. Aber der Summe auf dem Umschlag der Fackel liegt
eben eine bessere sprachliche Berechnung zugrunde als
Ihrem Tadel, der sich auf das törichte Argument der »Kro-

ne« stützt. Sie würden natürlich auch »eine Strecke von 100 M e t e r«, ein »Gewicht von zehn Z e n t n e r« für falsch halten, dagegen ein Haus fünf S t ö c k e hoch sein, eine Temperatur zehn G r a d e haben, einen Trupp aus fünfzig M ä n n e r n bestehen lassen, eine Länge von drei F u ß e n (oder Füßen) und vier Z o l l e n (Zöllen) ausmessen, etliche L a i b e Brot oder F ä s s e r Bier und M a ß e Wein verbrauchen u. dgl. mehr. Aber Sie wissen eben nicht, daß es mit dem Plural von diesen und allen Maßen seine besondere Bewandtnis hat. Warum die Elle, die Meile, speziell aber die Krone, bei der noch die andere gegenständliche Vorstellung mitwirkt, eine Ausnahme bildet, darüber mögen Sie sich mit Ihrem Sprachgefühl unterhalten. Wir wollen Ihnen nur die Versicherung erteilen, daß Sie getrost im Plural mit »Pfund«, »Taler« und »Pfennig« und ganz ebenso auch mit »Schilling« rechnen können, ohne sich übervorteilt fühlen zu müssen, und Sie werden diese Rechnungsart bei den besten deutschen Klassikern finden. Was der »Sprachlehrer K. K.«, dem Sie natürlich gar nichts »sagen müssen« und mindestens das, was Sie nicht wissen, in einem andern Ton zu sagen haben, mit einer Bemerkung auf dem Umschlag, ob sie nun wohl erwogen wurde oder ein Versehen ist, zu schaffen haben soll, dürfte auch Ihnen — bei einigem Nachdenken — unverständlich sein. Aber er verantwortet mit dem Verlag der Fackel den Plural »Schilling«, welcher entgegen der von Ihnen und sogar von der Nationalbank vertretenen Ansicht beibehalten wird. Ihr Rat, den »Setzerlehrling« zu instruieren — der einer humorig laienhaften Vorstellung von der Entstehung der Druckwerke entspringt —, wird also nicht befolgt werden. Dagegen hoffentlich unser Rat an Sie, sich künftig, wenn Sie schon glauben, uns aus Ihrem Mangel an Sprachgefühl einen Vorwurf machen zu müssen, wenigstens einer anständigeren Form zu bedienen.

✳

Ich hatte einen Esel sich in die letzte Nationalbank setzen lassen, weil er nicht gewußt hatte, wie der Plural von

Schilling lautet, und darob den Lehrer tadelte. Die ganze Klasse hat sich gebessert:

Das Bundesministerium für Finanzen gibt bekannt, daß nach eingeholten Sachverständigengutachten die Währungsbezeichnung »Schilling« in der Mehrzahl und in Verbindung mit einer Grundzahl nicht abzuwandeln ist, wenn sie als zusammenfassende Wertbezeichnung und nicht als Bezeichnung einer Mehrzahl bestimmter Münzen gebraucht wird. Die Mehrzahl hat demnach »Zehn Schilling« zu lauten, wenn es sich um die Angabe einer Summe handelt, dagegen »Zehn Schillinge«, wenn eine Mehrheit bestimmter Münzstücke bezeichnet werden soll. Im Gebrauch der Ämter und Behörden wird künftig nach diesem Grundsatz vorgegangen werden.

Viel hab ich ja im österreichischen Leben nicht erreicht. Aber ich halt' es halt mit dem Valentin — nicht mit dem, der den Hobel hinlegte, sondern dem, der eine Brille ohne Gläser trug und, darob befragt, die Antwort gab: »Besser is schon wie gar nix«.

Oktober 1925

Sprachlehre für das Elektrizitätswerk

Sie senden wieder einmal Herrn K. K. eine Mahnung (angeblich noch unbeglichene S 5.72 zu bezahlen) mit der Drohung, seine Anlage vom weiteren Strombezuge »zur Abschaltung zu bringen«. Ein für allemal beehren wir uns Ihnen mitzuteilen, daß, wenn künftighin ein Betrag noch unbeglichen sein sollte, der Grund darin zu suchen ist, daß Sie entweder keine Rechnung geschickt oder die Buchung des bezahlten Betrages unterlassen haben. Der Betrag S 5.72 ist von uns am 5. Mai bezahlt worden. Wir möchten bei dieser Gelegenheit nicht versäumen, Sie darauf aufmerksam zu machen, daß weit empfindlicher noch als das angedrohte »zur Abschaltung bringen« der Gebrauch dieser Redensart ist, und Ihnen empfehlen, auf Ihrer Mahnkarte künftig einfach zu sagen, daß Sie eine Anlage vom weiteren Strombezuge »abschalten« werden. »Zur Abschaltung bringen« kann man eine Anlage überhaupt nicht, da diese selbst nichts abzuschalten hat. Dagegen könnte man allerdings einen Stromabnehmer, der unausgesetzt für beglichene Beträge mit der Abschaltung bedroht wird, zu einer solchen bringen. Nämlich zu dem Ersuchen, sie endlich vorzunehmen, und zu dem Entschluß, zu jener Petroleumbeleuchtung zurückzukehren, deren Bezahlung niemals mit solchen, vor allem sprachlichen, Schwierigkeiten verbunden war.

Soweit die Androhung der sachlichen Grundlage entbehrte, hat sich das Elektrizitätswerk korrekt entschuldigt;
was das Sprachliche betrifft, muß die nächste abgewartet
werden. Bis dahin mögen Sprachschüler darüber nachdenken, warum ähnlichen Formen, wie »eine Methode zur Anwendung bringen« oder »einen Plan zur Ausführung« nichts
derart Ungemäßes anhaftet. Doch sei ihnen, um Unheil zu
verhüten, der Fingerzeig gewährt, daß hier etwas wie eine
komplementäre Handlung, ein schon begrifflich Einbezoge-
nes, dazu Gehöriges »zum Ausdruck gebracht« wird, nicht
aber, wie dort, etwas Äußerliches und dem Zweck der »Anlage« keineswegs Zukommendes. Gleichwohl sind alle diese
Formen in einem tieferen Grunde inkorrekt. Anwendung,
Ausführung, Abschaltung sind Aktivbegriffe: sie kommen
von Tätigkeitswörtern, die die Tätigkeit dessen ausdrük-
ken, der es tut, und nicht den Zustand der Sache, der es geschieht. Der kann wohl »zum Ausdruck gebracht werden«,
da »Ausdruck« den Inhalt einer passiven Vorstellung hat.
Ich kann mich zur Ausführung eines Planes bringen, den
Plan nur zum Ausgeführtwerden. Das ist zum Glück unterlassen worden: eine Anlage wurde nicht zur Abschaltung
gebracht, von der man wohl sagen könnte, daß sie »dem
Schutze des Publikums empfohlen« ist (da doch bei elek-
trischem Licht Sprachlehre getrieben wird). Wenn nicht
wieder jener Kommunalausdruck bedeuten möchte, daß die
Anlage bestimmt sei, das Publikum zu schützen. (Was freilich in gleichem Maße der Fall ist.)

März 1925

Brauchen

Lawrence, The University of Kansas

1. Februar 1925

Im voraus bitte ich um Entschuldigung, daß ich wieder mit einem
Zweifel an Sie herantrete. Ich lese soeben zum so-und-so-vielten mal
in dem Fackelheft Nr. 632—639, und finde auf Seite 78, Zeile 3—4,
folgende Stelle, die mich beunruhigt:

braucht dieses Bescheidwissen nur auf drei Buchstaben in der Mitte
verzichten . . .

auf Seite 73 aber steht:

> oder man »braucht sich nicht erinnern«, wie Herr S. zu sagen pflegt.

Da ich nicht Deutscher, auch nicht deutscher Abstammung bin, ist meine sprachliche Unsicherheit vor der Fackel schon etwas leichter erklärlich als die der meisten ihrer Leser; doch scheint mir zwischen den beiden angeführten Fällen kein formaler Unterschied zu bestehen, und da ich nicht annehme, daß im ersten Zitat ein Druckfehler vorliegt — daß ein »zu« zwischen den zwei letzten Worten von seinem Platz verschwunden ist —, und noch weniger an eine Entgleisung Ihrerseits glaube, sondern vermute, daß die Wendung, wie sie eben steht, beabsichtigt ist (denn meinem Gehör nach hat sie einen durchaus richtigen Klang — vielleicht weil »braucht« und »verzichten« so weit voneinander getrennt liegen? —, während das »braucht sich nicht erinnern« einen gräßlichen hat), so weiß ich mir anders nicht zu helfen, als daß ich mich wieder einmal an Sie wende. Sooft ich die Stelle auch schon gelesen habe, heute fällt sie mir zum erstenmal auf, und ich frage mich vergebens, warum sie, trotzdem so etwas »nicht geht«, so gut klingt. Mit grammatikalischer Vernunft komme ich der Lösung nicht näher, denn in sprachlichen Dingen (selbst in den muttersprachlichen) bin ich ganz und gar auf mein Ohr angewiesen (welches mich wohl manchesmal im Stich läßt). Jedenfalls weiß ich nicht wie ich zu dem ganz passablen E n g l i s c h gekommen bin, das ich heute schreibe (ohne jedoch Schriftsteller von Beruf zu sein), wenn nicht durch das D e u t s c h der Fackel, das so entscheidend und so glücklich auf die Schärfe meines Gehörs gewirkt hat.

Wie bei dem über das Weltmeer geflogenen Apostroph — dessen Problematik, wie Zuschriften von nicht weither beweisen, manchem Schwachkopf ein Lächeln entlockt hat — hat der Leser in Kansas selbst die Lösung des Zweifels gefunden, ohne ihrer sicher zu sein. Er fühlt nicht nur, sondern bezeichnet den Unterschied der Fälle ganz richtig; und er nehme dazu, daß an jener Stelle der Infinitiv mit »zu« dreimal hintereinander gesetzt wäre (zu verzichten... zu verlassen... anzutreffen). Mehr als für »facere« gilt für »scribere« das Non est idem, si duo, das sich hier schon zum Quod licet Jovi auswächst. An und für sich ist »brauchen« ohne »zu« keineswegs falsch — das wurde nie behauptet —, es gibt Fälle, in denen es sogar vorzuziehen ist, eben wenn sich die »zu« häufen oder wo eine mehr mundartliche Färbung oder die Veranschaulichung des abgekürzten Vorgangs intendiert ist, was ganz gewiß bei der dargestellten Sphäre (Verzicht auf drei Buchstaben im Wort »Bescheidwissen«) der Fall war.

Oktober 1925

Alte und neue Formen

In der von ihm selbst veranlaßten Zusammenkunft mit den Vertretern der Presse hat er sich als ein ganz moderner Mensch erwiesen und ist gar nicht weiter erstaunt gewesen, daß eine durch vielfache Gerüchte beunruhigte Öffentlichkeit Aufklärungen wünscht; ist keinen Moment verdrossen gewesen, Antworten und Auskünfte zu erteilen über die Verwaltung nationaler Güter, die seiner Obhut anvertraut sind. Als ich vor etwa zwanzig Jahren den damaligen Direktor der damals kaiserlichen Gemäldegalerie in einer Reihe von Artikeln ersuchte, dem Verdorren dieses Museums Einhalt zu tun, s c h w e i g t e er und rührte sich nicht. Er war k. u. k. Beamter eines k. k. Hofinstitutes und fühlte sich nur seiner vorgesetzten Behörde verantwortlich.

Da ist unserm Salten, der auch im Stil der alten Chroniken zu Hause ist wie überhaupt in jedem außer dem eigenen, ein Fund geglückt; man braucht nicht immer Jargon schreiben. So wenig deutsch kann er natürlich nicht, daß ihm nicht das Imperfekt »schwieg« vertraut wäre, aber er hat irgendwo das alte »schweigte« gefunden, und dieses schien ihm aparter. Er weiß gar nicht, wie richtig seine Wahl war. Die seltene Faktitivform bedeutet nämlich »schweigen machen«, und das ist der alten Staatsmacht mit der Presse hin und wieder gelungen. (Adelung: »es geschehe nun auf welche Art es wolle, durch einen Befehl, durch Gründe, durch Befriedigung des Verlangens.«) Wenn nicht, schwieg sie, während die heutige, die Journalisten als Vorgesetzte anerkennend, ihnen Rede steht. Die Formen haben sich also immerhin geändert. Nur nicht die meinigen im Verkehr mit der Presse: ich stehe ihr immer noch dann Rede, wenn sie diese nicht hören will, und sie möchte mich nach wie vor schweigen, aber es gelingt ihr nicht einmal, mich totzuschweigen.

Pretiosen

Stefan Zweig, heute einer der repräsentativen Schmuser der europäischen Kultur, würde es mir unmöglich machen, in der Seichtheit seiner tiefen Sätze nicht zu versinken, wenn ich mir in mühevoller Praxis nicht doch eine gewisse Fähigkeit der Resistenz erworben hätte, um mir's an der Stelle genügen zu lassen, auf die mein Blick gerade fällt.

Dreißig, ja vierzig Jahre übt und vertieft Sigmund Freud seine Methode und hätte er die tausend und aber tausend Beichten der ihm anvertrauten Seelen in der Schrift festgehalten, es gäbe kein Buch der Weltliteratur, das ihm dokumentarisch g l e i c h t e.

Hier kann man nur sagen: Aufgewachsen bei Opitz! Daß »gleichen« schwachförmig gebraucht wird, dürfte seit solchen Olims Zeiten, der die Welt noch ohne Neue Freie Presse geschaut hat, nicht der Fall und selbst damals nicht üblich gewesen sein. Es kann hier aber auch ein solcher Hang nach sprachlichen Pretiosen mitgespielt haben, der nicht die abgestorbene Form ergreift, sondern eine vorhandene, wenngleich seltene, in ihrer Bedeutung mißversteht und für was Kostbares hält. Dann wäre Herrn Zweig dasselbe passiert wie Herrn Salten, der auf einmal »schweigte«, weil er diese Form in einer Auslage gesehen hatte, ohne zu wissen, daß sie so viel bedeutet als: schweigen machen, beschwichtigen, also die Tätigkeit, die man gegenüber Schwätzern anwendet. »Gleichen« (gleichte, gegleicht) ist ein ebensolches Faktitivum wie schweigen (schweigte, geschweigt) und bedeutet — im Gegensatz zu »gleichen, glich, geglichen« = gleich sein — so viel als gleich machen, glätten, in Übereinstimmung bringen. Eher kann das Faktitivum »schweigen« stark abgewandelt werden (ich schwieg ihn), als schweigen im Sinn von »nicht sprechen« schwach. Und das Faktitivum »gleichen« hat in Zusammensetzungen durchaus die starke Abwandlung, so daß die Tätigkeit des Gleichmachens dann nicht anders konstruiert wird als die Eigenschaft des Gleichseins. Es wird also »verglichen«: wenn ich nicht eine Sache

als solche g l e i c h m a c h e (glätte) oder reale Dinge in
Übereinstimmung bringe (Münzen, Gewichte), sondern wenn
ich eine Sache einer andern g l e i c h s t e l l e oder sie an
ihr messe; doch kann sie auch als solche »beglichen« oder
»ausgeglichen« werden (wobei allerdings mit einer vorgestellten Forderung oder Rechnung verglichen wird). Nur im
rein mechanischen Sinn wird etwas »gegleicht«; aber selbst
da »angeglichen«. Herr Zweig hat also irgendwo »gleichte«
in der selteneren Bedeutung gefunden und diese mißverstanden, oder vielleicht doch die abgestorbene, niemals
lebende Form für seinen reporterhaft normalen Sinn gewählt. Jedenfalls gedachte er sich mit etwas Kostbarem zu
schmücken. — Diese Beobachtung ist natürlich nur eine Kleinigkeit, eine von jenen, mit denen ich mich abgebe; aber sie
scheint doch hinreichend Raum zu gewähren, daß man in
ihr das Format eines Kuluressayisten unterbringe. Wenn
so einer hinschreibt, daß einem Buch keines der Weltliteratur »gleichte«, so glaubt er schon mit einem Fuß in ihr zu
sein. Aus der wievielten Hand jedoch selbst die scheinbar
korrekten Fügungen ihm zugekommen sind, läßt sich leider
nie feststellen. Meiner Methode genügt ein Zweig, um einen
Wald von Federn zu sehen, die da vorgearbeitet haben.
Aber das ist es eben, was der Zeitungsleser braucht. Die
Bürgerschaft zwischen Berlin und Wien sieht sich durch die
Emil Ludwig und Stefan Zweig mit der denkbar größten
Zeitersparnis in die Weltliteratur eingeführt, und die Folge
ist, daß solche Leute dann für Paris und London selbst schon
zu ihr gehören. Sie machen dem Leser die Lücke, aus der
seine Bildung besteht, wohnlich und behaglich, schmücken
sie mit Urväter Hausrat, neuzeitlichem Zierat und sonstigem Unrat, und heben den Zeitgenossen liftartig auf ein
Niveau, das er unten nur zu betreten braucht, um oben zu
sein. Der Lift war auch nicht immer oben, aber es gelingt
ihm immer wieder, und technische Hindernisse sind un-
schwer ausgeglichen.

Kleiner Erfolg

Ein Leser aus Cassel schreibt:

Vielleicht interessiert den Herausgeber der Fackel das folgende Zitat, als Beweis für die Tatsache, daß vor 70 Jahren ein mittlerer Übersetzer besser um die deutsche Sprache Bescheid wußte, als heutigen Tags ein beliebter Feuilletonist:

Geschichte der Girondisten v. A. v. Lamartine. Nach der 3. franz. Auflage übersetzt von Wilhelm Schöttlen. Siebenter Band. Stuttgart, Rieger'sche Verlagsbuchhandlung 1851:

»Dieser junge Mensch war Camille Desmoulins, der inconsequent in seinem Mitleid, wie in seinem Hasse, sich in seiner bald verruchten, bald knabenhaften Leichtfertigkeit den Thränen hingab, wie er das Blut herausforderte. Mit Gleichgültigkeit oder Verachtung hielt ihn die Menge zurück und s c h w e i g t e i h n wie ein Kind.«

Hier ist, was Stilgeckerei bei einem Literaten wäre, ein Stilmittel beim wahren Erzähler geworden: der Prosabericht wächst zu einer Ballade.

Aber da ich von Salten nicht schweigte, so gleichte es mir ganz und gar nicht, bei dieser Gelegenheit an Zweig vorüberzugehen und nicht auch seinem pretium affectationis ein besseres Vorbild darzubieten. Die Anfangszeilen der letzten Strophe der liebenswürdigen »Elegie an einen Mops« von Moritz August Thümmel enthalten das von jenem mißverstandene Faktitivum:

Wie hast du, guter Mops, nicht meiner Stirne Falten,
Sah ich dem Grillenspiel der deinen zu, g e g l e i c h t!

Aber ich bin Pretiosenräuber. Zu den »kleinen Erfolgen«, mit denen ich kürzlich renommiert habe, kann ich, einem Gerücht zufolge, die Tatsache zählen, daß sich Herr Zweig entschlossen hat, in dem Nachdruck seines Freud-Aufsatzes, der im Jahrbuch für Psychoanalyse erfolgt, die rare Form durch die richtige zu ersetzen. Wenn man die beiden Fassungen vergleichte, würde man finden, daß es nunmehr kein Buch der Weltliteratur gibt, welches dem Werke Freuds g l e i c h k ä m e, was ja in der Meinung übertrieben sein mag, aber im Ausdruck richtig ist. Ob Salten sich zu einer analogen Änderung entschlossen hat, darüber schweigte das Gerücht.

Falsches Lob

D. — anders, begreif' ich wohl, als sonst in Bubiköpfen malt sich in diesem Kopf die Welt —:

> Ludwig Fulda hat die Übersetzung Ibsens bewerkstelligt: pointierte Verse, F u l d a s c h e R e i m ü b e r r a s c h u n g e n, die g a r n i c h t a n Ü b e r s e t z u n g d e n k e n l a s s e n. Man g l a u b t e i n O r i - g i n a l z u h ö r e n. Der fremde Passagier sagt zu dem mit den Wellen ringenden Peer: »Die Furcht hat Sie zu früh gepackt, man stirbt nicht mitten im fünften Akt....«

Nicht ganz so groß ist die Fuldasche Reimüberraschung für den, der an Christian Morgensterns Übersetzung denkt und eben dieses Original zu hören glaubt:

> Getrost, mein Freund! Ich habe Takt; —
> M a n s t i r b t n i c h t m i t t e n i m f ü n f t e n A k t.

Dagegen hat P. — den man freilich in der Umgebung von Wiener Kritik so wenig nennen wie er zu ihr gehören sollte — wieder unrecht, wenn er meint, daß die Form »ge- schmelzt« ein tadelnswertes Fuldasches Original sei und nicht vielmehr ein alter, guter, hier der einzig richtige Ge- brauch. S. wäre in solchen Fällen gewitzigt und hätte ge- schweigt.

Falscher Tadel

Ich bin wohl kein Freund der Neutöner, die es aus Un- fähigkeit zum alten Ton sind. Und was ich ihnen am mei- sten verüble, ist, daß sie den schmutzigsten Besitzern des gesunden Menschenverstandes dazu verhelfen, recht zu haben, und daß man sich die Hände abwischen muß, weil einem das Malheur zugestoßen ist, mit so was eine Ansicht zu teilen. Um der Plattheit des Herrn Blumenthal zu ent- gehen, stürze ich mich dann kopfüber in die schwindelnde Tiefe eines neuen Lyrikers.

Wie ein Frühlingslied von Theodor Däubler aussieht, wissen wir nun. Seine Winterlieder sind nicht besser geraten. Über einem dieser Lieder strahlt das Wort »Schnee«. Durch die Erinnerung singen mir die Verse Platens: »Leicht erträgt mein Herz des Winters Flockenschnee, weil ich Blütenschnee des Lenzes ahne.« Mit so einfachen Klängen begnügt sich unser Dichter nicht. Seine Schneeflocken sind Silberbienen und setzen sich »sehr stumm« auf welke Blätter. Kann man stummer als stumm sein? Der Schnee Theodor Däublers ist es imstande. Er kann auch noch andere Kunststücke. E r w i r b e l t n i c h t b l o ß , e r » s c h w i r b e l t « a u c h — und er würde zweifellos auch z i r b e l n und girbeln, wenn es von ihm verlangt wird: denn was tut nicht ein gutmütiger Schnee für einen Dichter, der Neutöner von Beruf ist? Vielleicht lehrt er uns bald, daß es nicht bloß einen Wirbelwind, sondern auch einen Schwirbelwind gibt, und daß der Mensch nicht bloß eine Wirbelsäule hat, sondern auch eine Schwirbelsäule.

Herr Blumenthal ist vom Schwirbel bis zur Zeh ein Sprachkenner. Nur muß er noch zulernen, daß es einen Schwirbel, wenn auch nicht im Sinn von Scheitel, so doch im Sinne von Taumel, Schwindel wirklich gibt. Herr Däubler hat da gar keinen Schwirbel gemacht, sondern ein altes Wort ganz gut gesetzt. »Schwirbeln« heißt — wie jener im Sanders nachlesen kann —: sich wirbeln, drehn, taumeln. Dem Schnee soll vermutlich mehr als das physikalische Wirbeln, auch die Empfindung des Taumelns zugeschrieben werden; lautlich ist es, indem sich Sch mit wirbeln verbindet, eine anschauliche Darstellung des Treibens, eine recht schneehafte Abdämpfung des Wirbelns. Herr Blumenthal hat Pech. Denn »Zirbeln« gibt's auch und es bedeutet dasselbe, wie auch sogar »zwirbeln«, das es gleichfalls bedeutet und das die Scherzhaftigkeit zu erfinden vergessen hat. Nur »girbeln« gibt's nicht. Aber den Blumenthal gibt's. Er könnte mit der höchsten Lyrik genau so verfahren wie mit jener, die er gerade angefaßt hat und deren Einzelfall eben darum meines Schutzes sicher sein kann, so gefährlich mir auch der geistige Typus erscheinen mag. Was weiß ein Berliner Witzonkel von diesen Dingen und was gehen sie ihn an? Der Blumenthal verhält sich zur Lyrik wie der Blumenthal zu einem Blumental. Wobei das Trostlose ist, daß man ihn noch mit h schreiben soll und dieses nicht mehr!

Metaphern

Über ein Shakespeare-Wörterbuch schreibt in der Neuen Freien Presse ein Herr, der mit dem Wort auf einem so beschaffenen Fuß steht: Shakespeares Welt sei eine Insel der Seligen, die »jeder verlangenden Hand ihre goldenen Früchte reicht«.

Allerdings auch ein Eden mit e i n i g e n Bäumen der Erkenntnis, v o n d e n e n es mehr als genug h a r t e N ü s s e z u b r e c h e n g i l t.

Abgesehen von der Schwierigkeit der Vorstellung, daß es etliche Bäume der Erkenntnis gibt und daß es Nußbäume der Erkenntnis sind, kann man von einem solchen zwar Nüsse »brechen«, nämlich pflücken, aber für die Schwierigkeit dieses Brechens ist es völlig irrelevant, ob sie mehr oder weniger hart sind. Eine »harte« Nuß brechen kann nur heißen: sie aufbrechen, nachdem sie schon vom Baum gebrochen ist. Das meint er aber nicht, sondern er meint, daß es die Früchte v o m Baum der Erkenntnis zu brechen »gilt«, was wieder darum seine Schwierigkeit hat, weil es ja verboten ist. Item, er meint, es gelte, die Nüsse von den Bäumen zu brechen. Sie aufbrechen ist erst das nächste, was zu geschehen hat. Denn:

Daß ein Forscher, der wie ein w e t t e r f e s t e r und s c h a r f ä u g i g e r F ä h r t e n s u c h e r den Wegen Shakespeares zu folgen gewohnt und gewillt ist, auch zahlreiche dieser harten Nüsse zu e n t k e r n e n vermag, davon zeugt fast jede Seite in Kellners letztem Buch.

Natürlich: es gehörte noch keine Kraft dazu, die harten Nüsse vom Baum zu pflücken, jetzt erst, beim Entkernen, muß sie sich an der Härte bewähren. Warum einer aber dazu ein wetterfester und scharfäugiger Fährtensucher sein muß und was ein solcher überhaupt im Paradies zu suchen hat, mag jener wissen, dessen Wege noch unerforschlicher sind als die Shakespeares.

Die Handelssprache

Aus einem Prospekt:

Liebe gute Eltern!
Wollet Ihr Euren Buben
wollet Ihr Euren Knaben
gut und billig bekleiden dann bitte ich höflich um Ihren gesch. Besuch.
Selbst vom entlegensten Bezirke wenn sie kommen,
ist es Ihr Vorteil.

Aus dem Begleitbrief:

Als gebürtiger Franzose und (angesichts derartiger Sprachausartungen l e i d e r) naturalisierter Österreicher, erlaube ich mir Ihnen den beiliegenden Prospekt zu überreichen, dessen Erfolg in Paris eine Serie von Maulschellen wäre, die der Verfasser von den lieben guten Eltern, die dort immerhin noch etwas auf ihre Sprache halten, empfinge.

Selbst vom entlegensten Bezirk wenn sie kämen, wäre es sein Nachteil. Aber wer wollte an das Wiener Merkantilleben mit Forderungen der Sprachreinheit herantreten? Wem sollte das Farbengebrülle dieses Plakatwesens noch das Gelalle dieser Texte hörbar machen? Der deutsche Charakter einer Stadt ist ihr Lebtag noch nicht an der Sprache, die sie spricht, erkannt worden. Doch die in Wien gesprochene und geschriebene, mit diesem Kauderwelsch des Verkehrs, diesem Rotwelsch des Handels und dem Deutsch der Zeitung, ist so geartet, daß man sich wundert, wie dergleichen auch nur ein Verständigungsmittel zwischen den Wienern bilden kann.

Schöne Aussichten

Gelesen habe ich ja noch nie eine Zeitung — wer weiß, vielleicht käme ich hinter die Vorzüge —; aber wohin der Blick nur fällt, nimmt er wahr, daß sie von puren Analphabeten gemacht wird. In keiner Sprache wird ja so schlecht gesprochen und geschrieben wie in der deutschen und in keiner deutschen Region wieder so schlecht wie in der österreichischen. Wien erleidet insoferne das Schicksal Babels, als der Herr daselbst verwirret hatte eines einzigen Volkes Sprache. Oft denke ich mir, wie eine Nation, die so auf die Fremden angewiesen ist, mit der Verpönung fremder Sprachen auskommen kann und ob es denn mit gebrochenem Deutsch allein auf die Dauer gelingen könnte, sich zu verständigen. (Wozu noch die Eigenheiten der Landesbräuche kommen, die, an und für sich unverständlich, ihren besonderen Ausdruck haben. Ich stelle mir eine Engländerin vor, an die ein Zahlkellner mit dem Wortgebild heranstürmt, dem nicht einmal zu entnehmen ist, ob es Frage oder Botschaft bedeutet, und das die Elemente der Gnade, des Geschmacks und des Willens zu der rätselhaften Formel vereinigt: »Gnädigste schon was Sisses befohlen —«. Wo in der weiten Welt gibt es dergleichen und wie könnte die perfekteste Kenntnis des Deutschen mit Zuhilfenahme von Wörterbüchern da zureichen?) Das Merkwürdige ist, daß die Einheimischen einander verstehen; offenbar gelingt es, indem jeder weiß, was der andere nicht meint. Die Journalisten nun scheinen sich irgendeinmal auf den ruchlosen Grundsatz »Schreibe, wie du sprichst« festgelegt zu haben und nehmen ihn wörtlich. Was da herauskommt — da sie also faktisch schreiben, wie sie sprechen —, ist ja toll, aber es wäre noch erträglich, wenn sich nicht auch die Konsequenz ergäbe: »Sprich, wie du schreibst«, indem nämlich dann die Leser so sprechen, wie die Journalisten schreiben. Und da jetzt auch alle Leser schreiben, so ist das, was schon Wirklichkeit ist, gar nicht mehr vorstellbar. Die Landessprache ist das Kauderwelsch, welches freilich durch die verschiedenen Arten des berufsweise gesprochenen Rotwelsch verzerrt wird und dessen reiner Charakter nur noch in der Amtssprache erhalten scheint. Der Umsturz hat auch die spärlichen Überbleibsel von Normen einer Syntax aufgelöst und man kann wohl sagen, daß seit der Lostrennung von den anderen Nationen in Österreich nicht mehr deutsch gesprochen wird. Leider scheinen es auch die Setzer verlernt zu haben, die in der Monarchie noch das Gröbste, was ihnen die Redakteure lieferten, zu beseitigen gewohnt waren und nur in Zeiten passiver Resistenz einen Artikel, wie er war, erscheinen ließen. Auf die Art haben schließlich die Redakteure manches gelernt und es ging zur Not. Ich glaube kein Redaktionsgeheimnis zu verraten, wenn ich der Vermutung Ausdruck gebe, daß alles was jetzt erscheint von den Lesern geschrieben ist, die es freilich von den Redakteuren gelernt haben. In der Neuen Freien Presse beginnt zum Beispiel ein Geburtstagsartikel folgendermaßen:

Seine vielen Bekannten werden e r s t a u n t s e i n , z u e r f a h r e n , d a ß M i t t w o c h w i r d P r o f e s s o r D r . F e l i x E h r e n h a f t f ü n f z i g J a h r e a l t .

Kann sein, es handelt sich um eine sogenannte »Verhebung«, auf die sich die Stilisten des Tages immer ausreden (als ob's ihnen wer geschafft hätte, den Beruf zu ergreifen); aber dann mauschelt eben schon die Maschine, was doch nur ein Fortschritt und kein Wunder wäre. Interviewt wird — im Neuen Wiener Journal — folgendermaßen:

Was ist das Neue, w a s Sie zurzeit beschäftigt?

Nämlich Herrn Zuckmayer; was ja ebenso wissenswert ist wie jede der Antworten, die immer dieselben prominenten Nichtskönner gleichzeitig auf die Fragen erteilen müssen, woran sie arbeiten, wohin sie aufs Land gehen und wie sie sich das Jenseits vorstellen. (Woran sie arbeiten, beunruhigt mich weniger als die anderen Pläne, die ich genau beobachte, um die eigenen danach einzurichten; mit dem Landaufenthalt gelingt's mir immer, mit dem Jenseits hoffe ich durchzurutschen, ohne dem Schauspieler zu begegnen, der in einer und derselben Nummer erklärt hat, daß ihn das Dampfroß nach Ostende zu bringen habe, wo er was von Gilbert singen wird, und daß er kämpfen, leiden, tragen wolle, denn es dränge ihn zum Vater, dessen ausgesetzte Söhne wir alle sind.) Was nun mich zurzeit beschäftigt, ist nichts Neues, sondern das Alte, d a s mich immer beschäftigt hat: die Lage d e s D e u t s c h e n in Österreich, das seit der Zeit, da es noch eine Lage der Deutschen in

Österreich gab und infolgedessen eine Niederlage, darnie-
derliegt. »Verhoben« ist da gar nichts, sondern es kommt
eben davon, daß sie grade Michel sind, die schreiben, wie
ihnen der krumme Schnabel gewachsen ist. In der Neuen
Freien Presse tut sich wieder das Folgende:

Dann soll er i h m beim linken Arm gepackt und ihm zugerufen
haben: »Schau'n Sie, daß Sie h e r a u s kommen!« Als schließlich der
Postbeamte g e g e n e i n s o l c h e s Vorgehen u n t e r H i n -
w e i s a u f eine eventuelle Meldung u n t e r Diensteid h i n w i e s,
soll Dr. Busson ihm zugerufen haben: »Sie Bolschewist!«

Also was hat der Postbeamte eigentlich getan? Nein, so
schlecht sprechen die Leute doch nur, wenn sie schreiben, und
man kann, nimmt alles in allem, sicher sein, daß der flüchtigste Blick, der heute eine Zeitungskolumne streift, die Erfahrung bestätigen wird: mag der private Ausdruck im deutschen Sprachbereich den Tiefstand der Verkommenheit erreicht haben, er stellt neben der publizistischen Möglichkeit
noch immer eine rhetorische Kunstleistung dar. Was öffentlich gesagt wird, ist nur mehr gelallt, gekotzt, ausgeworfen
aus Mäulern, die rätselhafter Weise die Bestimmung haben,
täglich zum Volke zu reden. Der mündliche Sprachgebrauch
hat den Vorsprung erst wettzumachen, und da steht freilich
zu befürchten, daß die Juden im Kaffeehaus mit der Zeit so
sprechen werden, wie die in der Zeitung schreiben. Die
Christen in den Ämtern nicht anders, nur noch verschärft
durch die Angewöhnung dessen, was sie in der Reichspost
und in der »Dötz« lesen. An eine Heimwehr für sprachliche Belange haben die Troglodyten bisher noch nicht gedacht. Schlechthin unvorstellbar, wie in der Gleichzeitigkeit
des technischen Fortlaufs nach fünfzig Jahren die deutsche
Rede (inklusive der jüdischen) beschaffen sein wird. Wenn
nicht eine Diktatur — anderer Art, als sie sich der Herr von
der Alpinen Montangesellschaft denken mag, der in jenem
Fall die babylonische Verwirrung der einen Sprache her-
aufbeschworen hat —, wenn keine Diktatur mit dem Schwindel der Preßfreiheit tabula rasa macht und das Handwerk
unter die Drohung der Prügelstrafe stellt, dann wächst eine

Welt von Analphabeten heran, die nicht mehr imstande sein werden, die Zeitung zu lesen, sondern nur noch, für sie zu schreiben.

Oktober 1925

Der Leser schreibt

Deutsche Sprak, schwere Sprak. Ein Leser schreibt uns: Ein Wiener Abendblatt schreibt in einem Bericht über einen Unfall eines Schauspielers: »Der Künstler schwebt außer Lebensgefahr.« Es ist gewiß erfreulich, daß der Künstler demnach einem besseren Jenseits fernbleiben wird und ihm die letzte Ehre unerwiesen lassen kann. Ist es aber unumgänglich notwendig, daß die Wiener Blätter von Leuten geschrieben werden, die sich in der deutschen Sprache nicht zurechtfinden oder sollte es nicht doch umgänglich unnötig sein?

Das könnte man allerdings fragen, und der Sprachunterricht sollte nicht unerwiesen bleiben oder (wenn dies wegen der Wiederholung von »bleiben« mißlich wäre) nicht unerwiesen gelassen werden. Bis dahin sollen Zeitungen nicht drucken, was Leser schreiben, selbst wenn diese an Gedrucktem mit Recht Anstoß nehmen.

Da steh' ich nun, ich armer Tor!

Im Volkstheater aber geht der Vorhang auf, und es sitzt ein alter Herr bei schlecht beleuchtetem Pult und deklamiert: »Habe nun, ach, Philosophie«, ohne daß jemand wüßte, warum er das just dem Publikum erzählt... Und warum bei solch trockenem Wetter plötzlich der »erflehte Geist« um den »Faust« schwebt, ein Geist freilich, der sofort seine Theaterkunst verrät, indem er fälschlich deklamiert: »Du gleichst dem Geist, den du begreifst« (statt daß er schaudernd sagte: »Den du begreifst«). Begreifen sie überhaupt? Beide begreifen nicht!

Und Herr Liebstöckl, der sich doch sogar ein Doktorat zugelegt hat? Begreift er, daß er den Vers nicht begriffen hat und mit seiner öden Betonung nur dann recht hätte, wenn der Vers nicht lautete: »Du gleichst dem Geist, den du begreifst, nicht mir!«, sondern »...den du begreifst, nicht ich!« Natürlich wären (was aber weder jener noch der Schauspieler begreifen und treffen würde) beide Worte zu betonen, das heißt: das zweite zu betonen und das erste nicht unbetont zu lassen. Dem äußeren Sinn der Stelle genügt aber der Schauspieler mit der ausschließlichen Betonung des zweiten, und »fälschlich« hat nicht dieser deklamiert, sondern Herr Liebstöckl kritisiert. Etwas nicht begreifen, ist schließlich jedermanns Recht, aber einem andern daraus einen Vorwurf zu machen ist das Vorrecht des Kritikers. Herr Liebstöckl, dem der Geist wirklich nur schaudernd sagen könnte: »den du begreifst«, hätte besser getan, sich mit der Zitierung von »Habe nun, ach! Philosophie« zu begnügen. Diese Stelle kennt er gründlich, bis zu den Worten: »heiße Doktor gar«.

Mai 1927

Handel mit Sprachgut

Es gibt wenige Motive der Fackel, die noch nicht von deren Lesern mißverstanden worden wären, und allen Bitten zum Trotz erfolgt, damit es immer wieder dargetan sei, die Zusendung von Zeitungsausschnitten und sonstigem Material, das im Fall der Tauglichkeit ja noch unerwünschter ist, aber zumeist doch nur die Unzuständigkeit des satirischen Blickes dartut, der da in meiner Vertretung die Welt betrachten zu sollen glaubt. Von einem solchen wohlmeinenden Helfer wird mir, sichtlich mit Anknüpfung an das Motiv der geschändeten deutschen Sprachdenkmäler, der Prospekt eines Violinsaitenerzeugers zugesandt, der die Verse von dem Strengen mit dem Zarten, dem Starken und dem Milden nebst dem Ergebnis des guten Klanges verwendet und behauptet, daß die Herstellung nach seinem Verfahren »auf Grundlage des Sinnes obigen Zitates aus Schillers Glocke beruht«. Das wird von einem Rufzeichen eskortiert, in der sicheren Überzeugung: da gibt es einen guten Fang. Aber uneben daran ist nichts als die falsche Zitierung des ersten Wortes: »Wo« statt »Ob« das Spröde mit dem Weichen sich vereint zum guten Zeichen, also die Gleichstellung mit der folgenden Konstruktion »Denn wo das Strenge usw.« (während es im Original doch die Ausführung von »Prüft mir das Gemisch« bedeutet und nicht die Ursache des »guten Klangs«). Ein sprachliches Heiligtum nun ist die ebenso berühmte wie leere Stelle mit der — schlecht verteilten — dreifachen Antithese der analogen Begriffe und Formen (das Spröde, das Strenge, das Starke gegen das Weiche, das Zarte, das Milde) keineswegs; ihrer gemeinplätzigen Sinnigkeit hat sie eben die Popularität zu verdanken, die sie längst der satirischen Verwendung preisgegeben hat. Das darf mit aller Ehrfurcht vor dem hohen Menschentum des Versifikators solcher Lehrmeinungen, die schon Jean Paul aus dem Bereich des Dichterischen entfernt hat, gesagt werden. Sicherlich läßt sich jedoch ernsthaft, ohne Blasphemie und sogar mit einem hinzutretenden Etwas von einer neuen Sinnigkeit dem Werk der Saitenerzeugung das Rezept beischließen, das dem Glockenguß den guten Klang sichert. Der Fall, wo zitiert und nicht variiert wird, ist durchaus nicht dem Erdreisten jener zahllosen

Kategorien von Koofmichs und Vereinsmeiern gleichzustellen, die in Goethes »Über allen Gipfeln« frohgemut den diversen Interessendreck einsetzen. Es handelt sich auch nicht um Schuhwichs oder Margarine, und daß, wenngleich in geschäftlicher Absicht, für ein Musikinstrument gelten soll, was für die Glocke gilt, ist weder an und für sich unwürdig noch der fatalen Geläufigkeit jener Verse unangemessen. Es wäre selbst nichts dagegen einzuwenden, wenn ein Verschönerungsverein Goethes Verse, wie sie sind, zur Anpreisung einer Waldlandschaft in seinen Prospekt aufnähme; greulich ist eben nur, daß jede ulkige Händlersorte nach der Reihe aufsagt, wo jeweils Ruh', nämlich Pleite ist und was du derzeit kaum spürest außer dem Gestank, den sie zurückläßt. Was der Einsender, der es sicherlich besser gemeint als gedacht hat, in dem Prospekt übersah, ist weit ärger: die eigene Sprache des Händlers. Für den weichen Klang seiner Saite, der durch eine »Bindung zwischen Darm und Metall«, also wirklich durch so etwas wie die zitierte Paarung entsteht, mag er sich getrost auf Schiller berufen; aber nur im deutschen Sprachgebiet ist es möglich, daß eine Reklame in großen Lettern einen Titel führt wie diesen:

A. B.'s nach neuem Verfahren hergestellt e n und temperiert e n
Original G und C Saiten für Streicher.

Die völlige Hemmungslosigkeit, mit der die deutsche Zunge deutsches Sprachgut behandelt und just dort, wo es einen guten Klang geben soll: wo von »Ton- und Quintenreinheit«, von »andauernder Tonschönheit« die Rede ist — das ist das einzig Bemerkenswerte, das Um und Auf der nationalen Frage und hierin ist offenbar der eigentliche Rückhalt eines Volkes, das bald keine Sprache mehr haben wird, um der Welt zu beteuern, daß es nicht untergehen kann.

Oktober 1925

Der Ton

— — Davon gar nicht zu sprechen, daß einen solchen Brief, aus dem der Byzantinismus geradezu heraustinkt, wohl ein Monarchist, bei dem der Schwachsinn das Gefühl ist, schreibt, den »Ton« aber

überhaupt niemand nachahmen kann; wer vermöchte einen Satz zu
konstruieren wie den Schlußsatz: »Ihre Majestät wird auch Gelegenheit geben, in allernächster Zeit von ihr auch zum persönlichen Vortrag empfangen zu werden«? Der Monarchist, den die Exkaiserin ein
überirdisches Wesen dünkt, vermag den »Gedanken«, daß sie bereit
wäre den monarchistischen Agitator demnächst zu empfangen, in dieser a l l e n grammatischen Regeln baren, nur auf »Ehrerbietung« be-
dachten Form auszudrücken; erfinden läßt sich derlei überhaupt nicht ...

Und wenn der Brief hundertmal echt war, gerade der »Ton«
könnte die Annahme rechtfertigen, daß er erfunden sei.
Warum sollte den Ton »überhaupt niemand nachahmen
können«? Dann wäre überhaupt keine Zeile in den »Letzten Tagen der Menschheit« von mir, wo zu den Dokumenten aller Sphären auch aller Sprache gesprochen wird. Und
der zitierte Satz spottet ganz und gar nicht aller grammatikalischen Regeln — das gute Beispiel einer solchen hat wohl
ein Druckfehler durch den Dativ unvorbildlich gemacht —;
er ist grammatisch ganz richtig und es handelt sich vielmehr
um das Problem eines Stils, dem durch die getreue Erfüllung der dargestellten Sphäre geradezu das Reguläre gelingt.
Der majestätische Wahn, der solchen Ausdruck findet, mag
absurd, der »Gedanke«, den er ausdrückt, lächerlich sein.
Aber die Distanzierung, die beabsichtigt ist: daß also die
Majestät nicht etwa Gelegenheit hat, jemand zu empfangen, sondern Gelegenheit gibt, von ihr empfangen zu werden, so daß der, dem es bevorsteht, in weiterer Passivität
verharrt — dies gerade ist ganz entsprechend bewältigt.
Die Majestäten schreiben eben so oder lassen so schreiben
und der Stil ist gut, wenn auf ihre Art gesagt wird, was
gesagt sein soll. Und nichts läßt sich eher erfinden oder
nachbilden — von dem, der das Ohr hat — als die Besonderheit einer Sphäre, und umso leichter, je absurder sie ist
und je mehr sie als solche von der gesellschaftlichen Norm
absticht. Die Echtheit der Wendung ist kein Beweis für die
Echtheit des Briefes. Da würde ich eher noch glauben, daß
den Satz, der an der gleichen Stelle zu der Meldung vom
reichen Kindersegen einer sächsischen Familie zu lesen war:

O c h o t t ja! Die d o i t s c h e F a m ü l j e, das deutsche Gemüt sie sind doch zuu süß!

ein echter Sachse geschrieben hat.

Bei den Tschechen
und bei den Deutschen

Meinungen, Richtungen, Weltanschauungen — es kommt doch zuerst und zuletzt auf nichts anderes an als auf den Satz. Die ihn nicht können, fangen beim Lebensinhalt an, welchen sie infolgedessen nicht haben und welcher da ist, wenn der Satz gelingt. Es wird kaum je einen Autor gegeben haben, dem Stofflicheres, Wirklicheres, Zeitlicheres abgenommen werden konnte als dem, der meine Schriften geschrieben hat, und doch habe ich mich mein Lebtag um nichts anderes als um den Satz geschoren, darauf vertrauend, daß ihm schon das Wahre über die Menschheit, über ihre Kriege und Revolutionen, über ihre Christen und Juden, einfallen wird. Wenn man es las, war es Politik. Wenn man liest, was ich davon halte, ist es l'art pour l'art. Das kommt davon, daß man weder jenes noch dieses versteht, und davon kommt, daß alle Kritik, aller Widerspruch und aller Einwand von »Widersprüchen« an mir abgleiten muß, von mir nur beachtet und gefürchtet wie alles, dessen Stumpfheit mich anregt und das mich betrifft, auch wenn es mich nicht meint. Ob es nun so ist, daß mich der Stoff überwächst oder ob ich an der Unmöglichkeit, ihn zu bestreiten, wachse; und in welche Beziehung man mich immer zu dieser Wirklichkeit setzen will, und ob meine Feinde glauben, daß ich Mücken seige und Kamele, so groß wie sie, verschlucke: ich bleibe ihrer Kritik unerreichbar, weil ich weder dies noch jenes tue, sondern Sätze schreibe. Weil das bisher in der deutschen Literatur noch so selten der Fall war und ganz gewiß nie mit solch erschöpfender Ausschließlichkeit des Interesses an dem, was den Beruf des Schriftstellers ausmacht, so sind es die Leser nicht gewohnt, es verwirrt sie und sie sprechen darum, da sie ja doch von etwas sprechen müssen, so gern von etwas anderm, was mit dem Beruf des Schriftstellers gar nichts zu tun hat, und legen ihm dessen Erfüllung als Marotte und das Bewußtsein um dessen Erfüllung als Eitelkeit aus. Denn nichts verstehen die Menschen weniger, über nichts staunen sie mehr, als daß der Schriftsteller es mit dem Wort, der Maler es mit der Farbe zu schaffen haben möchte; daß sie Erlebnisse haben möchten, die nicht das geringste mit dem eigentlichen Gegenstande zu schaffen haben, also mit einer Gerichtsverhandlung oder mit einer Madonna. Sie maßen sich in diesen Dingen ein Urteil aus dem Grunde an, weil ja, soweit sie in der Anordnung der Worte und der Farben den Gegenstand erkennen, doch wirklich so etwas wie die Gerichtsverhandlung oder die Madonna herauskommt, und dies eben gibt ihnen das Recht, diese und jene zu agnoszieren. Anstatt der Kunst dankbar zu sein, daß sie einen den Gegenstand verkennen lehrt, »stehn sie hier auf ihrem Schein«. Würden sie einen Satz so oft lesen als er erlebt wurde, so würden sie den Gegenstand nicht mehr sehen, den sie beim einmaligen Lesen eben noch erkennen. Die von mir sagen, daß ich einen guten Stil schreibe, wissen das sicher nur vom Hörensagen; denn in Wahrheit ist für sie noch nie ein schlechterer geschrieben worden. Die Erlaubnis, auf Druckfehler aufmerksam zu machen, hat dies in einer umfassenden Weise offenbart. Man könnte aus den Fällen, wo ein Sprachwert als Druckfehler angezeigt wird, einen Roman der wildesten Abenteuer des Geistes, also eine Sprachlehre machen. Es »jückt« mich in den Fingern. (Auf diese Begegnung einer faustischen mit einer jüdischen Nuance in einem Vokal haben etliche Leser von »Literatur« als auf einen Druckfehler aufmerksam gemacht.) Stil kann man getrost als das definieren, was der Leser nicht versteht. Denn er ist schon dadurch, daß er die Sprache spricht, der Fähigkeit überhoben, sie zu hören. Er ist und bleibt auf nichts anderes eingestellt, als daß der Autor die Meinung, die er als der vermutlich Klügere haben könnte, ihm sage, die Gegenmeinung oder alles ironisch Gemeinte in Gänsefüßchen setze, und wenn er dazu noch einen Gedanken hat, den der Leser von ihm nicht erwartet, auf diesen durch einen Gedankenstrich schonend vorbereite, damit er ihm nicht entgehe. Daß Stil nicht der Ausdruck dessen ist, was einer meint, sondern die Gestaltung dessen, was einer denkt und was er infolgedessen sieht und hört; daß Sprache nicht bloß das, was sprechbar ist, in sich begreift, sondern daß in ihr auch alles was nicht gesprochen wird erlebbar ist; daß es in ihr auf das Wort so sehr ankommt, daß noch wichtiger als das Wort das ist, was zwischen den Worten ist; daß dem, der im Wort denkt wie ein anderer in der Farbe und wieder ein anderer im Ton, es nicht nur die Welt aufmacht, sondern sie auch wechseln läßt, wenn jenes da steht oder dort; daß nicht immer nur eine Mehlspeise, sondern manchmal auch ein Gedicht ein solches sein kann, ja sogar eine Prosazeile, und daß weit hinter dem Begreifen des Sinns eine Letter ein Gedanke sein könnte: solcherlei geht dem Leser so wenig ein, daß er vor dem klarsten Abbild jenes Erlebnisses, in dem nur die Verbindung von Sprachlichem und Stofflichem ein Rätsel bleibt, strauchelt und den Satz, der alles was in ihm enthalten ist sich selbst verdankt und sich darum von selbst versteht, mißversteht. Der intellektuelle Ehrgeiz, das »verstehen« zu wollen, was nur empfunden werden darf, um aufgenommen zu werden, was nur gesehen und gehört werden muß, wie es empfunden wurde, spielt, vom Dummkopf aufwärts, beim Lesen die verhängnisvollste Rolle. Was die Verstandesmäßigkeit aber am schlechtesten kapiert, ist die Ironie, die sie herausfordert. Da sie sich um keinen Preis wiedererkennen will, so wird das einfache Hinausstellen dessen, was sie denkt, die ironische Wiederholung ihres Motivs, bei ihr am wenigsten verfangen. Sie wird es für die Meinung des Autors halten. Ein Satz hat vor ihr nie ein Gesicht, er lacht nicht, er spielt und schielt nicht, er zwinkert nicht, sondern er hat die Meinung, die er hat, wenn man ihn aus der psychischen Situation, in der er steht, herausschneidet.

Einer der ergiebigsten Fälle, die mir je untergekommen sind, ist der folgende: Da hat einmal, vor dem Krieg, eine jener deutschen Lese- und Redehallen, deren Mitglieder weniger lesen und mehr reden als unbedingt notwendig ist, an einen deutschen Dichter, der zeitweise wirklich einer war, eine jener Kundgebungen gerichtet, die zwar flammen und zünden können, deren Pathos aber durch den Humor, den es verbreitet, zugleich gelöscht wird. Sie sprach davon, daß Zorn und Empörung uns die Feder in die Hand drücke, uns, »auf deren Fahnen die Freiheit des Geistes und der Wissenschaft geschrieben steht und die wir in einem Lande leben, wo Haß und Heuchlertum gar manche häßliche Erfolge zu zeitigen vermochten«. Die Geschichte spielt also in Prag: wo »wir wissen, was es bedeutet, wenn falsche Unterwürfigkeit und launische Willkür ungebärdiger Höflinge die Wahrheit in den Staub zu zerren vermag. Doch zu herbstem, bitterstem Ingrimm wächst unser Unmut, wenn —«. Ich fuhr dazwischen. Gerhart Hauptmann war — man sollte es nicht für möglich halten, aber es ist Tatsache — der »zurückgezogenste Dichterfürst« genannt worden, kurzum, es war ein Deutsch, das schon ohne alle Bomben auf Nürnberg ein Kriegsgrund war und vor dem es jede Sau im deutschen Lande, jedoch nicht dessen Bürger graust: die Sprache derer, die zwar deutsch fühlen, aber nicht können. Ein Lebenszeichen jener durch Not und Tod unverwischbaren Couleur, die darum noch heute, öffentlich oder privat, in Wäldern oder in Vereinen, auf Anstandsorten oder außerhalb, dem Vaterland zuspricht, daß es ruhig sein mag, aber selbst nichts dazu tut, sondern im Gegenteil Lärm macht. Die rote Kappe auf dem Kopf, das schwarze Brett vor und den weißen Terror im Kopf, war diese Geistigkeit in Prag durch den freisinnig-jüdischen Einschlag wesentlich gemildert, wenngleich in der Phraseologie unverkürzt. Ich habe nun, da ich — in kriegsferner Zeit — mit dem zurückgezogensten Dichterfürsten das Schicksal teilte, eine Einladung zu einem Vortrag vor solchem Auditorium zu bekommen, alle Elemente jenes sittlichen Pathos auf meinen Fall bezogen und geschrieben:

Auch ich habe dort einmal einen Vortrag gehalten und ich weiß, was es bedeutet, wenn Jugend, die nicht falscher, nur echter Unterwürfigkeit fähig ist, mich in der Pause um hundert Autogramme bittet, meinen Namen in das goldene Buch des Vereins einträgt, mich stürmisch zu einem zweiten Vortrag auffordert, und wenn dann die Freiheit des Geistes zaghaft wird, zurückweicht, sich davonschleicht wie die Bürger in »Egmont« und sich nicht traut, den zweiten Vortrag zu veranstalten, weil der zweitzurückgezogenste Dichterfürst, der Hugo Salus, etwas dagegen hat und weil deutsch gesinnte Jünglinge in einem Lande, wo Haß und Heuchlertum — b e i d e n T s c h e c h e n — gar manche Erfolge zu zeitigen vermochten, auf die Gefahr aufmerksam gemacht wurden, daß es ihnen in der Karriere schaden könnte.

Und nun rate man, bei welcher der beiden Nationen — bei den Tschechen oder bei den Deutschen — mir diese Bemerkung in meiner Karriere schaden mußte. Bei den Deutschen? Nein, »bei den Tschechen«! Denn ich hatte den Zwischensatz doch offenbar hingeschrieben, um mich bei den Deutschen beliebt zu machen und nur ja zu betonen, daß ich i h n e n Haß und Heuchlertum keineswegs vorwerfen wolle. Wofür ja schon das Lob der deutschgesinnten Jünglinge spricht, die in einem Lande, wo die Tschechen sich so heuchlerisch gebärden, sich in geistigen Angelegenheiten um ihre Karriere besorgt zeigen. Dieses »bei den Tschechen« nun sollte mein Charakterbild, nicht mehr von der Parteien Haß und Gunst verwirrt und nicht mehr in der Geschichte schwankend, sondern ganz eindeutig als das eines ausgesprochenen Tschechenfeindes überliefern, und schon vor dem Krieg hat es diese Mission erfüllt, indem es einer aus eben jener Geistesmitte in einer Hochschulzeitschrift den Tschechen denunziert hat mit dem eingestandenen Zwecke, zu verhindern, daß die tschechische Presse fürder Notiz von mir nehme. Und nach dem Krieg, als ich, auf das kurze Gedächtnis meiner Prager Kenner spekulierend, mich an die Tschechen anbiedern wollte, wurde es mir (vielleicht von derselben Feder) als Dokument entgegengehalten. Es war mein eigener Text, ja mein eigener Druck, den ich wiedererkennen mußte, die Stelle war angestrichen und der Absender hatte an den Rand geschrieben: »K. K. der jetzige Tschechenfreund!«. Daß es mir wenigstens nicht gelänge, mich über diesen krassesten meiner Widersprüche hinwegzuschwindeln. Gelingt es mir aber trotzdem, so würde ich doch meinem Schicksal nicht entgehen, da ja künftig jeder Leser mir nun die Seite angestrichen ins Haus schicken könnte, auf der ich soeben zugegeben habe, daß ich mich eines krassen Widerspruchs schuldig machte. (Und doch wieder von dem Lande gesprochen habe, wo die Tschechen sich so heuchlerisch gebärden.) Da hülfe mir dann nichts mehr. Außer, ich kehre zu der Methode älterer Ironiker zurück, deren beißender Spott auch dem Minderbemittelten zugänglich war, indem sie sich einen Setzerlehrling hielten, der ihnen mit einer Anmerkung in die Rede fiel, ei ei oder hi hi machte, guck guck oder schau schau, und der in diesem Falle todsicher ausgerufen hätte: »Bei den Tschechen? Soll wohl: Bei den Deutschen heißen? Anm. d. Setzerlehrlings«. Ich glaubte mit zwei Gedankenstrichen mein Auslangen zu finden. Einer wäre mehr gewesen. Dieser, oder der Setzerlehrling, oder irgendeine Bitte an den Leser, mich nicht mißzuverstehen, da ich's ja nur ironisch meine, und dieser böhmische Löwe sei gar kein Löwe, sondern bloß eine Retourkutsche gegen die Deutschen — so irgendwas, oder Gänsefüßchen und Eselsohren, alles, nur nicht die Sprache selbst, es hätte mich vor jedem Mißverständnis bewahrt oder ich hätte mir wenigstens bei den Tschechen nicht geschadet, welche zwar nicht Deutsch verstehen, aber immerhin doch besser als die Deutschen.

Das Wort

Von H. de Balzac

»Oft habe ich köstliche Reisen gemacht«; erzählte er mir... »auf
einem Wort durchschiffte ich die Abgründe der Vergangenheit, wie
ein Insekt an einen Grashalm geklammert mit dem Strom treibt.
Von Griechenland ausgehend kam ich nach Rom und durchschritt den
weiten Raum der Neuzeit. — Welch schönes Buch könnte man schreiben
über das Leben und die Abenteuer eines Wortes! Zweifellos trägt
es die verschiedenartigen Eindrücke der Ereignisse, denen es gedient
hat, mit sich; je nach dem Ort hat es verschiedene Gedanken erweckt;
wirkt es aber nicht noch größer, wenn man es von dem dreifachen
Gesichtspunkte der Seele, des Körpers und der Bewegung aus betrachtet?
Es anzuschauen, abgezogen von seinen Verrichtungen, seinen
Wirkungen und seinen Taten, kann einen das nicht in ein Meer von
Reflexion versenken? Sind nicht die meisten Worte gefärbt von dem
Gedanken, den sie äußerlich darstellen? Welches Genie hat sie geschaffen?
Und wenn so viel Verstand nötig ist, um ein Wort zu erschaffen
— wie alt mag dann die menschliche Sprache sein? Die Zusammenstellung
der Buchstaben, ihre Formen, das Gesicht, das sie
einem Wort geben, zeichnen genaue Bilder — je nach dem Charakter
eines Volkes — von unbekannten Wesen, deren wir uns erinnern.
Wer kann uns philosophisch erklären, wie ein Gefühl zum Gedanken
wird, der Gedanke zum Wort, das Wort zum hieroglyphischen Ausdruck,
die Hieroglyphen zum Alphabet, das Alphabet zur geschriebenen
Redekunst, deren Schönheit in einer Folge von Bildern besteht,
welche die Rhetoren klassifiziert haben und die gleichsam die Hieroglyphen
des Gedankens sind?

Sollte nicht die antike Gestaltung des menschlichen Gedankens in
den der Tierwelt entnommenen Formen die ersten Zeichen beeinflußt
haben, deren sich der Orient für seine Schriftsprache bediente? Und
mag sie nicht auch einige traditionelle Spuren in unseren modernen
Sprachen zurückgelassen haben, die sich alle zusammen in die Überbleibsel
des Urwortes der Völker geteilt haben, jenes majestätischen
und feierlichen Wortes, dessen Majestät, dessen Feierlichkeit im selben
Maße abnehmen wird, wie die Gesellschaft altert; dessen Schall, so
sonor in der hebräischen Bibel, so schön noch in Griechenland, immer
schwächer wird mit dem Fortschritt unserer sukzessiven Zivilisationen.
Ist es dieser antike Geist, dem wir die versteckten Mysterien jedes
menschlichen Wortes verdanken? Steckt nicht in dem Wort »wahr« eine
Art phantastischer Redlichkeit? Findet man nicht in dem kurzen Laut,
den es fordert, ein vages Bild der keuschen Nacktheit, der Einfalt des
Wahren in jedem Ding? Diese Silbe atmet eine undefinierbare Frische.
Ich habe die Formel eines abstrakten Gedankens als Beispiel genom-

men, da ich das Problem nicht durch ein Wort deutlich machen wollte, das es zu leicht verständlich macht, wie das Wort »Flug«, wo alles zu den Sinnen spricht. Und ist es nicht mit allen Worten so? Alle tragen den Stempel einer lebendigen Macht, die ihnen die Seele verliehen hat und die sie ihr wiedergeben durch die Mysterien einer wundersamen Aktion und Reaktion zwischen Wort und Gedanken. Denkt man dabei nicht an einen Liebhaber, der von den Lippen seiner Geliebten eben so viel Liebe trinkt als er ihr mitteilt? Allein durch ihre Physiognomie beleben die Worte in unserem Gehirn die Wesen, denen sie als Bekleidung dienen. Wie alle Geschöpfe haben auch sie nur ein Feld, wo ihre Gaben voll wirken und sich entwickeln können. Aber dieses Thema trägt vielleicht eine ganze Wissenschaft in sich!«

Die Wortgestalt

Als das stärkste Beispiel, wie im hingestellten Wort zugleich eine Situation mit ihrem ganzen Hintergrund dasteht und der sie beherrschende Charakter mit allen Schauern, die von ihm in alle Entwicklung und dramatische Fortsetzung ausgehen, schwebt mir eine Stelle aus dem Schluß des III. Teils von Heinrich dem Sechsten vor. Wie viele Menschen gibt es, die Bücher lesen, und wie wenige dürften wissen, daß solch ein Wert den vielen unerschlossen ist! Mir ist im ganzen großen Shakespeare nichts bewußt, das sich dieser Wirkung, von einem Wort bewirkt, an die Seite stellen ließe, wiewohl wahrscheinlich die deutsche Sprache daran mitgewirkt hat. Es steht am Beginn von Glosters blutiger Laufbahn und öffnet gleichsam das Höllentor der Richard-Tragödie. Von den drei Brüdern hat soeben König Eduard Margarethas Sohn durchstochen, Gloster sticht nach, Clarence folgt. Da Gloster auch die Mutter umbringen will, mahnt Eduard ab: Wir taten schon zu viel. Während sie in Ohnmacht fällt, wird Gloster von einem Entschluß gepackt:

> Clarence, entschuld'ge mich bei meinem Bruder.
> In London gibt's ein dringendes Geschäft:
> Eh ihr dahin kommt, sollt ihr neues hören.
>> Clarence.
> Was? Was?
>> Gloster.
> Der Turm! der Turm! (ab)

In der nächsten Szene — Zimmer im Turm — wird dann Heinrich, mit einem Buch in der Hand, abgestochen von einem, »der nichts weiß von Mitleid, Lieb' und Furcht« und der »Zähne im Kopf bei der Geburt hatte«. »The tower! the tower!« könnte nicht so das Schreckliche malen oder es mag an dem Grausen des Rufs die Vorstellung der Lokalität ihren Anteil haben. Dieses »Der Turm! der Turm!« ist ein unüberbietbarer Eindruck. Wie wenn darin einer säße, der einem unerbittlichen Gläubiger sein Blut schuldet. Und doch zugleich wie eine Mahnung an die Blutschuld dessen, der ihn beruft, richtet der Turm riesengroß sich auf. Dieser Richard aber weiß, was seine Pflicht ist. Nachdem man die Königin abgeführt hat, fragt Eduard, wohin er verschwunden sei.

> Nach London, ganz in Eil, und wie ich rate,
> Ein blutig Abendmahl im Turm zu halten.

Da kann Eduard nicht umhin, der Tüchtigkeit dieses Bruders, der ein Mordskerl ist, Gerechtigkeit widerfahren zu lassen:

> Er säumt nicht, wenn was durch den Kopf ihm fährt.

Der Turm aber steht da und wenn seine Vorstellung noch ein anderes Bewußtsein zuließe, würde man sich fragen, was alle Theaterdekorationen der Welt vor diesem Wortbau eines Wortes vermöchten. Wie dieser ungeheuren Fügung ein Monstrum in Menschengestalt entspringt, wird erst — im Unterschied zweier dramatischen Abgänge — die ganze Macht wie Ohnmacht des Wortes sinnfällig, wenn man dem offenen Höllentor jenes Rufs das dem Mephistopheles verschlossene entgegenhält: wie dort das Wort vermag, was hier Worte versäumen.

Doch in der Goethe'schen »Pandora«: der Wortbrand in der Feuerbotschaft der Epimeleia, der Chor der Krieger, Annäherung und Entfernung des ersehnten Trugbilds in den cäsurversunkenen Versen des Epimetheus — es müßte, immer wieder, auf solche Wunder darstellend hingewiesen werden. »Wenn nach Iphigeniens Bitte um ein holdes Wort des Abschieds der König ‚Lebt wohl' sagt, so ist es, als ob zum erstenmal in der Welt Abschied genommen würde und solches ‚Lebt wohl!' wiegt das Buch der Lieder auf und hundert Seiten von Heines Prosa.« (Heine und die Folgen.) Das Geheimnis der Geburt des alten Wortes: niemals noch hat »die Stunde« so geschlagen, niemals noch währte ein Atemzug so die Ewigkeit wie in den vier Zeilen von Claudius' »Der Tod«; nie stand ein Wald so schwarz und still, nie stieg der weiße Nebel so »wunderbar« wie in dem »Abendlied«. In der neueren Wortkunst möchte ich dem »Tibetteppich« Else Lasker-Schülers einen das überhaupt nicht Vorhandene überragenden Rang einräumen. Meine eigenen Schriften gebe ich als Gesamtheit her für einige Stellen, in denen das, worauf es ankommt und wozu überall der Weg beschritten ist, mit einer fast den eigenen Zweifel besiegenden Unabänderlichkeit erfüllt scheint. Es sind, von außen besehen, Beispiele anderer Art als jene, wo ein Turm, ein Wald, ein Brand, ein Gewebe schon als die Wortkulisse den Prospekt der Phantasie stellen. Aber weil die eigentliche Schöpfung die Materie der Vorstellung überwindet und ihr selbst die Schönheit, die der Geschmack ihr absieht, nichts anhaben könnte, so beweist sich die Symbolkraft der gewachsenen Worte ebenso dort, wo sie eine Realität, wie dort wo sie einen gedanklichen Vorgang bezeichnen: alles ist so erst im Wort erlebt, als ob es vorher und außerhalb nicht gedacht werden könnte, und glaubte man auch, dieser Gestalt hinterdrein eine Meinung abzugewinnen wie jener einen Bericht. Worte, die schon allen möglichen Verrichtungen und Beziehungen gedient haben, sind so gesetzt, daß sie das Ineinander ergeben, in welchem Ding und Klang, Idee und Bild nicht ohne einander und nicht vor einander da sein konnten. Wie dort ein Turm, ein Wald nicht war oder erst von diesem den Inhalt empfängt, den er nicht hatte, so ist etwa das Wesen des Reimes als das »Ufer, wo sie landen, sind zwei Gedanken einverstanden«, nun erst zugleich hörbar und sichtbar geworden. Auch hier wäre der Materialwert, wenngleich nur der angewandten Vorstellung, eher jener Reiz, über den die eingeborne Kraft der Sprache hinwegmuß. Was sie von außenher fertig bekommt, verwandelt sie doch erst wieder in das Wort an sich und sie verschmäht durchaus jene Voraussetzungen von Gefühl und Stimmung, die der gewöhnliche Leser eben darum für wesentlich hält, weil er sie als seine eigene Leistung, als sein Mitgebrachtes wiedererkennt. Was die Sprache aus sich selbst vermag, erweist sie im Satz einer Glosse, wo jenen die Beziehung auf den mitgebrachten Anlaß befriedigt, so gut wie im Vers, wo er seine Empfindung zu agnoszieren glaubt. Die äußere Verständigung ist das Hindernis, das die Sprache zu überwinden hat. Wo es ihr erspart bleibt, ist die Daseinsfreude, die sie sich selbst verdankt, reiner. Ich möchte, was sie sich in jenem höchsten Sinne der Eitelkeit »einbildet«, um es zu haben, an einer Strophe dartun, an der sich auch jenen, die es nicht spüren, wie kaum an einem andern Beispiel das Sprachwesen anschaulich machen läßt: die Möglichkeit des unscheinbarsten Wortes, das nur je einer Aussage gedient hat, sich zur Gestalt zu erheben. Es ist die Strophe des Gedichtes »Verlöbnis«, in der die Paarung der Geschlechter zu tragischer Unstimmigkeit, als Mission des Weibes und als Funktion des Mannes, Wortgestalt erlangt hat: im Infinitiv der weiblichen Natur und im Finalsatz der männlichen, in der beruhenden Fülle und im entweichenden Rest.

> Und seine Armut flieht von dem Feste,
> daß sie nicht an der Fülle vergeh'.
> Weibsein beruht in Wonne und Weh.
> Mann zu sein rettet er seine Reste.

Welche Hast, die eben noch sich raffend Zeit hat, den Bürger in Ordnung zu bringen, verrät da schnöde die Natur, die eingebettet ruht zwischen diesen rapiden Versen der fliehenden Armut und der geretteten Reste. Wonne und Weh sollen sie nicht lyrisch verklären, darin ist scheinbar etwas von der vorausgesetzten Schönheit, die der Laie für den Wert nimmt. Sie sollen die Pole des weiblichen Wesens bezeichnen, und daß sie im eigenen W alliterieren, ist ihr Gedanke. Nun aber wird die Wesenhaftigkeit der geschlechtlichen Natur ihrer Zweckhaftigkeit gegenübergestellt: Fülle und Haltung, Entsagen und Versagen, Sein und zu sein — um wie viel länger währt doch dieses »Weibsein«, das verkürzte, als dieses »Mann zu sein«; wie bleibt jenes, verflüchtigt sich dieses und wie dürftig, wie weltabschließend, wie »zu« ist diese Partikel, die in ihrer Zielstrebigkeit noch kaum je so zur Anschauung gebracht war. Und wenn er längst dahin ist, sieht man noch Weibsein in Wonne und Weh beruhn. Die schönen Stimmungen, die die Dichter von je haben und in eine Form kleiden, die sich vor den Leuten sehen lassen kann; die Lebensinhalte der neueren und ihre Eigenart, sie nicht ausdrücken zu können: das mag ja alles ungleich wertvoller und preiswürdiger sein. Aber auf dem Nebengebiet, wo ganz ungestört vom Geschmack der Welt die Sprache etwas mit dem Gedanken vorhat, muß so etwas doch etwas zu bedeuten haben.

Wie wenig sie hiebei auf die Stofflichkeit Bedacht nimmt, deren vorhandener Reiz, sei es als Gefühlston sei es als Meinungswert, ihr nur ein Hindernis bietet und nicht die Hilfe, der das Worthandwerk seine ganze Existenz verdankt, soll noch an zwei dramatischen Beispielen gezeigt sein, deren materielle Sphäre viel weiter als ihre geistige von dem Standort jenes Turms entfernt liegt. Bei Nestroy, einem jener seltenen Autoren, die den vielen, die sie kennen, unbekannt sind, gibt es winzige Zwischenszenen, wo ein Satz über die Bühne geht und mit einer Figur ein Milieu, eine Epoche dasteht. Läßt sich etwas Eindringlicheres, Zeitfarbigeres denken als jene Frau von Schimmerglanz, gefolgt von dem Bedienten in bordierter Livree, die nur mit der Weisung:

Sage er ihm: Nein!

ins Leben tritt (nachdem der ehrsüchtige Holzhacker mit der Frage, ob Euer Gnaden vielleicht um a Holz gehn, sich genähert hat), und die, wie sie aufgetaucht war, majestätisch wieder am Horizont verschwindet — eine Fata morgana für den geblendeten Blick, der ihr folgt, um sich dann mit einem »Das ist fatal!« in die nüchterne Wirklichkeit zu schicken. Ich möchte behaupten, daß diese Gestalt, die sich die vier Wörter, die sie zu sprechen hat, abringen muß, eben vermöge dieser Leistung von tieferher ins Bühnendasein eingeholt ist als eine abend-, aber nicht raumfüllende Ibsenfigur, und daß auch jener Bediente mit seinem auf Stelzen nachschreitenden:

Nein, wir nehmen's vom Greisler

— wie nur ein standesbewußter und fächertragender Peter hinter Juliens Amme — ein ganzes Stück Leben und Landschaft bedeutet, weil hier schon der Wortgeist verrichtet hat, was sonst in szenischer Ausführung erst mit schauspielerischen Mitteln bewirkt werden müßte. Und wenn in meiner Travestie »Literatur« die Kluft vorgestellt wird zwischen jener ehrlicheren Generation, die den Kommerz noch im Kommerz, zu der jüngeren, die ihn schon im Geist betätigt, so konnte sie als die weiteste Entfernung von einer neuzeitlichen Schwindelwelt nicht zu besserer Anschauung gebracht werden als in dem »entfernten Verwandten«, der von seinem Spieltisch nur manchmal einen erstaunten Blick in das Geistesleben tut und auf das Absurdum des leibhaftigen »Waschzettels« mit der Frage reagiert:

Sie, wer sind Sie eigentlich, Sie Asisponem?

Wie der gesunde Menschenverstand richtet sich diese Verständnislosigkeit vor einem papierenen Scheinwesen auf, von dem sie dumpf ahnt, daß es auf einem Umweg zu dem gleichen Lebensvorteil gelangen will. Die Stimme klingt von weiter her als dieser Verwandte entfernt ist — man glaubt die Luftlinie zu sehen. Hier ist die Unmöglichkeit, daß diese zwei Daseinsformen in demselben Weltraum vorkommen, als die Möglichkeit, daß sie in demselben Kaffeehaus vorkommen, in einem Naturlaut, der nach beiden Polen zurückschlägt, greifbar geworden. Gleichwohl dürften nicht wenige Leser meinen, daß die Wirkung der Stelle vom Jargonwort als solchem bestritten sein wollte, und sie, je nach Geschmack, komisch oder trivial finden. Die Körperhaftigkeit des Wortes, an dem man gemeinhin nur die eine Dimension der Aussage erkennt, ist immer in einer Unscheinbarkeit gegeben, die erst dem Blick, der über den Sinn hinauslangt, die tiefere Beschaffenheit darbietet, die Geschaffenheit, die Wortgestalt.

Ein Faust-Zitat

Der sprachliche Tiefgang der Faust-Welt wird erst zum Wunder, wenn man ehrfurchtslos genug ist, die Schichten dieser Schöpfung zu unterscheiden und manches, was sich im Himmel begibt, als mit den vorhandenen Mitteln der Erde bewerkstelligt zu erkennen. Was der Rhythmus in oft nur beiläufiger Verbindung mit dem Gedanken vollbracht hat, muß dem Abstieg zu den Müttern alles Sprachdaseins erst den Wonneschauer vorbereiten. Eine sprachkritische Durchforschung des ersten Teiles würde dem Worterlebnis zwischen Faust und Helena, dem der Reim entspringt, keinen allzu bedeutenden Vorlauf beistellen, vielmehr ergeben, daß hier die Sprache noch die Mittellage zwischen orphischem Lied und einer mit ungeheurer Sinnfülle begnadeten Operette behauptet. Man könnte aber auch weiterhin vielfach diese Distanz nachweisen und etwa spüren, daß das Ende des Mephistopheles, der sich in ein dürftiges Epigramm über sein Erlebnis flüchtet, der nirgendwohin abgeht und dessen Verlegenheit nur darin gestaltet ist, daß an ihr weder die Bühne noch die Sprache mehr teilhat — ein großer Aufwand ist vertan —, vielleicht nicht später als sein Anfang entstanden sein mag. So großartig die Wortkunst den Anblick des Blamierten hergestellt hat, dem die Engel die hohe Seele weggepascht haben und der erkennen muß, daß er schimpflich mißgehandelt habe, so weit über Gebühr jämmerlich steht er in den Schlußversen da (Und hat mit diesem kindisch-tollen Ding der Klugerfahrne sich b e s c h ä f t i g t), die seiner Hilflosigkeit, einen Ausweg zu finden, eben noch mit einem Mißreim gerecht werden. Welche Konsequenz er aus der Torheit ziehen wird, die seiner sich am Schluß b e m ä c h t i g t und von der uns bloß gesagt wird, daß sie nicht gering ist, davon wird uns nicht einmal eine Ahnung, geschweige denn eine Anschauung. Dieses undramatische Ende, das auf der Szene keine gute Figur, sondern einen schlechten Satz zurückläßt und das der Sprechgestaltung schlechthin unzugänglich bleibt, ist hinreichend durch das Fehlen jeder szenischen Anweisung bezeichnet. Nachdem das Verschwinden der Unterteufel von ihm selbst mit ungeheurer Plastik dargestellt worden ist, kann er, der versäumt hat, ihnen in die Höllenflucht nachzustürzen — etwa nach der Verwünschung der sieghaften Engel —, weder abgehen noch zurückbleiben, er ist einfach nicht mehr vorhanden und wir müssen ihm aufs Wort glauben, daß er vernichtet ist. Ein »(ab)«, das nach einem Epigramm nicht möglich ist, würde allzu deutlich machen, daß dem Dichter die Figur entglitten ist, wie ihr selbst jene Seele, und daß er eben statt eines Schlusses Schluß gemacht hat. Es ist natürlich ein und dasselbe Versagen, das in der Sprache wie im dramatischen Atem fühlbar wird; und das wahrscheinlich vielen Stellen im »Faust« die Gemeinverständlichkeit gesichert hat. Denn die Geläufigkeit und möge sie auch nur die Beiläufigkeit sein, ist eben die Qualität, die erst die Zitierbarkeit ermöglicht und der zuliebe man dem Dichter selbst ein Wunder wie den viergeteilten Chor des »Helena«-Aktes verzeiht. Daß eine Zeile von diesem wie auch von der »Pandora« oder von Gedichten wie »An Schwager Kronos« hundert »Habe nun, ach!«-Monologe aufwiegt, das wird sich deutschen Lesern allerdings nie beweisen lassen, denn die geistigen Angelegenheiten haben es an sich, daß zwar der, der's vermag, in ihrem Gebiete klarere Beweise führen kann als es jedem andern mit greifbaren Dingen möglich ist, daß aber jene, die nur zwischen solchen leben und die Kunst für deren Aufputz halten, den Beweisen so verschlossen bleiben wie dem Wert, dem sie gelten. Die »Faust«-Bildung hat festgestellt, daß die Zeile »Ein großer Kahn ist im Begriffe auf dem Kanale hier zu sein« lächerlich sei und nicht, wie man ihr vergebens dartun würde, erhaben, und umgekehrt wäre es aussichtslos, die literarhistorische Seele überzeugen zu wollen, daß nicht einmal das, was sie in einen Vers von ihrer eigenen Schönheit hineintut, darin vorhanden sei.

Immerhin mag an einem Beispiel dargetan werden, wie

einem Wort oft die Flügel mit Nachsicht der Flugkraft zuwachsen und wie sie es über deren Mangel hinwegheben. Dort, wo noch nicht der Zwang der Wortschöpfung vorwaltet, der den rationalen Sinn so hart bedrückt, und wo zwischen Gestalt und Gehalt noch der Spielraum offen ist, in dem er sich am wohlsten fühlt, kann das tiefere Sprachgefühl die fehlende Verdichtung geradezu als Unstimmigkeit erfassen. Ein Fall, an dessen Fehler sich eben das Wesentliche, welches fehlt, darlegen läßt und der damit auch der Erkenntnis des Reimes dient als der Funktion, Schall oder Gedanke zu sein, ist das berühmte Zitat:

> Verzeih, ich kann nicht hohe Worte machen,
> Und wenn mich auch der ganze Kreis verhöhnt;
> Mein Pathos brächte dich gewiß zum Lachen,
> Hätt'st du dir nicht das Lachen abgewöhnt.

Gott und die Engel sind vorweg und mit Recht auf die gleiche Stufe der Empfänglichkeit gegenüber dem Nichtpathos des Teufels gestellt. Mephistopheles bittet den Herrn um Vergebung dafür, daß er nicht hohe Worte machen könne, und wenn ihn um dieses Mangels willen auch der ganze Kreis verhöhnt. Wohl treten in der Plastik des »ganzen Kreises« zunächst die Engel hervor, denen ja als Jugend und Gefolge die Lust, den Teufel zu verhöhnen, zugetraut werden kann. Aber Gott selbst, wenngleich er wahrscheinlich nicht höhnt, wird gebeten, die Unfeierlichkeit nicht übel zu nehmen; denn es gebührt sich ja, vor ihm hohe Worte zu machen, und er würde auf den Mangel an Pathos vielleicht nicht so schrill, aber doch auch negativ wie die Engel reagieren. Er würde vielleicht nicht höhnen, aber daß er lachen könnte (wenn er noch könnte), wird ihm im nächsten Vers bestätigt, und etwas anderes als über den Teufel lachen, tut ja der »ganze Kreis«, in dem Gott schließlich inbegriffen ist, auch nicht. Mephistopheles hat kein Pathos und bekennt sich dazu auf die Gefahr hin, im Himmel lächerlich zu erscheinen. Aber hätte er Pathos: so brächte es »dich« — es ist also derselbe Partner wie in den ersten zwei Versen — »g e w i ß zum Lachen«. Das heißt: »erst recht«. Damit ist

Gott in der Wirkung, die das Nichtpathos des Teufels auf ihn haben könnte, so sehr mit den Engeln identifiziert, daß man ihn, peinlich genug, fast höhnen sieht. Hätte ich Pathos, würdest du, der mich wegen des Mangels verhöhnt, erst recht lachen. Dies und nur dies kann der Sinn sein.

Und nun beachte man zunächst, welche Unmöglichkeit eines Reims entsteht, der doch phonetisch einer ist und als solcher in einem Gedankenraum, wo die Sphären »hohe Worte machen« und »lachen« zur Deckung gelangen sollen, geradezu das Beispiel der Naturhaftigkeit vorstellen könnte. Denn reimen kann sich nur, was sich reimt; was von innen dazu angetan ist und was wie zum Siegel tieferen Einverständnisses nach jenem Einklang ruft, der sich aus der metaphysischen Notwendigkeit worthaltender Vorstellungen ergeben muß. Andernfalls ist der Reim nichts als eine Schallverstärkung des Gedächtnisses, als die phonetische Hilfe einer Äußerung, die sonst verloren wäre, als das Ornament einer Sache, die sonst keine Beachtung verdient, ein Wortemachen, ohne das man vielleicht lachen würde. Der klanglich unreinste Reim kann wertvoller sein als der, dem kein äußerer Makel anhaftet, und alle Reimtheorie, die ihn daraufhin prüft, ob man ihn »verwenden« dürfe, ist kunstfernes Geschwätz, das auch die Dichter, die solchen Unfugs gelegentlich fähig waren, auf dem Niveau des Publikums zeigt, welches von der Lyrik nichts weiter verlangt, als daß sie ihm die Gefühle, die es ohnedies hat, in Erinnerung bringe. Die Qualität des Reims, der an und für sich nichts ist und als eben das den Wert der meisten Gedichte ausmacht, hängt nicht von ihm, sondern durchaus vom Gedanken ab, welcher erst wieder in ihm einer ist und ohne ihn etwas ganz anderes wäre. Der Reim ist keine Zutat, ohne die noch immer die Hauptsache bliebe. Die Verbindlichkeit, die in diesem Verhältnis vorwaltet, ist darin besiegelt, daß ein und derselbe Gedanke je nach dem Reim so verschieden sein kann wie ein und derselbe Reim je nach dem Gedanken.

Seicht oder tief, voll oder schal. (»Wie jede Sehnsucht, die ihn rief« — »wie der Empfindung Material«: ich könnte, was immer ich darüber zu sagen wüßte, nur mit den Reimen meines Gedichts »Der Reim« sagen. Doch sei dort unter dem Material der Empfindung ihr Wert verstanden, der den Wert des Reims verbürgt, nicht ihr Stoff. Denn Herz und Schmerz können den stärksten und den schwächsten Reim ergeben und in der trivialen Sphäre, wo »die Tageszeitung der erdensichern Schmach Verbreitung« bedingt, ersteht er so vollgültig wie in jenen »weitern Fernen«, wo es ein »staunend Wiedersehn mit Sternen« gibt. Der Reim entspringt wie nur Euphorion der Gedankenpaarung und er kann von den besten Eltern sein, wenn diese auch noch so niedrig wohnen. Denn tief genug unter der Region, wo der Seele Philomele antwortet, und in einer Niederung, die vor faustischen Versen zu beziehen blasphemisch anmutet, spielen sich die Coupletworte ab, die ich den sich und uns, seinen und unsern Jammer überlebenden Franz Joseph singen lasse:

> Was sind denn das für Sachen?
> Bin ich nicht Herr im Haus?
> Da kann man halt nix machen.
> Sonst schmeißt er mich hinaus.

Und doch ist es reinste Lyrik, denn im ausgeleiertsten Reim ist hier das kraftlose Wollen einer Person, einer Epoche, einer Gegend, mit der faulsten Resignation zweimal konfrontiert und die Gestalt mit allem Hintergrund aus der Sprache geschöpft. Sachen und machen, Haus und hinaus bewähren den Ursprung des Reims und jene ganze Wirkung, deren die Trivialsprache so gut fähig ist wie die Musik der Sphären. Ich könnte, zur Empörung aller Sprach- und Moralphilister, noch weiter gehen und bescheiden abtreten vor einem Epigramm, das ich einmal an einer Wand gefunden habe, die den vulgärsten Spielraum des menschlichen Mitteilungsbedürfnisses, die anonymste Gelegenheit des Drangs nach Publizität vorstellt und der Volkspoesie jenen Ab- und Zutritt läßt, der den dort Beschäftigten nicht verboten ist. Nichts von der gereimten Unflätigkeit, die, vom genius loci eingegeben, sich auf die Bestimmung des Aufenthalts bezieht und mit ihrer fertigen Technik weit eher dem Gebiet der Bildungspoesie zugehören dürfte, sondern die naive Roheit in sexualibus, die die Gelegenheit benützt und es sich nicht versagen kann, das, was ein kultivierteres Gefühl umschreibend gern in jede Rinde einschnitte, auf jede Planke zu setzen, ja sich eine solche ohne derartige Zutat überhaupt nicht vorstellen könnte. Der erotische Gedanke aber, dessen tragische Sendung, die Menschheit zu offenbaren und zugleich vor ihr selbst verborgen zu sein, sich in solcher notgedrungenen Heimlichkeit symbolhaft abzeichnet, hat die Macht, noch auf seiner niedrigsten Stufe zum Gedicht zu werden. Keine Rücksicht auf die Anstandsbedenken aller Ausgesperrten, nur das Grauen vor einem stofflichen Interesse, dessen Unzuständigkeit vor der Kunst ich doch eben dartun will, verhindert mich, den genialsten Reim, das vollkommenste Gedicht hieherzusetzen, das je in deutscher Sprache entstanden ist, von einem Kretin oder Tier gelallt, der oder das in dem unbewachten Moment ein Genie war. Vollkommen darum, weil es, als der bündigste Ausdruck der gemeinsten, allgemeinsten Vorstellung von erotischem Glück, in einem beispiellosen Zusammenklang der Sphären nur aus drei Worten besteht und weil der Sexualwille mit diesem »Ist gut« noch nie so ein für allemal ein Diktum gefunden hat, gegen das es keinen Einwand und über das hinaus es keinen Ausdruck gibt. Da kann man wirklich und in jedem Sinne nur sagen, daß das kein Goethe geschrieben hat, und er selbst wäre der erste gewesen, es zuzugeben.)

Im Goetheischen Zitat nun haben die Sphären, die nach der Deckung im Reim verlangen, die Eignung, eben in der Antwort von Lachen auf Machen befriedigt zu sein, in der Beziehung von gemachtem und verlachtem Pathos sich gepaart zu fühlen. Trotzdem ist es ein schlechter, weil durch eine begriffliche Störung ernüchterter, ein leergewordener Reim. Das ist vom Element »verhöhnen« bewirkt, dessen Dazwischentreten das Lachen als Begriffsparallele in Anspruch nimmt. Das »Lachen« könnte seine volle Reimkraft nur bewahren, wenn es als eine vom Verhöhnen völlig unterschiedene Reaktion zur Anschauung käme. Daß dies nicht der Fall ist, beweist der offenbare Sinn. Dieser Naturreim des bündigsten Einverständnisses ist dadurch, daß der zweite Gedanke im »gewiß« kulminiert und das »Lachen« bloß im Schlepptau des Sinnes mitgeführt wird, vollständig entwertet. Es ist überhaupt kein Reim mehr, sondern bloß ein schwaches Echo des »Machen«, das der Erinnerung durch einen Nachklang ein wenig besser aufhilft als etwa ein »Spotten«. Da nun der Gedanke im Reim kulminieren oder dort noch erlebt sein muß, um ihn zu lohnen und von ihm gelohnt zu werden, so ist man gewohnt, in diesem Vers nicht das »gewiß«, sondern das »Lachen« zu betonen: ohne jede Verbindung mit dem Sinn des Ganzen und vermöge der natürlichen Anziehung des Reimes, aber eben darum, weil »gewiß« hier eine zu schwache Bekräftigung ist, um mehr als das »Lachen«, um die ganze Beziehung zum verlachten Nichtpathos zu tragen. »Mein Pathos brächte dich gewiß zum Lachen«: da ist »gewiß« nur eine Bestätigung der Wirkung des Pathos (»sicherlich«) und durchaus nicht die Steigerung im Vergleich zur Wirkung des Nichtpathos (»vollends«). Es stützt nur das Lachen bei Pathos und soll doch dessen Wirkung im Vergleich zu der des Nichtpathos hervorheben. Es hat alle Eignung, die Zeile zu isolieren, und der vom Sinn verlangten Beziehung auf den vorangegangenen Vers könnte eben nur mit der Prothese »vollends« (oder metrisch: »erst recht«) aufgeholfen werden. Der Schauspieler des Mephistopheles, der selbst sein ganzes Nichtpathos zusammenraffte, wird das »Lachen« nicht fallen lassen, sondern einfach nicht umhin können, es zu betonen: reimgemäß und sinnwidrig. Der Vers als solcher ist, vom Schicksal des Reims abgesehen, erst ein Vers, wenn nicht »gewiß«, sondern »Lachen« betont ist, andernfalls ist er nichts als argumentierende Prosa. Geschieht es aber, wie der Vers gebietet, so löst sich die Beziehung zu den voraufgegangenen Versen: das »Lachen« ist eine ganz andere Reaktion als das »Verhöhnen« und indem im »Pathos« doch ein Gemeinsames vorhanden bleibt, verwirren sich die beiden Begriffsreihen. Aber nur durch die völlige Loslösung des dritten von den ersten zwei Versen, die keinen Sinn übrig läßt, ist wieder ein Anschluß des vierten möglich. Nur wenn »Lachen« betont, als Neues gesetzt wird, kann fortgesetzt werden: Hätt'st du dir nicht das Lachen abgewöhnt. Nur dann ist das »Lachen« in der vierten Zeile keine Wiederholung, sondern eine Verstärkung. Fällt es in der dritten Zeile zu Boden, wie der Sinn des Ganzen verlangt, so ist der Anschluß der vierten unmöglich. Es müßte denn eine Pause nach der dritten erlebt sein, in der sich der Sprecher auf die Zunge beißt: Ah was red ich da vom Lachen, du kannst ja gar nicht mehr lachen. Dieses Zwischenspiel wäre auch durch einen Gedankenstrich nicht dargestellt und ist im gegebenen Versraum mit sprachlichen Mitteln überhaupt nicht zu bewältigen. Wenn die vierte Zeile nicht wieder nur argumentierende Prosa sein soll, so verlangt sie die volle Betonung des »Lachen« in der dritten; sonst wäre das der vierten entwurzelt und nur so zu prosaischer Begriffsausführung hingesetzt. Sollen aber beide Zeilen ein Gedicht ergeben, so hört jede Verbindung mit den ersten beiden auf. Wußte Mephistopheles vorweg, daß der Herr sich das Lachen abgewöhnt hat, so würde dieser Gedanke wieder jenen aufheben, mit dem er die Wirkung seines Nichtpathos bezeichnet. Er kann doch nicht sagen, daß Gott sich das Lachen nur gegenüber solcher Haltung abgewöhnt hat, die ihn »erst recht« zum Lachen reizt: mindestens lacht er also über die andere. Wieder ein Beweis, daß, um den Anschluß an den vierten Vers zu ermöglichen, »gewiß« unbetont, »Lachen« betont sein muß. Er ist nur möglich, wenn »gewiß« so viel wie »sicherlich« bedeutet. Alle Elemente der Sprachgestalt sind vorhanden, aber zerstreut, und man beachte, wie rein der Gedanke in dem vom zweiten Vers befreiten Reimpaar zur Geltung kommt. Wobei freilich, im unmittelbaren Reim auf »Worte machen«, der Hauptton, der auf »Worte« liegt, die volle Deckung ein wenig beeinträchtigen müßte, was gerade durch die Einmischung des verkürzten Verses repariert wird; wenn er nur nicht als Ganzer den Reimgedanken aufhöbe. Er tritt dazwischen mit der doppelten Funktion, sich zugleich nach oben und nach unten anzuschließen, indem das »verhöhnt« sowohl dem Nichtpathos entspricht wie das Lachen vorbereitet, das dem Pathos entsprechen soll. Ist dies aber gegen die Natur des dritten Verses gelungen, so hängt der vierte in der Luft. Denn daß der Teufel im kosmischen Raum des Versgeistes freizügig sei, kann er nicht beanspruchen, und gerade der Dialektik ist es verwehrt, über die Sprache hinaus zu sprechen. Die vier Gedankenreihen: Pathos, Nichtpathos, Lachen, Nichtlachen hätten eben, um ineinander zu greifen, mehr als vier Verse gebraucht. Es ist aber nicht einer jener gesegneten Fälle, tausendfach in Goethescher Sprachtiefe vorfindlich, wo gedankliche Fülle die Übersicht erschwert, vielmehr bedeutet die Kürze die Beiläufigkeit, bei der der handgreifliche Sinn keineswegs zu Schaden kommt.

Als ich mit meinem akustischen Spiegel »Literatur« daran ging, dem weltfreundlichen Ohr des nachtönenden Fäustlings den Schall berühmter Verse einzupflanzen, deren Sinn zugleich die Schlinge war, in der sich der Wortbetrug abfangen ließ, da war es merkwürdig, wie sich jene Stelle, die sich durch das Motiv eines ausgelachten Pathos so sehr der Verwendung zu empfehlen schien, stilistisch dagegen sträubte. Schließlich jedoch fanden die Teile ihre sprachlogische Verbindung, der Reim seine Auffüllung, und die Satire lachte sich mit der folgenden Variante ins Fäustchen:

> Er kann bei Gott auch hohe Worte machen,
> doch kommt der Tag, wo ihn sein Kreis verhöhnt,
> sein Pathos bringt sie dann gewiß zum Lachen,
> sobald sie merken, daß es vorgetönt.

Konnte, um eine von der Literaturwelt nicht durchschaute, jedoch geförderte Usurpation der höchsten geistigen Sphäre zu brandmarken, kein Faustwort entheiligt werden, so durfte sich jenes die Zurichtung wohl gefallen lassen. In solche Beziehung gebracht, ist das Lachen »gewiß« an seinem Platz.

Druckfehler

Die Freigabe des Briefschreibens zur Mitteilung von Druckfehlern hat Folgen wie diese:

Ich möchte mich keiner Unbescheidenheit schuldig machen und hätte es auch niemals zu dem Einfall, geschweige denn zu dem Entschluß gebracht, das Wort an Sie zu richten, wenn Sie nicht in der letzten Nummer der ‚Fackel‘ ausdrücklich betonen würden, daß es Ihnen erwünscht sei, durch Ihre Leser auf etwaige D r u c k f e h l e r aufmerksam gemacht zu werden. In dieser Nummer (546—550) sind es auf Seite 80 die 1. Verszeile: »auf dem sie sitzt, ist ganz rosinfarben,« die 8.« »ist sie; und ihrer mich verwundernd« und die 7. von unten: »das Fleisch der Mächtigen, der Totschläger«, die sich, wie mir scheint, dem Rhythmus des 5 füßigen Jambus nicht ganz fügen.

Verzeihen Sie mir die Taktlosigkeit und Anmaßung, welche nach meinem Gefühl d o c h darin liegt, wenn man aus welchem Anlaß immer, und nun gar aus einem solchen, einem seit langem ehrfürchtig geliebten Geist nahe zu treten wagt. Eine Leserin.

Man sollte nicht. Denn man ist ersucht worden, Druckfehler mitzuteilen, nicht aber Stilfehler, als die man Stilvorzüge zu erkennen glaubt. Wenn sich die zitierten Verse im Ohr der Leserin dem »Rhythmus des 5füßigen Jambus« nicht ganz fügen, so dürfte das Ohr, außen sicherlich wohlgebildet, die Schuld tragen und nebenbei eine Ordnungsliebe, die darauf besteht, daß jeder 5füßige Jambus auch seine 5 Füße habe. Wer wird denn so anspruchsvoll sein. Nun ja, denkt offenbar der Ordnungssinn, bei einem Tausendfüßer kommt's nicht drauf an und man zählt da auch nicht immer nach, aber beim jambischen Vers sieht man's auf den ersten Blick, wenn ein Fuß fehlt. Das ist richtig, aber es ist im Titel nichts versprochen worden und wenngleich die Fülle der 5füßigen Jamben die Leserinnen verwöhnt haben mag, so sollten sie doch nichts dagegen haben, daß ein solcher einmal auch 4füßig ist und etwa noch eine Schleppe von zwei schwachbetonten Silben nachzieht. Das hängt nämlich gar nicht vom Verfasser ab, der sich des Mangels bewußt ist, da er zur Not bis fünf zählen kann, sondern ausschließlich vom Jambus, der sich nicht strecken will oder vielmehr nicht kann, indem er, der Not gehorchend nicht dem eignen Trieb, sich ausschließlich der psychischen Situation der Zeile anpaßt, welche eben einer mechanischen Auffüllung (die ja ein Kinderspiel wäre) widerstrebt. Der Leser, der den Wert dieser Verkürzung

> ist sie; und ihrer mich verwundernd
> sah ich sie.

nicht erkennt, das Erlebnis dieser Verwunderung nicht spürt, die für zwei Silben den Atem aussetzt und die Pause hörbar macht; sondern mit einer Einschiebung (etwa: lautlos mich verwundernd) befriedigt wäre, dem ist auch die »Ehrfurcht« schwer zu glauben, die doch in jeder Zeile der Fackel, Vers oder Prosa, nichts anderes als eben solche Leistung erkennen müßte.

> Und die Haut des Tiers,
> auf dem sie sitzt, ist ganz rosinfarben

Wo fehlt's da zum »Rhythmus«, wenn doch jede Silbe den Ton oder Nichtton hat, den sie nach Vers und Worthandlung verlangt? »Rosin f a r b i g« etwa hätte schon, zugunsten des stärkern Tons, auf das Bild gedrückt. Wer zwingt die Leserin, einen vierfüßigen Jambus mit zwei schwachbetonten Nachsilben fünffüßig zu skandieren und dann ungehalten zu sein? Tausend Verse bei Shakespeare würden sie unglücklich machen:

> Wohl war einst der Tag,
> Wo mir der kleine Arm, dies gute Schwert
> Den Ausgang schaffte d u r c h mehr Hindernis
> Als zwanzigmal dein Zwang.

(Das betonteste Wort »mehr« ist in der Senkung.) Aber man fände auch vier-, drei-, zwei- oder sechsfüßige Jamben in Fülle; und ihrer sich verwundernd. Oder sollten sie gewollt sein? Stellt das Beispiel eine Härte der Übersetzung vor? Nun, solche Härten machen sie so einzigartig, mit diesem »Hindernis« und allem Einklang des Gedankens mit der Unregelmäßigkeit. Aber Goethe ist nicht ins Deutsche übersetzt und doch wagt Iphigenie schon auf der zweiten Seite, was sich dem Rhythmus des 5füßigen Jambus nicht ganz zu fügen scheint:

>   Den du, die Tochter fordernd, ä n g stigtest

und bald drauf:

>   Die schönen Schätze, wohl er h a l ten hast;

oder:

>   Genießt. O laßt das lang' er w a r tete

Also ganz r o s i n farben. Und noch mehr Beispiele für völlig unbetonte, jambuswidrige Nachsilben:

>   Denn unerträglich muß dem F r ö h lichen

oder:

>   In deinem Schleier selbst den S c h u l digen

oder:

>   Und deine Gegenwart, du H i m m lische

spricht Orest, der sich gar einen 2füßigen Jambus erlaubt:

>   Wie gährend stieg aus der Erschlagnen Blut
>   D e r   M u t t e r   G e i s t
>   Und ruft der Nacht uralten Töchtern zu

Der Mutter Geist. Aber der braucht auch Raum. Wenn's nicht ein Druckfehler ist. Und sogar einen $1\frac{1}{2}$füßigen Jambus wagt er:

>   zwischen uns
>   s e i   W a h r h e i t !

Aber die braucht eben noch mehr Raum.

>   Orest, ich bin's! Sieh Iphigenien!

Wenn sie nicht Iphigeni e n sagt, so stimmt's vielleicht doch mit dem Vers

>   Das Fleisch der Mächtigen, der Totschläger

Weil man nicht Mächtig e n und Totschläg e r betonen kann, soll's nicht den vollen jambischen Klang haben? (Warum sollen solche nicht hart tönen?) Wahrscheinlich würde nur die klägliche Zeile: »Das Fleisch von allen Großen, allen Mördern« das Ideal des Blitzblankverses erreichen. Doch dürfte sich selten genug ein Gedanke erleben, der sich ihm anpaßt, ohne bloß die Kurzlangweile auszufüllen. Was aber die Leserin — die ja gewiß von der allerreinsten Absicht geleitet war und die ich nur belehre, weil das Mißverständnis im Tiefern zugunsten des Äußern typisch ist — was sie verfehlt hat, ist nicht, daß sie für verbesserungsbedürftig hält, was sie nicht versteht oder nicht empfindet; auch nicht, daß sie es äußert (solcherlei gibt's alle Tage); sondern daß sie, bei denkbar großmütigster Erweiterung des Begriffs »Druckfehler«, meint, ich hätte die Leser gebeten, mir mitzuteilen, was sie stilistisch auszusetzen haben. Denn daß der Drucker an jenen Versen schuld sei, kann sie ja im Ernst nicht glauben. Die Hilflosigkeit dessen, der solche Verse schreibt, reicht aber nur bis zum Erscheinen, und wenn er bis dahin bereit war, jede Leserin zu fragen, ob sie dies oder jenes Wort passender finde, weil er ihr dafür, in diesem Stadium, weit mehr Kompetenz einräumt als sich selbst (und sogar mehr Kompetenz als sich selbst in jedem Stadium in Bezug auf Damenhüte), so kann natürlich von einer Dankbarkeit für nachträgliche Gutachten keine Rede sein. Ich will nicht den harten Selbstvorwürfen, die sie sich während der Tat machte, zustimmen, aber ich glaube doch, daß jede Leserin gut täte, ehe sie schreibt: Ich möchte nicht, aber ich tu's doch, oder: Wiewohl ich weiß, daß Sie, tu ich es — sich zu besinnen und es doch nicht zu tun. Und wenn sie das Gefühl, mir nahegetreten zu sein, nunmehr in verstärktem Maße haben sollte, so kann sie sich davon befreien, indem sie dem Zentralverband für Kriegsbeschädigte hundert Kronen überweist, eine Spende, die, als Strafporto für den Absender jedes an mich adressierten Schreibens, mir alle willkommen machen wird, und wären sie unsympathischer als dieses.

*

Etwa dieses:

Euer Hochwohlgeboren!

Bezugnehmend auf die Notiz in der letzten ‚Fackel‘, wo Sie Ihre Leser auffordern, Sie auf Druckfehler und Sonstiges aufmerksam zu machen, teile ich Ihnen folgendes mit:
Seite 79, 4. Zeile ist kein einwandfreier Vers. Über das Wort »Feuer« stolpert man.
Seite 80, 1. Zeile: detto »rosinfarben« ist falsch!
Seite 80, 23. Zeile: Man kann nicht »fressét sagen.

V i e l l e i c h t nehmen Sie diese Mitteilung zur Kenntnis u n d
ä n d e r n für eine 2. Auflage die betreffenden Zeilen.

In treuer Ergebenheit   Eine g e n a u e Leserin

Die glaubt es also wirklich mit ihrer Modistin zu tun zu
haben; und sie ist genau. Rosinfarben steht auch ihr nicht
zu Gesicht. Das, worüber man stolpert — hier sind wir bei
Robes — kann nicht geändert werden. Sie soll's tragen und
sie wird schon sehn, daß es geht. (Oder ist sie, weil die
Verse nicht blitzblank geputzt sind, in ihren Hausfrauen-
gefühlen verletzt? Darauf würde die Kritik der Stelle »Fres-
set das Fleisch« hindeuten.) Hier wäre leicht geholfen, man
könnte ja »Feu'r« machen. Aber da würde sie schon spüren,
daß es nicht brennt. Während, wenn Hagel mit Feuer und
Blut gemengt wird, dem Unmaß der Naturerscheinung die
überzählige Silbe sehr wohl entspricht. Ich meine das im
Ernst und würde in einer Stilschule darlegen, welche Einheit gerade in jenen Fällen erreicht ist, an denen sich der
platte Begriff vom Dichten stößt. Aber sie spürten doch
nichts, und wenn es gelänge, eben das, was sich nicht erklären läßt, hundertmal zu beweisen. Wäre sonst die Ausmes-
sung eines Verses wie:

Kommt, sammelt euch zu Gottes großem Mahl!
F r e s s e t d a s F l e i s c h d e r K ö n i g e , d e r F e l d h e r r n
möglich? Man kann also nicht »fress e t« sagen. Als ob man
gezwungen wäre und als ob einem andern als dem armen
Intelligenzhirn vor dem größeren Zwang dieser Posaune so
viel Besinnung bliebe, nach der Vorschrift zu skandieren!
Soll da wirklich noch gesagt sein, daß der Atem des Verses
jede Möglichkeit glatter Bildung verzehrt; daß sich eine
solche gar nicht einstellen konnte und andernfalls vorweg
abzuweisen war? Es läßt sich nur immer wieder mit der
Shakespeare-Übersetzung und mit Goethe dieser Armut zu
Hilfe kommen, die da glaubt, daß ein Gedicht aus Vers-
füßen besteht.

S c h o n einem rauhen Gatten zu gehorchen

heißt's gleich zu Beginn der »Iphigenie«, wiewohl hier kein
Pathos den Auftakt erzwingt. Notwendiger verschiebt sich:

O wie beschämt gesteh' ich, daß ich dir

und gleich die Fortsetzung:

Mit stillem Widerwillen diene, Göttin,
D i r meiner Retterin!

Oder:

J a , Tochter Zeus, wenn du den hohen Mann
— — — — — — — — — —
Und rette mich, die du vom Tod errettet,
A u c h von dem Leben hier, dem zweiten Tode!

»Auch v o n dem Leben«? Aber es ist völlig gleichgültig, ob die zweite Silbe an und für sich so betonbar ist wie »Fress e t« unbetonbar. Es kommt nur darauf an, daß die erste e n t - g e g e n dem jambischen Charakter betont werden darf, weil sie muß.

Der mißversteht die Himmlischen, der sie
B l u t gierig wähnt — —
Z w a r die gewalt'ge Brust und der Titanen
K r a f t volles Mark — —

Zuletzt

Bedarf's zur Tat vereinter Kräfte, dann
R u f ' ich dich auf, und beide schreiten wir
Mit über l e g ter Kühnheit zur Vollendung.

Ganz antijambisch sind in der letzten Zeile die ersten drei Silben unbetont. Nur zwei vollbetonte Silben, die dritte und zehnte, hat die Zeile:

Hat den R ü c k kehrenden statt des Tri u m p h s

Welcher Blödsinn käme bei vorschriftsmäßiger Betonung hier zustande:

Und deine Gegenwart, du Himmlische,
Drängt s i e nur s e i t wärts u n d verscheucht sie nicht

und welche Groteske in dem ersten Beispiel aus »Iphigenie«:

Schon e i n e m rauhen Gatten zu gehorchen — —

Und was geschieht hier :

Laß m i c h ! Wie Herku l e s will i c h Un w ü r d'ger — —
Nennst d u Den deinen Ahnherrn, den die Welt —

(Um die jambuswidrige Betonung und überhaupt den Sinn des ersten »den« durchzusetzen, nützt Goethe die Möglichkeit, das Demonstrativum mit großem D zu schreiben.)

Lands l e u t e sind es? und sie haben wohl

oder:

Kommt! E s bedarf hier schnellen Rat und Schluß

Das wäre nicht von Goethe, sondern von Girardi. Jener betont aber antijambisch — und vielleicht wird hier doch überall das Minus als Plus spürbar —:

B r i n g s t du die Schwester zu Apollen hin — —
F i e l Troja? Teurer Mann, versichr' es mir — —
D e n k' an dein Wort, und laß durch diese Rede — —
H ü l f reiche Götter vom Olympus rufen — —
A n t worte, wenn er sendet und das Opfer — —
V o r sätzlich angefacht, mit Höllenschwefel — —
K o m m t denn der Menschen Stimme nicht zu euch?

Nein, zu den Skythen nicht. Aber

Sind wir, was Götter gnädig uns gewährt,
U n glücklichen nicht zu erstatten schuldig?

Wir sind's. Und nichts könnten wir für eine zweite Auflage ändern als den Vorwitz, der die erste mißversteht (und selbst das können wir nicht). Aber um wieder auf die Modistinnen zu kommen — Shakespeare braucht man nur aufzuschlagen:

»Zeich n e dies Muster ab.« »Ei, woher kam dies?«

Es ist ja falsch! und Lear ruft den Elementen zu:

Rass l e nach Herzenslust! Spei' Feu e r, flu t e Reg e n!

Eine Zeile, in der so ziemlich alles zu Bemängelnde vorkommt, sogar das Feuer, über das man stolpert, und von der Traufe kommt man in den Regen. Da ist denn doch die Zeile, die in eben jenem Heft der Fackel steht, exakter:

Eine der unangenehmsten Begleiterscheinungen der Fackel sind ihre Leser.

Da ist um keine Silbe zu viel. »Leserinnen« wäre nicht hineingegangen. Aber sie waren einbezogen. Denn sie machen nicht nur »auf Sonstiges aufmerksam«, sondern sie erdreisten sich sogar zu behaupten, sie seien dazu aufgefordert worden. Alles in allem: 200 Kronen für den Zentralverband der Kriegsbeschädigten!

SCHICKSAL DER SILBE

Wien, 28. August 1920.

Hochverehrter Herr Kraus!

Es liegt mir fern, die auf Seite 7 der letzten »Fackel« abgedruckte Kritik einer Leserin verteidigen zu wollen, aber mich schmerzt der Zweifel, ob nicht die zu ihrer Widerlegung angeführten Zitate einer guten Sache dadurch einen schlechten Dienst leisten, daß sie den Kern eines an sich gewiß unberechtigten Tadels nicht ganz treffen. Es scheint mir nämlich zwischen den Versschlüssen »rosinfarben«, »Totschläger« und: »Hindernis«, »ängstigtest«, »erwartete«, »Fröhlichen«, »Schuldigen«, »Himmlische«, »Iphigenien« ein Unterschied zu bestehen, der den Wert dieser Zitate als Belegstellen für »rosinfarben« und »Totschläger« einigermaßen verringert. Die angeführten Verse von Shakespeare und Goethe schließen durchwegs nach einer betonten Stammsilbe mit zwei tonlosen Nebensilben, von denen die letzte — besonders im Vers — unwillkürlich doch einen ganz schwachen Ton (im Verhältnis zur vorletzten) erhält, da bei aufeinanderfolgenden Nebensilben Tonhöhe und Tonstärke wellenförmig ab- und zunehmen. Das Schema dieser Versschlüsse wäre etwa: $\prime\prime \smile \acute{\smile}$. In den Wörtern »rosinfarben« und »Totschläger« sind aber die beiden letzten Silben nicht gleichwertig, sondern die vorletzte Silbe trägt als Stammsilbe einen deutlichen Nebenton: $\prime\prime \; \prime \; \smile$. Daher kann die letzte Silbe keinen noch so schwachen Nebenton auf Kosten der vorletzten Silbe erhalten.

Ich erlaube mir, nochmals hervorzuheben, daß mein Bedenken keineswegs die von jener Leserin beanstandeten Verse, sondern nur die Anführung der Belegstellen betrifft.

In aufrichtiger Verehrung — —

*

Motto:
»Die unangenehmste Begleiterscheinung großer Menschen ist ihre Überhebung über die kleinen.«

Maria Wörth, 6. Okt. 1920.

Geehrter Herr!

Die Aufklärung, die Sie zwei Leserinnen in der »Fackel« Nr. 551 unter »Druckfehler« S. 7, erteilen, beruht auf einem Irrtum.

Sie nennen den Vers der »Apokalypse«:

Und die Haut des Tiers,
Auf dem sie sitzt, ist ganz rosinfarben
[Fackel 546—550, S. 79, letzte Zeile]

einen 4 füßigen Jambus mit 2 schwachbetonten Nachsilben. Dies trifft
zwar für Ihre Beispiele zu, etwa bei Goethe:

$$\text{Denn unerträglich muß dem Fröhlichen}$$

$$\underbrace{\qquad}_{1}\ \underbrace{\qquad}_{2}\ \underbrace{\qquad}_{3}\ \underbrace{\qquad}_{4}$$

wobei die Nachsilben »lichen« zwar schwach, aber immerhin doch mehr
den Ton auf der 2. Silbe haben.

Der Vers »rosinfarben« hat aber folgendes Tonbild:

$$\text{Auf dem sie sitzt ist ganz rosinfarben}$$

$$\underbrace{\qquad}_{1}\ \underbrace{\qquad}_{2}\ \underbrace{\qquad}_{3}\ \underbrace{\qquad}_{4}\ \underbrace{\qquad}_{5}$$

Hier ist im Versende »rosinfarben« die e r s t e der schwachbetonten Nachsilben: -fárben betont, in den von Ihnen angeführten Beispielen dagegen bloß die z w e i t e Silbe.

Sowohl Ihre Skandierung wie die der Leserinnen ist eine falsche,
der Vers stellt nicht den 4 füßigen Jambus dar, sondern die eigen-
artig wunderbare Wirkung, durch das mitgeteilte Erlebnis vollauf gerechtfertigt, mag sie auch bloß skandierenden Lesern mißfallen, liegt
bloß darin, daß sich e i n e Silbe »sin« über z w e i Verstakte erstreckt.
Sie geht von der Hebung des vierten Jambusfußes in die Senkung des
fünften über. Mit »f a r -« wird der Ton, wenn auch schwach, aber
immerhin doch wieder gewonnen, mit der tonlosen Endsilbe »ben«
verklingt der Vers.

Die von Ihnen angeführten Beispiele können mit diesem Vers keineswegs in eine Parallele gezogen werden — sie sind klanglich vollkommen
regelmäßig.

Mag diese Richtigstellung auch an sich unbedeutend sein, angesichts
der Ausführlichkeit, mit der Sie die Einsenderinnen, zum Teil unrichtig,
belehrten, schien es mir nicht überflüssig.

Sie haben hierdurch bewiesen, daß der Künstler ü b e r sein Kunstwerk hinaus nicht Interpret seines Erlebens sein kann.

Mit größter Hochachtung

— —

Was hier — in der Hauptsache — vorgebracht wird, ist
ebenso richtig wie falsch, und nichts wäre verlockender als
zu zeigen, daß solches im Sprachgebiet möglich ist, wobei
sich auch beweisen mag, daß der Künstler über sein Kunstwerk hinaus ein weit besserer Interpret seines Erlebens sein
kann als der Metriker, der recht hat. Denn die Wissenschaft

versag dort, wo sie sich anstellt und anstellen muß, von diesem Erleben losgelöste Materialwerte in ihrer Unveränderlichkeit zu behaupten. Wenn ich mich zur Verteidigung einer Stelle, die auch die Meinung der Briefschreiber als unanfechtbar oder gar als ein Plus an Wert gelten läßt, solcher Belegstellen aus Goethe und der Schlegel'schen Übersetzung bedient habe, die sie ihnen nicht zu belegen scheinen, so hätten sie doch versuchen müssen, hier auf ein Gemeinsames zu kommen, das heißt zu prüfen, ob ich nicht ein Gemeinsames darstellen wollte, bei dem dann graduelle Unterschiede der Geltung ohne Belang wären (da sich ja bei eindringenderer Lektüre gewiß noch passendere Stellen finden ließen, solche oder mehr von solchen, wo eine an und für sich stark betonte Silbe mit tiefer Absicht in die Senkung gerät). Denn daß »farb« in farben als Stammsilbe stärker ist als »lich« in lichen, das wird mir doch wohl kaum entgangen sein. Aber wenn angenommen wird, daß von zwei tonlosen Nebensilben die letzte »besonders im Vers, unwillkürlich doch« einen Ton erhält (wiewohl dieses »en« gar nichts zum Gedanken beiträgt), so könnte ja — besonders im Vers — auch der Willkür, die eine an und für sich so starke Silbe wie »farb« zu einer unbetonten macht, etwas von einer Notwendigkeit eignen. Aber davon ganz abgesehen, erscheint die Anwendbarkeit jener Beispiele schon darin begründet, daß ja gegenüber einer Kritik, die nur skandiert und wenn's nicht klappt, skandaliert, doch nicht der Wert, sondern nur das Recht der Anomalie durch den Hinweis auf andere Anomalien, nur ihre Möglichkeit, nicht ihre Besonderheit dargetan werden sollte. Und daß, selbst wenn in »Fröhlichen« der Ton wieder ein wenig ansteigt, vor jenem Horizont eben diese Verse mangelhaft wären (weil man ja eben doch nicht »fröhlich e n« sagt), und daß sie es nur nicht sind, weil sie von Goethe sind, darüber dürfte wohl kein Zweifel bestehen. Da ich aber gewußt haben mag, daß eine Stammsilbe wie »farb« an und für sich einen stärkeren Ton hat als die zweifellos ganz nichtige Silbe »lich«, so muß ich doch wohl gemeint haben, sie hätte ihn in meinem Wortmilieu verloren. Denn wenn sie ihn nicht verloren hat, so müßte wenigstens die erste Zuschrift die Konsequenz jener banalen Kritik haben, den Vers für mangelhaft zu halten. Es wäre denn, daß sie zu meiner Entschuldigung vorbrächte, worauf ich selbst schon hingewiesen habe: daß es im sogenannten fünffüßigen Jambus weder auf die fünf Füße noch durchaus auf den Jambus ankommt, daß vielmehr — einzig bei diesem Versmaß — die Andeutung seines Charakters genügt, ja daß oft die Abweichung der Kraft des Verses zugute kommt (Schlegel: »Rassle nach Herzenslust, spei Feuer, flute Regen!«). Der andere Einsender rechtfertigt die Unregelmäßigkeit zwar als einen Wert, welchen ich mir aber nicht zuerkennen lassen könnte, aus dem einfachen Grunde, weil ich ihn geradezu für eine Minderung des Wertes halte, der ihr tatsächlich zukommt. Ehe ich nun den Interpreten meines Erlebens darüber aufkläre, möchte ich beiden das Zugeständnis machen, daß ich damals tatsächlich vorwiegend Verse zitiert habe, an denen — den Forderungen von Leserinnen zuwider, die auf blitzblank eingearbeitet sind — die Verwendung unbetonter oder schwachbetonter Silben als Hebung gezeigt werden kann (die letzte in »Fröhlichen«). Darin schien die Analogie der letzten in »rosinfarben« gelegen, und nichts bliebe zu beweisen, als daß der Vers mit dieser Unebenheit fertig wird, weil die vorletzte ton- wie jambusgemäß in der Senkung steht. Vielleicht war es irreführend, jene zu belegen statt diese zu verteidigen. Daß es hier bloß auf das Recht jeder jambischen Anomalie ankommen sollte, ging umso deutlicher aus solchen Zitaten hervor, in denen die zweifellos am stärksten zu betonende, gedanklich wichtigste Silbe als kurze verwendet wird, wie in:

> Den Ausgang schaffte durch m e h r Hindernis
> Als zwanzigmal dein Zwang.

Oder:

> Der mißversteht die Himmlischen, der sie
> B l u t gierig wähnt — —

Noch stärker:

> K r a f t volles Mark — —

Oder:

Hat den R ü c k kehrenden — —

Nun sind dies ohne Zweifel Fälle, wo an sich starkbetonte
Silben auch an der Stelle, wo das Versmaß die Kürze verlangt, stark gesprochen werden müssen, wo aber eben die
Jambuswidrigkeit dem Vers die Fülle gibt. Eine Silbe kommt
in die Senkung, ohne darum in die Versenkung zu geraten.
Auch diese Fälle unterscheiden sich von dem meinen, indem hier gerade durch die gedanklich richtige Betonung
die Auflösung des jambischen Charakters erfolgt, während
bei mir eine an sich betonte, aber in der Zusammensetzung
entwertete Silbe sich ihm anpaßt, die erst wenn sie den
Ton hätte, der von ihr fälschlich verlangt wird, (rosin f a r -
ben) den Jambus so alterieren würde, wie es bei Goethe
tatsächlich geschieht (den R ü c k kehrenden). Aber wird
hier nicht auch die Verwandlung an sich starkbetonter Silben in unbetonte oder schwachbetonte an dem Schicksal der
Stammsilbe »kehr«, »gier«, »voll« ersichtlich? Diese Verwandlung vollzieht sich zugleich mit der Abweichung vom
jambischen Charakter, der nur gewahrt bliebe, wenn »Rück«,
»Blut«, »Kraft« fälschlich unbetont wären. In »rosinfarben«
ist mehr der Jambus als die Stammsilbe anerkannt und es
wird sich erweisen, daß sie von Natur hinreichend schwach
war, um sich in seine Kürze zu fügen, so daß ich von der
Erlaubnis, »farb« jambuswidrig zu betonen, weil es eine
Stammsilbe ist, keinen Gebrauch machen könnte. Auch muß
ich leider die freundliche Erklärung ablehnen, daß sich die
Silbe »sin« über zwei Verstakte erstrecke und in die Senkung des fünften Fußes übergehe, so daß »far« eigentlich
dessen Hebung sei und »ben« nur die elfte Silbe, die dem
Jambus als sechstes Rad so häufig nachhängt. Es war durchaus nicht so erlebt:

auf d́em | sie śitzt | ist ǵanz | róśi | -in f́ar | ben

Sondern anders. »ro s i -in« (das keine Dehnung, sondern
Brechung wäre) bedeutet das Erlöschen der Farbe, vollends
durch die Ermöglichung des »f a r -ben«. Die Farbe ist nur

in »ro s i n farben« erhalten. Wenn oben der Versbeginn »Kraftvolles Mark« jambuswidrig daktylisch gesprochen wird, so wäre das Schicksal der an sich so vollen Silbe »voll«, die tonschwach wird, aber auch in der Hebung mit Recht versinkt, zur Analogie heranzuziehen. Wohlverstanden, nicht was die Versmaßwidrigkeit, sondern was die Tonverwandlung anlangt, die ja dem Versmaß gerecht wird. Es ist aber eben die Verwandlung, die mit »farb« vor sich geht. Wenn die Einsender zwischen dieser und dem »sin« die Relation von betonter zu überbetonter Silbe walten lassen, so wollen wir getrost die zwischen einer schwachbetonten und einer betonten annehmen. Es scheint hier ja immer die Gefahr zu bestehen, daß eine Verwechslung an und für sich betonter Silben mit den im Wort, dieser mit den im Vers betonten in die Debatte spielt, und man denke, wie schwierig eine solche wird, wenn eben der Wechsel, den der Silbenton durch das Milieu erfährt, ihr eigentlicher Gegenstand ist. Vielfach verwirrt in der Enge terminologischer Behelfe, mag sie schließlich Erkenntnisse fördern, die man vorweg nicht bestreitet und immer schon anerkannt haben möchte, bevor sie erst jenes Rätsel herausstellen, zu dem sich in Dingen der Sprache alle Klarheit auflöst. Denn wie nur der mit der Sprache »umgehen« kann, der am weitesten von ihr entfernt ist, so wird, je näher man ihr kommt, das Gefühl der Befremdung zunehmen und mit ihm der Respekt. Was zur Not mit dem Satz zu gelingen scheint, scheitert an dem Wort, und einer Silbe auf den Grund zu kommen, könnte schon den Kopf kosten, weshalb auch nicht vorausgesetzt werden soll, daß Leute, die ihn zwar nicht haben, aber behalten wollen, Zeit und Lust an solche Untersuchungen wenden.

Daß das Wort im Vers vielfache Abenteuer zu bestehen hat, wird dem nicht gesagt sein, der es als totes Instrument handhabt, und daß die Silbe im Wort allerlei Einbuße erleidet, brauchte dem Andern eigentlich nicht erst an Beispielen bewiesen zu werden. Warum aber sollte sich gerade die Silbe »farb« diesem Prozeß widersetzen, wo doch alles danach angetan ist, sie ihm zuzuführen? So sehr, daß sie sogar wieder die Verstärkung der Endsilbe »en«, ganz wie in »Fröhlich e n«, zuläßt und wenn sie dazu doch zu stark wäre, mit ihr eben »zwei schwachbetonte Nachsilben« bildet. Man denke nur: »farb« so entfärbt, daß dieses Ende möglich ist! Und doch ist es so, und dies hat es einzig und allein der Kraft des »rosin«, das alles »farbene« an sich zieht, zu danken. Denn es spottet der Tonregel und brennt wie die leibhaftige Orientsonne. Und damit wären wir bei dem Problem selbst, das eben als im Bereich des Sprachgeistes liegend von der sprachwissenschaftlichen oder metrischen Untersuchung — auf betonte Stammsilben, nach denen keine weitere Betonung mehr möglich sei — überhaupt nicht berührt wird. Was in einem Vers betont und was unbetont ist, entscheidet nicht das Gewicht der Silbe als solcher, sondern das Gewicht der Anschauung, das ihr in der Zusammensetzung und vollends in der Verbindung der Worte bleibt und vom Gedanken zuerkannt wird; entscheidet Art und Fülle der Vorstellung, die mit ihr übernommen ist; entscheidet das nächste Wort so gut wie das voraufgehende und wie die Luft zwischen den Worten, wie alle Aura, die um dieses, jenes und um alle umgebenden Worte spielt: entscheidet der Gedanke. Da kann es denn wohl geschehen, daß die stärkste Silbe, ja das stärkste Wort völlig tonlos wird, von allem, was sonst leer wäre, übermeistert.

In diesem Zusammenhang erscheint wohl ein Vers betrachtenswert, der in Beer - Hofmanns »Jaákobs Traum« (wo schon im Titel eine betonte Stammsilbe vorkommt) zu finden ist. Es sei hier über die gedankliche Bedeutung einer Dichtung nicht geurteilt, die die Bestimmung des auserwählten Volkes etwa als die eines schwergeprüften Vorzugsschülers deutet, welchen Gott, um ihm seine Gunst zu bezeugen, immer wieder durchfallen läßt: ein Gott, der durch einen prügelpädagogischen, fast sadistischen Dreh beglaubigt wird, ohne den der wahre Genuß schließlicher Herrlichkeit dem Beglückten so wenig erreichbar ist wie

dem Beglücker: »Ich will ja nur, mein Sohn, mich dir so
tief verschulden, / Daß ich — zur Sühne — dich erhöh'n
vor allen darf!« Es ist gewiß ebenso interessant, daß Gott
das süße Geheimnis dieser Methode dem Partner offenbart,
wie daß er sprachlich ein rein zivilrechtliches Verhältnis statt
des »sich a n einem verschulden« setzt, wobei freilich die
Scheu vor dem Bekenntnis, daß Gott sich an Menschen
versündigen könne, mitgewirkt haben mag. Sie wagt sich
immerhin zu dem Ausspruch vor, daß Gott sich für das,
was er seinem Volk antut, eine »Sühne« auferlegt und dieser Sühne zuliebe die Tat begeht, und es ist natürlich in
sich selbst unmöglich und ein Begriffszeugma trübster Art,
Gott nicht nur unter dem Maß einer menschlichen Ethik
und als deren abschreckendes Beispiel zu denken, sondern
eben aus einer ethischen Anschauung, die vom Verhältnis
der Menschen zu Gott bezogen und in ihm verwurzelt ist,
das Verhältnis Gottes zu den Menschen darzustellen. Es
soll auch nicht die dichterische Kraft der Verse, die auf solchem Gedankengrund gesprossen sind, gewertet, höchstens
erwähnt sein, daß sie manchmal doch bedenklich an die
Sprache der Neuzeit erinnern, indem ihre Sprecher zum
Beispiel »daran« vergessen haben, daß sie eigentlich alte
Juden sind. Alles in allem ist diesen Versen weniger der Ursprung schöpferischer Gnade als jener ehrenwerten Gesinnung abzumerken, die sie ins Weltall projiziert, wenngleich
sie sich in der Proportion so gefährlich vermißt. Ohne zur
Sühne dafür vor allen erhöht zu sein, ist dieser Dichter doch
durch die redliche Mühe, die er an seine Arbeit wendet,
vor den andern auserwählt, und wer wäre berufener, für
Jaákobs Traum zu zeugen als einer, der jeweils sieben Jahre
um die Muse geworben hat, und mögen es auch nicht die
sieben fettesten gewesen sein. Und die Betriebsferne, in der
solch eine Leistung zustande kommt, zeugt für ihn selbst,
wie auch die nicht verkennbare Spur eines redlichen Willens, dem Wort nahezukommen. Eines ist darin enthalten,
das, wenngleich es kein Kunstwerk ist, ganz gewiß seinen
Autor wissend und bemüht zeigt um den Punkt, worin Ge-

danke und Wort (oder Nichtwort) sich zu rätselhaftem Ineinander verketten (oder verschlingen). Schlichter Dilettantismus würde den Vers nicht wagen, an dessen Ende es
heißt:

— — wohin Wort nicht mehr dringt.

Eine stärkere Stammsilbe als »Wort« ist nicht denkbar und
sie ist hier doch so eingesunken, daß das »Nichtmehrhin-
dringen« seine ganze Anschaulichkeit (im Nichthörbaren)
eben von dieser Auslöschung des Wesentlichsten empfängt.
Wobei es gewiß fraglich bleibt, ob die Artikellosigkeit von
»Wort«, diese Leibhaftigkeit des Wortes, nicht ausschließlich zu dessen Verstärkung gereichen darf und ob überhaupt die Verneinung seiner Wirksamkeit durch die Ver-
setzung ins Unbetonte erreichbar und möglich ist; ob das
Nichthören so gestaltet sein kann, daß das Nichtgehörte
auch nicht mehr gesehen wird, und ein Verlust noch fühlbar
ist, wenn mit dem Wert auch dessen Anschauung verschwindet. Zu sprechen ist es nicht, weder bei völliger, dem Me-
trum angepaßter Versenkung von »Wort« noch bei erneut
ansetzender Hebung, der doch wieder das »nicht mehr dringt«
alle erstrebte Anschauung zum Opfer brächte. (Durch die
Tonhebung wäre es das Muster einer kaum zu bewältigen-
den Jambuswidrigkeit, doch indem sie dem »Wort« als dem
Vorgestellten den Ton zuweist und als dem Nichtgehörten
die metrische Kürze, ein merkwürdiger Versuch, dem zwei-
fältigen Erlebnis zu entsprechen. Ich hatte aus dem Gedächtnis zitiert. Ein Blick in den Text zeigt, daß die Tonhebung,
die der Autor so oft durch das primitive Mittel des Sperr-
drucks gegen das Versmaß durchsetzen will, tatsächlich nicht
beabsichtigt ist. Im Gegenteil sperrt er, um nur ja die Entwertung von »Wort« zu sichern, das »nicht«. Im gegebenen
Wortmaterial wäre ja vielleicht: »wo Wort nicht hin mehr
dringt« eine Möglichkeit, die das Wesentliche der Entfernung und die Entfernung des Wesentlichen glücklicher
paaren würde.) Immerhin ein lehrreicher Beleg für die Ansicht, daß ein künstlerischer Wille auch die völlige Tonver-

wandlung nicht scheut und daß er sich fast mehr an dem Wagnis als am Gelingen beweist.

Denn was kümmert es den Gedanken, daß eine Silbe als Stammmsilbe einen »deutlichen Nebenton« hat? Sie hat ihn eben nicht mehr. Sie ist eben nicht mehr »betont«. Nur die rationalistische Ansicht, die sie aus dem Gefüge herausnimmt, wird den Ton reklamieren, ihn vor Gericht stellen; und mit Recht, denn wenn die Silbe einmal draußen ist, so hat sie ihn zu haben. Aber sie hat ihn nur für die Wortforschung und nicht für die Sprache. Jene würde, da »farb« ja unter allen Umständen Stammsilbe ist, etwa nicht den geringsten Unterschied zwischen »farben« und »farbig« wahrnehmen; und doch liegt so viel dazwischen, daß, wenn es »rosinfarbig« hieße, wirklich bloß die Möglichkeit bestünde, das »sin« über zwei Verstakte zu erstrecken, da »farb« tatsächlich betont wäre. Nur eben, daß »rosinfarbig« das schlechtere Gedicht ist, und daß man das »sin« auch über vier Verstakte dehnen könnte, ohne die Farbe, auf die es ankommt, zu gewinnen. Sie gewinnt ihre Kraft durch das schwache »farben«, während das stärkere farbig und das scheinbar unveränderte »rosin« zusammen nicht mehr als ein zusammengesetztes Wort ergeben. In »farben« und in »farbig« ist die Silbe gleich stark; aber in diesem tritt die Farbe äußerlich hervor, jenes, erst in der Zusammensetzung mit der Farbe möglich und wirksam, ist der Hintergrund, auf dem sie in Erscheinung tritt. Es ist sonderbar wie alles, was sich durch die Sprache begibt, aber es ist so und es ist; es ist eben wunderbar. Bei einer Farbe, die weniger Farbe hat, würde sich »farben« mehr zur Geltung bringen, wie etwa bei »türkisfarben«, »opalfarben«, während rubin- oder rosinfarben ganz gefährliche Farben sind und so gell und grell brennen, daß das »farben« selbst verlöschen und verstummen muß. Dem Einwand, daß eben der Vokal der Endung »in« diesen Prozeß bewirke, kann nur mit der Versicherung begegnet werden, daß dies ganz richtig ist und daß die Sprache schon gewußt haben wird, warum sie diese Farben so ausklingen läßt. Ich könnte es zwar nicht beweisen, wohl aber beschwören, daß kein Wort anders aussieht als sein Inhalt klingt und daß jedes so schmeckt wie es riecht. Wenn ich meine, daß die letzten zwei Silben in dem Wort »smaragdfarben« mehr Ton und mehr Farbe behalten, weil sie weniger an die ersten abgeben müssen als in dem Wort »rosinfarben«, und wenn man mir darauf antwortet, daß eben der Wirbel der Konsonanten den Tonfall hemme und dadurch »farben« selbständiger werde als dort wo es einer stärkeren Anziehung durch die vorangehende Silbe ausgesetzt ist, so möchte ich mich, ohne dabei gewesen zu sein, auf den ersten Mund berufen, der »Smaragd« gesagt hat, als das erste Auge ihn sah, und gar nicht anders konnte als ihm diese Konsonanten abzusehen, diese Farbe abzuhören. Und könnte das Kind anders, wenn ihm die Verbildung von Generationen nicht die dichterische Kraft verkümmert hätte, Anschauungen zu Lautbildern zu formen? Jedes Wort ist ursprünglich ein Gedicht und was den Vollbegriff des Dings umfaßt, ist ihm nur abgelallt. Wäre es anders und wäre die Sprache wirklich das, wofür die Menschen sie halten, ein Mittel, sich nicht mit der Schöpfung, sondern über sie und über sie hinweg zu verständigen und dadurch zu solchem Einverständnis zu gelangen, das jegliche Zwietracht bedeutet, so wäre es gleich besser, sich jener Konventionen, jener akustischen Stenogramme zu bedienen, die auf einem Kongreß beschlossen werden, damit ein größerer Umkreis von Menschheit des Segens teilhaftig werde, vom Erlebnis der Natur entfernt zu sein. Solange aber Sprache keine Verabredung ist, wird sie dem Geist noch aufbewahren, was sie dem Verstande vorenthält, und wenn jener wissen wollte, warum der Purpur den Ton auf der ersten Silbe hat, so brauchte er nur den Purpur zu befragen. Aus dieser Eigentümlichkeit, die eben von seiner besonderen Farbe kommt, ergibt sich, daß wenn er sich mit dem Wort »farben« zusammensetzt, dieses wieder auftönt und also aufleuchtet; denn es hat Raum zur Entwicklung, während es an die in der letzten Silbe betonten Farbnamen alles abgibt. Wie auch ähnlich, wenngleich nicht so selbstlos an die einsilbigen (in

»goldfarben« etwa dürfte eher eine Verteilung statthaben).
Ein Beispiel dafür, welcher Kraft es in jener andern Verbindung fähig ist, ist Gerhart Hauptmanns

> Laßt feuerfarbne Falter über ihr
> am malachitnen Grün des Estrichs schaukeln.

Hier kann wahrlich nichts betonter sein als »farb«, wiewohl doch schon »feuer« genug brennt. Solchen Schicksalen ist das Wort, ist selbst die Silbe ausgesetzt. Je mehr ich »farb« in »rosinfarben« betonen wollte und wenn ich dafür auch »rosin« endlos dehnte, desto blasser würde dieses, jenes, beides zusammen. Doch »sin« ist nicht als gedehnt (oder gar gebrochen), sondern nur als gell eindringender Ton gedacht: dann verschwindet alles weitere von selbst und zu Gunsten des Sinn-Eindrucks, der erreicht werden soll.

Und wenn wir schon in diesem Turnier mit Silbenstechen und mit Haaresspalten befangen sind — keinen stolzeren Sieg, keinen größeren Gewinn kann es geben als in solchem —, dann sollen auch gleich »Totschläger« den Ausgang fördern. Daran läßt sich vielleicht noch besser dartun, wie problematisch der absolute Tonwert einer »Stammsilbe« ist, mit dem schon vor dem Versgedanken der tägliche Hausbrauch fertig wird. Wieviel von den um ein Wort gelagerten Vorstellungen in den Gedanken eingeht, davon allein hängt seine Tonwertigkeit ab. Ganz außerhalb des Versgefüges ist in »Totschläger« die ganze Kraft der Vorstellung schon von der Silbe »Tot« absorbiert, ohne jede Rücksicht darauf, daß die zweite Silbe eine Stammsilbe vorstellt, die in dem Verbum »schlagen« noch von ausschlaggebender Wichtigkeit ist. Nur in einer einzigen Bedeutung wächst dieser Stammsilbe eine Kraft zu, die sogar der Stärke der Silbe »Tot« gleichkommt: in der Bezeichnung der Waffe, die »Totschläger« heißt, wo »schläger« real erlebt ist, »Tot« nur ein Ornament, das den möglichen oder erstrebten Effekt der Waffe verherrlicht. Wer würde bei »Tondichter« behaupten, hier habe der Dichter den Ton? In »Schriftsteller« ist »stell« zweifellos eine an und für sich betonte Stammsilbe, aber sie hat auch nicht die Spur eines Eigenlebens mehr, da alle Vorstellung der Schrift und nicht dem Vorgang ihres »Stellens« eignet; zum Unterschied von »Schriftführer« und vollends von »Schriftsetzer«, wo alle Vorstellung, also auch alle Betonung dem »Setzen« angehört, so sehr, daß das »Setzen« (im Gegensatz zum Führen und gar zum Stellen) schon zureicht, um die Tätigkeit sichtbar zu machen. Es könnte also am Schluß eines jambischen Verses weit eher der halbwertige »Schriftsteller« als der vollwertige »Schriftsetzer« stehen (wiewohl dieser durch die Hilfe, die er jenem angedeihen läßt, mit der Zeit auch an Position einbüßen wird). Oder nehmen wir, um in der Sphäre der Literatur zu bleiben, das Beispiel »Einbrecher«. Gewiß hat die Silbe »brech« eine Kraft, in der ja das Handwerk als solches ursprünglich beruht. Trotzdem wird die Anschauung nur von der Silbe »Ein« regiert als von dem »Eindringen« ins Haus, wohin einer, um ein Einbrecher zu sein, ja auch ohne Zerstörung gelangen kann. »Einschleicher« dagegen, wo das Wort mit der Vorstellung noch kongruent ist, würde eine Entwertung der Stammsilbe keineswegs zulassen. (Ebensowenig »Ausbrecher«, woran die Vorstellung der unmittelbaren Kraftanwendung des Gefangenen haftet. Er bricht aus dem Kerker, jener gelangt in das Haus.) Welche Tonverschiebung — an und für sich und wie erst für die Position im Satz- oder Versbau — ein Wort durchmachen kann, zeigt es, wenn es zugleich einen Beruf und einen Namen bedeutet. Während etwa in »Buchhändler« mehr die Vorstellung des Buches, in »Buchbinder« mehr die des Bindens lebendig ist, kommt diesem als Namen weder die eine noch die andere Vorstellung mehr zu, wodurch sich die Betonung der Silbe »Buch« nur automatisch als der führenden ergibt. Der Name wäre am Schluß des zehnsilbigen jambischen Verses eher möglich als die Berufsbezeichnung. Ist in einem Namen wie »Goldberger«, der vielleicht noch die Vorstellung von Goldbesitz wecken kann, auch nur die Spur einer Anschauung goldener Berge oder des Bergens von Gold, wovon er sich herleiten mag, vorhanden? Nicht einmal im Wiener Tonfall, der sich auf der zweiten Silbe solcher Komposita auszuruhen pflegt. Wo trotz der begrifflichen Kluft zwischen Wort und Wort die äußere Betonung identisch ist, würde natürlich einzig und allein von der Vorstellungsfülle, die der Silbe innewohnt, die Entscheidung abhängen, welchen Ton sie im Vers empfängt. (Wer die Relativität des Silbenwerts leugnet, solange sie ihm unvorstellbar ist, braucht vor allem nur an das Vernichtungswerk erinnert zu werden, das der jeweilige genius loci an dem Vorstellungsinhalt von Straßennamen geleistet hat. Es gibt gar keinen Ort, der vom Sprecher so entfernt wäre wie die seinem Namen assoziierte Vorstellung von dessen ursprünglichem Sinn. Wenn der Wiener überall an den Franz Joseph gedacht hätte, am Franz Josephskai hat er es bestimmt nicht getan, und nie wären ihm auf dem Schottenring die Schottenpriester eingefallen, selbst wenn er eben noch in der Schottengasse sich ihrer vielleicht erinnert hätte. Der in der Gonzagagasse behütete Name dürfte dem Chef einer Inkassogesellschaft eignen und die Zelinkagasse, an die man wieder vor dem Zelinka-Denkmal nicht denkt, nach einem Engrossisten benannt sein. Hat jemand schon einmal in der Kärntnerstraße an das Land Kärnten gedacht, wenn nicht auf dem Umweg von der Sünde zur Alm, wo es keine gibt? Bei der Vorstellung des Bisambergs würde man eher vermuten, daß es dort Moschustiere gibt als daß das Wasser dort einmal bis am Berg gestanden ist, während das österreichische Gehör bei Vorarlberg eher ein Radl über den Berg gehen hört, als daß es sich ein vor dem Arlberg gelegenes Land vorstellt.) Es hängt alles davon ab, ob die Silbe dem erlebten oder dem gebrauchten Wort angehört, ob noch Vorstellungsmark oder nur terminologische Kruste vorhanden ist. In »Ausrufer« als einer Umschreibung für Sensationsjournalist hat »ruf« (analog in »Marktschreier«) keinen Ton mehr, wohl aber dort, wo die reale Vorstellung eines, der soeben etwas ausgerufen (auf den Markt geschrieen) hat, das Wort bildet. Und die schöpferische Kraft, die hier am Werk ist — im Ausdruck dessen, was erlebt wird —, ist keine andere als die, die den Vers bildet. Hier könnte sich freilich der

Einwand melden, daß im echten Gedicht das Wort doch immer neu erlebt und wenn die Erlösung aus der Erstarrnis nicht mehr möglich ist, die Worthülse eben keinen Platz findet. Das ist so richtig wie falsch, und unbedingt wahr bleibt nur, daß der Dichter wie die Zeugenschaft des lebendigen Worts so auch die seines Absterbens hat, womit aber keineswegs gesagt ist, daß er nicht gerade da schöpferisch würde. Wie er ein neues Wort (was mit aller Verachtung des prinzipiellen Neugetönes gesagt sei) nur so ins Dasein bringen wird, daß es die Dagewesenheit schon mitbringt, und wie er das alte so setzen kann, als ob es just ins Leben getreten wäre, muß es ihm auch gelingen, das tote Wort so tot sein zu lassen, wie es die Sphäre gebietet, und ist die Erstorbenheit der Welt sein Erlebnis, dann hat er keine Phrase verwendet und keine jener Redensarten, die ein Ornament des Sprachgebrauchs und ein Aussatz der Kunst sind. Wo keine Vorstellung mehr ist, kann eben dies für die Wortwahl entscheidend sein und das Verblaßteste von eindringender Bildkraft. Der Dichter erlebt das Wort im Zustand der Wirksamkeit, die es in der Zeit hat, und er wäre keiner, wenn es im Gedicht lebloser wäre als in der Zeit. Darum bewährt das echte Gedicht auch die Fähigkeit, den Vorstellungsgehalt des Wortes durch die Schäden und Veränderungen eines Gebrauchs hindurch, der der Sprache ihre Jahresringe ansetzt, indem er die Assoziationskraft abschwächt, voll zu erhalten, wenngleich das so konservierte Wort nicht mehr die Macht hat, außerhalb des Gedichts zu wirken. Alle hier angeführten Beispiele für Tonkraft und deren Veränderlichkeit verstehen sich als Vorstellungsinventar nur vom Gesichtspunkt der Erbschaft, die die Generation angetreten hat. Für die Kunstfähigkeit des Worts entscheidet nichts außer der Fähigkeit des Künstlers: alt oder neu, tot oder lebendig, edel oder trivial, deutsch oder fremd — das Wort ist nie das, was es gilt, sondern was es im Gedicht wird, nicht wie es aussieht, sondern wo es steht. Doch auch außerhalb des Gedichts ist ein und dasselbe Wort ein verschiedenes Gedicht. Es kann hausgebacken und hausbacken

sein: zu Haus erschaffen, besser als gewöhnliches Bäcker-
brot, oder nüchtern, prosaisch wie nur alles was im Umlauf
ist. (Aber wie ich's hier sage, verschränken sich Ding und
Metapher. Betont wird das »Haus« eben dort sein, wo der
Ausdruck die Gewöhnlichkeit bezeichnet; im realen Gebäck
auch das »backen«.) Wie »altbacken« ist eben in diesem die
Vorstellung, die einmal neu war! Auch die Stammsilbe
»voll« kann sich nicht immer auf ihre Bedeutung verlassen.
In »kraftvoll« hat sie nicht mehr die Kraft, die der ersten
Silbe zukommt. Wie anders in »drangvoll«, wenngleich sich
diese gedrängte Fülle beiweitem nicht mit jener vergleichen
läßt, die »los« in »kraftlos« bewahrt, während es wieder in
»rastlos« mehr an die führende Silbe verliert. Man beachte
die Wertverschiebung, die zwischen »wertvoll« und »wertlos« vor sich geht. Hier wie in »kraftvoll« ist der Positiv-
begriff nur eine Fortsetzung der Kraft, in »kraftlos« muß
sich der Negativbegriff gegen sie durchsetzen. Er ist deshalb
so wenig »tonlos« wie in diesem selbst. »Stimmittel« und
»Stimmlage«: sollte an und für sich »mitt« nicht wenigstens
so stark sein wie »lag«? In Wahrheit wiegt jenes nichts im
Vergleich zu diesem. Klar entscheidet die gedankliche Leistung, die das Wort zu jenem, mit dem es zusammengesetzt
ist, beiträgt. »Stimmittel« ist mehr als »Stimmlage«, aber
das »Mittel« führt begrifflich der Stimme nichts hinzu, die
»Lage« alles: denn die Stimme ist schon das Mittel, aber
hat erst die Lage; Stimmittel ist nur eine Determinierung
der Stimme als akustischen Werts, also eine begriffliche
Fortsetzung, Stimmlage ist fast eine Definition. Füglich
könnte man wohl jenes Wort, aber nicht dieses daktylisch
setzen. (Und schon gar nicht »Stimmfärbung«, wiewohl es
doch meine Stammsilbe hat.) Ähnlich: »Parkmauer« und
»Parkgitter«. Jene könnte begrifflich der Park selbst sein,
der demnach den Ton trägt. Sie unterscheidet sich sogleich
von andern Mauern. »Parkgitter« wird nicht von andern
Gittern unterschieden, sondern von allem andern, was zum
Park gehört. Hier tritt — in Verbindung mit Park — ausschließlich die Vorstellung des Gitters hervor, so wenig es

sich als solches von anderen Gittern unterscheiden mag. Darum könnte wohl die Parkmauer, aber nicht das Parkgitter synekdochisch für »Park« gebraucht werden; es ist und bleibt ein Bestandteil, also ein Teil, der nicht fürs Ganze stehen kann. In »Blutgierig« ist so viel von Blut und so wenig von Gier mehr vorhanden, daß es in jenem Vers der Iphigenie nicht jambusgemäß heißen kann: Blutgierig wähnt — —. Läge ihm aber nicht bloß die Abstraktion des Gottes, der Blutopfer fordert, sondern die Anschauung eines Sadisten, der sich am Blut berauscht, zugrunde, so wäre diese Betonung oder Mitbetonung im Vers wohl möglich. Fast wäre es bei »geldgierig« der Fall, wo noch der persönliche Anteil des Gierigen gespürt wird. Solange der »Blutdürstige« nicht das Blut trinkt, ist seine Stammsilbe nicht ernst zu nehmen und nur das Blut, das er vergießt, beträchtlich. »Blutrünstig« würde die Senkung der zweiten Silbe nur in der gebräuchlichen aktiven, also in der falschen Bedeutung des Blutdürstigen vertragen, in der das Wort eine Redensart ist, jedoch nicht in der richtigen passiven des Verwundeten, an dem noch rinnendes Blut sichtbar ist. Stammsilbe da und dort — wenn sie verwelkt ist, der Begriff pflanzt sich schon seinen Ton. Wo käme er hin, wenn man nicht »ungescheut« mehrsilbige Wörter setzen dürfte, um gerade jene Silbe fallen zu lassen, die etymologisch den Ton hat?

Ungescheut will ich es wagen, dies Wort dort so zu
betonen
und zu negieren den Rest, der sich die Scheu noch
bewahrt.
Wenn aber einer es scheut, weil »scheut« ihm mehr
imponiert hat,
klappt's mit der metrischen Scheu, aber er ist nicht
gescheut.

Wiewohl es sicher von allen Zuschriften, die ich — mit und ohne die trostlose Berufung auf »Druckfehler« — in Sprachdingen je empfing, die weitaus würdigsten und anregendsten gewesen sind.

DER REIM

Er ist das Ufer, wo sie landen,
sind zwei Gedanken einverstanden.

Hier sind sie es: die Paarung ist vollzogen. Zwei werden eins im Verständnis, und die Bindung, welche Gedicht heißt, ist so für alles, was noch folgen kann, zu spüren wie für alles, was vorherging; im Reim ist sie beschlossen. Landen und einverstanden: aus der Wortumgebung strömt es den zwei Gedanken zu, sie ans gemeinsame Ufer treibend. Kräfte sind es, die zu einander wollen, und münden im Reim wie im Kuß. Aber er war ihnen vorbestimmt, aus seiner eigenen Natur zog er sie an und gab ihnen das Vermögen, zu einander zu wollen, zu ihm selbst zu können. Er ist der Einklang, sie zusammenzuschließen, er bringt die Sphären, denen sie zugehören, zur vollkommenen Deckung. So wird er in Wahrheit zu dem, als was ihn der Vers definiert: zum Ziel ihrer spracherotischen Richtung, zu dem Punkt, nach dem die Lustfahrt geht. Sohin gelte als Grundsatz, daß jener Reim der dichterisch stärkste sein wird, der als Klang zugleich der Zwang ist, zwei Empfindungs- oder Vorstellungswelten zur Angleichung zu bringen, sei es, daß sie kraft ihrer Naturen, gleichgestimmt oder antithetisch, zu einander streben, sei es, daß sie nun erst einander so angemessen, angedichtet scheinen, als wären sie es schon zuvor und immer gewesen. Ist diese Möglichkeit einmal gesetzt, so wird der Weg sichtbar, wie es gelingen mag, dem Reim eine Macht der Bindung zu verleihen, die jenseits des bisher allein genehmigten Kriteriums der »Reinheit« waltet, ja vor der solche Ansprüche überhaupt nicht geltend gemacht werden könnten. Denn nicht das Richtmaß der Form, sondern das der Gestalt bestimmt seinen Wert. Den Zwang zum Reim bringt innerhalb der Bindung des Verses nicht jede dichterische Gestaltung, die diese auferlegt, er kann sich aber, wie am Ende einer Shakespeare-Schlegel'schen Tirade gleichsam als das Fazit einer Gedankenrechnung ergeben, worin die Angleichung der dargestellten Sphären ihren gültigen Ausdruck findet. Der ganzen Darstellung förmlich entwunden, dem gegenseitigen Zwang, der zwischen der Materie und dem Schöpfer wirksam ist, lebt er in einer wesentlich anderen Region des Ausdrucks als das äußerliche Spiel, das er etwa in einer dürftigen Calderon-Übersetzung oder gar in einem Grillparzerschen Original vorstellt. Die Notwendigkeit des Reimes muß sich in der Überwindung des Widerstands fühlbar machen, den ihm noch die nächste sprachliche Umgebung entgegensetzt. Der Reim muß geboren sein, er entspringt dem Gedankenschoß; er ist ein Geschöpf, aber er ist kein Instrument, bestimmt, einen Klang hervorzubringen, der dem Hörer etwas Gefühltes oder Gemeintes einprägsam mache. Die gesellschaftliche Auffassung freilich, nach der der Dichter so etwas wie ein Lebenstapezierer ist und der Reim ein akustischer Zierat, hat an ihn keine andere theoretische Forderung als die der »Reinheit«, wiewohl dem praktischen Bedürfnis auch das notdürftigste Geklingel schon genügt. Aber selbst eine Kritik, die über den niedrigen Anspruch des Geschmackes hinausgelangt, ist noch weit genug entfernt von jener wahren Erkenntnis des Reimwesens, für die solches Niveau überhaupt nicht in Betracht kommt. Wenn man den ganzen Tiefstand der Menschheit, über den sie sich mit ihrem technischen Hochflug betrügt, auf ihre dämonische Ahnungslosigkeit vor der eigenen Sprache zurückführen darf, so möchte man sich wohl von einer kulturellen Gesetzgebung einen Fortschritt erhoffen, die den Mut hätte, die Untaten der Wortmißbraucher unter Strafsanktion zu stellen und insbesondere das Spießervergnügen an Reimereien durch die Prügelstrafe für Täter wie für Genießer gleichermaßen gefahrvoll zu machen.

Entnehmen wir dem Reim »landen — einverstanden« das Reimwort »standen« als solches, wobei wir uns denken mögen, daß es als abgeschlossene Vorstellung den Sinn eines Verses erfülle. In dem Maß der Vollkommenheit, wie hier die äußere Paarung (landen — standen) in Erscheinung tritt, scheint die innere zu mangeln, die das tiefere Einverständnis der beiden Gedanken voraussetzt. Im Bereich der schöpferischen Möglichkeit — jenseits einer rationalen Aussage, die sich mit etwas Geklingel empfehlen läßt — wird kaum ein Punkt auftauchen, wo »landen« und »standen« Gemeinschaft schließen möchten. Doch nicht an der Unterschiedlichkeit der Vorstellungswelten, welche in der äußeren Übereinstimmung umso stärker hervortritt, soll die Minderwertigkeit eines Reimes dargetan sein. Vielmehr sei fühlbar gemacht, wie durch die Verkürzung des zweiten Reimworts, gerade durch eine Präzision, die den reimführenden Konsonanten mit dem Wortbeginn zusammenfallen läßt, das psychische Erlebnis, an dem der Reim Anteil hat, verkümmert wird. Widerstandslos gelangt der Reim zum Ziel der äußeren Deckung, hier, wo jede Reimhälfte isoliert schon bereitsteht, sich der anderen anzuschmiegen. Wie lieblos jedoch vollzieht sich dieser Akt! Denn es ist ein erotisches Erfordernis, daß eine der beiden Hälften sich von ihrer sprachlichen Hülle erst löse oder gelöst werde, um die Paarung zu ermöglichen, hier die zweite, die von der reimwilligen ersten angegangen und genommen wird. Dieser, der auf die eigene Wortenergie angewiesenen, obliegt es, das Hindernis zu überwinden, das ihr jene durch eine Verknüpfung mit ihrer sprachlichen Region entgegenstellt. Man könnte gleicherweise sagen, daß die Liebe keine Kunst ist und die Kunst keine Liebe, wo nichts als ein vorübergehendes Aneinander erzielt wird. Setzen wir den Reim »landen« und »sich fanden«, so wäre schon ein Widerstand eingeschaltet, dessen Überwindung dem Vorgang eine Lebendigkeit zuführt, die das Reimwort »fanden« als solches in der Berührung mit »landen« entbehrte. Nun ermesse man erst den Zuschuß, der erfolgt, wenn die eine Reimhälfte mit einer Vorsilbe, gar mit zweien behaftet oder mit einem zweiten Wort verbunden ist. Welch einen Anlauf hat da die andere zu nehmen, um trotz der Hemmung solcher Vorsetzungen zum Reimkörper selbst zu gelangen! Welche »Kraft« stößt, ungeachtet der Leiden, an »Leidenschaft«! Nur dort, wo die gedankliche Deckung der Sphären schon im Gleichmaß der Reimwörter vollzogen ist, wie bei »landen — stranden«, muß aus der Wortumwelt nicht jene Förderung erwartet werden, die der Reim dem Hindernis, dem Zwang zur Eroberung verdankt, wiewohl auch hier ein »landet — gestrandet« als der stärkere Reim empfunden werden mag und es sonst erst aller rhythmischen Möglichkeit und umgebenden Wortkraft bedürfen wird, um der gefälligen Glätte entgegenzuwirken, die das Ineinander der Reimpartner gefährdet. Wem es eine Enttäuschung bereiten sollte, zu erfahren, daß Angelegenheiten, von denen er bisher geglaubt hat, sie würden von einer »Inspiration« besorgt, dem nachwägenden Bewußtsein, ja der Willensbestimmung zugänglich sind, dem sei gesagt, daß ein Gedicht im höchsten Grade etwas ist, was »gemacht« werden muß (es kommt von »poiein«); wenngleich es natürlich nur von dem gemacht werden kann, der »es in sich hat«, es zu machen. Man mag sich sogar dazu entschließen, man braucht keiner andern Anregung ein Gedicht zu verdanken als dem Wunsch, es zu machen, und innerhalb der Arbeit können dann jedes Wort hundert Erwägungen begleiten, zu deren jeder weit mehr Nachdenken erforderlich ist als zu sämtlichen Problemen der Handelspolitik. Sollte es wirklich vorkommen, daß ein Lyriker barhaupt in die Natur stürzen muß, um seinen Scheitel ihren Einwirkungen auszusetzen und eigenhändig erst den Falter zu fangen, den er besingen will, so hätte er diesen umgaukelt, er wäre ein Schwindler, und ich würde mich außerdem verpflichten, ihm auch den Trottel in jeder Zeile nachzuweisen, die durch solche Inspiration zustandegekommen ist.

Betrachten wir weiter den Fall, von dem als einem Beispiel und Motto diese Untersuchung ausgeht — wobei wir ganz und gar den Sinngehalt des einzelnen Reimworts ausschalten wollen —, so würde also das Höchstmaß der äußeren Deckung: landen — standen den niedrigsten Grad der dichterischen Leistung vorstellen, den höheren: landen — verstanden, den höchsten: landen — einverstanden, weil eben hier mit einem durch den Silbenwall gehemmten und mithin gesteigerten Impetus das Ziel der Paarung erreicht wird; weil der Reim einen stärkeren Anlauf nehmen mußte, um stärker vorhanden zu sein. Er mußte sich sogar den Ton der Stamm- und eigentlichen Reimsilbe erobern, der auf die erste der beiden Vorsilben abgezogen war, und es bleibt eine geringe Diskrepanz zurück, dem Ohr den Einklang reizvoll vermittelnd: nicht unähnlich dem ästhetischen Minus, das dem erotischen Vollbild zugute kommt, ja von dem allein es sich ergänzen könnte. Das Merkmal des guten Reimes ist nebst oder auch jenseits der formalen Tauglichkeit zur Paarung die Möglichkeit der Werbung. Sie ist in der wesentlichen Bedingung verankert: vom Geistigen her zum Akt zu taugen. Denn die Deckung der Sphären muß mit der der Worte so im Reim vollzogen sein, daß er auch losgelöst von der Wortreihe, die er abschließt, das Gedicht zu enthalten scheint oder die aura vitalis des Gedichtes spüren läßt. Der Reim ist nur dann einer, wenn der Vers nach ihm verlangt, ihn herbeigerufen hat, so daß er als das Echo dieses Rufes tönt. Aber dieses Echo hat es auch in sich, den Ruf hervorzurufen. Die zwei Gedanken müssen so in ihm einverstanden sein, daß sie aus ihm in den Vers zurückentwickelt werden könnten. Herz — Schmerz, Sonne — Wonne: dergleichen war ursprünglich ein großes Gedicht, als die verkürzteste Form, die noch den Gefühls- oder Anschauungsinhalt einschließen kann. Wie viel sprachliches Schwergewicht müßte nunmehr vorgesetzt sein, um dem Gedanken die Befriedigung an solchem Ziel zu gewähren! Doch eben an der Banalität des akustischen Ornaments, zu dem das ursprüngliche Gedicht herabgekommen ist, gerade am abgenützten Wort kann sich die Kraft des Künstlers bewähren: es so hinzustellen, als wäre es zum ersten Male gesagt, und so, daß der Genießer, der den Wert zum Klang erniedrigt hat, diesen nicht wiedererkennt. Die Vorstellung, daß der Reim in nichts als im Reim bestehe, ist die Grundlage aller Ansicht, die die lesende und insbesondere — trotz ihren tieferen Reimen — die deutschlesende Menschheit von der Lyrik hat. Er ist ihr in der Tat bloß das klingende Merkzeichen, das Signal, damit eine Anschauung oder Empfindung, eine Stimmung oder Meinung, die sie ohne Schwierigkeit als die ihr schon vertraute und geläufige agnosziert, wieder einmal durchs Ohr ins Gemüt eingehe oder in die Gegend, die sie an dessen Stelle besitzt. Da Kunst ihr überhaupt eine Übung bedeutet, die nicht nur nichts mit einer Notwendigkeit zu schaffen hat, sondern eine solche geradezu ausschließt — denn sie möchte dem Aufputz ihrer »freien« Stunden auch nur die Allotria seiner Herstellung glauben —, so vermag sie vor allem dort nicht über formale Ansprüche hinauszugelangen, wo hörbar und augenscheinlich die Form dargebracht ist, um ihr das, was sie ohnehin schon weiß, zu vermitteln: am Reim. Wie der Philister den letzten Lohn der erotischen Natur enthert und entwertet hat, so hat er auch die Erfüllung des schöpferischen Aktes im Reim zu einem Zeitvertreib gemacht. Wie aber der wahrhaft Liebende immer zum ersten Male liebt, so dichtet der wahrhaft Dichtende immer zum ersten Mal, und reimte er nichts als Liebe und Triebe. Und wie der Philister in der Liebe ästhetischer wertet als der Liebende, so auch in der Dichtung ästhetischer als der Künstler, den er mit seinem Maße mißt und erledigt. Daraus ist die Forderung nach dem »reinen Reim« entstanden, die unerbittliche Vorstellung, daß das Gedicht umso besser sei, je mehr's an den Zeilenenden klappt und klingt, und der Hofnarr des Pöbels umso tüchtiger, je mehr Schellen seine Kappe hat, bei noch so ärmlichem Inhalt dessen, was darunter ist.

In dieser Vorstellung hat das erotische Prinzip der Überwindung des Widerstandes zum Ziel der Gedankenpaarung keinen Raum. Da gilt nur das äußere Maß und eben diesem, welches fern aller Wesenheit bloß nach dem Schall gerichtet ist, wird auch der Mißreim genügen. Umgekehrt wird die Erfassung des Reims als des Gipfels der Gedankenlandschaft zwar auch dem verpönten »unreinen Reim« solche Eignung zuerkennen, aber umso hellhöriger alles abweisen, was nur so klingt wie ein Reim, oder klingen möchte, als wäre es einer. Und solche Sachlichkeit darf auch vor den

Lakunen eines Dichtwerks, und wäre es das größte, nicht haltmachen. Wie wenige deutsche Ohren werden das Geräusch vernommen haben, womit der Mephistopheles seinen dramatisch so fragwürdigen Abgang vollzieht und worin die Torheit, die seiner sich am Schluß »bemächtigt« — mit einer Kläglichkeit des Ausdrucks, die fast der Situation gerecht wird — einer Erfahrenheit antwortet, die sich »beschäftigt« hat. Wenn das teuflische Mißlingen hier nur durch einen Mißreim veranschaulicht werden konnte, so wäre solches immerhin gelungen. Doch ließe sich das Kapitel der Beiläufigkeiten, mit denen dichterische Werte besät sind und deren jede ein Kapitel der Sprachlehre rechtfertigen würde, in der deutschen Literatur gar nicht ausschöpfen. Beträchtlich in diesem Zusammenhange dünkt mir die Erscheinung eines Dichters wie Gottfried August Bürger, der außer starken Gedichten eine ungereimt philiströse Reimlehre geschrieben hat — welche als literarhistorisches Monstrum dem polemischen Unfug Grabbes gegen Shakespeare an die Seite gestellt werden kann —, nebst dieser Theorie aber auch wieder Reime, die es mit seinen abschreckendsten Beispielen aufzunehmen vermögen. Von irgendwelcher gedanklichen Erfassung des Problems weit entfernt und mit einer Beckmesserei wütend, die ziemlich konsequent das Falsche für richtig und das Richtige für falsch befindet, begnügt er sich, die »echt hochdeutsche Aussprache« als das Kriterium des Reimwertes aufzustellen. Somit dürfe sich nicht nur, nein, müsse sich Tag auf sprach, Zweig auf weich, Pflug auf Buch, zog auf hoch reimen. Welcher Toleranz jedoch sein Ohr fähig war, geht daraus hervor, daß er den Mißreim des gedehnten und des geschärften Vokals zwar tadelt, aber, wo es ihm darauf ankommt die Ungleichheit der Schlußkonsonanten zu verteidigen, das Beispiel »Harz und bewahrt's« als tadellosen Reim gelten läßt (anstatt hier etwa »Harz und starrt's« heranzuziehen). Nachdem er aber »drang und sank« in die Reihe der »angefochtenen Reime« gestellt hat, »deren Richtigkeit zu retten« sei, erklärt er kaum eine halbe Seite später, »am unrichtigsten und widerwärtigsten« seien die Reime g auf k und umgekehrt, und nimmt da als Beispiel: »singt und winkt«. Wozu wohl gesagt werden muß, daß, wenn der grundsätzliche Abscheu vor solchen Reimen schon eine unvermutete Ausnahme der Sympathie zuläßt, diese doch weit eher dem Präsens-Fall gebührt als dem andern, weil dort die Gleichheit der Schlußkonsonanten den Unterschied von g und k deckt, während er bei »drang« und »sank« offen und vernehmbar bleibt. Wird doch vom feineren Gehör selbst der zwischen lang (räumlich, sprich lank) und lang' (zeitlich, sprich lang) empfunden und eben darum, wo die Form »lange« nicht vorgezogen wird, durch den Apostroph bezeichnet: die Bank, auf die ich etwas schiebe, reimt sich also auf lang, solang' sie die Metapher bleibt, der die räumliche Vorstellung zugrunde liegt; sie ließe sich jedoch, in die Zeitvorstellung aufgelöst, nicht so gut auf lang' reimen (höchstens im Couplet, wo die Musik die Dissonanz aufhebt, oder zu rein karikaturistischer Wirkung wie bei Liliencron: »Viere lang, zum Empfang«). Auf lang reimt sich Bank, auf lang' bang. Ist es also schon ein Mißgriff, den Reim »drang und sank« zu empfehlen, so ist es völlig unbegreiflich, daß er als die Ausnahme von einer Unmöglichkeit gelten soll, die ein paar Zeilen weiter mit dem durchaus möglichen »dringt und sinkt« belegt wird. Das Wirrsal wird noch dadurch bunter, daß der Reimtheoretiker neben solches Beispiel als gleichgearteten Fehler das Monstrum »Menge und Schenke« setzt und neben dieses wieder den zweifellos statthaften Reim »Berg und Werk«. Dafür ergeben ihm, in anderem Zusammenhang, »Molch und Erfolg« eine tadellose Paarung zweier Vorstellungswelten, deren Harmonie ihm offenbar so prästabiliert erscheint, daß er den Schritt vom Molch zum Erfolch vielleicht auch dann guthieße, wenn die Aussprache ihm ein besonderes Opfer auferlegte. (Wiewohl mit jenem ein Dolch oder ein Strolch, im Sinne des Strengen mit dem Zarten oder des Starken und des Milden, einen bessern Klang gäbe.) Doch während er eben für das »g« auf dem echt hochdeutschen »ch« besteht und solchen phonetischen

Problemen zugewendet ist, macht er sich über eine innere Disposition des Worts zum Reim, also über das worauf es ankommt, nicht die geringsten Gedanken, und wenn ich mich bei einer Methode, der nur das entscheidend ist, worauf es nicht ankommt: das nebensächlich Selbstverständliche oder das ungewichtig Unrichtige, überhaupt aufhalte, so geschieht es, um an dem Exempel eines Dichters die allgemeine Unzuständigkeit des Denkens über den Reim anschaulich zu machen. Wie dieser Bürger, so denkt jeder Bürger über die Dichtkunst, ohne doch gleich ihm ein Dichter zu sein. Er hat natürlich ganz recht mit der Meinung, daß der Reim des gedehnten und des geschärften Vokals keiner sei. Wenn aber »Harz« und »bewahrt's«, so unbequem sie es schon von der Natur ihrer Vorstellung aus haben, zu einander finden können, dann möchte man doch fragen, warum »so unrein und widerwärtig als möglich« Fälle wie »schwer und Herr«, »kam und Lamm« sein sollen. Und vor allem, wieso denn eine Widerwärtigkeit, die sich ergibt, »wenn man geschärfte Vokale vor verdoppelten Konsonanten und gedehnte vor einfachen aufeinander klappt«, unter anderen Beispielen durch solche darzustellen wäre wie: »siech und Stich«, »Fläche und bräche«, »Sprache und Sache«. Wo ist da bei aller Unterschiedenheit im Vokal die zwischen einem verdoppelten und einem einfachen Konsonanten? Aber von diesem Wirrwarr abgesehen und von unserm guten Recht, hier die Reimmöglichkeit zu verteidigen, beweist insbesondere der Versuch, »Sprache und Sache« als einen Fall von Unreinheit und Widerwärtigkeit hinzustellen, nichts anderes als die Weltenferne, in der sich solche Doktrin vom Wesentlichen einer Sphäre hält, die sich hier schon im Material des gewählten Beispiels beziehungsvoll erschließt. Denn man dürfte wohl nicht leugnen können, daß zwischen Sprache und Sache eine engere schöpferische Verbindung obwaltet als zwischen »Harz und bewahrt's« (Reimpartner, denen nachgerühmt wird, daß sie für jedes deutsche Ohr »vollkommen gleichtönend« seien), ja als zwischen Molch und Erfolch. Und beinahe möchte ich vermuten, daß es im Kosmos überhaupt keinen ursächlicheren Zusammenhang gibt als diesen und auch keinen anderen Fall, wo gerade die leichte vokalische Unstimmigkeit den vollen Ausdruck dessen bedeutet, was als Zwist und Erdenrest einer tiefinnersten Beziehung, eines Gegeneinander und zugleich Ineinander vorhanden bleibt und einen Reim, der von Urbeginn da ist, noch im Widerstreit der Töne beglaubigt. Die strengste Verpönung des vokalischen Mißreims wird bei nur einigermaßen gedanklicher Anschauung eben diesen Ausnahmsfall zulassen und ihn nicht mit dem Schnelligkeitsmesser in der Hand in die Reihe der Mißbildungen wie »schämen und dämmen«, »treten und betten« verweisen. Aber Bürger, der das Gesetz, daß g wie ch auszusprechen sei, als Grundlage der Reimkunst statuiert, ist im Vokalischen unerbittlich und will sogar naturhafte Verbindungen wie »Tränen und sehnen«, »sehnen und stöhnen«, »Blick und Glück« höchstens als »verzeihliche Reime« gelten lassen. Warum er jedoch in dieser Reihe auch an »Meer und Speer« Anstoß nimmt, ist wieder rätselhaft. »Ein Dichter von feinem Ohr«, sagt er, werde »zumal in denjenigen lyrischen Gedichten, worin es auf höchste Korrektheit angesehen ist, sich erst nach allen Seiten hin drehen und wenden, und nur dann nach solchen Reimen greifen, wenn gar kein Ausweg mehr vorhanden zu sein scheint«. Trotz allem Anteil, den ich dem Wollen und Erwägen an der Erschaffung des Verses einräume und wiewohl ich es für die eigentliche Aufgabe des Dichters halte, sich nach allen Seiten des Wortes hin zu drehen und zu wenden, so möchte ich mir den Prozeß doch weniger mechanisch, weniger als den einer Ansehung auf höchste Korrektheit vorstellen, vielmehr glauben, daß die Formgebundenheit zwar kein Mißlingen verzeihlich und keine Relativität begreiflich macht, daß aber der scheinbar und von außen gesehn minderwertige Reim dem Gesetz der gleichen Notwendigkeit folgt wie alles andere und daß sich eben Blick auf Glück und Tränen auf sehnen selbst dann reimen müßten, wenn sie es nicht dürften und nicht an und für sich unbedenkliche Reime wären.

Aber Beispiele für mangelnden Wohlklang sind diesem Onomatopoieten, Wortmaler, Dichter des »Wilden Jägers« und Vortöner Liliencrons plötzlich wieder Reime wie »ächzen und krächzen« (wo doch der Mißklang der Reimwörter keinen Mißklang des Reimes ergibt), und in derselben Kategorie »horcht und borgt« (wiewohl man ja »borcht« sagen muß und es an anderer Stelle ausdrücklich verlangt wird), und dann ein Reim — einen bessern findst du nicht — wie »nichts und Gesichts«. »Die Gesetze wenigstens des feineren Wohlklangs« erscheinen ihm beleidigt durch männliche Reime wie »lieb und schrieb«, wenn sie allzunahe beieinander vorkommen, und in ebensolchem Falle durch weibliche wie »heben und geben«, »lieben und trieben«, »loben und toben«; denn ein wichtiges Erfordernis des Wohlklanges sei »Mannigfaltigkeit der Schlußkonsonanten«. Da kann man nur die Inschrift auf dem Teller zitieren, den man in deutschen Hotelportierlogen häufig angebracht sieht: »Wie man's macht, ist's nicht recht«, ohne daß einem gesagt würde, wie man's recht machen soll, insbesondere um die Mannigfaltigkeit der Schlußkonsonanten bei weiblichen Reimen herbeizuführen. Dagegen zeigt sich der Unerbittliche befriedigt von Reimen auf »bar, sam, haft, heit, keit, ung«: an ihnen — nämlich als männlichen Reimsilben, welche »voll betont sein müssen« — sei »in dieser Rücksicht nichts auszusetzen«, also wenn sich etwas auf »Erfahrenheit« reimt — aber nicht etwa Zerfahrenheit, was insbesondere in diesem Zusammenhang ein richtiger Reim wäre, sondern zum Beispiel: »Tapfer k e i t«. (Was schon fast an die französische Allreimbarkeit hinanreicht, und in Bürgers »Lenore« reimen sich sogar Verzweife l u n g und Vorse h u n g.) Weniger taugen ihm die Ableitungssilben »ig« und »ich«, noch weniger »en« (das wäre allzu französisch): so sind ihm »Huldigen und Grazien f ü r m ä n n l i c h e R e i m e n i c h t t ö n e n d g e n u g«. Eine Einsicht, die ihn freilich nicht gehindert hat, gerade diese beiden Wörter für tauglich zu halten, sich in der »Nachtfeier der Venus« auf einander männlich zu reimen:

Sie wird thronen; wir Geweihte
Werden tief ihr huldig e n.
Amor thronet ihr zur Seite,
Samt den holden Grazi e n.

Wie man da überhaupt zu einem »männlichen Reim« kommen kann, ist unvorstellbar, aber Bürger hat sogar nichts dagegen, daß man »Tapfer k e i t und Heiter k e i t« reime, und vielleicht hat er es irgendwo getan. Mit nicht geringem Selbstbewußtsein findet er nach all dem: »es täte not, daß das meiste«, was er da vom Reim gesagt habe, »Tag für Tag durch ein Sprachrohr nach allen zweiunddreißig Winden hin sowohl den deutschen Dichtern als auch den Dichter- und Reimerlingen zugerufen würde. Wie? Auch den Dichtern? Jawohl!« Denn es ärgere weit mehr, »wenn ein so guter Dichter, als z. B. Herr Blumauer, ein so nachlässiger Reimer ist«, als wenn es sich um einen ausgemachten Dichterling handle. Von der gleichen Empfindung für einen weit größeren Dichter beseelt, hätte diesem ein kritischer Zeitgenosse eine Reimtheorie vorhalten müssen, wenngleich nicht die von Gottfried August Bürger, an die er sich leider doch zuweilen gehalten hat. Nur zu begreiflich die Bescheidenheit, mit der er sie »Kurze Theorie der Reimkunst für Dilettanten« betitelt. Es dürfte der perverseste Fall in der Literaturgeschichte sein, daß ein wirklicher Dichter wie ein Schulfuchs, dem die Trauben des Geistes zu sauer sind, von diesen redet, völlig ahnungslos, in Aussprechschrullen verbohrt (vom »Achton« und »Ichton« des ch, den das g habe) und auf allen falschen Fährten pedantisch. Ernsthaft spricht er, wenngleich ablehnend, von einem »Vorschlag«, der gemacht worden sei, »wegen unserer Armut an Reimen bloß ähnlich klingende Reimwörter gutzuheißen«, und im Allerformalsten bleibt er mit der Erkenntnis befangen, daß »dem Dichter, der seine Kunst, seine Leser und sich selbst ehrt und liebt, wie er soll, auch das Kleinste keine Kleinigkeit ist«. Nur ein Schimmer einer naiven Ahnung vom Wesentlichen taucht auf, wenn er mahnt, abgebrauchte Reime wie Liebe, Triebe, Jugend, Tugend zwar zu meiden, »ohne jedoch hierin gar zu ängstlich zu sein. Die Schönheit des Gedankens muß man darüber nicht aufopfern«. Es könne »sehr oft mit sehr alten und abgedroschenen Reimen ein sehr neuer und schöner Gedanke bestehen, und wenn dies ist, so vergißt man des abgenutzten Reimes völlig«. Hier ist immerhin an das Geheimnis gerührt, dessen Enthüllung ergeben würde, daß es auf nichts von dem ankommt, was da durch ein Sprachrohr nach allen zweiunddreißig Winden hin den Dichtern hätte beigebracht werden sollen und was hoffentlich kein Radio nachholen wird: weil das Problem eben darin liegt, daß zwar noch immer Liebe und Triebe ein Gedicht machen können, aber nicht die Grazien, denen wir huldigen.

Einen Verdruß wie über Herrn Blumauer kann man, wie gesagt, Bürger nachempfinden, und selbst über noch bessere Dichter. Derartige Grazienreime sind ja die Schillerlocke einer ganzen »ersten Periode«, geradezu die Geistestracht des Stadiums, wo sich »zitterten« auf »Liebenden« reimt und »Segnungen« auf »Wiedersehn«. Daneben ist es schon ein Ohrenschmaus, wenn sich »Blüten« zu »hienieden« findet und dergleichen mehr, was Bürger auf das mißachtete, von der »echt hochdeutschen Aussprache« abweichende Schwäbisch hätte zurückführen müssen, wenn er es sich nicht selbst geleistet hätte. Dort gehen »Werke« von geringer dichterischer Höhe und »Berge« von Pathos eine Paarung ein, an der der Theoretiker Bürger freilich sogar im Singular Anstoß nimmt. Aber noch in der »dritten Periode« ist Fridolin — in einem der peinlichsten Gedichte, deren Ruhm jemals im Philisterium seinen Reim fand — »ergeben der Gebieterin«. Und gleich daneben finden sich doch, wieder zwischen Plattheiten, die herrlichen Verse von den dreimal dreißig Stufen, auf denen der Pilger nach der steilen Höhe steigt (dessen Reim auf »erreicht« hier gar nicht stört und Bürgers Ansprüche befriedigt), und so etwas wie die Gestaltung des Drachenkampfes: »Nachbohrend bis ans Heft den Stahl«. Doch was reimt sich nicht alles im »Faust«, was sich nicht reimt! Nicht außen und, schlimmer, nicht innen. Um es darzutun, bedürfte es keineswegs einer so schwierigen Untersuchung wie der des »Faust-Zitats« (‚hohe Worte machen — Lachen‘), die ich einmal vorgenommen habe. Doch jene andere, durch die Zusammenziehung der Präposition fragwürdige Stelle, von der damals die Rede war, wird gern unvollständig zitiert, nämlich: »Vom Rechte, das mit uns geboren«. Und zwar mit dem Recht, das derjenige hat, der die Stelle nicht genau kennt und der wohl einen durchaus organischen Reim auf »verloren« angeben würde, wenn man ihn nach dem Wortlaut befragte. Der Vers lautet aber: »... das mit uns geboren ist«, und den Reim bildet nicht etwa ein voraufgehendes »verloren ist«, sondern die Vorzeile geht männlich aus:

> Weh dir, daß du ein Enkel b i s t !
> Vom Rechte, das mit uns geboren i s t ,
> Von dem ist leider nie die Frage.

Nun wäre hier zwar eine Deckung der Sphären »geboren« und »Enkel« gegeben, aber sie tragen zum Reime nichts bei, welcher vielmehr im völlig äußerlichen Einklang des Hilfszeitworts mit dem leeren Zeitwort besteht. Wohl wären in einer Antithese von Wesenheiten auch »bist« und »ist« reimkräftig, hier haben jedoch die Reimpartner überhaupt keine andere Funktion als die, ihren Vers grammatisch abzuschließen. »bist« enthält noch etwas, aber im »ist« hat kein Gedanke Raum. Dichterisch entsteht ein weit größerer Defekt als durch den Mißklang der Reimlosigkeit: wenn etwa »geboren ward« stünde. Es ist einer jener unzähligen, auch bei Klassikern nicht seltenen Fälle, wo die Überflüssigkeit des Reims durch die Erkenntnis handgreiflich wird, daß er keiner Notwendigkeit entspringt, ja der trügerische Klang bereitet dem Gehör, das die Vorstellung der Wortgestalt vermittelt, ein ärgeres Mißbehagen als wenn die Stelle bloß äußerlich leer geblieben wäre. Das Recht, das eine falsche Reimtheorie auch dem »guten Dichter« gegenüber betont, darf eine, die auf das Wesen dringt, vor dem besten nicht preisgeben, und Goethe selbst, der im »Faust« wie das All auch die eigene sprachliche Welt von der untersten bis zur höchsten Region umfaßt, hätte aus dieser in die Beiläufigkeiten nicht mehr zurückgefunden, worin ein Nebeneinander von Sinn und Klang etwa das Zitat, aber nicht die Gestalt sichert. Von solchen Beispielen hätte Helena in jener bedeutenden Szene, wo der Reim als ein Vor-Euphorion der Wortbuhlschaft entspringt, ihn nimmer gelernt. Wie erschließt sich dort — »die Wechselrede lockt es, ruft's hervor« — sein innerstes Wesen!

> Ein Ton scheint sich dem andern zu bequemen,
> Und hat ein Wort zum Ohre sich gesellt,
> Ein andres kommt, dem ersten liebzukosen.

Und diese Liebe macht den Vers, und dann ist auf die Frage der Helena

> »So sage denn, wie sprech' ich auch so schön?«

auch gleich der Reim da:

> »Das ist gar leicht, es muß vom Herzen gehn.
> Und wenn die Brust von Sehnsucht überfließt,
> Man sieht sich um und fragt —«
>   »Wer mitgenießt.«

Und sie lernt es, bis sich an seine Frage, wer dem »Pfand« der Gegenwart Bestätigung gibt, der unvergleichliche Ton der Liebe schmiegt: »Meine Hand«. Aber ihr Ohr ist erfüllt von dem unerhörten Erbieten des Lynkeus, der mit den Worten davonstürmt:

> Vor dem Reichtum des Gesichts
> Alles leer und alles nichts

also mit eben dem großartigen Reim, den Bürger als ein Beispiel in der Reihe derer anführt, die »nicht für wohlklingend geachtet werden können«, weil sie »sich zu weit von dem reinen Metallton entfernen«, indem »der Vokal durch die Menge der über ihn her stürzenden Konsonanten erstickt wird«. Solche Laryngologenkritik hat jenes Beispiel ja nicht erlebt, wo die Erstickung des Vokals durch die über ihn her stürzenden Konsonanten die Gewalt des Reims bedingt, die in dem ganzen Lynkeus-Gedicht hörbar wird als der reine Metallton der Liebespfeile, von denen Faust sagt:

Könnte es denn eine absolute Ästhetik des Reimes geben, abgezielt auf die Klangwürdigkeit dessen, was sich zwischen Rachen, Gaumen und Lippe begibt und was doch, möchte es an und für sich noch so »unrein« wirken, in die so ganz anders geartete Tonwelt des Kunstwerkes eingeht? Und ergibt sich nicht als das einzige Kriterium des Reims: daß der Gedanke in ihm seine Kraft bewährt bis zu dem Zauber, den an und für sich leeren Klang in einen vollen, den unreinen in einen reinen zu verwandeln? So sehr, daß der Reim als die Blüte des Verses noch abgepflückt für das Element zeuge, dem er entstammt ist. In dem Sinne nämlich, daß das Gedicht auf seiner höchsten Stufe den Einklang der gedanklichen Sphären im Reim mindestens ahnen lassen wird. Ein Schulbeispiel für das Gegenteil bei vollster lautlicher Erfüllung bildet ein Reim Georges in einem auch sonst verunglückten Gedicht (»Der Stern des Bundes«):

> Nachdem der kampf gekämpft das feld gewonnen
> Der boden wieder schwoll für frische saat
> Mit kränzen heimwärts zogen mann und maat:
> Hat schon im schönsten gau das fest begonnen

— — — — — — — — —

Von allem orthographischen und interpunktionellen Hindernis abgesehen: nur lesbar und syntaktisch zugänglich, wenn man sich die Imperfekta der Mittelverse — welche unmöglich von »nachdem« abhängen könnten — als eingeschaltete Aussage zwischen Gedankenstrichen denkt. Aber welch einen Mißreim bedeutet dieses »Maat« (Schiffsmaat, Gehilfe); welche Überraschung für die Saat, die doch von Natur höchstens auf Mahd gefaßt wäre. Wie wenig sind hier die zwei Gedanken einverstanden und wie anschaulich fügt sich das Beispiel in das Kapitel der Beiläufigkeiten, »mit denen dichterische Werte besät sind«. Und wie blinkt dieser Reim doch vor Reinheit! Ein ästhetisches Gesetz wäre dem Vorgang der Schöpfung, der im poetischen Leben kein anderer ist als im erotischen — und wundersam offenbart sich diese Identität eben in der Wortpaarung zwischen Faust und Helena —, eben nicht aufzuzwingen. Etwas anderes ist es, von den Kräften auszusagen, die da am Werke sind; und ganz und gar ohne den Anspruch, sie dort, wo sie nicht vorhanden, verleihen zu können. Der Nutzen einer solchen Untersuchung kann füglich nur darin bestehen, daß den Genießern des Dichtwerks der Weg zu einer besseren Erkenntnis und damit zu einem Genuß höherer Art gewiesen wird. Und der Einblick in das, was im Gedankenraum der gebundenen Sprache das Wort zu leisten vermag, wird sich gewiß einer Betrachtung des Reimes abgewinnen lassen als der Form, die in Wahrheit den Knoten des Bandes und nicht die aufgesetzte Masche bedeutet.

Wenn wir Lyrik nicht dem Herkommen gemäß als die Dichtungsart auffassen, die die Empfindung des Dichters zum Ausdruck bringt — was doch jeder literarischen Kategorie vorbehalten bleibt —, sondern als die unmittelbarste Übertragung eines geistigen Inhalts, eines Gefühlten oder Gedachten, Angeschauten oder Reflektierten, in das Leben der Sprache, als die Gabe, das Erlebnis in der andern Sphäre so zu verdichten, als wäre es ihr eingeboren, so wird sie alle Gestaltung aus rein sprachlichen Mitteln vom Liebesgedicht bis zur Glosse umfassen. Einmalig und aus dem Vor-Vorhandenen geschöpft ist jede echte Zeile, die in diesem Bereich zustande kommt, aber nicht dem Rausch (welcher vielleicht die Grundstimmung ist, die den Dichter von der Welt unterscheidet), sondern dem klarsten Bewußtsein verdankt sie die Einschöpfung ins Vorhandene. Und zwar in dem Grade der Bindung, die ihr Rhythmus und Versmaß auferlegen, deren eigenste Notwendigkeit zu ergreifen doch vorweg nur dem geistigen Plan gelingt. Andere Sprünge als den einen, den die Rhodus-Möglichkeit gewährt, versagt die gebundene Marschrichtung des Verses. Je stärker die Bindung, desto größer die sprachliche Leistung, die innerhalb der gegebenen Form — und die »neue« ist immer nur der Ausweg des Unvermögens — den psychischen Inhalt bewältigt. Der Verdacht einer rein technischen Meisterung auf Kosten des sprachlichen Erlebnisses wächst mit der Kompliziertheit der Form, während die Enge des Rahmens die wahre Bindung bedeuten wird, in der sich ein originaler Inhalt entfaltet. In dieser Hinsicht kann ein »Gstanzl« kunstvoller als eine Kanzone sein. Wenn eine meiner zahlreichen Zusatzstrophen zur Offenbach'schen Tirolienne lautet:

> Ungleichheit beschlossen
> hat die Vorsehung wohl.
> Nicht alle Genossen
> hab'n a Schloß in Tirol

so ist in die Nußschale von 24 Silben mit dem Zwang zum Doppelreim die ihm entsprechende Gegensätzlichkeit einer ganzen Sphäre eingegangen, und die große Schwierigkeit solcher Gestaltung liegt noch in dem Erfordernis, daß sie von der Leichtigkeit der Form verdeckt sei. Eine Erleichterung, die von der Musik ohneweiters verantwortet würde, wäre jene hier wie sonst übliche Beschränkung der Reimkorrespondenz auf den zweiten und den vierten Vers, welche mir aber dermaßen widerstrebt, daß ich auch die Grundstrophe mit dem typischen Text, der doch nur den Anlaß zu lustigem Geblödel und Gejodel bietet:

> Mein Vater is a Schneider
> A Schneider is er,
> Und wann er was schneidert,
> So is's mit der Scher'

durch die so naheliegende Wendung verbessert habe:

> Und macht er die Kleider.

Ohne die musikalische Unterstützung jedoch empfinde ich den Vierzeiler, der erst in der Schlußzeile die Vergewisserung der Harmonie bringt, förmlich als die Beglaubigung jenes Dilettantismus, der von Heine ins Ohr der deutschen Menschheit gesetzt wurde, und seine satirische Leier als ein Geräusch, weit unerträglicher als der Gassenhauer, der im Hof gespielt wird, während man Musik macht. Mithin ganz als die, die hier gemeint ist:

> Mißtönend schauerlich war die Musik.
> Die Musikanten starrten
> Vor Kälte. Wehmütig grüßten mich
> Die Adler der Standarten.

Es wäre ja in den meisten dieser Fälle — besonders in
»Deutschland, ein Wintermärchen« — auch kein Gedicht,
wenn es durchgereimt wäre. Aber hin und wieder hinkt sogar der eine Reim, auf den diese ganze rhythmisch geförderte Witzigkeit gestellt ist, wie das von mir schon einmal
hervorgehobene Beispiel dartut:

> Von Köllen bis Hagen kostet die Post
> Fünf Taler sechs Groschen preußisch.
> Die Diligence war leider besetzt
> Und ich kam in die offene Beichais'.

Selbst wenn man also aus irgendeinem unerfindlichen dia-
lektischen Grund »preußesch« sagen dürfte, hätte die Bei-
schäs dermaßen geholpert, daß ihrem Passagier gar ein
»preuscheß« nachklang. (Akustisch etwas plausibler wird
der — nur in einer berühmten Satire mögliche — Reim:
»Wohlfahrtsausschuß — Moschus«, zwar nicht durch einen
Mauschus, aber immerhin durch einen Oschuß.) Wenn's
ebener geht und der Reim glückt, ist er in seiner Vereinzelung doch nur die Schelle, mit der die Post nach Deutschland läutet und zu der sich dem Reisenden, wie heute zum
Geratter der Eisenbahn, eine Melodie einstellen mochte. Ich
verbinde mit solchen Versen mehr noch als die akustische
eine gymnastische Vorstellung, eine, die ich der Erfahrung
verdanke, daß wenn man im Finstern eine Treppe hin-
untergeht, die letzte Stufe immer erst die vorletzte ist. In
der Heine-Strophe (deren Vorbild geschicktere Nachahmer
entfesselt hat) glaubt man in der dritten Zeile auf festen
Reim zu treten, tritt darum ins Leere und kann sich sehr
leicht den Versfuß verstauchen. Wenn's gut abgeht, ist man
nach der vierten Zeile angenehm überrascht. Da sich jedoch
immer von neuem diese Empfindung einstellt, so stellt sich
auch die einer lästigen Monotonie ein, welche von der Durch-
reimung eines satirischen Kapitels keineswegs zu befürchten

wäre, weil der Reim dann eher als Ausdrucksmittel wirkte,
als Selbstverständlichkeit und nicht immer wieder als Draufgabe auf eine skandierte Prosa. So aber erweist er nicht nur
seine Überflüssigkeit, sondern auch seinen Mangel. Denn
was sich da vor jedem sonstigen Eindruck dem Leser aufdrängt, ist das Gefühl, daß der Verfasser sich's noch leichter gemacht habe, als er's ohnedies schon hatte. Ist das Reimen nur eine Handfertigkeit, dann zeigt sich dies vollends
an der geringeren Leistung. Und umsomehr dann, wenn
von Gnaden des Zufalls plötzlich doch ein Reim hineingerät,
der das System verwirrt und den Leser erst recht auf das
aufmerksam macht, was der Verfasser sonst nicht getroffen
hat.

> König ist der Hirtenknabe,
> Grüner Hügel ist sein Thron;
> Über seinem Haupt die Sonne
> Ist die große, goldne Kron'.

Mit aller Dürftigkeit im vorhandenen und im nichtvorhandenen Reim fast etwas Geschautes — das sich dann leider
in die Schäkerei fortsetzt von den Kavalieren, die die Kälber sind und sich, da sie den dritten Vers füllen, nicht auf
die Schafe reimen, welche bloß Schmeichler sind. Dann vollends niedlich, aber doch durchgereimt:

> Hofschauspieler sind die Böcklein;
> Und die Vögel und die Küh',
> Mit den Flöten, mit den Glöcklein,
> Sind die Kammermusici.

Warum geht's denn jetzt? Gewiß, dieser Reim, der sich per
Zufall gefunden hat, ist — im Gegensatz zu Küh' und
Musici — nicht einmal unorganisch; umso organischer der
Mangel, ihn nur ausnahmsweise eintreten zu lassen, da doch
gerade in diesem Gedicht die Kontrastelemente des Landschaftlichen und des Höfischen, so billig die Erfindung sein
mag, durchaus den Wechselreim erfordern würden und erlangen müßten. Abgesehen von der Ungerechtigkeit einer
Weltordnung, in der die Kühe Kammermusiker, während
die Kälber Kavaliere sind, und weggehört von einem Kon-

zert, das die Vögel, deren Flöten doch nur eine Metapher sind, mit den Kühen aufführen müssen, die wirkliche Glöcklein haben, freut man sich, diese zu hören, denn sie sind ein unerwarteter Einklang mit den Böcklein, welche, ausgerechnet, Hofschauspieler sein dürfen. Im weiteren aber bleibt man wieder nur auf den Schlußreim angewiesen, den man umso lieber gleichfalls entbehren möchte. Ja, durch eine Entfernung dieses Aufputzes ließe sich die sprachdünne Strophe im Nu kräftigen. Man mache einmal den Versuch und setze statt des Endreims ein beliebiges Wort zur Ergänzung des Verses, selbst ohne Rücksicht darauf, ob es dem Sinn gemäß wäre, und die reimlose Strophe hat schon etwas von einem Gesicht und Gedicht. (Nur soll man es nicht gerade mit dem Kehrreim in »Deutschland« versuchen: ‚Sonne, du klagende Flamme!‘, der, wenngleich bloß »der Schlußreim des alten Lieds«, hier doch dichterisch empfunden und verbunden ist.) Wenn ich solchen Eingriff ohne Rücksicht auf den Inhalt empfehle, so spreche ich freilich als einer, der es vermag und gewohnt ist, die Sprachkraft und Echtbürtigkeit eines Verses jenseits der Erfassung des Sinns, den ich geflissentlich wegdenke, zu beurteilen, fast aus dem graphischen Bild heraus. Heines Reim schließt einen Sinn ab, kein Gedicht.

Man wird es vielleicht doch nicht als eitel auslegen, daß ich unweit von Beichais' und Moschus mich selbst zitiere, aber es kann sehr wohl eine Reimlosigkeit geben, die eben als solche Gestalt hat, und die drei einleitenden Gedichte des VII. Bandes der »Worte in Versen« sind Beispiele für die verschiedenartige, immer stark hervortretende Funktion einer ungereimten (letzten) Strophenzeile. In dem Gedicht »Die Nachtigall« betont und sichert sie, an den Wechselreim anschließend, den Vorrang der Vögel vor den Menschen:

> Ihr Menschenkinder, seid ihr nicht Laub,
> verweht im Wald,
> ihr Gebilde aus Staub,
> und vergeht so bald!
> Und wir sind immer.

Diese Gegenüberstellung ist durch zwei weitere Strophen (»Wir weben und wissen«, »Wir lieben Verliebte«) fortgeführt, bis, entscheidend, nur noch der Vorrang — schließlich auch vor den Göttern — zum Ausdruck gelangt, immer aber dank der Besonderheit des letzten, hinzutretenden Verses, der die Besonderheit der Erscheinung zusammenfaßt. In »Imago« ist solche Absonderung durch den Nichtreim vom ersten zum vierten Vers bewirkt:

> Bevor wir beide waren,
> da haben wir uns gekannt,
> es war in jenem Land,
> dann schwand ich mit dem Wind.

Hier ist der Nichtreim die Gestalt dieses Schwindens: »und immer war ich fort«, »ich gab mich überall«, »die Welt hat meinen Blick«. Dann dient er dem Kontrast, die Bindung an eben diesen Verlust zu bezeichnen (welchem Wechsel auch die begleitende Melodie gerecht wird):

> In einen Hund verliebt,
> in jede Form vergafft,
> mit jeder Leidenschaft
> ist mir dein Herz verbunden.

Von da an bleibt die Isolation eben diesem Verbundensein vorbehalten: »und nennest meinen Namen«, »in deinem Dank dafür«, um endlich sein Beharren bis zur Verkündung der Schöpferkraft zu steigern:

> Und reiner taucht mein Bild
> aus jeglicher Verschlingung,
> wie du aus der Durchdringung
> der Erde steigst empor.

In »Nächtliche Stunde«, wieder absondernd, gehört die ungereimte letzte Zeile dreimal der Vogelstimme, die das Erlebnis der Arbeit über die Stufen der Nacht, des Winters und des Lebens begleitet:

> Nächtliche Stunde, die mir vergeht,
> da ich's ersinne, bedenke und wende,
> und diese Nacht geht schon zu Ende.
> Draußen ein Vogel sagt: es ist Tag.

Seine Stimme ist die Eintönigkeit: widerstrebend dem Einklang. Der erlebten Monotonie ist die des Ausdrucks gemäß, die nur die bange Steigerung zuläßt: »Draußen ein Vogel sagt: es ist Frühling«, »Draußen ein Vogel sagt: es ist Tod«. Man ermesse aber die ungewollte Monotonie, den Greuel einer Ödigkeit, die entstünde, wenn in diesem Gedicht die Schlußzeile in einem Reim auf »vergeht« abwechselte. Doch vor der Möglichkeit solcher Abwechslung sichert es der durchwaltende Wille, hier nur wiederholen und nicht einklingen zu lassen; der einzige Reim, aus dem es besteht, dreimal gesetzt: »wende — Ende« gibt die ganze Trübnis des Gedankens, welcher die Dissonanz: Tag, Frühling, Tod entspricht. Indem es dreimal dieselbe Strophe ist, an der sich nichts verändert als die einander entgegengestellten Zeitmaße von Nacht zu Tod, ist eine solche Einheit von Erlebnis und Sprache erreicht, eine solche Eintönigkeit aus dem Motiv heraus, daß nicht nur der Gedanke Form geworden scheint, sondern die Form den Gedanken selbst bedeutet.

Hat hier also die erlebte Eintönigkeit ihre Gestalt gefunden, so bewirkt die Reimlosigkeit innerhalb der epigrammatischen Strophe eine Monotonie, die der vorgestellten Gegensätzlichkeit alle Kraft des Eindrucks nimmt. Der Vers ist eine Welt, die ihre Gesetze hat, und die Willkür, die in ihr schaltet, hebt mit den Gesetzen die Welt auf. Mit der reimlosen dritten Zeile läßt sie sie in das Nichts vergehen. Der Dilettant ist des Zwanges ledig, dem sich der Künstler unterwirft, um ihn zu bezwingen: das Ergebnis wird hier freier und müheloser sein als dort. Ich stelle es mir ungeheuer schwer vor, schlechte Verse zu machen. Wenn ich für solche Vorstellung Heine anführe, den für seine Folgen verantwortlich gemacht zu haben, mir eben diese nicht verzeihen können, so beziehe ich mich auf sein Typisches, das die Ausnahme derjenigen (späten) Gedichte selbstverständlich macht, in denen nicht die klingende Begleitung eines Sentiments oder Ressentiments ins Gehör, sondern ein wortdichter Ausdruck des Erlebnisses ins Gefühl dringt. In der typischen und populären Heinestrophe, welche ich gegen eine Welt des journalistischen Geschmacks für die Pandorabüchse des Kunstmißverstandes und der Sprachverderbnis erkläre, ist der Reim so wenig gewachsen wie der Nichtreim, jener überflüssig und dieser nur notwendig aus Not. Er ließe sich verheimlichen durch die Zusammenlegung je zweier Verse zu einer Langzeile, in der die Cäsur den Nichtreim ersetzt: die geistige Gestalt würde sich durch solchen Eingriff, der an Organischem unmöglich wäre, kaum verändern, aber die Leier, die diese Form so geläufig macht, auch wenn's bloß einmal dazu klingelt, ginge verloren. Wie zwischen Trochäus und Jambus, Daktylus und Anapäst nicht der Zufall entscheidet, so bestimmt er auch nicht die Vers-Einteilung. Man versuche die hier empfohlene Operation an meinen Versen »Traum«, die ich mit dem Selbstbewußtsein, das kunstkritische Untersuchungen sachlich fördert (so anstößig es im sozialen Leben sein mag), nun der Heinestrophe entgegenstelle, weil sie das Beispiel sind für eine organische Möglichkeit, die dritte Zeile reimlos zu gestalten. Denn eben dieser Mangel ist hier Gestalt:

> Stunden gibt es, wo
> mich der eigne Schritt
> übereilt und nimmt
> meine Seele mit.

Dieser kurze Schritt übereilt den Läufer so, daß er den aufhaltenden Reim nicht brauchen könnte, er jagt jenen fiebrig in der Welt des Traums als eines vorlebendigen Lebens, durch alle Wirrsale und Seligkeiten von Kindheit und Liebe. Es ist alles jäh, unvermittelt, abgehackt, durch die Vereinigung je zweier Kurzzeilen wäre dieses Tempo aufgehoben und der Vers vernichtet; denn seine Wirksamkeit besteht darin, daß hinter ihm keine Cäsur steht, sondern ein Abgrund, über den er hinüberjagt. Dagegen wäre wieder das Gedicht »Jugend« mit einem reimlosen dritten Vers ein unvorstellbares Gerassel; eine der Schwingen wäre gebrochen, auf denen der Flug in das Erlebnis der Kindheit geht. Diese Funktion des Reims oder Nichtreims darf natürlich nicht so verstanden werden, daß sie an jeder Strophe nach-

weisbar sein muß. Eine Unterbrechung der Linie, ausdrucksmäßig schon gesichert, läßt nicht etwa einen plötzlichen
Wechsel des Ausdrucks zu. Gerade die Hast, die im »Traum«
tätig ist, gibt einem Innehalten die vollere Anschauung:

> Staunend stand ich da
> und ein Bergbach rinnt
> und das ganze Tal
> war mir wohlgesinnt.

In der langen Dehnung dieses Tals (mit allen umgebenden
»a«) ist fast der Reim auf »da« bewirkt, der in anderer
sprachlicher Landschaft wirklich eintreten müßte. Dann
geht es wieder rapid:

> Und der Wind befiehlt,
> damit leichtbeschwingt
> alles in der Luft
> heute mir gelingt.

»Immer heißer wird's« nun auf dieser Bahn, bis sie in den
Ruhepunkt mündet:

> Wär' mein Tag vorbei!
> Wieder umgewandt
> kehrt' ich aus der Zeit
> in das lichte Land.

Noch in die Ruhe tönt es von dem eiligen Schritt.

Und hier ist auch ein Beispiel für die Kraft des Reimes,
zu dem zwei Partner von ungleicher Quantität gepaart sind:
umgewandt — Land. (»Quantität« nicht als Lautmaß: der
Silbenlänge oder -kürze, sondern als Maß der Größe des
Reimwortes.) Nur daß es hier der erste Partner ist, der sich
von der Fessel der Vorsilben lösen muß, um die Paarung zu
ermöglichen. Aber können wir uns ihn als den aktiven Teil
vorstellen und daß der andere sich dem schon geschwächten
Partner ergebe? Aus dem Phänomen der Einheit, das der
Reim bedeutet, wird die erotische Tendenz auch in umge-
kehrter Richtung vorstellbar; man erkennt, daß die Eroberung immer von dem Teil ausgeht, der begrifflich stärker
erfüllt ist. In dem Beispiel also, mit dem die Untersuchung
einsetzt, vom ersten Gedanken: »landen«, hier aber (wo es
in der Tat »umgewandt« ist) vom zweiten: »Land«. Hier

ist es die Vorzeile, die die stärkere Belastung, die Nachzeile, die das größere Gewicht hat. Selbstherrlich wirkend, hat sie so viel Atem und Widerstand zwischen den Worten, daß sich das letzte nicht so leicht ergeben würde: darum kommt, anders als im ersten Beispiel, ihr die Eroberung zu. Wie immer sich nun die Kräfte messen, um sich in den Reim zu ergeben, so wird ersichtlich, daß entweder der äußeren Quantität eine innere gegenübersteht oder daß der Unterschied auch bloß innerhalb dieser zur Geltung kommen kann. Den Widerstand, dessen Überwindung die Reimkraft nährt, wird sie nicht bloß dem Unterschied der sichtbaren, sondern auch dem der wägbaren Quantitäten verdanken. Er kann auch dem isolierten Reimkörper anhaften, vermöge der gedanklichen Stellung, die das Wort im Vers behauptet, und gemäß dem schöpferischen Element der Sprache, das nicht allein im Wort, sondern auch zwischen den Worten lebendig ist und die »sprachliche Hülle« noch aus dem Ungesprochenen webt. Echte Wortkraft wird, jenseits der äußeren Quantität, die glückliche Reimpaarung auch dort erreichen, wo sonst nur Gleichartigkeit ins Gehör dränge. Am vollkommensten aber muß die Wirkung sein, wo innere und äußere Fülle ins Treffen geraten, mag man nun hier oder dort den Angriff erkennen. Die metrische Terminologie unterscheidet in einem äußerlichen Sinn und fern von jeder Ahnung einer Erotik der Sprachwelt zwischen männlichen und weiblichen Reimen. Angewendet auf die eigentlichen Geschlechtscharaktere, die die Gedankenpaarung ergeben, würde diese Einteilung jeweils die Norm eines gleichgeschlechtlichen Verkehrs bezeichnen. Natürlicher wäre die ganz andere Bedeutung, daß ein männlicher und ein weiblicher Vers das Reimpaar bilden, jener, dem die innere, und dieser, dem die äußere Fülle eignet. Ein anschauliches Beispiel für solches Treffen — von der rückwirkenden Art wie bei »umgewandt, Land« — bietet eine jener guten, manchmal leider nur beiläufig fortgesetzten Strophen Berthold Viertels (der mit Schaukal, später mit Trakl und Janowitz zu den heimischen Lyrikern gehört, die durch Zeilen

wertvoller sind, als die beliebteren durch Bücher). Es war
eine schöpferische Handlung, dem Gedicht »Einsam« drei
Strophen zu nehmen und nur diese erste, die das Gedicht
selbst ist, in der Sammlung »Die Bahn« stehen zu lassen:

> Wenn der Tag zu Ende gebrannt ist,
> Ist es schwer nachhause zu gehn,
> Wo viermal die starre Wand ist
> Und die leeren Stühle stehn.

Wie starr steht hier, innerhalb der ganzen aus dem geringsten Inventar bezogenen Vision, viermal endlos, diese
Wand: dem zu Ende gebrannten Tag entgegen! Schließlich
fügen sich die Welten in den Reim wie der Heimkehrende
in den Raum, wo das Grauen wartet. Wie ist hier alles
Schwere des Wegs bewältigt und alles Leere am Ziel erfüllt. Die Fälle in der neueren Lyrik sind selten, wo sich
die Wirkung so an den eigentlichsten Mitteln der Sprache
nachweisen läßt. Hätte Nietzsche die Anfangsstrophe seines
Krähengedichts von den folgenden befreit und gar von dem
Einfall, den Wert durch Wiederholung zu entwerten, es
wäre ein großes Gedicht stehen geblieben.

Das von einer Nährung der Reimkraft durch den Widerstand, durch die Möglichkeit von Werbung und Eroberung
Gesagte wird wohl vorzüglich für die unmittelbare Paarung
zu gelten haben, welche durch das äußere Gleichmaß der
Reimkörper leicht zu einer glatten und schalen Lustbarkeit
wird. Im Wechselreim ist dank dem Dazwischentreten des
fremden Verses, der wieder auf seinen Partner wartet, diese
Gefahr verringert. Gleichwohl wird auch hier und immer
die Deckung der verschiedenen Quantitäten (oder Inten-
sitäten) das stärkere Erlebnis bewirken, und auch da wird
etwa die vokalische Abwegigkeit, die der Umlaut bietet, zur
Lustvermehrung des Gedankens dienen, welcher nun einmal »es in sich« hat, trotz allen Normen der Sitte und Ästhetik seine Natur zu behaupten; denn wie nur ein Erotiker
formt er sich das Bild der Liebe nach der Vorstellung und
weil er die Vorstellung selbst ist, so hat er noch näher zu
ihr. Der »unreine Reim« — die Hände ihm zu reichen,

schauert's den Reinen — wird für die Ächtung durch den Gewinn entschädigt sein und dem »Blick«, der ihn strafend trifft, stolz sein »Glück« entgegenhalten. Der Reimphilister (unerbittlicher als der Reim-Bürger, der in glücklichen Stunden seiner eigenen Strenge vergaß) stellt Forderungen, die in der Welt der Dichtung nicht einmal gehört werden können, obgleich sie nichts als Akustisches enthalten. »Menge — enge« darf gelten, doch »Menge — Gedränge«, an und für sich schon ein Gedicht, weniger. »Sehnen und wähnen« weniger als »sehnen und dehnen«, »Ehre und Leere« eher als »Ehre und Chimäre«. Der Reimbund »zwei und treu« wird erst in der Leierei anerkannt, die eine so volle begriffliche Deckung entstellt:

> Er schlachte der Opfer zweie
> Und glaube an Liebe und Treue!

Von der Funktion der Widerstandssilbe weiß man vollends nichts: davon, daß sich der Reim in dem Maße der Verschiedenheit dessen verstärkt, was dem Reim angegliedert ist. Diesseits aller schöpferischen Unerschöpflichkeit, diesseits dessen, was nicht ermeßbar ist, ließe sich, soweit Geistiges sich der Quantität selbst entnehmen läßt, vielleicht ein Schema aufstellen. Da wäre der Reim am stärksten, wenn das isolierte Reimwort der einen Zeile dem komplizierten der andern entspricht: Halt und Gewalt. (Oder das komplizierte dem komplizierteren: Gewalt und Vorbehalt.) Schwächer im Gleichmaß der isolierten Reimwörter: Halt und alt. Noch schwächer im Gleichmaß der komplizierten: Gehalt und Gestalt (oder: Vollgehalt und Mißgestalt). Am schwächsten, wenn sich bereits die Vorsilben reimen: behalt und Gestalt. Denn je selbständiger sich beiderseits der Klang der Vorsilbe macht, umsomehr Kraft entzieht er dem Reim. Im stärksten Fall dient die Vorsilbe dem Reimwort, dem sie alle Kraft aufspart, da sie sich selbst an kein Gegenüber zu vergeben hat. Fehlt sie, so ist der Reim auf sich allein angewiesen. Ist sie da wie dort vorhanden, so wird ihm umsomehr entzogen, je reimhafter sie selbst zu ihrem Gegenüber steht. Ein Wortspiel, das in der Prosa noch ein

Witz ist, erfährt im Vers eine klangliche Abstumpfung, die den Witz aufhebt. Erzählte etwa jemand, die menschlich saubere Persönlichkeit des österreichischen Bundespräsidenten sei irgendwo beim Händedruck mit einem Finanzpiraten beobachtet worden, und würde daraus ein Epigramm, so könnte der starke Kontrast der Sphären den Reim ergeben: »Hainisch — schweinisch«, also einen Einfall, der in der Prosa gewiß keine sonderliche Kraft hätte. Dagegen würde eine Gegenüberstellung: »Hainisch — Haifisch« einen Witz als dürftigen Reim zurücklassen. Gegen das Spiel der betonten Vorsilben kann sich der Reim nicht halten. Die Verödung tritt aber auch im sogenannten männlichen Reim ein, der als solcher die Tonkraft bewahrt. »Unternimmt — überstimmt«, »übernimmt — überstimmt«: je analoger der Vorspann, auch wenn er den Ton nicht völlig abzuziehen vermag, umsomehr entwertet er den Reim. Wird die Ähnlichkeit der Vorsilbe gar zum Vorreim, so tritt eine solche Schwächung des Reims ein, daß sie zur Lähmung führen kann, indem die Reime einander aufheben. Das wird anschaulicher werden an der Entwicklung bis zu dem peinlichen Reim der zusammengesetzten Wörter, der in der Witzpoesie eine so große Rolle spielt. Am stärksten: Gestalt — Hochgewalt; schwächer: Dichtgestalt — Hochgewalt; noch schwächer: Dichtgestalt — Dichtgewalt; am schwächsten: Dichtgestalt — Richtgewalt. Oder: Gast — Sorgenlast; schwächer: Gast — Last; noch schwächer: Erdengast — Sorgenlast; am schwächsten: Morgengast — Sorgenlast. Der Zwillingsreim ist von altersher, dem Ohr und Humor widerstrebend, Element der gereimten Satire; wohl auch seit Heine, bei dem es von Monstren wie »Dunstkreis — Kunstgreis«, »Walhall-Wisch — Walfisch« wimmelt. Leider hat Wedekind, dessen Sprache der leibhaftigste Feuerbrand ist, in den Papier aufgehen konnte, diesen Reimtypus, welchen ich den siamesischen nennen möchte, wenngleich doch nicht ohne plastischere Wirkung, übernommen:

> Heute mit den Fürstenkindern,
> Morgen mit den Bürstenbindern.

Und gar: »Viehmagd — nie plagt« (unmöglich, dem »plagt« den ihm zukommenden Ton zu retten), »niederprallt — wiederhallt« (der männliche Reim macht es möglich), »weine und — Schweinehund«, »Tugendreiche — Jugendstreiche«. Besser wäre der einheitliche Viersilbenreim: Tugendreiche — Jugendreiche; nimmt man ihn als Doppelreim, so wirkt die Gefolgschaft, die jeder der zweiten Reimkörper erhält, fördernd wie sonst der Vortrab, der zu einem der beiden stößt: Reiche — Jugendstreiche. Schwächer wäre: Reiche — Streiche, noch schwächer: Tugendreiche — Mädchenstreiche, und am schwächsten ist eben die Form des Originals »Tugendreiche — Jugendstreiche«, wo der Doppelreim doppelt paralysierend wirkt. Die Teile heben einander aus den Angeln, ehe jeder zu seinem Gegenüber gelangt, und es ist in der Konkurrenz der Tonkräfte kaum möglich, auch nur einem der Paare zu seinem Recht zu verhelfen. Dieser Doppelmißreim ist nicht etwa die Zusammensetzung des Reims mit einem Binnenreim, der eine stärkende Funktion hat. Er gleicht vielmehr einer Vorstufe zu jenem »Schüttelreim«, der sein Spiel völlig außerhalb der dichterischen Zone treibt, aber als die sprachtechnische Möglichkeit, die er vorstellt, durch die deutliche Wechselbeziehung der Konsonanten den Reimklängen doch ein gewisses Gleichmaß der Wirkung sichert. Ein (nur von Musik noch tragbarer) Mißreim ist ferner der zweier Fremdwörter: kurieren — hofieren, weil sich auch in solchem Fall, der die leerste Harmonie darbietet, eine begriffliche Parallelleistung vollzieht, bevor der Reim eintritt, der dann nur in der Gleichartigkeit der Fremdwort-Endung beruht: der reimführende Konsonant hat nicht dieselbe Geltung wie im deutschen Wort. (Auch hier in abschreckendster, kneiphumoriger Ausprägung bei Heine, zumal im Namengereime wie »Horatius« auf »Lumpacius« — in einer Strophe, die sich über den Reim bei Freiligrath lustig macht — und »Maßmanus«, nämlich der lateinsprechende Maßmann, auf »Grobianus«. Anders und karikaturhafte Gestalt geworden, in der Nachbildung des Geschniegelten und Gebügelten, der Sphäre, die das Fremdwort als

Schmuck trägt, bei Liliencron: »Vorne Jean, elegant«.) Umso stärker der Reim, wenn ein Fremdwort mit einen deutschen gepaart wird: führen — kurieren; in welchem Beispiel freilich noch das Mißverhältnis der Quantitäten fördernd hinzukommt wie bei regen — bewegen, eilen — verweilen. Ein Notausgang ist der sogenannte »reiche Reim«, von welchem Bürger im allgemeinen mit Recht meint, daß er eher der armselige heißen sollte, freilich nicht ohne selbst von ihm reichen Gebrauch zu machen:

> Hilf Gott, hilf! Sieh uns gnädig an!
> Kind, bet' ein Vaterunser!
> Was Gott tut, das ist wohlgetan.
> Gott, Gott erbarmt sich unser!

Oder schlimmer, weil benachbart:

> Graut Liebchen auch vor Toten?
> »Ach nein! — doch laß die Toten!«

Und wieder:

> Graut Liebchen auch vor Toten?
> »Ach! Laß sie ruhn, die Toten!«

»Wenn es die Umstände erfordern«, sagt Bürger, wohl im Bewußtsein solcher Lücken, »daß einerlei Begriff in zwei Versen an das Ende zu stehen komme, so ist nichts billiger, als daß er auch mit ebendemselben Worte bezeichnet werde«. Solches dürfen aber die Umstände nie erfordern, weil sie sonst auch alles andere erfordern könnten, wie daß etwa plötzlich anderes Versmaß oder Prosa eintrete. Was die Umstände erfordern, hat freilich zu geschehen und zu entstehen, aber innerhalb der künstlerischen Gesetzlichkeit, die die Umstände erfordert. Wenn einerlei Begriff in zwei Versen an das Ende zu stehen kommt, so ist dies eben die Schuld der zwei Verse, und dann gewiß »nichts billiger«, als ihn mit demselben Wort zu bezeichnen. Was aber an das Ende zu stehen kommen muß, ist nicht einerlei Begriff, sondern die Kongruenz der zweierlei Begriffe. Der »reiche Reim«, der keineswegs durch ein Versagen der Gestaltungskraft gerechtfertigt wird, den aber sie selbst erfordern könnte, vermag recht wohl auch die Kongruenz zum Ausdruck zu bringen. Der Ruf an Euphorion:

> Bändige! bändige,
> Eltern zu Liebe,
> Überlebendige
> Heftige Triebe!

offenbart nicht nur die Verjüngung des ältesten, sondern auch den Reichtum desjenigen Reims, der nur ein reicher ist. Dank Umlaut und Silbenvorspann, dank der unvergleichlichen Übereinstimmung der Sphären, in denen Gewalt und Kraft leben, wird hier die Gleichheit des reimführenden Konsonanten, wird die Reimlosigkeit gar nicht gespürt. Es ist durch dichterische Macht ein Ausnahmswert der Gattung: im Lebendigen erscheint das, was zu bändigen, förmlich enthalten und entdeckt. Der »reiche Reim« wird also gerade nur dort gut sein, wo nicht einerlei Begriff dasselbe Wort verlangt, sondern zweierlei sich zu ähnlichen Wörtern finden, deren gleicher Konsonant dem vokalischen Einklang nicht die Reimkraft nimmt. Vielleicht ist Bürgers Entschuldigung eine Verwechslung mit dem sehr erlaubten Fall, wo allerdings einerlei Begriff in zwei Versen an das Ende zu stehen kommt, aber aus dem Grunde, weil einerlei Begriff beide ganz und gar erfüllt — mit dem Fall, wo die gewollte Gleichheit des Gedankeninhalts die Verse selbst gleichlautend oder doch gleichartig macht. Das dürfen sie sein und reimen dann stärker als mit einem Reim. Ein solcher Fall kommt gleichfalls in der »Lenore« vor:

> Wie flogen rechts, wie flogen links
> Gebirge, Bäum' und Hecken!
> Wie flogen links und rechts und links
> Die Dörfer, Städt' und Flecken!

Das ist — da es so und nicht anders weitergeht — namentlich durch die Variation »und rechts« ungemein stark, stärker als es etwa ein Reim mit »ging's« und stärker als es ein Nichtreim (etwa: »rechts und links und rechts«) wäre. Ein Vers könnte aber zu stärkster Wirkung auch völlig

gleichlautend wiederholt sein, wie etwa bei Liliencron das
alle Lebensstadien begleitende Gleichnis:

> Es jagt die Schwalbe weglang auf und nieder.

Hier wäre kein Reim denkbar außer dem der Identität.
dem innern Reim auf »immer wieder«, dem Kehrreim einer
ewigen Wiederkehr.

Doch mehr noch als Identität, mehr selbst als der Über-
einklang des echten Reimes kann der eingemischte Nichtreim dem dichterischen Wert zustatten kommen. Von allen
Schönheiten, die zu dem Wunder vom »Tibetteppich« ver-
woben sind (welches allein Else Lasker-Schüler als den bedeutendsten Lyriker der deutschen Gegenwart hervortreten
ließe), ist die schönste der Schluß:

> Süßer Lamasohn auf Moschuspflanzenthron
> Wie lange küßt dein Mund den meinen wohl
> Und Wang die Wange buntgeknüpfte Zeiten schon.

Der vorletzte Vers, dazwischentretend, hat nirgendwo in
dem Gedicht, das sonst aus zweizeilig gereimten Strophen
besteht, seine Entsprechung. Wie durch und durch voll Reim
ist aber dieses »wohl«, angeschmiegt an das »schon«, süßes
Küssen von Mund zu bunt, von lange zu Wange vermittelnd. Auf solche und andere Werte ist einst in einer verdienstvollen Analyse — von Richard Weiß in der Fackel
Nr. 321/322 — hingewiesen worden, mit einer für jene Zeit
(da zu neuem Aufschluß der Sprachprobleme wenig außer
der Schrift »Heine und die Folgen« vorlag) gewiß ansehn-
lichen Erfassung der Einheit in Klang- und Bedeutungs-
motiven, wenngleich vielleicht mit einer übertreibenden
Ausführung der Lautbeziehungen, die im Erspüren einer
Gesetzmäßigkeit wohl auch der Willkür des Betrachters
Raum gab. Achtungswert aber als der Versuch, in jedem
Teile den lebenden Organismus darzustellen und zu zeigen,
wie »in jeder zufälligst herausgegriffenen Verbindung der
mathematische Beweis höchster notwendiger Schönheit nur
an der Unzulänglichkeit der Mathematik scheitern könnte«.
Vielleicht auch an der Unzulänglichkeit des Kunstwerks.

wenn der Autor diesen Versuch mit einem Gedicht von Rilke unternommen hätte, mit welchem er Else Lasker-Schüler verglich. Während bei ihr — in den männlichsten Augenblicken des Gelingens — zwischen Wesen und Sprache nichts unerfüllt und nichts einem irdischen Maß zugänglich bleibt, so dürfte die zeitliche Unnahbarkeit und Unantastbarkeit von Erscheinungen wie Rilke und dem größeren George — mit Niveaukünstlern und Zeitgängern wie Hofmannsthal und gar Werfel nicht zu verwechseln — doch keinem kosmischen Maß erreichbar sein. Else Lasker-Schüler, deren ganzes Dichten eigentlich in dem Reim bestand, den ein Herz aus Schmerz gesogen hatte, ist aber auch der wahre Expressionist aller in der Natur vorhandenen Formen, welche durch andere zu ersetzen jene falschen Expressionisten am Werk sind, die zum Mißlingen des Ausdrucks leider die Korrumpierung des Sprachmittels für unerläßlich halten. Trotz einer Stofflichkeit unter Sonne, Mond und Sternen (und mancher Beiläufigkeit, die solches Ausschwärmen begleitet), ist ihr Schaffen wahrhaft neue lyrische Schöpfung; als solche, trotz dem Sinnenfälligsten, völlig unwegsam dem Zeitverstand. Und wie sollte, wo ihm zwischen dem Kosmos und der Sprache keine Lücke als Unterschlupf bleibt, er anders als grinsend bestehen können? Selbst ein Publikum, das meine kunstrichterliche Weisung achtet und lyrischer Darbietung etwas abgewinnen kann, sitzt noch heute ratlos vor dieser Herrlichkeit wie eben vor dem Rätsel, das die Kunst aus der Lösung macht.

Wie könnten aber solche Werte, wie könnte das Befassen mit ihnen den Leuten eingehen, die zu der Sprache keine andere Beziehung haben, als daß sie verunreinigt wird, weil sie in ihrem Mund ist! Sie in solchem Zustand als das höchste Gut aus einem zerstörten Leben zu retten — trotz allen greifbareren Notwendigkeiten, die es nicht mehr gäbe, hätte der Mensch zur Sprache, zum Sein zurückgefunden —, ist die schwierigste Pflicht: erleichtert durch die Hoffnung, daß der Kreis derer immer größer wird, die sich durch solche Betrachtungen angeregt, ja erregt und belebt fühlen. Es ist

Segen und Fluch in einem, daß solchen Denkens, wenn es einmal begonnen, kein Ende ist, indem jedes Wort, das über die Sprache gesprochen wird, deren Unendlichkeit aufschließt, handle es nun von einem Komma oder von einem Reim. Und mehr als aus jedem anderen ihrer Gebiete wäre aus eben diesem zu schöpfen, wo die Fähigkeit der Sprache, gestaltbildend und -wandelnd, am Gedanken wirkt wie die Phantasie an der Erscheinung, bis, immer wieder zum ersten Mal, im Wort die Welt erschaffen ist. In solcher Region der Naturgewalten, denen wirkend oder betrachtend standzuhalten die höchste geistige Wachsamkeit erfordert, muß jeder Anspruch vor dem ästhetischen gelten; denn die formalen Erfordernisse, auf die es dieser absieht, betreffen beiweitem nicht den Klang, der dem Gedanken von Natur eignet und den ihm ein die Sphäre erfüllendes und noch in der Entrückung beherrschendes Gefühl zuweisen wird. Der Reim als die Übereinstimmung von Zwang und Klang ist ein Erlebnis, das sich weder der Technik einer zugänglichen Form noch dem Zufall einer vagen Inspiration erschließt. Er ist mehr »als eine Schallverstärkung des Gedächtnisses, als die phonetische Hilfe einer Äußerung, die sonst verloren wäre«; er ist »keine Zutat, ohne die noch immer die Hauptsache bliebe«. Denn »die Qualität des Reimes, der an und für sich nichts ist und als eben das den Wert der meisten Gedichte ausmacht, hängt nicht von ihm, sondern durchaus vom Gedanken ab, welcher erst wieder in ihm einer wird und ohne ihn etwas ganz anderes wäre«. Aber lebt er einmal im Gedicht, so ist es, als ob er noch losgelöst dafür zeugte. Ich könnte, was er alles vermag, was er alles ist und nicht ist, stets wieder nur mit jenen Reimen sagen, von denen man nun — um das Landen der Einverstandenen herum — alle behandelten Arten des Reims, sofern er einer ist, ablesen kann; und deren jeder man die begriffliche Dekkung zugestehen wird: daß er nicht Ornament der Leere, des toten Wortes letzte Ehre, daß er so seicht ist und so tief wie jede Sehnsucht, die ihn rief, daß er so neu ist und so alt wie des Gedichtes Vollgestalt. Und daß dem Wortbekenner das Wort ein Wunder und ein Gnadenort ist. Denn »reimen« — bekannte ich — »kann sich nur, was sich reimt; was von innen dazu angetan ist und was wie zum Siegel tieferen Einverständnisses nach jenem Einklang ruft, der sich aus der metaphysischen Notwendigkeit worthaltender Vorstellungen ergeben muß«.

WORT UND WERT

Diese Gedichtanalyse ist dem Aufsatz »Aus Redaktion und Irrenhaus« entnommen, der polemischen Bereinigung eines Falles, durch den die Angehörigen beider Sphären ganz und gar zu Gunsten der zweiten konfrontiert erscheinen. Er ergab sich, als eine Reihe schöner Gedichte, die ein Irrer aufgeschrieben hatte, zuerst für sein Werk gehalten und da diese Vermutung sich als unbegründet erwies, doch die Liebe zu solchen Werten als der Vorzug vor der Welt der Normen anerkannt wurde. Vollends mit Recht, als ein Journalist namens Gesell in der Vossischen Zeitung die Autorschaft eines der Gedichte reklamierte, das er in einem Magazin unter dem Pseudonym Marx veröffentlicht hatte, und ohne Kenntnis der Materie die Schätzer seiner Arbeit zu höhnen unternahm. Die gleichzeitige Herabsetzung der Verse — als einer zu einem Kitschbild entstandenen Gelegenheitsreimerei — sollte sich an dem Unterschied des Originals und der Fassung, die ihm der irrsinnige P. gegeben hatte, als berechtigt herausstellen.

»Es sei ausdrücklich darauf hingewiesen, daß l e d i g l i c h das Adjektivum z a r t durch das Adjektivum g r o ß ersetzt ist. Sonst stimmen die beiden Gedichte wörtlich überein.«

Diese Angabe, mit der der Druck der Vossischen Zeitung nebenher korrigiert wird, ist, wiewohl sie nicht wahr ist, in der Tat gewissenhaft.

— — Und nun will ich, da sich der Gesell an mich »klammert«, mich an ein Wort klammern und ihm darlegen, wieweit ich an der Stütze dieses Worts mein Urteil aufrechterhalte. Denn welche bessere Stütze könnte es für die lyrische Wertbestimmung geben als das Wort, als ein einziges Wort? Ja, ich will ihn bei diesem Wort nehmen, auf die Gefahr hin, daß er sich noch mehr an mich klammere und daß er sagen könnte, ich hätte, um die Brücke zwischen seinen beiden Partien, der schöpferischen und der journalistischen, zu finden, erst nachträglich diese Stütze ergriffen, dieses Wort von ihm erst als Stichwort empfangen. Auch das wäre durchaus möglich. Wenn ich erst jetzt, durch das Zugeständnis einer Abweichung — die die Berliner Geister bloß feststellen, um die »sonstige Identität« zu beweisen —, die Lesarten genau verglichen hätte, so wäre das Bestreben begreiflich, dem Mann, der der psychischen Varianten fähig ist, auf die Finger zu sehen, ohne den Verdacht, daß diese Tendenz die sprachkritische Untersuchung beeinflussen könnte. Deren Ergebnis bliebe haltbar und unverwirrt — wann und wie immer ich dazu gelangt wäre. Aber damit alle Bedenken zerstreut werden, wenn mir die Sprachkritik für die Psychologie hilft, kann ich Zeugen dafür stellen, daß ich schon bevor mich Herr G. auf die winzige Verschiedenheit aufmerksam machte, die er doch nur heranzieht, um die Gleichheit darzutun, eben diese in Kenntnis jener bestritten habe. Dies geschah lange bevor ich Scherls Magazin mit der zarten Glockenblume zu Gesicht bekam und die Abweichung in diesem Druck wahrnahm. Ehe ich aber erzähle, wie und unter welchen Umständen ich dazu gelangte, hier einen Wertunterschied zu erkennen und zu behaupten, müssen wir die beiden Fassungen vergleichen, um zu beurteilen, ob ich damit recht hatte. Wir müssen sie sehen und hören — das ist unerläßlich sowohl zur Schätzung eines Gesamtwertes, wo Klang und Vision die gestaltliche Einheit bildet, als auch zur geringeren Schätzung eines Gebildes, in dem sich die Einzelwerte nicht zu solcher schöpferischen Einheit zusammenschließen, und eben, wie ich behaupte, wegen des Unterschieds eines einzigen Wortes. Das Gedicht lautet in der Fackel:

Junge Tänzerin

Eine große Glockenblume
wehte fort vom Frühlingsbaum:
lichtem Frühlingstag zum Ruhme
tanzt sie sich in sanften Traum.

Eine Wolke weißer Seide
spiegelt rauschend jeden Schritt;
mystisch wandeln unterm Kleide
Blut und Haut und Atem mit.

An des Körpers Blüten-Stengel
schwingt des Rockes Glocke sie,
und der Beine Doppel-Schwengel
läutet leise Melodie.

Eine große Glockenblume
wehte fort vom Frühlingsbaum:
lichtem Frühlingstag zum Ruhme
tanzt sie sich in sanften Traum.

Im Nachdruck der Vossischen Zeitung erscheint manches Interpunktionelle dem Scherl'schen Original wieder angenähert, aber — unter anderm — die Version »große« feinschmeckerisch beibehalten. Das scheinbar identische Gedicht lautet in Scherls Magazin:

Junge Tänzerin

Eine z a r t e Glockenblume
wehte fort vom Frühlingsbaum.
Lichtem Frühlingstag zum Ruhme
tanzt sie sich in sanften Traum.

Eine Wolke weißer Seide
spiegelt rauschend jeden Schritt.
Mystisch w a n d e l t unterm Kleide
Blut und Haut und Atem mit.

U m des Körpers Blütenstengel
schwingt des Rockes Glocke sie.
Und der Beine Doppelschwengel
läutet leise Melodie.

Eine z a r t e Glockenblume
wehte fort vom Frühlingsbaum.
Lichtem Frühlingstag zum Ruhme
tanzt sie sich in sanften Traum.

Die Variante »An« (statt »Um«), die da nebst interpunktionellen Abweichungen erkennbar wird und die G. von P. für die ‚Vossische' übernommen hat, erscheint mir unwesentlich, wenngleich ich das »An« als leichter, anschaulicher und beschwingender für des Rockes Glocke vorziehen möchte. (»Um« hemmt die Bewegung, haftet zu sehr am Körper; es wäre schlechter, wenn es richtiger wäre, ist aber falsch, weil es nicht die Linie, sondern die Glockenform selbst um den Stengel kreisen läßt.) Wesentlicher ist schon die Änderung »wandeln« (statt »wandelt«), die G. mit Unrecht verschmäht hat. Mir ist es jedoch um die dritte, die eingestandene Variante zu tun. Und da sage ich: daß entgegen der Ahnungslosigkeit, die durch Betonung einer geringfügigen Verschiedenheit zwischen »groß« und »zart« — in der ersten und in der Schlußstrophe — die Identität des Ganzen zu beweisen sucht, diese d u r c h d i e g e r i n g f ü g i g e V e r s c h i e d e n h e i t a u f g e h o b e n wird. Lyrik kennt keine »Identität«. Ein Gedicht ist kein Wortbestand, der noch immer vollzählig bleibt, wenn unter 68 Wörtern eines durch ein anderes ersetzt wurde. Durch das eine können alle zusammen erst erschaffen, schon erloschen sein. In der Vision der großen Glockenblume kulminiert die Schöpfung, die ich gepriesen habe. Nur der Dichter, der diese Vision, die in dem Wort »groß« aufgeschlossen ist, g e h a b t hat, nur der hätte alles Weitere so e r s c h a f f e n , daß es die Gestalt hat, die es hat und die es trotz dem gleichen Wortbestand nicht hat, wenn das Grunderlebnis fehlt. Es ist d i e G e s t a l t m i t B l u t u n d H a u t u n d A t e m . Wenngleich diese Bestandteile ohne die Vision scheinbar vorhanden sind, so sind sie doch nicht organisch entstanden und verbunden. (Trotz dem Singular nicht: seinetwegen nicht.) Sie müssen übernommen sein. Die unvergleichliche Klangform von des Rockes Glocke, selbst sie wäre dann ein kunstgewerbliches, wenngleich apartes Gebilde, Zufallswert der sprachlichen Metallbranche. Wie wird sich aber das Rätsel lösen, daß diese zwei Mittelstrophen, die unter dem großen Antrieb der ersten als die fortgeführte Anschauung die große Gestalt zeigen, doch auch in der zarten Fassung vorhanden sind? Es wäre durch Anhörung eines fremden schöpferischen Elements, das mit Hörfähigkeit übernommen wurde, zu erklären. So habe ich es mir angesichts der Grundverschiedenheit der ersten Strophe erklärt. Dort ist die Tänzerin die große Glockenblume, sie wird als diese a n g e s c h a u t . Hier wird sie mit einer zarten Glockenblume v e r g l i c h e n . Die große Glockenblume ist mehr als eine Glockenblume, die zarte weit weniger. Dort Vision, hier Zierat; dort Gleichnis, hier Vergleich. Diese erste Strophe ist ein Kitsch, der als Kitsch der letzten wiederkehrt. Dort Goethe, hier Heine. Die Tänzerin i s t eine Glockenblume; die Tänzerin i s t w i e eine Glockenblume, so zart und schön und rein. Nie vermöchte sich an diese allegorische Leere die Fülle des Folgenden unvermittelt anzuschließen. Wenn ich das Beispiel für meine Reimbetrachtung gehabt hätte, so hätte ich in der Gelegenheit geschwelgt, denselben Reim in seiner Gestalthaftigkeit und in seiner Papierhaftigkeit darzustellen. Denn man höre doch, wie naturhaft dem Ruhme des lichten Frühlingstags sich die große Glockenblume zuneigt: es ist ein Fest der prangenden Natur! Hier bringt der Reim zwei Vorstellungswelten zur Deckung. (Er ist das Ufer...) Wie hätte aber der Ruhm Vorstellungsraum in einer Landschaft, in der ich eine Tänzerin mit einer zarten Glockenblume v e r - g l e i c h e? Diesen Ruhm sehen wir nicht, er ist nicht vorhanden; es ist kein Raum für den Ruhm, er ist nur ein Reim. Ornament der Leere, Geklingel, das nicht aus der Glocke, nur zum Wortklang der Blume tönt. Unmöglich, von diesem Niveau aus die rauschende Wolke, das Mitwandeln von Blut und Haut und Atem mitzumachen, des Rockes Glocke mit Aug und Ohr zu erleben. Die Gestalt zerfällt, die Phantasie des Lesers müßte sie wieder verdichten. Das Rätsel, wie das Dekompositum doch vorhanden ist — eben die Worte, die so erhaben im Anschluß an das andere Vorwort wirken —, das Rätsel wird sich bis zu einem gewissen Grad lösen lassen, wenn wir den Anspruch Paul Zechs überprüfen. Ich hatte die Lösung geahnt, aber nun will ich auch sagen, wie ich dazu gekommen bin, das Problematische zu entdecken. Ich habe schon angedeutet, daß mir die Version der »zarten Glockenblume« lange vor dem Anblick des Scherl-Druckes bekannt war, daß ich mich über die Wertverschiedenheit, die Minderwertigkeit jener Fassung in nachweisbarer Form geäußert, ja daß ich erklärt habe, dieses und jenes seien, kraft des einen Wortes, ganz verschiedene Gedichte. Ich stelle es fest gegen den Verdacht, daß ich gleich dem Autor selbst geflissentlich die Wertreduzierung vornehme. — —

Ein Gedicht ist so lange gut, bis man weiß, von wem es ist, und ich
maße mir an, von sprachlichen Dingen so viel zu verstehen, daß ich
den ganzen Menschen dazu brauche, um seinen Vers beurteilen zu
können. Er ist zugleich gut und schlecht, und ehe man das zweite
weiß, ist man gerne gewillt, das erste zu glauben. Denn eben das ist
dieser Spielart gegeben, zu zeigen was sie nicht hat, und so hat auch
sie teil an dem großen Geheimnis der Sprache, die eben dort, wo nicht
Wesen ist, umso mehr Schein zuläßt. Vermag sie kein Wunder, so
vermag sie doch den Zauber.   Die Fackel 1918

Nachdem ich das wunderbare Gedicht »Junge Tänzerin«
in der Fassung, wie sie mir Herr Sp. übermittelte, in Druck
gelegt hatte, erhielt ich die Handschrift des Mannes, der
damals nicht mehr für den Dichter gehalten wurde. Da
stand die erste Zeile der ersten und der vierten Strophe
so zu lesen:

Eine g o s t e Glockenblume

Darüber erfuhr ich das Folgende. Dem Gekritzel wie der
stammelnden Rezitation hatte man das Wort »große« zu
entnehmen geglaubt. D e r D e f e k t , d e r I r r t u m , d e r
Z u f a l l h a b e n d a s g r o ß e G e d i c h t e n t s t e h e n
l a s s e n .
Ganz wie der korrigierende Plan es vermöchte, den ich
selbst so oft an fremde Manuskripte gewandt habe. Und sogar an berühmte Werke der Lyrik, mit dem Nachweis, wie
der Organismus eines Verses, der in seiner Umgebung er-
stirbt, zu retten gewesen wäre. Das anschaulichste Beispiel
für diese Art der Versbetrachtung dürfte unter Nietzsches
Gedichten, dieser oft nur fortgesetzten fragmentarischen
Lyrik, das Gedicht bilden, das den Titel »Vereinsamt«
führt. Es wäre das Gegenbeispiel zur »Jungen Tänzerin«,
insofern, als hier die Eingangsstrophe, die, sinnhaft variiert,
als Schlußstrophe wiederkehrt, stärkstes Eigenleben hat. Da
ist im Vollbild der winterlichen Landschaft das der winterlichen Seele enthalten, ein lebendigster Ausdruck der Erstarrung, der nun, fortgesponnen in winterliche Handlung,
leider ermattet. Wenn nur diese erste Strophe da stünde
— und befreit von der belastenden Interpunktierung, die

sie aus dem Elementaren ins Rationale drückt — wenn nur
diese erste Strophe wäre, so wäre sie das ganze Gedicht (das
als solches kein ganzes Gedicht ist):

> Die Krähen schrei'n
> und ziehen schwirren Flugs zur Stadt.
> Bald wird es schnei'n.
> Wohl dem, der jetzt noch Heimat hat!

Nietzsche setzt vor den einzigartigen Vers »Bald wird es
schnei'n« leider einen Doppelpunkt, nach jenem ein Komma
und einen Gedankenstrich; einen eben solchen Strich durch
den Gedanken vor das Wort »Heimat«, dessen Empfin-
dungsfülle auf eine unbildliche Reflexion abgezogen wird.
Die Zeile, in der die ganze Winterahnung eingeschlossen
ist, müßte aber völlig isoliert sein und mit einem Punkt
schließen:

> Bald wird es schnei'n.

Schon sie wäre das ganze Gedicht, und es wäre ungeheuer,
wie hier eine Feststellung, die jeder Schwätzer vornimmt,
zum Erst- und Einmaligen wird: zum Gedicht. Jenem größten deutschen Wortwunder vergleichbar, zu dem, im Abschied der Iphigenie, der banalste Gruß erblüht ist, mit
Atemzug und Herzschlag des großen Verzichts:

> Lebt wohl!

Eben »das Geheimnis der Geburt des alten Wortes«, das
Heine fremd war. Die Frage ist, ob Nietzsche es hier gehabt, ob er das so gesetzte, so fortgesetzte und sinnhaft ab-
gewandelte Gedicht dieser ersten Strophe als solches erschaffen hat. Freilich noch größer wäre das Ganze durch
die letzte Strophe ersetzt, wenn er nur die geschrieben hätte,
anstatt zu ihrem Wesentlichen auf dem Wege der Anwendung zu gelangen:

> Die Krähen schrei'n
> und ziehen schwirren Flugs zur Stadt.
> Bald wird es schnei'n.
> Weh dem, der keine Heimat hat!

Wieder im Original die interpunktionellen Hindernisse,
nur nicht mehr vor der Heimat. Diese Strophe, richtig ge-

setzt, ist das Gedicht. Aber bis zu einem gewissen Grad auch das desjenigen, der es so erlöst. Manches Gedicht entsteht erst, wenn der Leser herantritt, und der schöpferische Anteil des Striches kann größer sein als der des Restes. Wer den Worten die Luft zu geben vermag, in der sie atmen, könnte darum nie Plagiator sein, wenn er bloß die Worte an sich nimmt. Und kann der korrigierende Dichter durch eine Umstellung die Wortgestalt hervortreiben, so schüfe die Korrektur auch am fremden Gedicht sein Gedicht. Solche Leistung tritt etwa an Goethes Änderungen von Gedichten der Marianne von Willemer zum Westöstlichen Divan hervor; nicht immer so anschaulich wie an der herrlichen Selbstkorrektur der Verse »Vollmondnacht«, mit der er über das Schicksal des schönen und seltenen Adjektivs »smaragden« entscheidet. In der ersten Fassung kommt der Edelstein noch nicht zur Geltung:

> Nieder spielet Stern auf Stern.
> Tausendfältiger Karfunkel
> fliegt smaragden durch die Büsche

Wie ganz anders geschaut in der zweiten, wo freilich auch »glühen blühend alle Zweige«:

> Nieder spielet Stern auf Stern;
> Und smaragden, durchs Gesträuche
> Tausendfältiger Karfunkel

Dort, in der vollständigen Aussage des »Fliegens«, glühen und blühen die Farben nicht; rotes bewegt sich grün: noch nicht zur Gestalt verbunden, widerstreiten die Bestandteile; »smaragden« versinkt zu adverbialer Unselbständigkeit, als wäre seine Vorstellung voraussetzbar. Vorangestellt, leuchtet es als Erscheinung auf, mehr als früher auch der Karfunkel, und das Fliegen, ungesagt, ist da, wie das gewaltige Farbenspiel der mondbeglänzten Landschaft. Der Korrektor ist der Dichter.

Zu solcher Belebung hat der »Jungen Tänzerin« ein einziges Wort, das nicht vom Autor war, verholfen. Schon das mißverstandene »goste«, als ein neuer Klang, mit dem sich dem sonderbaren Bewahrer eine Vorstellung verband. Was aber bedeutet dieses »goste«? Eine verunstaltete arabische Bezeichnung, hieß es, für »zarte«. Eines der vielen Wunder dieses großen Abenteuers. Dem Schlosser gefiel das arabische »goste« besser als das deutsche »zarte«. Mir gleichfalls. Die zarte Glockenblume, die nun festgestellt war, gefiel mir gar nicht und machte mir, lange bevor ihr Dichter mir auf deutsch »Etsch!« zurief, sein Werk problematisch, was etliche Zeugen meiner Beweisführung bestätigen können. Ich sagte damals, daß ich es, in Kenntnis dieser Urfassung, nie in die Reihe der wunderbaren »Gedichte aus dem Irrenhaus« aufgenommen hätte. Jetzt, vor der Nötigung, den Fall darzustellen, veranlaßte ich Herrn Sp., sich noch einmal darüber zu äußern, wie er zu der Lesart der »großen Glockenblume« gekommen sei und was es denn mit dem »goste« für eine Bewandtnis habe. Der psychische Anteil des Schlossers, der sich in dieser Abänderung des zarten Kitsches bekundete, ist umso merkwürdiger, als er jetzt wieder hartnäckig behauptet, das Gedicht sei von ihm. Das glaube ich ihm zwar nicht, aber der folgende Bericht beweist doch, um wieviel näher er dem Gedicht steht als sein Autor:

Ich fragte ihn damals auch, warum er gerade ein arabisches Wort statt eines deutschen gewählt habe, und er sagte, g o s t e sei ihm »schöner vorgekommen«. Um mich nicht ganz auf mein Gedächtnis verlassen zu müssen, habe ich P. nochmals über diesen Punkt ausgefragt und habe ihn die Antwort schriftlich aufsetzen lassen, wobei ich mich hütete, sie durch die Art der Fragestellung oder sonst zu beeinflussen.

Im Protokoll heißt es:

Ist z. B. das Wort »zarte« nicht ebenso schön?
Nein, das »goste« ist viel schöner als »zarte«.
Warum?
Weil es eben ein erfundenes Wort ist . . . .

Und es half, das noch weit schönere Wort zu erlangen, das dem Gedicht die große Gestalt verliehen hat, welche auch von G. mit Recht vorgezogen wird. Inzwischen hatte sich meine Ahnung von der Fremdkörperlichkeit dieses tanzenden Frauenleibes bestätigt. Paul Zech, der ihn für sich reklamierte, schickte mir, endlich, sein Gedicht »Glockentänzerin«

zu, von dem er behauptet, es sei vormals in einer anderen
Fassung erschienen, »die der ‚Jungen Tänzerin' noch näher
kommt«, die er aber zunächst nicht beschaffen könne. Die
spätere Fassung, die jedenfalls auch vor der »Jungen Tänzerin« erschienen ist, genügt mir vorläufig. Sie lautet:

Glockentänzerin

Mit dem frühen Ruf der Amsel brach
aus der braunen Ackerkrume,
aus dem Moos, das sie zerstach,
eine junge Glockenblume.

In dem falben Silberglanz,
zwischen Tau und Glitzersteinen,
drehte sie sich hoch im Tanz
auf den schlanken Beinen.

Von dem seidenen Behang
tropften die Geläute nieder
zu dem Überschwang
gottergriffener Lerchenlieder.

Atemhauch und Blut und Haut
mischten sich entzündet mit dem Winde
und schon waren tausend Glocken laut
und sie tanzten um die Linde

mit den Kindern Hand in Hand
die uralte Frühlingsweise
und das aufgeglänzte Land
tanzte mit im Kreise.

Ein wahrhaft schönes Gedicht, von dessen schwächerer Eingangsstrophe — welche gleichwohl organisch zur weiteren
Herrlichkeit überleitet — dem Autor der »Jungen Tänzerin« der Reim auf Blume geblieben war. Die Anschauung
ist verschieden, indem bei M.-Gesell die Tänzerin als Blume
aufscheint, hier jedoch die Blume zur Tänzerin ersteht.
Gemeinsam die Verknüpfung der Sphären. Der seidene
Behang ist zur Wolke weißer Seide geworden. Von den
Motiven der Klangfülle, von dem unvergleichlichen »Überschwang gottergriffener Lerchenlieder« ist ohne Zweifel
etwas für des Rockes Glocke geblieben, und der sich hoch im
Tanz auf den schlanken Beinen Drehenden ward der Beine

Doppel-Schwengel abgesehen. Daß aber »Atemhauch und Blut und Haut« als die mitwandelnden »Blut und Haut und Atem« erkennbar sind, wird kaum zu leugnen sein, und die Erinnerung verrät sich noch in der Klangspur, mit der der Vers

mischten sich entzündet mit dem Winde

»mystisch« haften blieb. Nun wäre es gerade vom Standpunkt meiner Sprachbetrachtung aus absurd, dem Wortkünstler das Recht der Übernahme einer schon gestalteten Vorstellung zu bestreiten. Aber ungestraft darf diese Übernahme nur erfolgen — ungestraft von der hier waltenden Sittlichkeit, die das Echtbürtige an der neuen Erlebniskraft erkennt, an Blut und Haut und Atem, die es an ihm selbst beglaubigen —, wenn sie für das höhere Werk erfolgt. Das wäre der Fall, wenn M. die Vision der großen Glockenblume gehabt hätte; dann wären Blut und Haut und Atem von ihm und stärker als Atemhauch und Blut und Haut, wovon sie stammen. Dann wäre die »Junge Tänzerin« wertvoller als die »Glockentänzerin« mit deren siebenmal herrlicher Konsonanz im Tanz von entzündet, Winde, Linde, Kindern, Hand in Hand und Land. Der fremde Wert ist aber in das geringere Werk eingeflossen, dem die schöpferische Stufe durch den Vergleich mit der zarten Glockenblume angewiesen bleibt. Unbestreitbar ist die Fähigkeit, einen empfangenen künstlerischen Eindruck zu verarbeiten, ohne welche die vorhandenen Mittelstrophen nicht vorhanden wären und ohne die es ja hier kein Problem gäbe. Über den Schöpfungsakt — in Scham und lieblicher Verwirrung vor einem »kitschigen amerikanischen Bild«, dem »eingefärbten Klischee« einer Tänzerin — hat Marx-Gesell Auskunft gegeben: er hat die Farbe des Kitsches bekannt. Sein schöpferischer Antrieb reichte für die erste Strophe, seine Fähigkeit hat hingereicht, einen psychischen Eindruck zu bewältigen, den ihm die Erinnerung an Zechs Gestalt der Glockentänzerin zubrachte. Sein Wort ist nicht dem primären, dem erotischen Erlebnis entstammt; er hat aus dem erschaffenen Lebendigen produziert, das ein deutscher Lyriker »dem Frauenleib abgesehen und abgesungen« hatte. Mag der Schöpfer des Originals seinen Anspruch behaupten oder zurückziehen (wie jetzt behauptet wird) — ich vertrete ihn kunstrichterlich. Denn von wem ein Gedicht ist, muß ich nicht wissen; ob es eines ist, weiß ich, und meine Blamage macht vor meinen Ohren halt! Und so behaupte ich: daß der gehörte Unterschied des einen Wortes das Geheimnis dieser Schöpfung aufschließt und selbst dann aufschlösse, wenn der Schöpfer es nicht bekannt hätte und nicht seine Scham über die Schöpfung, mit so gründlicher Verleugnung der Scham. Daß diese Schöpfung von einer Vorschöpfung bezogen war, wußte ich aus dem einen integrierenden, wertverändernden Wort, in dessen Gefolge alles Weitere fremdkörperlich erschien. Die Haut ist von ihm — Blut und Atem von einem andern! Und der Gesell druckte das Gedicht von der »großen Glockenblume« als das seine ab, damit die Leser sehen, vor welcherlei Genielyrik »ein Mann wie Karl Kraus ehrfurchtsvoll das kritische Jägerhütchen zieht« ... Bei dieser Wendung zog ich es nicht mehr.

DIE SPRACHE

Der Versuch: der Sprache als Gestaltung, und der Versuch: ihr als Mitteilung den Wert des Wortes zu bestimmen — beide an der Materie durch das Mittel der Untersuchung beteiligt — scheinen sich in keinem Punkt einer gemeinsamen Erkenntnis zu begegnen. Denn wie viele Welten, die das Wort umfaßt, haben nicht zwischen der Auskultation eines Verses und der Perkussion eines Sprachgebrauches Raum! Und doch ist es dieselbe Beziehung zum Organismus der Sprache, was da und dort Lebendiges und Totes unterscheidet; denn dieselbe Naturgesetzlichkeit ist es, die in jeder Region der Sprache, vom Psalm bis zum Lokalbericht, den Sinn dem Sinn vermittelt. Kein anderes Element durchdringt die Norm, nach der eine Partikel das logische Ganze umschließt, und das Geheimnis, wie um eines noch Geringeren willen ein Vers blüht oder welkt. Die neuere Sprachwissenschaft mag so weit halten, eine schöpferische Notwendigkeit über der Regelhaftigkeit anzuerkennen: die Verbindung mit dem Sprachwesen hat sie jener nicht abgemerkt, und dieser so wenig wie die ältere, welche in der verdienstvollen Registrierung von Formen und Mißformen die wesentliche Erkenntnis schuldig blieb. Ist das, was sie dichterische Freiheit nennen, nur metrisch gebunden, oder verdankt sie sich einer tieferen Gesetzmäßigkeit? Ist es eine andere als die, die am Sprachgebrauch wirkt, bis sich ihm die Regel verdankt? Die Verantwortung der Wortwahl — die schwierigste, die es geben sollte, die leichteste, die es gibt —, nicht sie zu haben: das sei keinem Schreibenden zugemutet; doch sie zu erfassen, das ist es, woran es auch jenen Sprachlehrern gebricht, die dem Bedarf womöglich eine psychologische Grammatik beschaffen möchten, aber so wenig wie die Schulgrammatiker imstande sind, im psychischen Raum des Wortes logisch zu denken.

Die Nutzanwendung der Lehre, die die Sprache wie das Sprechen betrifft, könnte niemals sein, daß der, der sprechen lernt, auch die Sprache lerne, wohl aber, daß er sich der Erfassung der Wortgestalt nähere und damit der Sphäre, die jenseits des greifbar Nutzhaften ergiebig ist. Diese Gewähr eines moralischen Gewinns liegt in einer geistigen Disziplin, die gegenüber dem einzigen, was ungestraft verletzt werden kann, der Sprache, das höchste Maß einer Verantwortung festsetzt und wie keine andere geeignet ist, den Respekt vor jeglichem andern Lebensgut zu lehren. Wäre denn eine stärkere Sicherung im Moralischen vorstellbar als der sprachliche Zweifel? Hätte er denn nicht vor allem materiellen Wunsch den Anspruch, des Gedankens Vater zu sein? Alles Sprechen und Schreiben von heute, auch das der Fachmänner, hat als der Inbegriff leichtfertiger Entscheidung die Sprache zum Wegwurf einer Zeit gemacht, die ihr Geschehen und Erleben, ihr Sein und Gelten, der Zeitung abnimmt. Der Zweifel als die große moralische Gabe, die der Mensch der Sprache verdanken könnte und bis heute verschmäht hat, wäre die rettende Hemmung eines Fortschritts, der mit vollkommener Sicherheit zu dem Ende einer Zivilisation führt, der er zu dienen wähnt. Und es ist, als hätte das Fatum jene Menschheit, die deutsch zu sprechen glaubt, für den Segen gedankenreichster Sprache bestraft mit dem Fluch, außerhalb ihrer zu leben; zu denken, nachdem sie sie gesprochen, zu handeln, ehe sie sie befragt hat. Von dem Vorzug dieser Sprache, aus allen Zweifeln zu bestehen, die zwischen ihren Wörtern Raum haben, machen ihre Sprecher keinen Gebrauch. Welch ein Stil des Lebens möchte sich entwickeln, wenn der Deutsche keiner andern Ordonnanz gehorsamte als der der Sprache!

Nichts wäre törichter, als zu vermuten, es sei ein ästhetisches Bedürfnis, das mit der Erstrebung sprachlicher Vollkommenheit geweckt oder befriedigt werden will. Derlei wäre kraft der tiefen Besonderheit dieser Sprache gar nicht möglich, die es vor ihren Sprechern voraus hat, sich nicht beherrschen zu lassen. Mit der stets drohenden Gewalt eines vulkanischen Bodens bäumt sie sich dagegen auf. Sie ist schon in ihrer zugänglichsten Region wie eine Ahnung des höchsten Gipfels, den sie erreicht hat: Pandora; in unentwirrbarer Gesetzmäßigkeit seltsame Angleichung an das symbolträchtige Gefäß, dem die Luftgeburten entsteigen:

> Und irdisch ausgestreckten Händen unerreichbar jene, steigend jetzt empor und jetzt gesenkt,
> Die Menge täuschten stets sie, die verfolgende.

Den Rätseln ihrer Regeln, den Plänen ihrer Gefahren nahezukommen, ist ein besserer Wahn als der, sie beherrschen zu können. Abgründe dort sehen zu lehren, wo Gemeinplätze sind — das wäre die pädagogische Aufgabe an einer in Sünden erwachsenen Nation; wäre Erlösung der Lebensgüter aus den Banden des Journalismus und aus den Fängen der Politik. Geistig beschäftigt sein — mehr durch die Sprache gewährt als von allen Wissenschaften, die sich ihrer bedienen — ist jene Erschwerung des Lebens, die andere Lasten erleichtert. Lohnend durch das Nichtzuendekommen an einer Unendlichkeit, die jeder hat und zu der keinem der Zugang verwehrt ist. »Volk der Dichter und Denker«: seine Sprache vermag es, den Besitzfall zum Zeugefall zu erhöhen, das Haben zum Sein. Denn größer als die Möglichkeit, in ihr zu denken, wäre keine Phantasie. Was dieser sonst erschlossen bleibt, ist die Vorstellung eines Außerhalb, das die Fülle entbehrten Glückes umfaßt: Entschädigung an Seele und Sinnen, die sie doch verkürzt. Die Sprache ist die einzige Chimäre, deren Trugkraft ohne Ende ist, die Unerschöpflichkeit, an der das Leben nicht verarmt. Der Mensch lerne, ihr zu dienen!

ANHANG

Schon bald nach dem Erscheinen einiger Aufsätze, die in der *Fackel* vom Juni und vom November 1921 unter den gemeinsamen Titel *Zur Sprachlehre* gestellt sind (F 572–576 und F 577–582)*, hat sich Karl Kraus entschlossen, diese Schriften (und vielleicht noch die eine oder andere zum Thema) auch in einem Buch, das denselben Titel führen sollte, herauszubringen (BSN 1, 570). Bereits im April 1923 wird das Vorhaben öffentlich bekanntgemacht (F 613–621, U 4):

> 1923 erscheint: Sprachlehre, 1 Band
> Literatur und Lüge, 2 Bände

Literatur und Lüge soll Mechtilde Lichnowsky, die *Sprachlehre* Sidonie Nádherný gewidmet werden. Während aber die Zusammenstellung und Überarbeitung der literaturkritischen Aufsätze Kraus in den folgenden Jahren noch wiederholt beschäftigt, so daß Anfang 1929 wenigstens der erste Band von *Literatur und Lüge*, mit den Schriften aus der Vorkriegszeit, erscheinen kann, kommt die Beschäftigung mit dem andern Buch bis zum Beginn der dreißiger Jahre um so weniger voran, als in der *Fackel* fast Jahr um Jahr neue Aufsätze und Glossen erscheinen, die in diese Sammlung aufzunehmen wären. Erst Ende 1931 oder Anfang 1932 greift Kraus den nun schon bald zehn Jahre alten Plan wieder auf: bittet Sidonie Nádherný um die »Zusammenstellung Deiner Sprachlehre« (BSN 1, 634); stellt in der *Fackel* die »Herausgabe der ›Sprachlehre‹« vorbehaltlich in Aussicht (F 868–873, 44); will im Sommer 1932 auf Schloß Janowitz das Buch »druckfertig« machen und bei derselben Gelegenheit auch das »Abschlußkapitel« schreiben (BSN 1, 637). Im Oktober, November und Dezember des Jahres wird das Werk, nun schon unter dem Titel *Die Sprache*, mehrfach als »in Vorbereitung«

---

* Zitate aus der *Fackel* werden in der Form »F 351–353, 77« nachgewiesen. Über Jahr und Jahrgang des Erscheinens kann man sich anhand der Tabelle 2 in Friedrich Jenaczeks *Zeittafeln zur »Fackel«* (München 1965) unterrichten. Abgekürzt zitierte Literatur (»Schick 1965«, »Kerry«) findet sich mit vollständigen Titeln bei Sigurd Paul Scheichl (*Kommentierte Auswahlbibliographie zu Karl Kraus.* München 1975) sowie bei Jens Malte Fischer (*Karl Kraus.* Stuttgart 1974) aufgeführt. Die letzte Ziffer bezeichnet immer die Seitenzahl. – Kraus' Vorlesungen werden nach dem Verzeichnis in *Kraus-Heft* 35/36 in der Form »V 404« notiert.

befindlich angezeigt (F 876–884, U 3; Programm der Vorlesung vom 17. 11. 1932; F 885–887, U 4) – zuletzt mit dem Hinweis: »Erscheinungstermin voraussichtlich im Frühjahr«. Inzwischen ist außer der Abhandlung *Subjekt und Prädikat* auch der Aufsatz *Die Sprache*, gewiß jenes »Abschlußkapitel«, fertiggestellt und in der *Fackel* veröffentlicht worden. Zu einer Drucklegung des Buches kommt es freilich auch diesmal nicht: erst tritt die Nachdichtung von Shakespeares Sonetten, dann die Einrichtung seiner Dramen in den Vordergrund des Interesses. Vor allem aber will den politischen Katastrophen der Jahre 1933 und 1934 Rechnung getragen werden – was Kraus zunächst mit der *Dritten Walpurgisnacht*, die er unveröffentlicht läßt, und dann mit der mehr als dreihundert Seiten langen Erklärung *Warum die Fackel nicht erscheint* unternimmt. Nach Philipp Bergers Bericht hat Kraus erst »kurz vor seiner Erkrankung«, also wohl im Mai 1936, die Druckerei ersucht, »ihm das gesamte Korrekturmaterial für seine baldige Abreise bereitzulegen, um es während des Sommers auf dem Lande neuerdings durchzuarbeiten«. Dazu sollte es nicht mehr kommen; am 12. Juni 1936 ist Karl Kraus gestorben.

Daß das Sprach-Buch bereits ein Jahr später, 1937, als letzte Veröffentlichung des »Verlags ›Die Fackel‹« hat erscheinen können, ist das Verdienst von Philipp Berger, den Kraus in seinem Testament (nach Karl Jaray und Heinrich Fischer) zur Herausgabe seiner Schriften ermächtigt hat. Berger hat sich in »Auswahl und Reihenfolge der Aufsätze« an Kraus' Bestimmungen gehalten und auch die »Hunderte von Korrekturen«, die in den hinterlassenen Materialien vermerkt waren, getreulich auszuführen gesucht. Da er jedoch den Aufsatz *Die Sprache* von sich aus aufgenommen haben will (und die doch gewiß kaum weniger zugehörige Abhandlung *Subjekt und Prädikat* nicht aufgenommen hat), muß wohl das seiner Ausgabe zugrunde liegende Konvolut noch jenen Zustand bezeichnen, in dem das Buch sich Mitte 1932 befunden hat. Näheres läßt sich nicht sagen; von Kraus' Vorarbeiten hat sich so gut wie nichts erhalten. Philipp Berger selbst ist von den Nationalsozialisten nach Polen verschleppt und dort vermutlich ermordet worden.

Anmerkung des Herausgebers

Die Arbeit an der Zusammenfassung sprachkritischer Essays und Glossen aus der »Fackel« reicht in das Jahr 1931 zurück. Sie hat Karl Kraus (mit größeren und kleineren Unterbrechungen) bis knapp vor seinem Tod beschäftigt. Kurz vor seiner Erkrankung ersuchte er die Druckerei, ihm das gesamte Korrekturmaterial für seine baldige Abreise bereitzulegen, um es während des Sommers auf dem Lande neuerdings durchzuarbeiten. Dazu sollte es nicht mehr kommen.

Für den Leser, der die aufschlußreiche Mühe nicht scheut, das Maß der Umarbeitung zu verfolgen, welches manche Aufsätze fast als Neuschöpfungen erscheinen läßt, sind dem Inhaltsverzeichnis Nummer und Seitenzahl der Fassungen in der »Fackel« beigefügt, Daten, welche schon deshalb erwünscht sein dürften, weil sich die Änderungen oft auch auf den Titel erstrecken. Auswahl und Reihenfolge der Aufsätze waren von Karl Kraus bestimmt worden, bloß der Essay »Die Sprache« wurde vom Herausgeber aufgenommen.

»Mir liegt auch dreißig Jahre nach meinem Tode mehr an einem Komma, das an seinem Platz steht, als an der Verbreitung des ganzen übrigen Textes.« Dieses Wort aus dem Jahre 1911 sagt bündig, was Karl Kraus von seinem Herausgeber erwartet. Wie er die Berechtigung des Mißtrauens gegenüber dem zünftigen Herausgebertum oft und oft an dem Schicksal kostbaren Sprachguts nachgewiesen hat, so bangte er auch um die »Sicherheit des textlichen Bestandes« bei seinem eigenen Werk. Demnach hatte der Herausgeber des vorliegenden Bandes seine Verpflichtung vor allem darin zu erblicken, das verwaiste Wort gewissenhaft zu betreuen und für fehlerfreien Druck zu sorgen. Es waren Hunderte von Korrekturen — von der Änderung der Interpunktionszeichen bis zur Einfügung ganzer Absätze — richtig zu lesen, was bei dem stenogrammartigen Charakter der Handschrift keine geringe Schwierigkeit bedeutete. Nicht weniger Sorge bereitete die Überwachung von Satz und Druck. Ist der Herausgeber seiner Aufgabe gerecht geworden, so wird er dies der unentbehrlichen Mitarbeit von Fräulein Frieda Wacha und Herrn Dr. Oskar Samek zu danken haben.

Wien, im Mai 1937.   Dr. Philipp Berger

In seine Vorlesungen hat Kraus außer einigen Glossen nur wenige Aufsätze einbezogen: *Überführung eines Plagiators* (1921, V 203); *Sprachlehre* (*Zur Sprachlehre*, 1927, V 404); *Wort und Wert* (*Aus Redaktion und Irrenhaus*, 1929, V 477); *Die Sprache* (1932, V 626 und V 629). Auf dem Programmzettel der Vorlesung vom 24. Januar 1927 war die folgende Erklärung zu lesen:

Der Vortragende ist sich wohl bewußt, daß dieses Kapitel zur Sprachlehre, nicht vielen Lesern zu Dank geschrieben, vielleicht nur wenige Hörer befriedigen möchte. Wenn er sich eben diesen damit verpflichtet, so darf er es doch nicht ohne ausdrückliche Warnung der andern in das Programm aufnehmen. Denn was Lesern nur eine Schwierigkeit bedeutet, auf die sie verzichten oder mit der sie's immer von neuem versuchen mögen, kann Hörern eine Pein sein. Darum muß solchen, die, etwa gar als Neulinge, nur ein Interesse an Stofflichem in diesen Saal geführt hat, gesagt werden, daß es sich im Kapitel zur Sprachlehre um Dinge handelt, die lediglich zur Belehrung dienen, und daß einem Vortrag über Konjunktive, Pronomina, Tempora, Kasus und dergleichen Hindernisse einer angeregten Unterhaltung eben diese nicht abzugewinnen wäre; wiewohl gerade in solchem Zusammenhang die Welt zwischen Neuer Freier Presse und Bekessy eine beträchtliche und namentliche Rolle spielt. Doch geht es hier an kein Schädelspalten, nur an ein Haarspalten, und eben dieses würde ein Kopfzerbrechen erfordern, welches nicht jedermanns Sache ist. Ein Verlassen des Saales nun während des Vortrags dürfte bei aller Achtung vor der geistigen Ehrlichkeit solchen Entschlusses doch auf wenig Sympathie bei den Hörwilligen stoßen, denen die natürliche Schwierigkeit durch die Störung vermehrt würde. Nun aber, da einem »Discite moniti!«, welches ja den Inhalt des Vortrags bildet, eine Warnung, zu lernen, vorangeschickt ist, darf auch der Hoffnung Ausdruck gegeben werden, daß keiner, der nur den Willen des Herzens hat, zu hören und die Sprache, die er spricht, kennen zu lernen, es bereuen wird. Ihn wird, wenngleich befremdend, eine leidenschaftliche Pedanterie nicht abstoßen, an Dinge gewendet, die schließlich auch ihm wichtiger erscheinen könnten als alles, was es im Staats- und Gesellschaftsleben gibt und welche der Gewinn sein werden an einer geistigen und moralischen Zucht, die ihm eben dort abhanden kommt.

Der Wiedergabe in der *Fackel* hat Kraus noch dieses Nachwort folgen lassen (F 751–756, 79–80):

> Die Warnung wurde von keinem einzigen Hörer befolgt und es machte den Eindruck, daß es auch keiner bereute. Sie hatten wirklich den Willen des Herzens, zu hören, und sie haben darum auch verstanden. Hat also die Warnung des Programms auf so überraschende und erfreuliche Art ihre Wirkung verfehlt, so hatte doch die Ankündigung, daß im Vortrag etwas »zur Sprachlehre« enthalten sein werde, den mit »eigenen Schriften« noch nie (höchstens mit dem unbeliebten Shakespeare) erzielten Erfolg, daß 41 fern blieben. Eine Anzahl, mit der man in der Presse jeden Wiener Vortragssaal füllen kann, aber doch auch genug, um innerhalb siebzehn Jahren den Fall bemerkenswert erscheinen zu lassen. Sie werden noch öfter Gelegenheit haben, ein Kapitel zur Sprachlehre nicht zu hören. Bedauerlich ist dabei nur der Umstand, daß sie nicht feststellbar sind, da man ihnen sonst auch den Genuß von Glossen erschweren könnte. Denn es besteht die Vermutung, daß es eben jene (von der guten und einzigartigen Hörerschaft, von der geistigen Mitarbeiterschaft abzusondernde) Minderheit ist, die falsch hört, falsch lacht, auf Stoffe und Namen reagiert und derentwegen eine Vorlesung »aus eigenen Schriften« noch beim tausendsten Mal der Spießrutenlauf dessen sein wird, der die Spießrute in der Hand hat. Das einzige, das er möchte, frei von jedem Qualgefühl könnte, aber nie erleben wird, wäre: ihnen etwas aus der Sprachlehre vorzulesen!

Später hat Karl Kraus nicht nur immer seltener aus »Eigenen Schriften« vorgetragen, sondern auch dafür gehalten, daß die Sprachlehre »des leiblichen Vortrags nicht bedarf« (F 845–846, 3). Sie blieb – wie die Abhandlung über *Subjekt und Prädikat* – allein seinen Lesern zugedacht – ja am Ende wohl nur mehr den Teilnehmern an jenem »Sprachseminar«, auf dessen Errichtung Kraus nach dem Ausbruch der Barbarei seine letzte Hoffnung gesetzt zu haben scheint. Es hätte dem Zweck dienen sollen: »durch Vorführung von Greueln der Satzbildung den Möglichkeiten und damit den Geheimnissen der abgründigsten und tiefsten Sprache näher zu kommen, deren unzüchtiger Gebrauch zu den Greueln des Bluts geführt hat« (F 890–905, 168). Man vergleiche auch S. 159.

*

Von allen Büchern, die Karl Kraus veröffentlicht hat, ist *Die Spra-che* das einzige, das wissenschaftliche Ansprüche erhebt und er-füllt. Darum mag es in diesem Fall erlaubt scheinen, einige sachliche Irrtümer, die darin zu finden sind, richtigzustellen.

S. 53, Z. 6 (und S. 54, Z. 18):
Nicht »Goethes Handschrift« (die von Riemer stammt) und auch nicht »die erste Ausgabe« der *Pandora* (die in Wien erschienen ist) bieten den fraglichen Vers in der Fassung »Auf! rasch Vergnügte«, sondern erst die von Goethe überwachten und darum um so ver-bindlicheren Drucke von 1817 und 1830. Tatsächlich ist der von Kraus gerügte Fehlgriff der ›Weimarer Ausgabe‹ denn auch nicht »für alle folgenden Ausgaben maßgebend« geworden.

S. 201, Z. 3 v. u.:
Hier folgt Kraus der fehlerhaften Wiedergabe bei Boas. Richtig lau-tet der erste Vers des Distichons (und ist zu skandieren) wie folgt: »Halt, Passagiere! Wer seid ihr? Wes Standes und Charakteres?« – mit Betonung des Genetivs wie noch heute des Plurals (»Charak-tere«).

S. 202, Z. 6:
Die gleichfalls schon bei Boas irrige Schematisierung des Pentame-ters lautet richtig:

$$— \cup \cup — \cup \cup — \quad — \cup \cup — \cup \cup —$$

S. 204, Z. 14:
Bei der vermeintlichen »Urfassung« von *Wandrers Nachtlied*, die Kraus nach Boas zitiert, handelt es sich in Wahrheit bloß um Johan-nes Falks (in seinem Goethe-Buch von 1832) aus dem Gedächtnis falsch angeführte Version des Gedichts.

S. 305, Z. 13 v. u. (und S. 309, Z. 11):
Richtig wäre der Vers zu skandieren so: »Rassle nach Herzenslust! Spei' Feuer, flute Regen!« Nur der erste Fuß ist »antijambisch« ge-bildet. Auch sollten nach »Spei'« und »flute« Kommata stehen; wie Kraus sie dann auch in seiner Bearbeitung des *König Lear* (1934) gesetzt hat.

Wie alle Essay-Bände von Karl Kraus enthält auch das Buch *Die Sprache* – in der Fassung, die Philipp Berger ihm gegeben hat – nur eine Auswahl aus dem überreichen Material der *Fackel*. Selbst von den Notizen, die Kraus ursprünglich unter Titeln wie *Zur Sprachlehre* (F 577–582) oder *Sprachschule* (F 640–648) in seiner Zeitschrift veröffentlicht hat, sind keineswegs alle in das Buch aufgenommen worden. Solche Arbeiten sollen auch hier außer Betracht bleiben – jedoch mit zwei Ausnahmen. Die erste bildet der Aufsatz *Wenn das Wort ergriffen wird*, den Philipp Berger nach Heinrich Fischers Erinnerung »nur aus zeitgebundenen Gründen fortgelassen« hat (W 2, 446); die zweite die Abhandlung *Subjekt und Prädikat*, die aus vorerst unerfindlichen, schwerlich aber durchschlagenden Gründen in Philipp Bergers Ausgabe des Buches ebenfalls fehlt. Mitzuteilen sind schließlich zwei bisher nur an entlegenen Stellen veröffentlichte Schriften aus dem Nachlaß von Karl Kraus: eine Glosse und ein Brief.

*

Der Aufsatz *Wenn das Wort ergriffen wird* bildet in der *Fackel* (F 811–819, 112–120) das Mittelstück dreier Artikel unter der gemeinsamen Überschrift *Sprachlehre*. In Heinrich Fischers Ausgabe ist dieser Aufsatz (mit und vor *Subjekt und Prädikat*) zwischen die Reihen *Sprachlehre* (hier: S. 253–270) und *Mißdeutungen* (hier: S. 271–275) gestellt. Die Abhandlung *Subjekt und Prädikat* ist in der *Fackel* vom Oktober 1932 (F 876–844, 147–192) am Schluß des Heftes erschienen – desselben, dem erstmals zu entnehmen ist, daß sich ein Buch mit dem Titel *Die Sprache* in Vorbereitung befinde (U 3). – Beide Aufsätze erscheinen hier im (korrigierten) Satzbild von Heinrich Fischers Neuausgabe.

WENN DAS WORT ERGRIFFEN WIRD

Ganz entartet sind sie, wenn Fremde kommen. Da bewirkt nicht nur der Freudenschock, daß sie sich noch mehr gehen lassen als wenn sie unter sich sind, sondern sie rechnen auch damit, daß jene sie ohnehin nicht verstehen werden, und umsoweniger, wenn sie Deutsch verstehn. Freilich vergessen sie dabei, daß kein Fremder so wenig Deutsch versteht, daß er nicht doch verstünde, wie wenig sie es verstehn. Um da einen Ausgleich herbeizuführen, werden zumal die Reden solcher Ausländer, die die Mission der Völkerverständigung haben, in schlechtem Deutsch wiedergegeben, wodurch schließlich doch das Ziel gefördert wird. Sagt zum Beispiel eine Amerikanerin, um dem Neuen Wiener Journal aus der Verlegenheit zu helfen, die Musik sei die Sprache, die wir alle verstehen und die alle sonstigen Gegensätze überbrückt, so wird ihre Höflichkeit wie folgt formuliert:

Die Kunst s c h e i n t uns a l s das beste Verständigungsmittel zwischen den Völkern.

Die Fremden machen sich also durch gebrochenes Deutsch verständlich, das sie auch perfekt beherrschen, sobald sie nur den Fuß auf Wiener Boden setzen und dessen sie leichter habhaft werden als eines Autos am Westbahnhof. Gleichwohl dürften die Italiener, die beim Fußballmatch unterlagen, gefunden haben, daß ein Satz wie der in der Arbeiter-Zeitung bei ihnen nicht vorkommen könnte:

D a s kommt daher, d a ß diesmal jeder instinktiv gefühlt hat, d a ß es sich hier um mehr gehandelt hat als um ein harmloses Spiel, d a s heute der und morgen j e n e r gewinnt und k e i n e w e i t e r e A u f r e g u n g l o h n t.

Sie würden lieber trachten, einige von den vier »daß« und »das« zu ersparen als das unentbehrliche fünfte, das da lohnt, weil sie das vierte, das gewinnt, als Objekt (Akkusativ) spüren würden, welches nicht zugleich auch als Subjekt (Nominativ) dienen kann. Nein, sprechen würde es der Wiener Schreiber auch nicht, aber wenn er schreibt, so hört er nicht, sondern sieht nur ein »das«, das ihm als ein wahrer Entoutcas-Schirm so entgegengesetzte Bedürfnisse zu decken scheint. Es ist in der Tat am besten, daß die Überbrückung der Gegensätze, nämlich die Völkerverständigung, die in Wien unternommen wird, durch Musik erfolgt, mit der ja alle sich notwendig ergebenden Gesprächspausen ausgefüllt werden.

Ob mit diesem nun schon seit Jahren währenden Tralala, dieser ununterbrochenen Kirmes eines Feiertagslandels, wo das Miserere ein Walzer ist und noch zur Erinnerung an Jubiläen jubiliert wird — ob damit Anleihen zu holen sind, muß sich ja endlich einmal herausstellen. Sicher ist, daß mit dieser sich unaufhörlich selbst besingenden Musik von der Pauvreté der sprachlichen Belange abgelenkt werden kann. Gefährlich sind nur Kongresse, denn da muß doch auch geredet werden, wenngleich nach der Arbeit des Tages wieder gedudelt wird; und was erst herauskommt, wenn es sich um einen Kongreß von Schriftstellern handelt, das hat man gerade jetzt erfahren. Die Leute, die von berufswegen die Sprache nicht beherrschen, bieten da als Festredner keine besondere Überraschung, aber interessant ist, wie im Bannkreis des Schrifttums sogleich auch die Funktionäre, die zur Begrüßung aufwarten, ein noch schlechteres Deutsch sprechen als sie von amtswegen verpflichtet sind. Wobei gerechtermaßen die Möglichkeit eingeräumt sein muß, daß ihre Rede nur in der journalistischen Wiedergabe, die vielleicht ihrerseits der Gelegenheit angepaßt ist, die besondere Unbeholfenheit gewinnt. Aber da man noch nie erlebt hat, daß einer dieser Würdenträger sich gegen das Gestammel, das ihm in den Mund gelegt wird, verwahrt habe, so darf man ihm, wenn schon nicht die Autorschaft, doch getrost die Verantwortung aufbürden. Wie man nur liest, daß da einer nach dem andern vortrat und »das Wort ergriff«, so erschrickt man bereits für das arme Wort, dem es nicht gut ergehen wird. Dem Bundespräsidenten freilich kommt bei solcher Gelegenheit die Gymnasialprofessur (Horn) zugute, so daß er »ein altes römisches geflügeltes Wort variierend« meinte:

So wie man einst sagte, in ihrer Toga hätten s i e Krieg und Frieden verborgen, so möchte ich nun variieren: Sie, meine Damen und Herren, haben in Ihrer Feder Krieg und Frieden verborgen....

Wer waren die »sie«? Doch ausschließlich der römische Abgesandte vor dem zweiten punischen Krieg, den er eben in der Toga hatte, und nicht etwa die damaligen Literaten. Daß Herr Miklas den Damen und Herren vom Pen-Klub so etwas sagte und noch zu dem Kompliment fortsetzte, ihnen sei es »vorbehalten, Völker zum Haß zu entflammen oder aber in Frieden zu versöhnen« — das läßt die Frage offen, wozu eigentlich diese Regierenden auf der Welt sind, wenn sie die vitalsten Interessen der ihnen anvertrauten Völker der außeramtlichen Vertretung überlassen. Daß Herr Miklas »eine ungeheure Achtung vor der Macht der Schriftsteller und Dichter« hat, ist schön von ihm, er meint aber natürlich die Journalisten, welche ja vermöge einer Unverantwortlichkeit, der keine Staatsgewalt entgegenzutreten wagt, wirklich über Krieg und Frieden entscheiden, die nur nicht in ihrer »Feder« verborgen sind, sondern in dem Mechanismus, mit dem sie die Vorstellungsfähigkeit kaputt machen. Die Existenz von Scheinregierungen neben dieser einzigen Machtrealität, die es heute gibt, ist bloß der Spott, den die Völker zum Schaden noch draufkriegen. Was aber Herr Miklas den Damen und Herren vom Pen-Klub gesagt hat — von welchen diese keine Toga und nicht einmal jene eine Feder haben —, ist lediglich das, was es heute noch gibt, weil eben kein Umsturz an den Riten und Rhythmen des Offiziantentums etwas ändern könnte und weil die Blödmacherei eines republikanischen Wesens, das ausschließlich in der Beurlaubung von Kaisern und in der Einklammerung von Adelsprädikaten besteht, nicht mehr gespürt wird. Es ist eben einer der Gemeinplätze, deren Betreten Festrednern gestattet ist, und es »beinhaltet« (ein schönes neudeutsches Wort, das die Weisung auszudrücken scheint, einem solchen gleich das Bein zu halten und nicht den Mund) — es enthält also eine ziemliche Überschätzung des Aktionsradius der Pen-Gemeinschaft, deren Mitglieder doch wohl mehr zu dem Zweck zusammenkommen, ihre Beziehungen zu Verlegern, Theaterdirektoren und insbesondere zu Kritikern, die sie alle nebst Autoren sind, auszubauen und zu vertiefen. Die Ansprüche reduzieren sich da ähnlich wie bei Nestroy: »Na, vielleicht bekomm' ich einen, der mir einige Millionen zu Füßen legt!«, sagt eine Schwärmerin. »Versteht sich, ich bin froh, wenn du einen kriegst, der mir die Kost gibt«, erwidert der praktischere Vater. Der Pen-Kongreß ist eine Zusammenrottung von Leuten, die beim ehrlichsten Bestreben einzelweis doch nicht die Fähigkeit hätten, sich wichtig zu machen, und die unter dem pompösen Vorwand, »das Mißtrauen zwischen den Nationen zu beseitigen«, eher hoffen können, daß es mit dem Mißtrauen gegen die Individuen gelingen werde. Ehedem hat für diesen Zweck die Logenbrüderschaft ausgereicht, doch das pazifistische Ideal offeriert freibleibend noch genug Bruderhände, daß bei den eigentlichen Interessen angetaucht werden kann, und da es sich um eine Unternehmung handelt, die der Presse nahesteht, so wird weder mit offiziellen Ehrungen noch mit den Steuergeldern geknausert, die Regierung und Gemeinde für die Fressereien zur Verfügung stellen. Das Aufreizende liegt nicht in dem immer erneuten Versuch einer Idealisierung von Geschäften, die die Unbeteiligten schädigen, und in der Prellerei einer auf Fremdenfang dressierten Bevölkerung, die immer wieder wähnt, daß die Fremden, die sie gratis bewirtet, auch nur einen herbeilocken werden, der dafür zahlt. Den, der immer wurzend sich bemüht, zur Wurzen zu machen, wäre noch der versöhnliche Ausgang. Aber das Erstaunliche ist das Durchhalten der Weihestimmung, ohne daß das Einverständnis der Auguren sich jemals in dem »Lächeln« verriete, das diesem Wien bei solchen Anlässen als Spezialität der Grazie, als Merkmal seiner Duldsamkeit nachgerühmt wird. Der Stil der Ansprachen verrät in einem Grad die Abgenütztheit der Walze, daß man sich fragt, wie lange das Werkel noch vorhalten kann und ob nicht doch einmal der Entschluß reift, die Feste zu unterbrechen, auszuspannen und einen Arbeitstag einzuschalten. Denn wozu dient solches:

> Dann wies Bundespräsident Miklas in seiner Rede auf die außerordentliche Bedeutung Wiens s c h o n als Zentrum der Dichtkunst hin. Er betonte, daß in den Donauländern die deutsche Ilias, als die er das Nibelungenlied bezeichnete, entstanden ist und daß h i e r W a l t e r v o n d e r V o g e l w e i d e s i n g e n u n d s a g e n g e l e r n t h a t, ebenso wie h i e r Nestroy, Raimund und viele andere, deren Namen momentan nicht alle zu nennen sind, h i e r gewirkt haben.

Daß der Bundespräsident Miklas so gesprochen hat, glaube ich der Zeitung aufs Wort. Nicht unbegreiflich ist, daß er die Namen momentan nicht alle nennen könnte. Aber zum Zentrum der Dichtkunst ist Wien erst durch seinen Vorgänger Hainisch geworden, dem er vermutlich auch die Information verdankt, daß hier außer diesem auch Walter von der Vogelweide singen und sagen gelernt hat. Das ist eine weitverbreitete Version, die den Fremden im Kampf der Wagen beim Westbahnhof zwischen »Gengan S' füri« und »Fahr zuwi« angeboten wird, die in New York noch nicht den geringsten Eindruck gemacht hat und deren Häufigkeit bisher auch nicht imstande war, ihre Glaubwürdigkeit zu erhöhen. Denn wenn man schon in Gottesnamen es gelten lassen wollte, daß Walter von der Vogelweide (Herr, wenn ich bitten darf!) hier singen gelernt hat — sagen hat er bestimmt wo anders gelernt. Aber nehmen wir selbst an, auch dies wäre der Fall und in einer Vorzeit deutscher Sprachübung möglich gewesen, so bliebe noch immer die hier doch stets aktuelle Frage offen, was wir uns dafür kaufen, und vor allem, was es einer Gegenwart nutzen soll, in der auf eine Art gesagt wird, daß es einfach unsagbar ist. Die Schriftsteller, denen diese Empfehlung Wiens dargeboten wird und auf die auch der Hinweis auf das Nibelungenlied keine aneifernde Wirkung ausüben könnte, wissen am besten, daß dies der wunde Punkt in ihrem Berufsleben ist. Und die Festredner beweisen auf der Stelle, wie es mit dem Sagen hapert. Nach dem Bundespräsidenten ergriff der Bürgermeister das Wort und »betonte«:

> daß Wien nicht mit allzu reichen Schätzen aufwarten könnte, e s s e i

d e n n, daß die sprichwörtlich gewordene Wiener Gastfreundlichkeit und Dankbarkeit des Wiener Publikums dem internationalen Schrifttum gegenüber g e n ü g e.

Das ist mehr als genug, weil

es sei denn mit der Gastfreundlichkeit und Dankbarkeit des Wiener Publikums

genügen würde, oder

es muß die Gastfreundlichkeit .... genügen.

In »es sei denn« ist nämlich die Genüge schon enthalten, es sei denn, daß diese Wendung nicht als Formel der Beschränkung gedacht wäre, sondern als der Hauptsatz: »So sei es denn«. (Auch die Absonderung ins Figürliche: der im uneigentlichen Sinne gedachten eigentlichen Schätze, läßt keinen Spielraum; die Genugtuung ist verbraucht.) Ferner ist offenbar nicht gemeint, daß die Dankbarkeit »gegenüber« dem Schrifttum, sondern dem Schrifttum genügen soll. Schließlich wäre zu sagen, daß die Wiener Gastfreundlichkeit, wenn sie eh' schon sprichwörtlich geworden ist, nicht mehr zitiert werden muß. Immerhin war es gut, daß ein Vortrag der Wiener Sängerknaben die eindrucksvolle Feier beendet hat, denn die haben bestimmt hier singen gelernt.

Was aber Präsident Salten vorher gesagt hatte, wurde am nächsten Tage nachgetragen. Er, der doch zu vielem fähig ist, gab bescheiden zu, er sei damals in Oslo »nicht fähig gewesen, ein Loblied auf Wien anzustimmen«

so wenig wie ein Mann imstande ist, seine Frau oder seine Kinder vor den Leuten anzupreisen.

Die entstehende Scharte wird in diesem Fall so ausgewetzt, daß nachdem Herr Salten über sämtliche Darsteller von »Leinen aus Irland« mit Ausnahme einer einzigen Darstellerin referiert hat, Korreferent Wertheimer einen Absatz nachträgt, dessen positiver Inhalt für den Referenten natürlich eine angenehme Überraschung bildet (denn jener hätte das Kind doch auch tadeln können). Ganz wie Vater Korngold das Loblied auf den Seinigen vor den Leuten taktvoller Weise dem objektiveren Herrn Reitler anver-

traut. Und ebenso überläßt Salten es den anderen Festrednern, die vielleicht in Wien nicht so zuhause sind wie er,
seine Stadt anzupreisen. Der Präsident des Pen-Clubs, der
als Autor der »Josefine Mutzenbacher« Wien bis in die
enteren Gründe kennt, gibt für seine Zurückhaltung einen
Grund an, in dem sich diese Autorschaft doch nicht ganz verleugnen kann:

Das wäre mir wie Exhibitionismus erschienen.

Dieser krankhafte Trieb in Bezug auf Wien haftet nun bekanntlich den meisten Wienern an, ohne sie leider mit dem
Strafgesetz in Konflikt zu bringen, ja sie scheuen sogar nicht
davor zurück, wenn sie vor den Fremden die Vorzüge ent-
blößen, darauf hinzuweisen, daß auch ihr Muatterl eine
Wienerin war. Salten, der solches Tun verschmäht, indem
er überzeugt ist, daß die Fremden schon von selbst dahinter
kommen werden, macht das so:

War ich in Oslo durch begreifliche Hemmungen gebunden

(die Mutzenbacher wird jetzt neu aufgelegt)

etwas über Wien zu sagen, so bin ich jetzt, da Ihre Blicke
auf dieser Stadt ruhen, ebenso begreiflicher Weise jedes
Wortes enthoben.

Jetzt kann er im Gegenteil offen bekennen:

Wir haben Sie mit Absicht hier in diesem Saale versammelt, bevor wir
unsere gemeinsame Arbeit beginnen.

Der Saal ist nämlich der Kuppelsaal des Belvedere. In Oslo
habe er gemeint, die Pen-Leute müßten zu den Mißhandel-
ten kommen, jetzt aber sage er, daß es nur die halbe Wahrheit war:

Das Lächeln, das Sie hier empfängt, ist echt. Es ist ein un-
zerstörbares Lächeln. Es war immer schon da, in glän-
zenden Jahrhunderten und in schweren Zeiten.

Ob man da bloß an »Madame l'Archiduc« zu denken hat,
wo für den Empfang das Lächeln vorgeschrieben wird?
Oder auch an den Hamlet, der sich's niederschreiben will,
daß einer es immer tun kann und dabei doch dem Bekessy

Dienste leisten? Und das Lächeln zeigte sich nicht auf den Gesichtern solcher Anwesenden, die einigermaßen informiert sind? Herr Galsworthy, der ja dem Salten ein Vorwort geschrieben hat, scheint nicht zu diesen zu gehören. Er wollte das unzerstörbare Lächeln, das ihn hier empfangen hatte, zum Abschied noch auf dem Gesicht der Grete (v.) Urbanitzky erkennen, der er schrieb:

Das Lächeln auf Ihrem Gesicht an Stelle der Ermüdung wird für mich immer eine(r) der angenehmsten und anregendsten Erinnerungen an den Wiener Penklubkongreß sein. N u r M u t! ... Ich küsse Ihre Hand und bin Ihr Galsworthy.

Wozu die Urbanitzky Mut braucht, ist nicht so ersichtlich wie die Anregbarkeit Galsworthys. Dabei hat alles in Wien gelächelt, nur er nicht. Er blieb sogar bei den Worten ernst, die er selber beim Abschiedsbankett sprach, bei dem Schubert seine Schuldigkeit tun mußte, und die Phantasie Galsworthys Nahrung erhielt. Zunächst meinte er, er beuge sich vor Wien, dessen Artigkeit und sonstige Qualitäten mit Gold nicht aufzuwiegen seien und weit erhaben über Reichtum und so irdische Sachen. Was wieder sehr an Nestroy erinnert, der einen Dankbaren zu seinem Retter sagen läßt, Geld sei eine Sache, die einen Mann von solcher Denkungsart nur beleidigen würde, und es heiße den Wert seiner Tat verkennen, wenn man sie durch eine Summe aufwiegen wollte. (Worauf jener Titus, dem der Wiener aufs Haar gleicht, anerkennend bemerkt: »Der Marquis hat ein Zartgefühl — wenn er ein schundiger Kerl wär', hätt' ich g'rad 's nämliche davon«.) Galsworthy, weit entfernt, zu lächeln, überließ sich nun völlig der Rührung im Kreise der Mitstrebenden, die er — ich weiß nicht, ob auf deutsch oder nach einer Übersetzung von Trebitsch — folgendermaßen angesprochen haben soll:

W i r w a r e n e i n T r a u m, nun aber sind wir Wirklichkeit geworden. Wie ein B a u m wachsen wir bei Regen und Sonnenschein. D i e V ö g e l i n d e r L u f t s e t z e n s i c h a u f u n s e r e Z w e i g e und singen zweiundvierzig verschiedene Lieder, ohne einander doch je nicht zu verstehen. Oder, u m e i n a n d e r e s, w e n i g e r d i c h - t e r i s c h e s G l e i c h n i s z u w ä h l e n, w i r s i n d e i n e A n -

steckung — nicht der Krankheit, sondern der Gesundheit. Wir sind der Baum, aus welchem sich eine Epidemie guter Gesinnung über alle Welt verbreiten wird.

Die Vögel in der Luft, die sich auf die Zweige des Pen-Clubs setzen, der aus einem Traum ein Baum geworden ist, und die einverständlich in nicht weniger als zweiundvierzig Sprachen singen, würden gewiß auseinanderfliegen, wenn ich mich ehedem, der Einladung folgend, als Walter von der Vogelscheuche dort etabliert hätte. Aber das weniger dichterische Gleichnis, mit dem der Redner das Milieu des Pen-Clubs mit dem Standardwerk seines Präsidenten verknüpft hat, wurde von der Neuen Freien Presse in Sperrdruck gebracht. Keineswegs um die Metapher des Baumes, aus dem sich eine Epidemie verbreitet, ins rechte Licht zu rücken. Nein, der arme Wirrkopf, der den Leitartikel schreibt und Titelparolen ausgibt wie »Laßt die Waffen verrosten!« und »Laßt die auswärtige Politik aus dem Spiele!« (so zwischen: »Nehmet Holz vom Fichtenstamme« und »Gebts Ruh!«) — der arme Teufel stellte fest:

John Galsworthy hat gestern im Pen-Club eine Ansprache gehalten, die jedem Zuhörer ans Herz griff.

Ich weiß nicht, ob die Metaphorik des Herrn Galsworthy über den Interessenkreis des Zsolnay-Verlages hinaus trägt und ob seine Phantasie nicht erst durch den Umgang mit Wiener Pen-Brüdern zugenommen hat, zu dem er vielleicht ahnungslos gelangt ist und der seinem geistigen Bild wohl Eintrag tut. Wenn sich aber die Vögel in der Luft auf so ansteckenden Bäumen niederlassen und dort singen und sagen können, haben sie es sich selbst zuzuschreiben. Dem Neuen Wiener Tagblatt zufolge hätten sie zur Galsworthy-Feier, die den Kongreß eingeleitet hat, keinen Platz mehr gefunden, denn:

Das geistige Wien war reichlich vertreten, die Anhänger des Dichters drängten zu den Abendkassen, um vergeblich noch Einlaß zu verlangen....

Verglichen mit dieser Zweckhandlung war der Plan Goethes, der im Wald so für sich hinging und nichts zu suchen im Sinn hatte, die reine Schwärmerei. Aber daß die Anhänger des Dichters auch erreichten, was sie angestrebt haben, ist aus dem Grunde kein Wunder, weil man die Freikarten nach dem Telephonbuch ausgegeben hatte. Eine positivere Errungenschaft des Pen-Kongresses dürfte nebst den Gelegenheiten, wo wir, Champagner zu schlürfen, nicht nur haben zuschaun, sondern auch bezahlen dürfen, und nebst einem Tee bei Schneiderhan, an dem wir gleichfalls nicht unbeteiligt waren, der Antrag gebildet haben, die Schutzfrist der Autoren auf fünfzig Jahre auszudehnen. Eine sozialpolitische Tat, die nicht nur die Interessen der Hinterbliebenen wahrnimmt, sondern wodurch auch die Schutzfrist der Leserschaft gegen die Autoren des Pen-Clubs prolongiert wird. Sie würde zugleich zu der Lösung des Sprachproblems beitragen, das mir von Kind auf der Genitiv in jener Mahnung bedeutet hat, wonach Anlagen dem Schutze des Publikums empfohlen sind.

SUBJEKT UND PRÄDIKAT

Wie alles, was zur »Sprachlehre« gehört, und mehr als alles andere, bietet diese Untersuchung die Aussicht einer Mühsal zu keinem größern, keinem geringeren Ergebnis als dem des Einblicks in eine Unbegrenztheit von Beziehungen, die das Wort, und das kleinste unserer Sprache, durchzuleben vermag. Also einer Ahnung davon, daß es in jeder Form seines mechanischen Gebrauchs ein Organismus sei, umgeben und gehalten vom Leben des Geistes. Die Berührung dieses Geheimnisses — und möchte es am Ende die Klärung einbeziehen und würde Bewiesenes erst problematisch —: sie eröffnet den Zugang in ein Wirken der Sprache, das denen, die sie sprechen, bis nun verschlossen war; und hätte man vergebens nachgedacht, so wäre dies der Gewinn. Wie vor allem, was zur Sprachlehre gehört, muß sich der Leser entscheiden, einer zu sein, dem solches die Mühsal lohnt, oder es nicht zu sein.

Es

»Von diesem Wörtchen, welches im Deutschen von einem überaus großen Gebrauche ist« (wie Adelung sagt), wäre immer noch mehr zu sagen: zu dem, was dem Leser von jener Abhandlung zur »Sprachlehre« (1921) im Gedächtnis geblieben ist oder was er zu leichterer Erfassung des nun Folgenden nachholen müßte. »Es« hat sich dort um den Nachweis gehandelt (in solcher Fügung — wie in eben dieser — ist »es« wohl auch dem Grammatiker klar): daß die Schablone den Subjektcharakter des Wörtchens in Fällen wie »Es werde Licht!« verkenne, indem sie ihm auch hier bloß die Bedeutung oder Nichtbedeutung eines »dem Subjekt vorangestellten Es« anweist.

Wenn nun dieses führende und nicht bloß vorangehende »Es« in seine Rechte eingesetzt ist, und wenn der Grammatiker zugäbe:

Es geht mir ein Licht auf

so wäre dies freilich nicht der Fall, sofern er glaubte, »Es«

394

spiele hier dieselbe Rolle. Es wäre das Chaos, das wüste Gewirr, das Tohuwabohu, das dem Lichtwerden bekanntlich »vorangeht«. (Während »es« wieder in solchem Satz — wie in eben diesem — als unverkennbares Subjekt einen Gedanken fortsetzt: eine Bestimmung, die auch die Grammatiker nicht leugnen.) Der gewissenhafte Sammler und oft feinfühlige Korrektor Sanders aber ist tatsächlich der Ahnungslosigkeit schuldig, das Licht-Beispiel mit dem Fall »Es zogen drei Burschen« in eine Kategorie zu rücken und das »Es« dort wie hier für einen »Hinweis auf das erst nachfolgende Subjekt« zu halten. Untersuchen wir zur Erfassung des himmelweiten Unterschiedes einige geflügelte oder stehende Redensarten. (Das unverkennbare und anerkannte Subjekt fortsetzender Art bleibe aus dem Spiel.) Die Position des »Es« — also: ob es bloß auf ein Subjekt hinweist oder ein solches selbst schon ist — wird daran ersichtlich werden, ob die Aussage auch ohne das »Es« Subjekt und Prädikat enthielte: da tritt es wohl voran, aber nicht hervor; oder ob sie ohne das »Es« nicht möglich wäre, weil eben von ihm als dem Subjekt etwas ausgesagt, eben sein Inhalt prädikativ entwickelt wird: da tritt es nicht bloß voran, sondern auch hervor. Eine auch ohne das »Es« vollständige Aussage bieten die Beispiele:

Es irrt der Mensch, solang' er strebt
Es erben sich Gesetz und Rechte ...
Es ist ihr ewig Weh und Ach .... zu kurieren
Es kann die Spur .... nicht in Äonen untergehn
Es bildet ein Talent sich in der Stille
Es wächst der Mensch mit seinen größern Zwecken
Es liebt die Welt das Strahlende zu schwärzen
Es führt kein andrer Weg nach Küßnacht
Es lebt kein Schurk' im ganzen Dänemark, der nicht ....
Es wandelt niemand ungestraft unter Palmen
Es war einmal ein König
Es lebe der König
Es möchte kein Hund so länger leben

Hier folgt tatsächlich das Subjekt nach. In vielen dieser Fälle hat freilich die Voranstellung des »Es« ihre gedankliche und dichterische Funktion einer Vorbereitung. In ihm kündigt sich das Subjekt an; es ist an diesem beteiligt. Besonders »Es war einmal ein König« wäre durch die Aussage »Ein König war einmal« nicht ersetzt: erst aus der Zeit hat er hervorzugehen. Am gewichtlosesten in »Es lebe der König«, bedeutet es wieder ein förmliches Zeremoniell der Ranganweisung in:

Es soll der Sänger mit dem König gehen

(wie anstatt »Drum soll« füglich zitiert wird. »Der Sänger soll« wäre eine Zurechtweisung des Subjekts, das nicht will). Ganz dichterisch — wie es aber die Umgangssprache gleich dem Dichter der »Wacht am Rhein« trifft — ist es auch in:

Es braust ein Ruf ....

indem hier das Brausen zuerst gehört wird, das Prädikat vor dem Subjekt (das dann zum Donnerhall wächst). Auch in der österreichischen Nationalhymne:

Es wird ein Wein sein und wir wer'n nimmer sein

indem hier die Unvergänglichkeit vor dem Gegenstand selbst empfunden wird. Ähnlich betont erscheint die Vergänglichkeit in:

Es gibt keinen Wein mehr.

In dieser Aussage oder Absage ist nun eigentlich überhaupt kein Subjekt enthalten, es versteckt sich (wohlweislich); ganz offen tritt es aber hervor in:

Wenn sich der Most auch ganz absurd gebärdet,
E s gibt zuletzt doch noch 'nen Wein.

Reines Subjekt (fast eines der fortsetzenden Art), Zusammenfassung des Sichgebärdens, eigentlich »er« selbst, der Most. »Wein« ist das Objekt, das es geben, nämlich e r - g e b e n wird. Hieße es: »Es ist zuletzt doch noch ein Wein«, so wäre dieser das Prädikat. (Das Ding stellt sich als Wein heraus.) In: »Es ist zuletzt ein Wein vorhanden« wäre er jedoch das Subjekt, wie in »Es wird ein Wein sein...«. Wenn es aber statt dessen hieße: »Es wird einen Wein geben« (nicht: ergeben), wäre er nur scheinbar Objekt (nicht verwandelbar in: gegeben werden), in Wahrheit ein umschriebenes Subjekt (er wird vorhanden sein).

Ohne das »Es« nun wäre die Aussage nicht möglich, weil eben von ihm als dem Subjekt etwas ausgesagt wird, in Fällen wie:

Es war die Nachtigall und nicht die Lerche.

Was da sang und was wir hörten.

Es ist ein Traum.

Oder

Weil es doch nur ein Traum ist.

Was wir da erleben.

Behüt' dich Gott! es wär' zu schön gewesen,
Behüt' dich Gott, es hat nicht sollen sein.

Was nicht erlebt wurde. (Hier aber vielleicht einfach fortsetzender Art.)

Es ist Arznei, nicht Gift, was ich dir reiche.

Eben dieses. Der Relativsatz ist das Subjekt, vorweggenommen als das gereichte »Es« (Es, das ich...). Arznei und Gift sind Prädikat. (Was ich dir reiche, ist...) So auch:

Es tut mir lang' schon weh,
Daß ich dich in der Gesellschaft seh'.

Eben das tut ihr weh.

Der Bedeutungswechsel tritt klar hervor zwischen:

Es sind viele Stunden her

und

Es waren schöne Stunden.

Beidemal bewirkt das plurale Hauptwort den Plural des Zeitworts. Gleichwohl ist jenes nur im ersten Fall Subjekt, im zweiten jedoch Prädikat. Das Subjekt-Es ist unverkennbar in:

Es ist spät

oder

Wie spät ist es?

Keineswegs tritt »es« jedoch zurück in:

Es regnet.

(Der Wiener Greuelscherz »Sie regnet« spürt das Subjekt
der Tätigkeit: die Natur.)

Es ist ein Unterschied

zwischen »il pleut« und dem es-losen »vive le roi«. Wer
wollte aber das Subjekt in dieser Feststellung verkennen
und meinen, der »Unterschied« sei es? Nein, er ist es nur
in dem soeben Gesagten, oben jedoch ist es: Es. (Das eben
ist der Unterschied, um den »es« sich handelt — und hier,
im Relativsatz, ist »es« das Subjekt.) Und nicht anders in:

Es muß doch Frühling werden.

Nämlich, das, was nicht ausgedrückt, aber groß vorhanden
ist: die Gottesschöpfung. (In dem Gedicht »Nächtliche Stunde«
trägt es, eben »es«, dreimal das Erlebnis: Tag, Frühling,
Tod.) In solchen Fällen nun und ausdrücklich für:

Es tagt

wird es — für die Kategorie der »unpersönlichen Zeitwörter« — von den Grammatikern anerkannt. Wie könnte es
dann aber in:

Es wird Tag

etwas anderes, geringeres sein? (Tagt Es ihnen da nicht?)
Nur das Prädikat ist verwandelt, doch ganz unzweifelhaft
besteht das Subjekt »Es«. Wie in jenem »Es will Abend
werden«, das einst der Anfangspunkt der Untersuchung
war. Und wie in der Metapher:

Es ist noch nicht aller Tage Abend

(= Dieses scheinbare Ende ist noch nicht das Ende.) Und in
dem ungeheuren kleinen Wort:

Es ist vollbracht.

Fällt »Es« einem nicht »wie Schuppen von den Augen«? Zu
dem Problem könnte — nach späterer mosaischer Quelle —
nur gesagt werden:

Es ist eine alte Geschichte,
Doch bleibt sie immer neu.

Und hoffentlich sagen sie nun nicht mehr:

Ich weiß nicht, was soll es bedeuten.

Wenn trotzdem, so gilt freilich:

Es muß auch solche Käuze geben.

Das bestätigt Sanders, da er kurioser Weise gerade in dieser Einräumung dem »Es« den Subjektcharakter zuerkennt, indem er es für dasselbe wie in »Es regnet«, »Es donnert« u. dgl. hält. In einem Abschnitt, der mir bisher entgangen war und der eben die »unpersönlichen Zeitwörter« behandelt, setzt er tatsächlich, und mit richtigem Gefühl, eine unsichtbare Kraft als den mit »Es« bezeichneten Faktor, dessen Wirksamkeit er in »Es werde Licht« verkannt hat. Dort geht er nun in der Subjektivierung so weit, die »unbekannte Macht, etwa: das Schicksal« mitwirken zu lassen an einem Fall wie: »Es gibt im Menschenleben Augenblicke«, was natürlich bloß der Verführung durch den Vorstellungsinhalt zuzuschreiben ist. Denn in der Rückverwandlung der so äußerlichen Objektbeziehung in die Aussage: »Es sind im Menschenleben Augenblicke vorhanden« hätte er mit Recht nur das bekannte dem Subjekt vorangestellte »Es« gelten lassen. (Dieses hat etwa in »Es war einmal ein König« weit mehr Anteil an einem Schicksal.) Danach erhöht er es auch für den Fall: »Es gibt solche Menschen«; und, verleitet von der Vorstellung, daß die Menschen, die es gibt, »erschaffen« sind, führt er aus: »Das Unbekannte, die Menschen Schaffende läßt solche entstehen«. Wie offenbar doch hier das Sprachdenken durch die stoffliche Assoziation beeinflußt ist! Begrifflich enthält der Satz nichts anderes als: »Es existieren solche Menschen«, welche eben auch in der Konstruktion »Es gibt« kein reines Objekt, sondern nur das umschriebene Subjekt sind. Die unmögliche Subjektivierung »Es sind solche Menschen gegeben« belehrt über den Inhalt des »gibt«, welches kein Schaffen bedeutet. Der Trugschluß führt aber noch zu der Deutung des Zitats der Käuze: daß »das Allwaltende auch solche haben will«. Also wäre es auch an der metaphysischen Auskunft der Köchin beteiligt, daß es Fleisch gibt, wie an dem Bescheid des Kellners, daß es keinen Wein mehr gibt. Wenn dieser

»gegeben« wird, wird er »hergegeben«, woran kein Schöpferwille beteiligt ist. Daß es aber »zuletzt doch noch 'nen gibt«, nämlich: ergibt, müßte gewiß auch der Grammatiker auf eine sehr reale Kraft — eben diejenige, die den Most verwandelt — zurückführen, obschon sie ja gleichfalls der allwaltenden Natur zugehört. Gewiß gibt es Dinge zwischen Himmel und Erde, aber es gibt auch Zeitungen im Kaffeehaus, kein Papier auf der Eisenbahn und manchmal etwas zu lachen. »Es gibt Schläge«, in die Subjektbeziehung übersetzt, heißt keineswegs: »Es werden Schläge gegeben«, wiewohl auch diese Form der Bedeutung entsprechen mag, sondern etwa: »Es sind Schläge zu haben«. Dieses »Es gibt«, ob es nun etwas so Reales oder andere Augenblicke im Menschenleben betrifft, zielt auf kein Objekt, sondern gehört noch immer dem Subjekt zu, dessen »Existieren«, »Vorhandensein« u. dgl. nur umschrieben wird. Ganz anders als bei den eigentlichen »unpersönlichen Zeitwörtern«, für die der Grammatiker mit Recht das »Es« als Subjekt anerkennt und bei denen es als tätiges Element gewiß vorstellbar ist.

Es läutet.

Wer denn sonst als »Es«, wo nichts anderes da ist, bevor ich weiß, daß es er oder sie ist. In »Man läutet« wäre ich schon eher auf die Person gefaßt, während ich dort nur das Läuten wahrnehme. Aber Erlebnis und Ursache sind vereinigt in:

Es läuten die Glocken.

Ein alltägliches, allstündliches Gedicht. Der akustische Eindruck geht voran. (Der Glockengießer oder der Volksschüler sagt aus: Die Glocken läuten). Es ist, wie in vielen Zitaten, eine Mischform: das »Es« als die primäre Wahrnehmung dem Subjektcharakter angenähert, das Subjekt »Glocken« entrückt, erst durch das Bewußtsein vermittelt. (Dichterische Funktion wie in den Märchenfällen »Es war einmal...« oder etwa auch in der schönen Fassung: »Es bildet ein Talent sich in der Stille...«, die eben mehr als die Aussage bedeutet, daß sich ein Talent in der Stille bildet.)

Das nächste Stadium wäre:

Es war ein Mann, nehmt alles nur in allem....

Hier ist schon nicht »Mann« das Subjekt, sondern »Es«: Dieser Mann war ein Mann; darum sinngemäß zitiert: »Er war ein Mann....« (Nicht zu verwechseln mit:

Es war einmal ein Mann.)

Anders dagegen und schwieriger:

Es ist nicht alles Gold, was glänzt.

Subjekt ist nicht »Es«, sondern: alles was glänzt, Prädikat: Gold. Leichter der Trost:

Es muß ja nicht alles von Gold sein....

Subjekt: alles.

Womit wir beim Sprachphilosophen Karl Vossler angelangt wären. Er unterscheidet »grammatische und psychologische Sprachformen« und hat damit, ob nun die Einteilung von ihm oder von Gabelentz sein mag (der sie noch weniger erfaßt zu haben scheint), zweifellos recht. Aber die Erkenntnis eines »psychologischen Subjekts« sollte hinreichen zu der Bestimmung, daß es eben auch das grammatische sei, und nicht den Grammatikern die Freiheit lassen, es zu verkennen und das Prädikat dafür zu halten. Über das »Es«-Problem, das der eigentliche Ausgangspunkt wäre, um vom Psychischen her die Äußerlichkeit und Fehlerhaftigkeit der grammatikalischen Schablone nachzuweisen, hat sich Vossler (»Gesammelte Aufsätze zur Sprachphilosophie«, 1923) keine Gedanken gemacht. Er ist in einer seiner Betrachtungen — die nach Angabe des Vorworts schon 1910 bis 1919 im »Logos« erschienen sind und die ich vor meiner Betrachtung des »Es« (1921) nicht gekannt habe — dem Problem nahegekommen, ohne es zu berühren:

Wenn Uhland seinen Prolog zum »Herzog Ernst von Schwaben« beginnt: »Ein ernstes Spiel wird euch vorübergehn...«, so kommt der Grammatiker und zeigt, wie hier »ein ernstes Spiel« das Subjekt und »wird ... vorübergehn« das Prädikat ist. Denn nach seinem hergebrachten Grammatiker-Leisten fragt er: Wer oder was wird euch vorübergehn? — und antwortet: ein ernstes Spiel, welches demnach das

Subjekt des Vorübergehens ist. So hat es aber Uhland nicht g e - m e i n t. Uhland fragt und antwortet ja gar nicht, sondern kündigt uns an, daß das zu Erwartende, das an uns vorüberziehen wird, den Charakter eines ernsten Spiels trägt. »Wird euch vorübergehn« gilt in s e i n e r Meinung als Subjekt, wozu ein ernstes Spiel das psychologische Prädikat ist. Man kann sich davon am besten überzeugen, wenn man den Uhlandschen Vers in eine möglichst verstandesmäßige Sprachform, etwa in französische Prosa, übersetzt: Ce qui va passer devant vous est une tragédie.

Das Fehlen des *se* hat wohl nicht der Romanist, sondern der Drucker verschuldet. Aber der Gedanke ist wichtig durch das, was im Wesentlichen fehlt. Zur Not wäre nämlich vorstellbar, daß auch in deutscher Prosa gesetzt sein könnte: Was an euch vorüberziehen wird, ist ein ernstes Spiel; aber zu sagen ist, daß der französische Prosasatz nicht bloß verstandesmäßig, sondern auch dichterisch den Uhlandschen Vers übertrifft, wenn der Dichter ein »ernstes Spiel« aus dem Moment der Ankündigung hervortreten lassen wollte. Denn ein Vers kulminiert im Pathos des Ausgangs und somit wird »ein ernstes Spiel« entwertet, betont jedoch, daß es »vorübergehn« wird: als etwas Flüchtiges, wie ein Zeitvertreib, mithin ganz widersprechend seinem Charakter. Gemeint ist: Was nun kommt, ist ein ernstes Spiel; die Verskraft aber fördert das Gegenteil: Laßt euch durch die Bezeichnung »ernstes Spiel« (etwa auf dem Theaterzettel) nicht irre machen, es wird v o r ü b e r g e h n wie eine Posse. »Vorübergehn« erhält im Vers den Hauptton, der eben dem Wortinhalt gemäß die Vorstellung von etwas anschlägt, was nicht und wobei man nicht verweilt. Das Ungewichtige, das eben nicht »gemeint« war, erlangt Gewicht. Aber ganz recht hat Vossler mit seiner Deutung dessen, was Uhland im Gegenteil gemeint hat: das, was jetzt kommen wird, ist ein ernstes Spiel. Natürlich »fragt und antwortet« der Dichter nicht. Doch der Grammatiker tut es mit Recht, und er könnte, wenn er hier Subjekt und Prädikat so richtig wie Vossler nachwiese, füglich fragen und antworten: »Was ist ein ernstes Spiel? Was euch vorübergehn wird«.

Hier gelangt man zum »Es«, welchem ich auf logischpsychologischem Wege den Subjektcharakter zugesprochen habe. Denn in der Wendung:

Es ist ein ernstes Spiel, was euch vorübergehn wird

ist die Funktion des »Es« nicht bloß als eines Vorläufers, sondern als Stellvertreters für das Subjekt (»was.. wird«), und somit die eigene Subjekthaftigkeit erkennbar. Der es erkannt hat, war seiner richtigen Entscheidung, logisch und sprachfühlend, nicht gewachsen.

Es ist der Vater...

In einer Polemik gegen H. Paul, der dem Fragepronomen (Wer hat...?) mit Recht den Charakter des Prädikats zuerkennt, führt er aus:

Dies mag für das Pronomen der i n f o r m a t i v e n Frage i m a l l - g e m e i n e n zutreffen, z. B. »Wer hat diesen Krug zerbrochen?«, denn hier kann man zerlegen: »Der diesen Krug zerbrochen hat« (psychologisches Subjekt), »wer ist es?« (psychologisches Prädikat).

Ohne Frage; denn diese steht nur für: »ist der X«. Aber das »informative« Moment ist kein verläßliches Kriterium, wie sich zeigen wird, und könnte gerade aus dem Gesichtspunkt Vosslers auf die gegenteilige Möglichkeit weisen. Man sieht also zunächst nur einen zerbrochenen Krug, keinen Täter. Es soll nicht von einem ausgesagt werden, daß er den Krug zerbrochen habe, sondern es soll von einem, der es getan hat, ausgesagt werden, wer er sei. (Ganz wie von dem, »was euch vorübergehen wird«: daß es ein ernstes Spiel sei.) Die Information ergibt: »Der den Krug zerbrochen hat, ist X.« Dieser ist das Prädikat, und er bleibt es zunächst auch noch, wenn ich abschließend sage: »X. ist (also) der, der den Krug zerbrochen hat«. Selbst in dem Geständnis der Antwort

Ich habe den Krug zerbrochen

ist »Ich« das Prädikat: »Der den Krug zerbrochen hat, das bin i c h«. Wenn freilich das Verhör einen kleinen Umkreis betrifft — ein Vater, der nebst dem zerbrochenen Krug zwei Jungen vor sich hat —, so wird es schon schwerer sein, den

Charakter des Subjekts nicht dem »Wer« beizulegen (Einer von euch hat ....). Vollends, wenn es eine strafende Frage ist, die einen einzigen betrifft: We r hat ...! (Rufzeichen statt des Fragezeichens) = Du hast ... Gleichwohl würde ich für Frage, Antwort oder Feststellung, den Wechsel zugunsten des psychologischen Moments, den Vossler richtig erkannt hat, gelten lassen: solange der Täter vor der Person steht, und bis irgendeinmal, jenseits der Untersuchung, von der Person ausgesagt wird, daß sie der Täter sei. Aber Vossler ist der Meinung, daß bei Fragen, die »die Antwort in sich« haben, der Wechsel nicht stattfinde. Dann könnte das Beispiel vom Krug zerbrechlich sein. Er wählt nun eines, wo nach seiner Meinung die Frage überhaupt keine ist: eines, wo im Gegensatz zu jenem Fall »Wer« darum als Subjekt aufzufassen sei, weil es sich um eine »rednerische Frage« handle. Es wird sich zeigen, was ein Sprachphilosoph unter einer solchen versteht, welchen Fall er für eine solche hält; und wenn er glaubt, der Fall sei der logischen Entscheidung entrückt, so wird es sich herausstellen, daß er selbst von ihr entfernt war:

> Bei der bewegten und r e d n e r i s c h e n Frage aber, die k e i n e bestimmte Adresse hat und i h r e A n t w o r t i n s i c h selbst birgt, wäre e i n e s o l c h e Z e r l e g u n g sinnlos.

> Wer reitet so spät durch Nacht und Wind?
> Es ist der Vater mit seinem Kind.

Goethe fragt ja nicht deshalb, weil er wissen will, wer der Reiter ist; e r f r a g t e i g e n t l i c h g a r n i c h t, sondern von einem n o c h d u n k l e n S u b j e k t e »w e r«, das ein Vater mit seinem Kinde ist, erzählt er eine ahnungsvolle Geschichte. An Stelle des »wer?« könnte man, ohne die seelische Grundmeinung zu verfälschen, e i n h i n - w e i s e n d e s »d e r« setzen und das F r a g e z e i c h e n w e g n e h - m e n. Dann wäre zwar die grammatische, aber nicht die psychologische Kategorie verstümmelt.

Wieso die grammatische Kategorie, die der Grammatiker in dem Subjekt »der« doch erst recht bejahte, ist nicht klar, aber die psychologische wäre verstümmelt und mit ihr das Gedicht. Selbst wenn hier das »informative« Moment fehlte, und gerade weil es fehlt, wäre, ganz wie beim zerbrochenen

Krug, und noch mehr, die Zerlegung des Falles in den Handelnden und die noch unsichtbare Person möglich. Denn die Goethesche Frage ist im sprachlichen Erlebnis, also jenseits der Sphäre einer realen Untersuchung, ganz so eine Frage wie die nach jenem Täter. Eine »bewegte« Frage ist sie gewiß, eine »rednerische« keineswegs, wiewohl sie »keine bestimmte Adresse hat«, ja ihr die Beantwortung durch den, der sie gestellt hat, auf dem Fuße folgt. Nehmen wir getrost an, daß der Dichter niemanden frage und sich nach nichts erkundigen wolle: was jedoch sieht er zunächst und was will er uns vorstellen? Wie dort nur ein Krugzerbrecher vorhanden ist, aber noch keine Person, so ist hier zunächst nur etwas vorhanden, was durch Nacht und Wind reitet, noch weit mehr unerkannt, als was dort verborgen ist. (Mag auch der Dichter vor uns »wissen«, wer es sei; er tut eben, als wüßte er's noch nicht.) Die Erscheinung eines Reitenden, der Reiter, wird sich allmählich — denn Nacht und Wind sind vorgelagert — als der Vater mit seinem Kind herausstellen. Bis dahin bleibt sie »fraglich«. Und mit umso mehr Grund, je mehr man den Fall vom Realen entfernt und im Gebiet der Vision beläßt, tritt die Erforschungsfrage ein, und sie läßt sich »zerlegen«: Der so spät Reitende (psychologisches Subjekt), wer ist es? (psychologisches Prädikat). Oder gemäß dem Grammatiker-Schema: »Wer oder was ist der Reitende?« Antwort: »Wer«. (Und nicht, wie der Grammatiker es verwenden würde: »Wer oder was ist Wer? Der Reitende«.) Ebenso für die Antwort im Gedicht: »Wer oder was ist Es?« »Der Vater« (Und nicht: »Wer oder was ist der Vater? Es.«) Die Frage im Gedicht stellt den »Wer« als reines Prädikat heraus. Ein »dunkles Subjekt« ist auch der Krugzerbrecher, auch er wird sich bald in einen und weit klareren »der« (mit Ruf- statt Fragezeichen) verwandeln, während beim Reitenden das Dunkel die bleibende Sphäre bildet, an die sich keine rednerische, jedoch eine d i c h t e r i s c h e F r a g e knüpft, die ganz gewiß eine »eigentliche«, ja die eigentlichste von allen Fragen ist. Der rationalistischen Äußerlichkeit, mit der Vossler diesen Fall begreift, kann nur eine Verwechslung mit dem Subjekt-Wer in den Fällen zugrundeliegen, wo tatsächlich die rhetorische Frage vorhanden ist, welche auch dann nur die Umschreibung für eine nüchterne Aussage bleibt, wenn sie versifiziert ist, und der allerdings das Fragezeichen weggenommen und durch ein Rufzeichen ersetzt werden kann:

Wer zählt die Völker, nennt die Namen...?

Niemand.

Wer wird nicht einen Klopstock loben...?

Jeder. Ebenso in einem Jargon, wo mit der Frage geantwortet wird (»Wer d e n n soll...!«, »No w e r wird schon...!« oder »Was s a g t man!«) Obgleich man in ähnlichen Fällen wieder schwanken könnte. Etwa wenn ein soeben Vorausgesagtes eintrifft und man nun fragend feststellte:

W a s hab' ich dir gesagt?

Gewiß nur eine rednerische Umschreibung für »das« (wie bei jener strafenden Frage: W e r hat...!); gleichwohl wäre es möglich, das Gesagte als psychologisches Subjekt und das grammatische Objekt »Was« (oder eben »das«) als Prädikat zu denken, wie dieses im Französischen hervortritt, als wollte es eine reine Frage einleiten:

Qu'est-ce que je te disais?

(Gedacht wäre: Das dir Gesagte ist Das, nämlich das eben Geschehene.) Unverkennbar ist das Frageworte ein Prädikat in:

Wer wagt es, Rittersmann oder Knapp...?

Der zu tauchen wagt, sei er Rittersmann oder Knapp, wer ist es?

Wer hat Amerika entdeckt?

Vossler bleibe getrost bei seiner Unterscheidung, die ihn berechtigt, hier »Wer« ganz so für das Prädikat zu halten wie die Antwort »Columbus«; welcher dagegen Subjekt wird, wenn von ihm biographisch ausgesagt wird, daß er Amerika entdeckt hat. Auch beim zerbrochenen Krug verwandelt sich der eruierte Wer in ein solches, wenn die Aussage einmal Beichte oder Leumund wird; wenn er der wird, der b e k e n n t (nicht nur g e s t e h t: denn da ist er noch Prädikat) oder dem n a c h g e s a g t, also von dem als dem Subjekt ausgesagt wird: daß er einen Krug zerbrochen habe.

»Wer ist da?« »Ein Bote!«

Dieser ist Prädikat wie »Wer«, der Daseiende ist Subjekt. Das ganze Problem liegt zwischen Denkinhalten, die so kleinen Raum haben wie diesen:

I c h bin es

und

Ich b i n es.

Jenes: Antwort auf die Frage »Wer ist da?«, dieses: auf die Frage »Bist d u es?«. Dort ist Ich das Prädikat (Der da ist, bin ich). Hier ist Ich das Subjekt (Ich bin der, der da ist). In der ganzen Tirade vom Räuber Jaromir ist »ich« Subjekt. B i n der Räuber Jaromir: ich (Subjekt) bin nichts anderes; die Person stellt sich als der Räuber heraus. (Dagegen wäre es in: »I c h bin der Räuber Jaromir« Prädikat, der Räuber Subjekt: kein anderer ist es; der Räuber stellt sich als die Person heraus.) Ebenso die Bertha von ihm:

Ja, er i s t ' s, der mich gerettet.

Das ergibt durch den Ton im Vers wie durch das »Ja« den Sinn, daß die Person, die da ist, als der Retter erkannt wird: »er« ist Subjekt. (Dagegen wäre in »E r ist's, der mich gerettet« Er Prädikat: er und kein anderer hat mich gerettet; der Retter wird als die Person erkannt.)

»W e r ist er?« »Er ist mein R e t t e r.«

in Frage und Antwort »er« Subjekt. Ebenso:

»Ist er dein R e t t e r?« »E r i s t es.«

Dagegen Prädikat (»Wer« und »Er«):

»W e r ist dein Retter?« »E r ist es.«

Wer so spät durch Nacht und Wind reite, mag keine wirkliche Frage sein und ihr die Antwort auf dem Fuße folgen, aber diese — Vision wie jene! — sagt nichts von einem Vater aus, hingegen von einem »Es«, daß es der Vater sei. Auch ohne die Frage wäre er das Prädikat, »Es« das Subjekt. Uhland »fragt« ja noch weniger als Goethe, aber wenn das Vorübergehende ein ernstes Spiel ist, so kann doch gewiß der Reitende der Vater sein, freilich mit dem Unterschied, daß die Goethesche Darstellung versgerecht ist. Es stellt sich immer heraus, daß das Subjekt zwar den Vordergrund der Vorstellung, aber das Prädikat den Hauptton hat, weshalb der Vers, der ihm diesen vorenthält, ein schlechtes Gedicht ist, vollends, wenn er das Subjekt an den Ausgang rückt, der gemäß der Versnatur auch reimlos den Hochpunkt behauptet. Goethe hat so gedichtet, daß der Vers im Prädikat, worin sich die Erscheinung als die Person herausstellt, gipfelt; Uhland aber: daß euch das ernste Spiel, welches doch den Inhalt des Kommenden bedeuten soll, nicht sehr aufhalten wird. Um den Ernst zu betonen, müßte man den Ausklang des Verses fallen lassen: also gleichsam zum Gipfel hinabsteigen. Durch Gedankenwidrigkeit wurde der Vers erlangt — der Gedanke wird durch Verswidrigkeit vermittelt. Was ausgedrückt werden soll, wäre in der Umstellung versgerecht: »Vorübergehn wird euch ein ernstes Spiel« (oder, da dieses Zeitwort den Nebensinn des Vergänglichen nicht loswird: »Was sich nun abspielt, ist ein ernstes Spiel«).

Was ist Es?

Einst wird kommen der Tag, da...

Hier zeigt die Dichtung den von Vossler richtig erkannten Wechsel von Subjekt und Prädikat, aber auch seine volle Bewältigung im Vers. »Gemeint« ist nicht, daß ein solcher Tag (Subjekt) kommen wird (wie er auch dahingehen oder ausbleiben könnte), sondern daß, was kommen wird, ein solcher Tag (Prädikat) ist; das Einst wird der Tag sein. Dieses spricht der Prophet, jenes würde nur der vorwärts gewendete Historiker aussagen. Was kommen wird (Subjekt), ist der Tag (Prädikat), der den Untergang Trojas bringt, nicht etwa ein Freudentag.

Auch ohne solche begriffliche Ausführung des Prädikatinhalts ist ein Gebilde, das eine Dichtung des Sprachgebrauchs bedeutet, wie:

Es kommt der Abend

ja selbst

Der Abend kommt

beinahe jenes Wechsels teilhaft, indem ja doch nicht von einem bereits vorrätigen Subjekt »der Abend« ausgesagt wird, daß er kommt (weil es seine Eigenschaft ist, zu kommen, wie er auch dahingehen kann), vielmehr daß, was da kommt, der Abend ist (und nicht etwa eine andere Tageszeit). Es wäre mithin eine Vorstufe zu dem reinen Subjekt-Es in »Es wird Abend« oder jenem »Es will Abend werden«, in welchen Fällen man, um zum innern Subjekt zu gelangen, nicht erst wie dort »zerlegen« muß in ein: »Was es wird (oder werden will), ist Abend«. Hierin zeigt sich deutlich das Subjekt-Es, das in dem Subjekt-Relativsatz abermals enthalten ist, während »Es« in »Es kommt der Abend« bloß der vorbereitende Faktor ist, der an die Kraft des Subjekt-Es noch nicht hinanreicht. (In der Zerlegung »Was kommt, ist der Abend« ist »es« verschwunden.)

Zutreffend ist, daß das Französische dem Problem leichter beikommt. Die Logik, ein Irrlicht der Wege deutschen Sprachdenkens, erhellt dort immer und gleichmäßig die Konstruktion. (Weshalb jeder Franzose französisch und jeder Deutsche gebrochen deutsch spricht.) Man beachte, wie sich die Aussage, der die wesentliche Vorstellung im Deutschen erst entschält werden muß, klar vom Prädikat aus oder auf dieses hin gliedert und schon durch das c'est qui oder c'est que jene »Zerlegung« als Resultat bei sich hat:

c'est le savoir-faire qui te manque (Dir fehlt ....) / c'est vous qui les donnez (Sie geben ....) / Ce n'est pas pour vous que nous ferions des façons (Für Sie werden wir keine ....) / ce n'est pas vous qui le ferez changer d'avis (Sie werden nicht ....)

Das letzte bekäme im Deutschen seine Klarheit nur durch Ausführlichkeit: »Sie sind nicht der Mann, der imstande wäre....«

(Musset:) Ah! Ce n'est pas à elle que je demanderais un instant de bonheur; c'est ne pas elle qui me le donnera. (Ihr werde ich keinen...; sie wird mir keinen ....)

Wie oben: »Sie ist nicht die Frau, von der...; sie ist nicht die Frau, die...«. Sogar:

c'est aujourd'hui que le tapissier doit venir toucher sa note (heute soll ....)

Der Gedanke ist ein Heute; es wird nicht vom Tapezierer ausgesagt, daß er heute kommen wird, sondern von seinem Kommen, daß es heute (Prädikat) stattfindet: Begründung dafür, daß Geld vorbereitet sein muß. Immer ist das Prädikat durch das ce herausgehoben und von dem Schein seiner Subjekthaftigkeit abgelöst, die dem Relativsatz zugewiesen wird. Selbst im Titel des Zeitungsberichts:

C'est par jalousie que l'Italien Dalle Ore
tua à Saint-Tropez son compatriote Garonne

Ein Eintretender sagt:

C'est moi.

Wie klar stellt sich hier das eintretende Subjekt »Das« als das Prädikat »ich« heraus! Der eintritt, ist: ich. Wie verbirgt sich dagegen dieses Prädikat in:

Ich bin es!

Es stellt sich nur durch Betonung: »I c h bin es« heraus und wird eben darum für das Subjekt gehalten, welches es doch nur wäre in:

Ich b i n es.

Aber wenn selbst gesagt werden dürfte: »Es ist ich«, oder wenigstens »Es bin ich«, so würde der Grammatiker doch sagen, »ich« sei Subjekt. Wie bei »Das bin ich«. Er würde fragen und antworten: »Wer oder was bin ich? Das!« anstatt zu fragen und zu antworten: »Wer oder was ist Das? Ich!« Bei ist es leicht, Subjekt und Prädikat zu bestimmen, da kann man sich an dem Gegenstandswort anhalten und auf die Reihenfolge verlassen. Aber bei »c'est moi« (wiewohl das Subjekt gleichsam vor dem moi eintritt), wird's schwerer, am schwersten bei »Ich bin es«. Gewährte der deutsche Sprachgeist die logische Konstruktion »Das ist ich«, die Schulgrammatik wäre kaum davon abzubringen, daß das Hauptwort oder das hauptsächliche Wort auch das Subjekt sei. Nun tritt aber noch diese geheimnisvolle Anziehung hinzu, die im Deutschen das Prädikat auf Person und Zahl des Verbums ausübt. Im Französischen heißt es sogar:

c'est nous.

Die Verwandlung, die im Deutschen die logisch erforderte dritte Person der Einzahl des Zeitworts (ist) in die erste und zweite Person (bin, bist) durch die Prädikate »ich, du« erleidet, oder in die erste und zweite Person der Mehrzahl (sind, seid) durch die Prädikate »wir, ihr, sie«, verschafft diesen vollends den Anschein des Subjekts:

Das bin ich, Das bist du

(Bei »Das ist er« erfolgt die Deckung der logischen Rektion von »Das« und der grammatischen von »er«.)

Das sind wir (sie), Das seid ihr.

Dieser Prozeß tritt freilich auch im Französischen bei Substantiven ein. Im Deutschen aber setzt sich die logische dritte Person wieder in dem Relativpronomen durch, das von dem persönlichen Fürwort der ersten oder zweiten Person abhängt:

Ich (Du), der es getan hat

kann stehen für: Ich (Du), der ich (du) es getan habe (hast).
Diese Möglichkeit wie das ganze Prädikat-Problem des persönlichen Fürworts beachtet Vossler nicht, der zwar die Konstruktion

c'est moi qui a fait cela

berührt, doch das »l'état c'est moi« lediglich sozio-mytho-
logisch behandelt. Aber in jeder Form erscheint im Französischen das Prädikative herausgearbeitet:

Il y a dix ans qu'il me sert.

Es soll nicht von einem ausgesagt werden, daß er mir zehn
Jahre dient, sondern von zehn Jahren, daß sie seine Dienst-
zeit ausmachen. Man erbittet

cinq minutes d'entretien

eine Unterredung, für die vorweg die kurze Dauer betont
werden soll. Beim Kartenspiel:

Du gibst!

Bedeutung: D u gibst! Der jetzt zu geben hat (Subjekt), bist
du (Prädikat):

à toi à donner.

Am anschaulichsten jedoch die Zerlegung der Aussage, die
einen Kontrast enthält, ohne ihn auszusprechen. Ein Wärter sagt:

C'est toujours Pierre qu'on demande

warum nicht mich, Nicolas? Da spricht der Neid (on dirait
qu'il n'y a que Pierre ici).

Immer wird Pierre verlangt

könnte auch heißen: anstatt daß man ihn in Ruhe läßt; da
spräche die Rücksicht (Pierre wäre Subjekt). Es soll aber
nicht einfach von ihm ausgesagt werden, daß er immer verlangt wird, sondern es soll gesagt werden, daß derjenige,
der verlangt wird, immer Pierre ist und kein anderer. Pierre
ist Prädikat. Subjekt ist jenes »ce« (in Stellvertretung für
den Verlangten). Es ist die K a t e g o r i e der zu verlangenden Wärter, der die Individuen entnommen werden, aus
der aber als der Verlangte Pierre hervorgeht. »Es« tritt vor
ihm in Erscheinung: ganz wie der Reitende vor dem Vater.
Es könnte auch konstruiert werden (und es wäre eine reine
Frage, wiewohl ihr die Antwort auf dem Fuße folgt): Wer
wird immer verlangt? oder: Der immer verlangt wird, wer

ist es? Es ist Pierre. Es ist der Vater mit seinem Kind. Und wie »Es« da die Antwort einleitet, wäre es als »psychologisches Subjekt« leicht zu entdecken gewesen. Aus dieser Antwort aber, die die prädikative Bestimmung des Vaters anzeigt (so klar, wie es das Dunkel zuläßt), geht auch die analoge des »Wer« hervor. Von dem, was zunächst nur als Kategorie »Reitender« wahrzunehmen war, wird ausgesagt, daß es der Vater mit seinem Kind sei. Das Gedicht, das bis dahin bloß Erwartung ausdrückt, »meint« eben nicht: Der Vater reitet, sondern: Der Reitende ist der Vater (wie der französische Satz, der bis dahin nur Unwillen ausdrückt — »toujours« — nicht meint: Pierre wird immer verlangt, sondern: Der immer Verlangte ist Pierre). Vosslers Unterscheidung, zutreffend an dem Vers Uhlands wie an dem Prosabeispiel vom zerbrochenen Krug, hat vor dem dichterischen Gefüge und Gebilde, an dem sie sich erst bewähren könnte, nicht standgehalten und ist an das Problem des »Es« (welches sich erschließt, indem es Aufschluß über das »Wer« gibt) nicht einmal angestoßen.

»Was ist Es?« Der Reiz des Problems ist, daß es sich dem, der sich darein versenkt, öffnet und offen bleibt. Es muß ein Subjekt sein; denn es ist Subjekt der Frage »Was ist Es?«. Ein Sinnbild der Schwierigkeit wäre der Versuch, eben sie grammatisch zu zerlegen. Das ergäbe nicht: »Was ist Was?« Antwort: »Es«. Sondern wieder nur die gleiche Frage: »Was ist Es?« und die Antwort: »Was«, und so ad infinitum, also auf schönem Weg — den's nur zu finden gilt — zu lohnendem Ziel.

Was; der und welcher

Es verknüpft sich da bald mit dem abgründigen Problem des Relativpronomens. Verknüpfung, der Fluch des Sprachdenkens, wurde ja auch diesem zuteil, als es wieder das Problem der verknüpften Präposition einbegriff (»V o m Bäumchen, d a s andere Blätter hat gewollt«). Es wurde die Verschiedenheit der relativen Beziehungen nachgewiesen und der Versuch gemacht, die Anpassung von »der« und »welcher« an die Typen des determinierten und des attributiven Relativums (in den Verhältnissen der Subordinierung und Koordinierung) zu begründen. Die Wahl von »welcher« sollte sich bei der Entsprechung der aus dem Begriff des Relativsatzes abzuleitenden F r a g e ergeben. Das Prinzip scheint heute durch die Verführung des gewählten Beispiels da und dort aus der Bahn geraten. Vielleicht erweist es sich probefester in solcher Unterscheidung:

Der Löwe, der entsprungen ist, stammte aus Afrika.
Der Löwe, welcher der König der Tiere ist, brüllt.

Dort ist ein Löwe von einem andern, dem, der nicht entsprungen ist und aus Asien stammt, unterschieden; hier wird die Charakteristik des Löwen als solchen durch ein Attribut ergänzt. Im ersten Fall ergibt sich die entsprechende Frage nicht aus dem Begriff des Relativsatzes, sondern des Hauptsatzes: Welcher Löwe stammt aus Afrika? Antwort: der entsprungen ist. Also: d e r stammt aus Afrika. Dieses hinweisende »der«, welches schon im Artikel vor Löwe enthalten ist, ergibt das Relativum »der«; das Komma nach Löwe könnte fehlen (»der entsprungene Löwe«). Im zweiten Fall ergibt sich die Frage nicht aus dem Begriff des Hauptsatzes (welcher Löwe brüllt?), sondern aus dem des Relativsatzes: welcher = welches Tier ist der König der Tiere? Statt des Kommas könnte ein Doppelpunkt (auch eine Klammer oder Einschließungsstriche) angebracht sein, denn der Relativsatz ist eine Parenthese (der König der Tiere). (Dieses »welcher« = »ein wie beschaffener« bewährt seine etymologische Verbindung mit qualis, quel.) Natürlich vollzieht sich auch in dem attributivisch aufgefaßten »welcher« eine Determinierung und zwar so: Der Löwe, welches Tier = der Löwe, das(jenige) Tier, das. Die Determinierung geht nicht vom Löwen, sondern vom Ersatzbegriff aus. In diesem Sinne erscheint die Form »derjenige, welcher« begrifflich überfüllt. Die scheinbar attributive Funktion kann aber auch als solche dem Zweck einer Determinierung dienen. Aufschlußreich wäre da das Beispiel:

Ein Kanadier, der noch Europens übertünchte Höflichkeit nicht
kannte....

(Gemeint ist übrigens in Seumes schlichtem Gedicht: die
übertünchende Höflichkeit, denn übertüncht ist die Roheit.)
Es ist nicht an und für sich determinierend gedacht, indem
etwa ein Kanadier vorgestellt wird, der von seinen Lands-
leuten, die schon von der Kultur beleckt sind, zu unterscheiden wäre, eine Art oder ein Ausnahmskanadier, also: »ein
solcher, der...«. Die Zusammenziehung ergäbe da: »Ein
nicht kennender Kanadier«. Der Gegenpol ist nun: »welcher«. Da wäre dem Kanadier etwas Wesentliches zuerkannt. (Wie man etwas Hauptsächliches nebenbei bemerken will: »übrigens«.) Die Zusammenziehung müßte ergeben: »Ein Kanadier, der nicht Kennende« (im Gegensatz
nicht zu andern Kanadiern, sondern zu andern Erdenbewohnern, welche Europa schon kennen). Das entspräche dem
Gedanken, der ihn als solchen ja vorstellt und ihm ein Attribut, das ihn wohl auch identifizieren könnte, gleichsam in
Klammern beilegt. Der Gedanke will aber noch etwas anderes. Er will aus diesem Wesentlichen, das der Relativsatz beifügt, das Erzählte motivieren. (Während doch die
Königswürde des Löwen, die ihn gleichfalls identifiziert,
nicht geradezu das Brüllen begründen muß.) Solches geschieht zwar nicht unmittelbar im Hauptsatz, aber in der
späteren Darstellung. Der Gedanke will den Kanadier
— zum Unterschied von andern Erdenbewohnern, welche
schon gewitzigt sind und denen solche Enttäuschung an
einem Europäer nicht widerfahren könnte, weil sie eben
Europa kennen — durch das Attribut determinieren (»nämlich«). Die Zusammenziehung ergibt: »Ein Kanadier, ein
(oder: als) nicht Kennender«. Wir hätten also: 1) Derjenige
Kanadier, der; 2) Derjenige Mensch, der; 3) Derjenige
Mensch, als der (die Bedeutung, die in der Form »als welcher« so häufig bei Schopenhauer vorkommt). Die Frage
wäre bei 1): Welchem Kanadier kann so etwas widerfahren? Dem, der noch nicht kannte. Bei 2) wäre die Frage:
Welcher Mensch kannte noch nicht Europens übertünchende

Höflichkeit? Der Kanadier. Bei 3): Welchem Menschen kann es widerfahren? Einem Kanadier (als solchen). Somit: Wenn der Relativsatz einer begrifflichen B e s t i m m u n g dient, so ist die entsprechende Frage aus dem Hauptsatz abzuleiten und mit »der« zu beantworten; Relativum determinierender Art: »der«. Wenn der Relativsatz einer begrifflichen E r l ä u t e r u n g dient, so ist die entsprechende Frage aus ihm selbst abzuleiten und mit dem Substantiv zu beantworten, an das jener angeschlossen ist; Relativum attributiver Art: »welcher«. Stellt der Relativsatz, der an und für sich bloß erläuternder Natur wäre, einen innern Zusammenhang her (kausal oder konzessiv, einem »weil« oder einem »wiewohl« gemäß), so kann die Frage doppelt bezogen sein: beiderlei Relativa.

Mit diesem Problem verknüpft sich nun das »Es«, in Fällen, die ähnlich wie im Französischen konstruiert sind. Etwa, wenn »Er hat den Weg gefunden« so ausgeführt wird:

Er war es, der den Weg gefunden hat.

Das könnte die Aussage von einem Subjekt »Er« sein, dann wäre das Prädikat: daß er es ist, was im weiteren definiert wird: der den Weg gefunden hat. Es würde ihm eine Leistung zugeschrieben; der Relativsatz, der sie bezeichnet, hätte den Hauptton. Es soll aber bedeuten, daß nicht von ihm, sondern von der Leistung gesprochen, daß sie n u r i h m zugeschrieben wird, daß derjenige, der den Weg gefunden hat, er und kein anderer sei; dann ist der Relativsatz das Subjekt, von dem ausgesagt wird, daß es E r ist, und dieser das Prädikat, welches den Hauptton hat. Der Kategorie »Wegfinder« wird das Individuum entnommen. »Der den Weg gefunden hat« ist im ersten Fall Fortsetzung des Prädikats »es« (ein solcher, der); im zweiten Fortsetzung des Subjekts »es« (derjenige, der). Dort wird eine Erscheinung begrifflich determiniert, hier ein allgemeiner Begriff auf die Erscheinung bezogen. Im ersten Fall tritt — in der vorausgesetzten Auffassung des Unterschieds von »der« und »welcher« — nur »der« ein, im zweiten auch »welcher«

(wohl der Fall 3) attributiv-determinierend). »Er war es, welcher den Weg gefunden hat«: da prägt sich durch ein hineingedachtes »der Mann« oder ein Demonstrativum »der«, »derjenige« (als Begriff der Kategorie) deutlich der Subjektcharakter des Relativsatzes aus. Die Frage, die das Relativum bestimmt, lautet im ersten Fall: Was war er? (Antwort: Ein solcher, der...); im zweiten: Welcher (Wer) hat...? (Antwort: Er.)

In beiden Fällen steht freilich ein Individuum einer Kategorie gegenüber, aber was in dem einen Fall Individuum ist, ist im andern Kategorie. Dies wird an der folgenden Schreibung und Betonung anschaulich:

Er war es, der den W e g g e f u n d e n hat.
E r war es, welcher den Weg gefunden hat.

Im ersten Fall wird einem allgemeinen Begriff Person der Gattungsbegriff Wegfinder entnommen: zur Unterscheidung von anderen Gattungsbegriffen, die er e n t h a l t e n k ö n n t e, wie etwa Organisator. Solches mögen a n d e r e Personen sein. (Zum Beispiel der X. dort.) Dieser da war W e g f i n d e r; ich b e z e i c h n e ihn (er war derjenige, der...). Im zweiten Fall wird dem Gattungsbegriff Wegfinder der Einzelbegriff Person entnommen: zur Unterscheidung von anderen Einzelbegriffen, die er n i c h t e n t - h ä l t, somit zur Identifizierung des Gattungsbegriffs Wegfinder mit dem Individuum Person. K e i n a n d e r e r war es, kein anderer hat es getan. (Zum Beispiel der X. dort nicht.) Wegfinder war e r; ich e r k e n n e ihn (derjenige der... war er).

Versuchen wir dasselbe an einem Begriff der äußeren Kategorie, der nicht wie »er« einfach ist, vielmehr schon in sich die Sonderung ermöglicht:

Es war das Zinshaus, in dem er g e b o r e n wurde.
Es war das Z i n s h a u s, in welchem er geboren wurde.

Im ersten Fall wird einem allgemeinen Begriff Zinshaus der Gattungsbegriff Geburtshaus entnommen: zur Unterscheidung von anderen Gattungsbegriffen, die er e n t h a l -

t e n k ö n n t e, wie etwa Vereinshaus. Solches mögen a n -
d e r e Zinshäuser sein. (Zum Beispiel das dort.) Dieses da
war G e b u r t s h a u s; ich b e z e i c h n e es (es war dasjenige Zinshaus, in dem ...). Im zweiten Fall wird dem
Gattungsbegriff Geburtshaus der Einzelbegriff Zinshaus
entnommen: zur Unterscheidung von anderen Einzelbegriffen, die e r n i c h t e n t h ä l t, somit zur Identifizierung des
Gattungsbegriffs Geburtshaus mit dem Individuum Zinshaus. K e i n a n d e r e s H a u s war es, in keinem andern
hat es sich begeben. (Zum Beispiel im Palast dort nicht.)
Geburtshaus war das Z i n s h a u s; ich e r k e n n e es (dasjenige Haus, in dem ... war das Zinshaus).

Man beachte, wie im ersten Fall »Zinshaus« dieses anderen Zinshäusern gegenübersteht, im zweiten anderen H ä u -
s e r n. »Dasjenige« findet zwar hier wie dort Unterkunft,
aber ganz verschiedener Art. Oben ist es die hinweisende
Stütze des Prädikats: »dasjenige Zinshaus, in dem«; unten
ist es einzuschalten als der Hinweis des Subjekts, als die
Kategorie: »Es war das Zinshaus dasjenige H a u s, in dem«.
(Hier ist auch erkennbar, wie die Form »welcher« sich als
die Zusammensetzung aus »derjenige, der«, aber nur im
Subjektanschluß, im Anschluß der Kategorie, herausstellt.)
Vor »in welchem« habe ich als Begriff der Kategorie »dasjenige H a u s« zu denken, während beim einfachen Begriff
»Er« (Wegfinder) »derjenige« hinreicht. Die verschiedene
Bedeutung von »das« fällt in die Augen; oben Fürwort
(dasjenige), unten der bestimmte Artikel. (Dasselbe wäre
bei »ein« der Fall: oben = ein solches, unten der unbestimmte Artikel.)

Vielleicht ergibt sich rückwirkend eine Erleichterung des
Verständnisses, wenn für Oben und Unten der beiden Bei-
spiele das Folgende aufgestellt wird: Er (Zinshaus) zum
Unterschied von anderen Personen (Zinshäusern) die a n -
d e r e Inhalte haben; und zum Unterschied von anderen
Personen (Häusern), die d i e s e n Inhalt n i c h t haben. Der
Unterschied ist der, daß in dem einen Fall der Begriff des
Hauptsatzes an dem Merkmal des Relativsatzes, in dem

andern der Begriff des Relativsatzes an dem Merkmal des Hauptsatzes erfaßt wird; dort hat das Prädikat des Relativsatzes, hier das des Hauptsatzes den Ton: »Pierre ist einer, der immer v e r l a n g t wird« und »Es ist immer P i e r r e, der verlangt wird«. Greifen wir noch auf ein Beispiel zurück, das seinerzeit für die Bestimmung der Relativa gewählt wurde, um es nunmehr mit dem »Es« zu verknüpfen:

> Es ist der älteste Wein, den ich getrunken habe.
> Es ist der älteste Wein, welchen ich getrunken habe.

Dort sage ich von einem Wein, daß er der älteste der von mir getrunkenen Weine ist; hier von dem Wein, den ich getrunken habe, daß er der älteste ist. (Der Wein ist der älteste von denjenigen, die ich... und: Derjenige, den ich... ist der älteste Wein, oder auch: Was ich getrunken habe, ist.) Im ersten Fall ist es die Unterscheidung der von mir getrunkenen Weine, im zweiten die der Weine überhaupt; der erste Begriff erfährt aber noch eine Sonderung in sich: »derjenige älteste, den ich« = »unter denjenigen, die ich..., derjenige, der der älteste ist«. Gleichwohl verhält es sich wieder so: der Begriff des Hauptsatzes wird dort an dem Merkmal des Relativsatzes erfaßt und der Begriff des Relativsatzes hier an dem Merkmal des Hauptsatzes; dort ist jenes, hier dieses betont. Dort setzt das Relativum das Prädikat fort, hier leitet es das Subjekt ein, welches im Relativsatz enthalten ist, und vor diesem ist als Begriff der Kategorie eingeschaltet zu denken: »der Wein« oder »derjenige«. (Welchen ich getrunken habe, ist der älteste Wein.) An diesem Beispiel nun den oben dargestellten Wechsel der Begriffe durchzudenken, bleibe Lesern überlassen, die nicht nur Lust bekommen haben, zu klettern, sondern auch auf einem Seil zu gehen, das zwei Klippen über einem Abgrund verbindet. Aber sie werden ihre Kräfte noch brauchen. (Verraten sei, daß oben dem allgemeinen Begriff »ältester Wein« der Gattungsbegriff »von mir getrunken« entnommen ist; andere älteste Weine mögen eine andere Verwendung haben, also etwa: der älteste, den ein anderer getrunken, den einer verkauft hat u. dgl. Unten ist dem Gattungsbegriff »von mir getrunken« der Einzelbegriff »ältester Wein« entnommen: ein anderer wäre ein jüngerer.)

Im zweiten Fall nun kann mit streng logischer Konstruktion statt »welcher« — für welches Geschlecht immer — »was« gesetzt werden. Im Lessing-Zitat:

Es ist Arznei, nicht Gift, was ich dir reiche

ist »was ich dir reiche« das Subjekt, von dem ausgesagt wird. daß es Arznei ist und nicht Gift. Der allgemeine Begriff des Gereichten wird auf die Erscheinung zurückgeführt. »Gift. d a s ich dir reiche« wäre falsch; da der Relativsatz keine nähere Bestimmung des Giftes ist. Der Satz hätte den Sinn: Es (Subjekt) ist nicht das dir gereichte Gift. Der Sinn ist aber: Was (Welches) ich dir reiche, ist nicht Gift. Also nicht: »Arznei ist dasjenige, das...«, sondern: »dasjenige, was... ist Arznei«. »Was« ist hier keineswegs durch das sächliche »Gift« bedingt. Es wird namentlich im Anschluß an ein Hauptwort abstrakten Inhalts ohne Rücksicht auf dessen Geschlecht erforderlich sein. Nehmen wir ein abstraktes Femininum:

Es ist seine Haltung, d i e mir an ihm imponiert

wäre falsch, denn es würde bedeuten, daß von ihr schon die Rede war, die nun zusammenfassend »seine Haltung« genannt und von der ausgesagt wird, daß sie mir imponiere. Das hieße: »Seine Haltung ist diejenige, die...«; es soll aber heißen: »dasjenige, was... ist seine Haltung«. Also richtig: »was mir an ihm imponiert«, als das Subjekt, von dem ausgesagt wird, daß es seine Haltung ist. »Welche« würde aus dem Grunde nicht den Subjektcharakter des Relativsatzes herstellen, weil vor diesem kein Begriff der Kategorie einzuschalten wäre: weder »diejenige« noch etwa »die Eigenschaft«. Das zweite trifft zwar dem Sinne nach zu, wäre aber der sprachgedanklichen Natur zuwider. Anders als oben »der Mann« (»derjenige«), wo die Person den Begriff der Kategorie enthält, und »der Wein« (derjenige), der sich aus dem Vielheitsbegriff »der älteste« ermöglicht.

Es kann nur »was« kommen, und das persönliche Relativum ist, so leicht es von der Zunge mitgenommen wird, fehlerhaft. Denn wenn im Deutschen das Prädikat zwar die Kraft hat, Person und Zahl des Verbums zu bestimmen, so kann ihm doch nicht die Kraft innewohnen, sich durch die Anziehung eines Relativpronomens, das dem Subjekt zugehört, zu eben diesem abschwächen zu lassen und es in das Prädikat, also in sich selbst, zu verwandeln. Diese mißbräuchliche Verwandlung führt bei einem pluralen Prädikat dahin, daß der Sinn, wenn er auf den Satz selbst angewiesen bliebe, unauffindbar wird. Es dürfte wenige deutsche Autoren geben, die nicht blind den Relativsatz an das Prädikat auch dort anhängen würden, wo er von ihm nicht abhängt, sondern das neutrale Subjekt bildet, und gewiß nicht viele, die, auf den Fehler hingewiesen, den Unterschied, auch wenn er ihnen erklärt wird, erfassen würden. Kommt man ihnen mit Sprachproblemen, so könnten sie, da sie bekanntlich andere Sorgen haben, richtig antworten:

Es sind die Geschäfte, was uns interessiert.

Sie würden es aber für fehlerhaft halten und korrigieren:

Es sind die Geschäfte, die uns interessieren.

Dies hätte nun den Sinn: Es sind d i e Geschäfte, die uns interessieren. Damit würden sie sich aber nicht abgeneigt, sondern interessiert zeigen, und es wäre richtig gesagt, wenn Sprachprobleme als Geschäfte bezeichnet würden und etwa vorher von anderen Geschäften (die sie angeblich nicht interessieren), die Rede gewesen wäre. In diesem Fall wäre jedoch entweder »die« — welches kein Artikel, sondern ein hinweisendes Fürwort ist! — oder »interessieren« betont (oder beides). Sie wollen jedoch in Wirklichkeit sagen: Uns interessieren nicht Sprachprobleme, sondern, was uns interessiert, sind Geschäfte. Sie wollen diese von jenen unterscheiden, nicht die Geschäfte untereinander (und gar zugunsten der Sprachprobleme). Nicht: die Geschäfte sind »diejenigen, die uns«; sondern: »dasjenige, was uns« sind die Geschäfte. Warum sagen sie aber dann nicht »Es sind die

Geschäfte, was uns interessiert«, was doch der klarste und kräftigste Ausdruck der Abweisung wäre? Weil sie als deutsche Schriftsteller einen jargonhaften Einschlag scheuen? (Vielleicht sagen sie es also doch und treffen fälschlich das Richtige.) Wenn man freilich meint, daß das Relativpronomen von den Geschäften, die man als Hauptwort für das Subjekt hält, abhänge, dann müssen einem »Geschäfte, was« bedenklicher erscheinen als »Geschäfte, die«. Aber Sinn und Konstruktion werden klar, Subjekt und Prädikat werden erkennbar, wenn man im Zweifelsfalle die klanglich empfehlenswerte Umstellung wählt: »Was uns interessiert, sind die Geschäfte«.

> Es sind die Kinder, die uns Sorgen machen.
> Es sind die Nächte, die eine Qual sind.

Wenn »die« richtig wäre, würde das erste etwa bedeuten: die Kinder, die zurückgeblieben sind, im Gegensatz zu andern, die uns Freude machen; das zweite: die Nächte im Hochsommer, im Gegensatz zu denen im Winter. Gedacht ist aber etwa: Was uns Sorge macht, sind die Kinder, nicht die Eltern; was eine Qual ist, sind die Nächte, nicht die Tage. Da wie dort besteht, wenn für diesen Sinn das bezügliche Fürwort »die« gewählt wird, die alte Gefahr, daß der Artikel »die«, der vor dem Hauptwort »Kinder« und »Nächte« steht, zum hinweisenden Fürwort »diejenigen« wird. Das wäre aber ein anderes »diejenigen«, als das für den Kategoriebegriff stehende, der hier (wie bei den Geschäften) nicht Platz hat. Denn welcher Kategorie sollte der Gedanke: »Welche uns Sorgen machen, sind die Kinder« entsprechen? Die Einschaltung »Familienmitglieder« wäre so äußerlich wie oben (bei: Haltung) »die Eigenschaft«. Es ist natürlich eine stilistische Frage, ob und wann der Vorstellung von Personen ein »was« gesellt werden kann. Syntaktisch ist es hier unerläßlich. (Das Deutsche gewährt hier die logische Möglichkeit, die wieder das Französische nicht hat, wo das Relativum sich mechanisch solchem Hauptwort anpaßt: qui font chagrin. Immerhin bietet es die logische Konstruktion der Voranstellung ce que fait chagrin.) Wie vertrackt der Anschluß von »die« an einen Plural sein kann, der zugleich Mehrheit und Typus ausdrückt, und wie hier vom intendierten Sinn abgewichen wird, zeigt das Beispiel:

Es waren die Parteien, auf die sich die Regierung stützen wollte.

Es soll ausgedrückt werden, daß sie keine Diktatur plante, es kommt aber heraus, daß etwa von Zentrum und Volkspartei die Rede sei. Um den Sinn (»dasjenige, das«) herzustellen, hilft nur »was« (aber nicht etwa weil es »System«, sondern weil es eine wirkende Macht deckt), also: »worauf«. Dagegen konstruiert Bürger allzu richtig:

Die schlechtesten Früchte sind es nicht, w o r a n die Wespen nagen

denn »an denen« fände in dem Sonderungsbegriff (»diejenigen«) seine volle Deckung. Gemeinhin aber wird fälschlich selbst bei einem Abstraktum die Was-Form gemieden, welche nur zugänglicher scheint, wo sie sich mit einem Verhältniswort einläßt:

Es ist das Sprachgefühl, woran es ihnen mangelt.

Nur wenn hier sehr stark die Kategorie »das Gefühl« (im Gegensatz zu einem andern Gefühl) hineinzudenken wäre, ließe eben das Sprachgefühl »an dem« zu.

Häufig genug wird sich die Ergänzung von selbst einstellen und das Relativpronomen mit Recht dem Hauptwort des Prädikats entsprechen, von welchem es allem Anschein zum Trotz nicht abhängt. Es ist dasselbe Relativpronomen und wäre doch ein anderes. Denn:

Es ist nicht derselbe Fall, um den es sich handelt.

Subjekt ist hier »Es« als Vorläufer eines Falles, um den es sich handelt. Das Relativum ist aber nur scheinbar an das Prädikat »ein und derselbe Fall« angeschlossen, wie die meisten Sprecher, Schriftsteller, ja Grammatiker (geschweige Journalisten) vermuten dürften, die gewiß »derselbe Fall« für das Subjekt halten. In Wirklichkeit hängt der Relativsatz, welcher das Subjekt ist, wieder von einem »dasjenige« oder einem elidierten »Fall« ab, der »es« ist und der im »es« präformiert erscheint. (Es sind ja zwei vorhanden.) »Der Fall, um den es sich handelt, ist nicht derselbe Fall.«

Hier kann mit Recht das persönliche Relativum gesetzt werden und ohne Gefahr der Mißdeutung (wie bei den »Geschäften«, »Kindern«, »Nächten« und »Parteien«), da die begriffliche Absonderung bereits im Inhalt der Aussage vollzogen ist wie bei dem »ältesten Wein« oder den »schlechtesten Früchten« und der Begriff der Kategorie: »der Fall« oder »derjenige« sich ohneweiters einschaltet. Es besteht nicht die Gefahr, daß von einem bereits besprochenen Falle gemeint sei, er sei nicht »derselbe Fall, um den es sich handelt« (also: »wie der, um den«). Die Elision wird deutlich in der Trennung: »Nicht derselbe Fall ist es, um den...« Es ist also in Wahrheit der Fall, in dem »welcher« gesetzt werden kann. Äußerlich genauer wäre: »worum« (für: um was). Die Neutralisierung ginge natürlich nicht für den folgenden, der aber gleichfalls den Ersatzbegriff in sich trägt:

Es ist ein und derselbe Mann, den (welchen) ich gesehen habe.

Der Relativsatz hängt wieder von einem elidierten »Mann« oder »derjenige« ab, der durch »Es« vertreten ist. (Getrennt: »Ein und derselbe Mann ist es, welchen...«) Hier wie oben ist »der« von dem Inhalt des »es« abhängig; nicht von »ein und derselbe Mann«, welcher nicht Subjekt ist. Dieses ist vielmehr wieder der Relativsatz selbst. Zu denken ist nicht (wiewohl es der »Sinn« ist): ich habe einen und denselben gesehen (der es ist! Was? der vorher Dargestellte?), sondern daß ich einen (den Elidierten) zweimal gesehen habe. Ich sehe ja nicht den »einen und denselben«, sondern nur einen, den ich als denselben erkenne. Ebenso:

Es ist ein alter Mann (der Mann,) den ich erblicke.
Es ist die neue Brücke (die Brücke,) über die ich gehe.
Es ist ein schlechtes Buch (das Buch,) das ich lese.

Dies, ohne mich der Gefahr auszusetzen, ich wollte bloß von einem alten Mann sagen, daß ich ihn erblicke, und von einem schlechten Buch, daß ich es lese, während ich doch von einem Mann, den ich erblicke, sagen will, daß er alt, und von einem gelesenen Buch, daß es schlecht sei. Die persönlichen Relativa sind nicht vom alten Mann und vom schlechten Buch abhängig, sondern von den elidierten Kategoremen Mann und Buch, die Relativsätze sind klare Subjekte. (Also: welcher.)

Wie nun aber, wenn keine derartige Möglichkeit begrifflicher Absonderung durch ein Attribut vorhanden ist?

Es ist ein Mann, den ich erblicke

wäre falsch. »Was« ginge nur, wenn der Prozeß der Eindrucksbildung sehr scharf dargestellt würde und das »Es« als etwas Undeutliches hervortreten sollte; dann wäre die logische Konstruktion ein stilistisches Mittel. Sonst wäre es nur in einer umschreibenden Wendung zu finden wie etwa: »Die Person, die ich erblicke, ist ein Mann«. Wohl ginge die einfache Umstellung: »Was ich gelesen habe, ist ein Buch«; aber nur in der Darstellung von etwas Überwirklichem, Traumhaften wäre möglich: Es ist eine Brücke, worüber er geht; es war ein Berg, worauf ich stand.

Es ist der Sohn, den er rief.
Es ist die Tochter, die er rief.

Hier ergibt sich — im Gegensatz zu dem Beispiel von dem erblickten Mann — die begriffliche Absonderung (derjenige, diejenige), wenn der Namensruf im ersten Fall den Sohn von einer andern männlichen Person, etwa dem Diener, im zweiten Fall die Tochter von einer andern weiblichen Person, etwa dem Dienstmädchen, unterscheidet. Falsch wäre das persönliche Relativum, wenn Sohn und Tochter unterschieden werden sollten. (Da »was« nicht möglich, müßte dann anders stilisiert werden.) In jedem Fall wäre falsch:

Es war das Kind, das er rief.

Das hieße nur: Das Kind, das er rief, war es (war da od. dgl.). Eher noch, je nach dem Geschlecht: »den« oder »die«, in scheinbarer »Konstruktion nach dem Sinn«, in Wirklichkeit nach einem gedachten »derjenige« oder »diejenige«, wieder im Gegensatz zu Diener oder Dienstmädchen.

Bei konkreten Inhalten also, bei einer Person oder etwas Personifiziertem ist das persönliche Relativum dann unmißverständlich, wenn sich der elidierte Begriff der Kategorie, an welchen es sich tatsächlich anschließt, von selbst einstellt, indem die begriffliche Absonderung schon im Inhalt voll-zogen ist. Das neutrale Relativum wäre hier undenkbar. (Es existiert nur in Fällen, wo kein Individuum, sondern eine Mehrheit oder ein Typus vorgestellt wird:

Was sich liebt, das neckt sich.
Früh übt sich, was ein Meister werden will.

Worin aber das Neutrum nicht etwa von einem »Kleinen«, einem »Kind« bezogen ist. [Hier könnte auch »Wer« ste-hen.] Der Relativsatz stellt sich deutlich als Subjekt dar, ohne daß freilich eine Verbindung mit einem prädikativen Hauptwort vorläge.)

Falls das Prädikat ein Abstraktum, eine wirkende Kraft, ein Element ist, erweist sich das neutrale Pronomen als un-erläßlich, wenn nicht auch hier die Kategorie, ein »der-, die-, dasjenige« oder das analoge Hauptwort eingeschaltet werden kann, von dem der Relativsatz abhängig zu machen wäre. Also:

Es war die Halsstarrigkeit, woran er scheiterte.

Möglich aber:

Es war die Einbildungskraft, die ihn zum Handeln trieb

(als eine Kraft). Doch wieder nicht:

Es ist Gewinnsucht, die ihn kennzeichnet.

Weil hier kein Ersatzbegriff Raum hat (und keineswegs etwa eine von den Süchten).

Ist ein Ersatz durch das Analogon (oder »derjenige«) undenkbar, so kann in solchen Fällen nicht das persönliche Relativum eintreten, sondern nur das neutrale. Andern-falls würde zwischen dieser und jener Form das Moment des Klanges entscheiden (welches beiweitem keine Äußer-lichkeit vorstellt), oder die Rücksicht auf die Gefahr eines Mißverständnisses durch irgendwelche falsche Verbindung. Die gefährlichste aber: die mit dem nächstliegenden Haupt-wort des Prädikats, die zur Sinnverkehrung führt, wird am wenigsten gescheut, und das persönliche Relativum, das sie bewirkt, mit Vorliebe verwendet. Richtig:

Es ist die Tat, was ich wünsche.

Das heißt: nicht Worte. Fälschlich wird eben dafür gesagt:

Es ist die Tat, die ich wünsche.

Ohne daß ein einzuschaltender Begriff der Kategorie die Sicherung böte. Es wäre der richtige Ausdruck für eine besondere Tat, die ich wünsche. Diese und k e i n e a n d e r e, während doch ausgedrückt werden muß, daß die Tat und n i c h t s a n d e r e s, die Tat kat'exochen gewünscht wird, das Tun im Gegensatz zum Reden. Hier ist die »Tat« betont, im andern Fall das Wünschen oder »die« vor der Tat (welches zum Demonstrativum wird), oder beides, je nach dem Pathos der Aussage.

Es war das Vergnügen, das er gesucht hat.

Und kein anderes.

Es war das Vergnügen, was er gesucht hat.

Und nichts anderes. Was bestimmt nun in einem Fall der Gleichwertigkeit beider Relativformen die Wahl und den Wechsel:

Und doch ist es dieselbe Beziehung zum Organismus der Sprache, w a s da und dort Lebendiges und Totes unterscheidet; denn dieselbe Naturgesetzlichkeit ist es, d i e in jeder Region der Sprache den Sinn dem Sinn vermittelt.

Beidemal ist es dieselbe gedankliche Funktion, w a s oder d i e sowohl diese wie jene Form erlaubt. »Was« als das Übergeordnete, als das Subjekt (es), von dem die Beziehung (Prädikat) wie die Naturgesetzlichkeit (Prädikat) ausgesagt wird; »die« als die Ausführung sowohl einer »Beziehung« wie einer »Naturgesetzlichkeit«, die als Begriffe der Kategorie elidiert sind. (Es sind je zwei vorhanden.) Im ersten Satz aber soll die stärkere Form, das Neutrum als der Ausdruck des Elements, die Führung haben, und »was« ist da auch wegen der Gefahr vorzuziehen, daß »die« sich mit dem Hauptwort »Sprache« verbände, welches noch dem Wortkomplex der Beziehung zugehört; im zweiten Satz ist die »Naturgesetzlichkeit« schon konkreter als die »Beziehung« im ersten und klingt darum besser mit dem persönlichen Relativum überein, das von dem leicht einzuschaltenden Analogon abhängt.

Die ganze Problematik, die den Subjektcharakter des
»Es« und die falsche Verbindung des persönlichen Prono-
mens mit dem Prädikat betrifft, soll an einem klassischen
Beispiel dargestellt werden, dessen Geläufigkeit und Ein-
gänglichkeit sie schwieriger macht. Wenn der Gedanke nicht
durch die Umgebung gesichert wäre und die Zitatgewöh-
nung ihn nicht befestigte, wäre es leichter, seine Alterierung
in dem Vers aus »Wallenstein« zu spüren:

Es ist der Geist, der sich den Körper baut.

Verstanden ist es schneller als durchdacht, und die Kompliziertheit des Gebildes dürfte mit der Betrachtung wachsen; aber was sich von selbst versteht, wenn an Sprachbauten
Gerüste angelegt werden, ist die Warnung, die Unbefugten
den Eintritt verbietet. Das gilt vor allem für diesen Geist-
bau.

Der Außensinn der Sentenz ist — auch wenn man sie losgelöst von der Umgebung im Monolog betrachtet — unverkennbar; aber was er über die Aussage hinaus ergibt: daß
der Geist sich den Körper baut, überläßt er der Deutung.
Da kreuzen sich nun zwei Gedanken, und wir wollen sehen,
ob beide bewältigt sind, einer oder keiner. Diese beiden
Gedanken sind: a) Nur der Geist, nichts anderes baut sich
den Körper b) Der Geist baut sich den Körper, und nicht
etwa umgekehrt der Körper den Geist.

Wir nehmen an, daß der erste Gedanke der Inhalt des
Satzes sei. Dann wäre statt »der« »was« zu denken; denn
die Kraft, die das Bauende ist und von der ausgesagt wird,
daß sie der Geist sei, kann von naturwegen nur ein Neutrum
sein. »Es« ist das vorlaufende Subjekt, stellvertretend für
das, was sich usw. Dieses nicht Ausführung des Prädikats,
sondern der Inhalt des Subjekts. »Geist« das betonte Prädikat. Aber durch »der« wird der gedankliche Sachverhalt
völlig verändert. Wenn nicht Umgebung und Geläufigkeit
die Richtung wiesen — doch diese Umstände gehen uns
nichts an, wenn wir den Sprachbestand eines Verses zu prü-

fen haben —, so brächte das persönliche Relativum zweierlei
logische Gefahr mit sich: Das »Es« wäre kein vorlaufendes,
sondern ein übernommenes Subjekt, aus einer Darstellung
des Geistes, von dem bereits die Rede war und von dem
nunmehr, etwa abschließend, noch gesagt wird, daß er sich
den Körper baue (weil ihm allerlei Fähigkeit hiezu bereits
nachgerühmt wurde): der Geist, der, schon begrifflich ab-
solviert, nun noch ein Attribut erhält, das vielleicht sein
Wesen zusammenfaßt. Oder — gefährlicher — es wäre von
einem besonderen Geist die Rede, in Verbindung mit einer
andern Art, von der er nun unterschieden wäre: es ist d e r
Geist, der sich den Körper baut, während ein anderer etwa
der bei Goethe ist, »der stets verneint«. (Dann würde »der«
zum Demonstrativum, wogegen nur die schwache Sicherung
durch die Verssenkung schützte.) Der im Vers genannte Geist
wäre so oder so das Prädikat, das ein Subjekt fortsetzt, und
der Relativsatz seine Ausführung (während dieser doch in
Wahrheit das im »Es« präformierte Subjekt ist). Die zweite
Gefahr ist die normale Gefahr des »der«; die erste bewirkt
den Sinn, dem »welcher« gerecht wird. Es wäre also die Aussage von dem »Es« als dem Geist oder e i n e m Geist, dem
nunmehr, entweder um noch etwas von ihm auszusagen
oder um ihn durch ein Merkmal von anderen Geistern zu
unterscheiden, die körperbauende Funktion zuerkannt wird.
Er h ä t t e die Kraft, die im Relativsatz ausgedrückt wird,
aber er w ä r e nicht sie selbst, mit der ihn zu identifizieren
doch der Gedanke des Verses ist. Denn es ist nicht: ein
bauender oder der bauende Geist, sondern: der Geist, der
Bauende, das Bauende. Während im Goethe-Vers der, der
stets verneint, tatsächlich von a n d e r e n G e i s t e r n, die
a n d e r e s tun, unterschieden ist (zunächst wohl von einem,
der stets bejaht), wird im Schiller-Vers — wie er gedacht,
nicht wie er konstruiert ist — der Geist als solcher von anderen K r ä f t e n abgesondert, die das n i c h t können, was
er vermag: den Körper bauen. Goethe sagt nicht, daß »der
Geist« stets verneint (Ich bin der Geist, welcher . . .), sondern nur, daß es ein besonderer Geist ist, der diese Eigen-

schaft hat. Bei Goethe ist er zwar auch Prädikat, von dem aber der Relativsatz mit »der« richtig abhängt, welcher den »Geist« erst definiert. Daß solches auch im Schiller-Zitat der Fall sein könnte, bildet dessen Gefahr. »Der stets verneint«, das soll sich als Bezeichnung des Geistes an ihn anknüpfen; »der sich den Körper baut«, das soll »den Geist« kat'exochen bedeuten. Jenes wird von »der« bewirkt, dieses könnte nur von »was« bewirkt werden. Dort ist der Relativsatz das determinierende Merkmal, hier die Identität, dort wird beschrieben, hier agnosziert: dort stellt sich ein Geist vor, hier stellt sich etwas als der Geist heraus. Das persönliche Pronomen erschiene nur durch das hineingedachte Maskulinum eines analogen Begriffs (oder »derjenige«) zu halten. Was gäbe es da? »Der Faktor« — das wäre eine Krücke des Sinns, aber kein Organ sprachdenklicher Verbindung. Vorstellbar ist nur die Kraft, das Element, das Prinzip, eben das »Es«, also das »was«. »Es ist derjenige Geist, der« kann ich denken, aber soll ich nicht denken. »Es ist der Geist derjenige, der«: die Unvorstellbarkeit dieser Form zeigt den vorhandenen Fehler an. Der Gedanke ist nicht: »er ist derjenige, der«, sondern: »dasjenige, was, ist er«. Wie in dem Nathan-Zitat: »...nicht Gift, was ich dir reiche«. Wohl ist die klangliche Verbindung »Gift, was« leichter als die von »Geist, was«, aber falsch wäre auch jene, wenn »was« vom Gift abhinge — etwa als dialekthafte Verschlechterung des falschen »Gift, das« —; und die Härte wäre durch die Umstellung vermieden:

Was sich den Körper baut, es ist der Geist.

Damit soll natürlich kein gültiges Gedicht des Gedankens erzielt sein, aber er ist dargestellt und mit ihm der Fehler des »der«. Es handelt sich bisher um ein logisches Problem und nicht um die Frage, ob dem klanglichen Vorzug der Umstellung ein Stilwert zum Opfer fiele, den dann eben nur ein anderes Gedicht ersetzen könnte.

Da sich jedoch die Einheit von Form und Inhalt am Gedicht noch im Mißlingen beweist, so ist dem logischen Problem auch aus der Gesetzlichkeit der Versnatur beizukommen. Versmäßig erzwingt sich die Betonung des Ausgangs, sprachdenklich die des Prädikats. Darum bleibt bei Goethe der Gedanke, daß ein Geist sich prädikativ als der verneinende vorstellt, unverkümmert. Bei Schiller verbinden sich Konstruktion und Verston, um das Subjekt zum Prädikat und den Geist, der das Bauende ist, zu einem zu machen, der bauen kann. Ist nun durch »was« die gedankliche Gefahr der Aussage abgewendet, so würde die Umstellung auch den Fehler im Versbau beseitigen. Er besteht darin, daß die dynamische Verteilung des Gedankens antimetrisch ist, indem, dem Zwang der Versnatur gemäß, den Hauptton das Bauen des Körpers (Subjekt) erhält, wodurch das Gewicht des Prädikats »Geist«, in welchem doch der Gedanke kulminiert, geschwächt wird. Der Vers will:

Es ist der Geist, was sich den Körper baut.

Das ist gedankenwidrig. Der Gedanke will:

Es ist der Geist, was sich den Körper baut.

Das ist verswidrig. Wie bei Uhland (»Was sich nun abspielt, ist ein ernstes Spiel«) erschiene im umgestellten Satz die Gewichtverteilung im Lebensraum des Verses gerechter durchgeführt. Man merke nur, wie durch die Tonkraft des Verses das »der« den Gedanken geradezu in die Gefahr treibt:

Es ist der Geist, der sich den Körper baut.

Da bleibt — wenn man nicht informativ wüßte, was gemeint ist — gar nichts als die falsche Deutung, es werde vom Geist ausgesagt, daß er solches kann und — mit verswidriger Betonung des ersten »der« —: daß er sich dadurch von anderen Geistern unterscheidet. Die leichtere, weil schwerer durchzudenkende Gefahr: daß es immer ein und derselbe bestimmte Geist sei (oder auch der Geist als solcher), »welchem« noch ein letztes Attribut verliehen erscheint. Das Merkmal mag da die Identität enthalten, die den Sinn des Verses bildet. Aber die Identifizierung soll umgekehrt erfolgen: nicht der Geist hat mit der Kraft identifiziert zu werden, sondern diese mit ihm. Es wäre beiweitem nicht die Identität, die im Schillerschen Vers jene Ausschließlichkeit bedeutet, an der keine andere Kraft als eben die identifizierte teil hat. Noch immer wäre, wenngleich nicht im Gegensatz zu einem anderen Geistindividuum, von einem oder dem Geist etwas ausgesagt, während doch von etwas ausgesagt werden soll, daß es der Geist sei. Also auch nicht: »welcher« (welchem keine Kategorie entspricht), sondern nur »was«. Die unvermeidliche Gedankenbahn aber, in die jenes »der« führt, ist die der Unterscheidung. Aus: »keine andere Kraft, nur der Geist« wird: »kein anderer Geist, sondern dieser«. Es wäre somit wohl dargetan, daß der Gedanke a) syntaktisch und dichterisch nicht bewältigt ist.

Warum wollte man jedoch die Mängel einer Wortgestalt nachweisen, wenn sich herausstellte, daß sie die Vorzüge einer andern sind? Und sollten nicht Konstruktion und Tongebung, wie sie sind, die taugliche Gestalt des Gedankens b) ergeben? Nur noch etwas Tonkraft für den Geist, die ja der Vers gewährt:

Es ist der G e i s t , der sich den K ö r p e r baut

und wir haben mit dem »der«, welches nun richtig ist, den Ausdruck für den Gedanken, daß »der Geist sich den Körper und nicht etwa umgekehrt der Körper den Geist baut«. ja wir haben ihn in einem Maße, daß die Tonverteilung die Antithese ausdrückt, ohne daß sie ausgesprochen wird. (Sogar das »sich« hat sich seinen schönen Sinn vindiziert. der dem Geist doch für die persönliche Beziehung zum Körper vor jeder andern Kraft zugehört.) Wie kommt es denn aber, daß nun »der« plötzlich richtig ist, da sich doch an dem neutralen Element nicht nur nichts geändert hat, sondern es im Gegenteil jetzt doppelt gedacht ist: »was sich den Körper« und »was sich den Geist« baut? Kann denn nunmehr ein Kategoriebegriff eingeschaltet werden? Freilich kann er. Beinahe ginge jetzt, in der Relation der Kräfte: »der Faktor«. Aber er geht noch immer nicht. Dafür läßt

die Darstellung dieses Gegenspiels von Teilen, von Part-
nern, ein anderes abstraktes Maskulinum zu: den Teil,
den Partner. Zwei sind konfrontiert, die ihre Gemeinsamkeit noch dazu im Relativpronomen finden, das Gleichgewicht der Kräfte ist hergestellt, jetzt geht »der Partner«,
»der Teil« und darum auch bloß »derjenige«. (Solch ein
gemeinsamer Nenner wäre selbst bei verschiedenen Zäh-
lern vorhanden, die also verschiedene Relativpronomina
hätten. Die starke Vorstellung eines Gegenüber muß es bewirken, nicht die Männlichkeit und Gleichartigkeit des Ge-
schlechts; auch »Seele« würde es mit »Körper«, wie »Geist«
mit »Hülle« aufnehmen.) Es ist fast eine Personifikation
gegeben, wie in dem folgenden Fall, wo das Verhältnis
zweier Gegner, die nicht Personen sind, deutlich zur Anschauung kommt, ohne daß die Antithese ausgesprochen ist,
ja ohne daß von einem Widerpart die Rede wäre:

»Der Karnickel hat angefangen!«

Ein Musterbeispiel für die Möglichkeit, daß das scheinbare
Subjekt, das vortretende und einzig vorhandene Hauptwort, Prädikat ist. Die Antwort auf die Kriegsschuldfrage,
welche ja immer eine »eigentliche Frage« ist und immer
den »Wer« zum Prädikat hat, wie die Antwort den »Der«.
Der Satz bedeutet also: Derjenige, der angefangen hat (und
darum totgebissen wurde), ist »der Karnickel« (Prädikat).
Im Französischen:

c'est le lapin qui a commencé!

Es ist der Hase, der den Hund gereizt.

Wäre nun der Gedanke, daß »der Geist derjenige ist,
der den Körper .. und nicht umgekehrt«, von Schiller gedacht worden, so wäre es ihm doch nicht gelungen, auch den
sich vordrängenden Gedanken, daß »nichts anderes als der
Geist, was« es ist, in Einem zu bewältigen. Die beiden Gedanken würden einander ausdrucksmäßig und prosodisch
durchkreuzen. Die Doppelantithese wäre ja überhaupt nicht
unter das Obdach des einen Verses zu bringen. Der primäre
Gedanke, der den Geist betont, hat an und für sich seine
Gestalt nicht gefunden, und er ginge durch eine Mitbeto-

nung der Rolle des Körpers (der Rolle, die er nicht hat) verloren. Das Doppelspiel der Gedanken: daß »nichts als der Geist den Körper und dieser nicht den Geist baut«, nicht bewältigt und war nicht zu bewältigen. Der Anschluß »was« würde (verswidrig) den ersten sichern, reichte aber nicht auch für den zweiten; der Anschluß »der« reicht nur für den zweiten, denn für beide würde er den Inhalt erfordern: »kein anderer Geist als dieser und nicht der Körper diesen«.

Da nun aber ein solches Übermaß nicht verlangt werden kann und der Gedanke b) den besten Ausdruck findet, so bliebe nur noch die Frage, ob der Dichter ihn gedacht hat. Ein Absolutum der Wortgestalt gibt es nicht, da das Wort noch jenseits seiner eigenen Problematik vielfältige, immer wechselnde Beziehungen mit dem Wort eingeht. Das eben bewirkt den gefährlichen Zauber der Sprache, daß noch die primitivste Aussage zu voller Eindeutigkeit auf ihre Sphäre angewiesen bleibt. Es ist kein Ende der Abenteuer innerhalb der syntaktischen Grenzen und eben an ihnen. Aber ob sie vorhanden sein müssen, wäre der einzige Zweifel, den die Sprache nicht zuläßt. Ein Vers, noch dazu einer, der die Gültigkeit einer Sentenz anzusprechen scheint, darf sich nicht auf die Umgebung verlassen, um seinen Gedanken faßbar zu machen; er darf aber auch nicht isoliert einen Gedanken ergeben, der nicht gedacht war. Das ist hier der Fall. Gegen die Deutung, die den Gedanken und das Wort zu versgerechter Deckung brächte, meldet sich ja sogleich das Bedenken, ob Schiller, anstatt des primär zu entnehmenden idealistischen Sinnes, der dem Geist jene ausschließliche Macht zuschreibt, eine polemische Spitze gegen eine naturwissenschaftliche oder materialistische Weltauffassung anbringen wollte, die Absage an den Standpunkt, daß die Seele vom Wachstum der Zellen abhänge oder — wobei es der Metapher nicht mehr bedürfte — die Persönlichkeit von den sozialen Umständen bedingt sei. Das könnte, jedenfalls das erste, wohl eine Sentenz im Munde Schillers ergeben — im Munde Wallensteins wäre sie ein

Anachronismus wie der bekannte Blitzableiter. Ohne jede Spur einer Möglichkeit, daß so etwas zu denken wäre, wird in jenem Monolog ausschließlich die schöpferische Macht des Geistes betont. Denn:

> — — was
> Ein Mann kann wert sein, habt ihr schon erfahren.
> Den Schmuck der Zweige habt ihr abgehauen,
> Da steh' ich, ein entlaubter Stamm! Doch innen
> Im Marke lebt die schaffende Gewalt,
> Die sprossend eine Welt aus sich geboren.
> Schon einmal galt ich euch statt eines Heers,
> Ich Einzelner. Dahingeschmolzen vor
> Der schwed'schen Stärke waren eure Heere,
> — — Da wandte man die Augen
> Auf mich, den Helfer in der Not; — —
> Ich sollte aufstehn mit dem Schöpfungswort
> Und in die hohlen Läger Menschen sammeln.
> Ich tat's. Die Trommel ward gerührt. Mein Name
> Ging, wie ein Kriegsgott, durch die Welt. — —
> — Noch fühl' ich mich denselben, der ich war!
> Es ist der Geist, der sich den Körper baut,
> Und Friedland wird sein Lager um sich füllen.
> — — Wenn Haupt und Glieder sich trennen,
> Da wird sich zeigen, wo die Seele wohnte.

Am Schluß ist zwar die Ohnmacht von Gliedern ohne Haupt berührt, aber auch da nicht die Vorstellung, daß Glieder Haupt schaffen könnten, als Gegenansicht bestritten. (Die absurde Deutung, daß überhaupt keine Metapher vorliege, indem der Körper einfach der des Sprechers sei, der »sich noch denselben fühlt, der er war«, kommt nicht in Betracht. Sie würde höchstens auf den besonderen Kunstfehler hinweisen, der solche Assoziation herbeigeführt hat: die Vorstellung einer körperlichen Wirklichkeit (»sich fühlen«) war zu vermeiden, sie durfte nicht unmittelbar vor die Metapher treten, deren Grundlage eben die Erfahrung bildet, daß der Leib vom Geist her besteht. Der vorwaltende Sinn reicht in dieser sprachlichen Region auch hier zur Abwehr der Mißdeutung; der Körper Wallensteins ist nicht gemeint, wohl aber, daß sein Geist die Armee belebe.) Der Gedanke ist also ganz und gar als die Bejahung des Geistes geführt: der

Kraft, die ausschließlich eine Welt erschaffen könne; mögen so hohe Worte auch bloß dem Geist des Feldherrn gelten und dem Plunder einer Machtwelt, also einer Welt der Zerstörung. Gesagt wird, daß das Ingenium des Führers es ist, was sich das Heer schafft (nicht etwa das Kriegsministerium oder der kaiserliche Wille). Der Gegensatz muß nicht ausgesprochen sein, aber er steckt im Gedanken. Der andere müßte ausgesprochen sein, aber es ist keine Rede davon, keine Widerrede dagegen, daß das Heer sich den Führer machen könnte. Höchstens bliebe noch Raum für die Antithese: daß der Körper s i c h n i c h t s e l b s t b a u t. Aber diese erschließt sich nicht aus der Sentenz, welche mit syntaktischem und prosodischem Mangel tatsächlich den Gedanken a) bezweckt, der bloß den Gegensatz zu einem andern Element enthält, und sie ist, selbst wenn man sie aus der Umgebung erschlossen hat, schwer in die Sentenz hineinzudenken (»nichts als der Geist baut sich den Körper und dieser sich nicht selbst«). Zu der Verknüpfung mit b) jedoch würde solche Partnerschaft des Körpers nicht ausreichen. Der Gedanke, daß dieser sich nicht selbst baut, würde erst existent, wenn der Vergleich durch das Verglichene erläutert wird, wenn die Vorstellung auf die Wirklichkeit zurückgeht: daß eine Armee sich nicht von selbst bildet. So hat denn der Vers die Merkwürdigkeit, daß er einen Gedanken bewältigt, den der Dichter nicht hatte.

Psychologie und Grammatik

Erscheint es nun hier dem Geist nicht mit dem Wortbau gelungen, so ist es eben einer der Fälle, wo der unverkennbare Außensinn durch Versifizierung Klangwert erhält. Mag die Musik auch dem Inhalt widerstreben, so sind doch zwei Tonstützen da, die mit Hilfe eines Konstruktionsfehlers das Gleichgewicht herstellen und das Nachdenken so lange aufhalten, bis sie vor ihm hinfällig werden. Was so manchem Wort die Flügel gibt, ist der Vorzug, vermöge seiner logischen Unebenheit verstanden zu werden. Denn

Der Ton macht die Musik.

Wie ist es zu betonen?

C'est le ton qui fait la musique

zeigt an, wo im Deutschen Subjekt und Prädikat sind. (Es wäre schön, »qui« als Neutrum zu denken: wie ein vorangestelltes »ce que fait..«) Wie bei jenem Geist ist der Inhalt wieder nicht die Aussage vom Ton, daß er Musik mache, sondern: daß nur der Ton sie macht. Es ist der Ton, was usw. (Oder mit besserer Musik: was sie macht, ist der Ton. Dieser ist Prädikat.) »Der« brächte wieder die Gefahr, daß ein bestimmter Ton, von dem schon die Rede war, sie mache, im Gegensatz zu einem andern (etwa zu dem Lessing'schen, den man »vor Gericht stellen« möchte). Der Satz will aussagen, daß der T o n sie macht und kein anderer »Faktor« (der aber nicht hineinzudenken ist). Wieder nicht: »... er ist derjenige, der«, sondern: »dasjenige, was, ist er«. Hier kommt nur a) und nicht b) in Betracht, da die Antithese, daß nicht die Musik den Ton mache, nicht gedacht sein kann. Den Gefahren jenes Geistes ist auch dieser Ton ausgesetzt, und ein Kategoriebegriff (derjenige) weit und breit nicht zu finden. Aber auch hier hilft der Ton, welcher eben die Gabe hat.

Da war es denn sein Spott —- jener herrliche Spott, den auch das Objekt als Frucht genießen mußte —, d e r mich heilte.

Was sie heilte, war der Spott, der sie genießen ließ. Der an das zweite Prädikat »Spott« richtig angeschlossene Relativsatz läßt deutlich den Konstruktionsfehler des andern hervortreten, der sich fälschlich an das erste Prädikat »Spott« anschließt. Die Gelegenheit, endlich zu einem Subjekt zu gelangen, hat das Objekt des Spottes versäumt. Jenes käme ganz zum Schluß, aber es wäre in einem »was« rein vorhanden. Und nicht bloß als »psychologisches Subjekt«.

Die Unterscheidung zwischen dieser und der grammatischen Form ist dann erst berechtigt, wenn Psychologie und vor allem Logik die richtig erkannte Form in ihr grammatisches Recht einsetzen. Die Sprachphilosophen, die den Unterschied erkannt haben, ohne ihn immer zu spüren, zer-

brechen sich dafür überflüssigerweise den Kopf, ob die Verteilung von Subjekt und Prädikat nicht von der »Stellung«
alteriert werde, die diese einnehmen. Da rühmt Vossler die
Erkenntnis eines andern, der also, offenbar in der Polemik
gegen einen dritten, erkannt hat:

Wenn auf die Bemerkung »Müller scheint ein verständiger Mann zu
sein« geantwortet wird: »Ein Esel ist er«, so kann dieser »Esel« doch
dadurch, daß er vorangestellt wird, nicht zum psychologischen Subjekte werden, sondern bleibt in psychologischer so gut wie in
grammatischer Hinsicht das Prädikat.

Goldene Worte (umsomehr, als hier doch auch das grammatische Recht anerkannt wird). Und ebenso bleibt er in
beiderlei Hinsicht das Subjekt, wenn jener etwa dupliziert:

Du bist ein Esel!

Der Wechsel der Bedeutung ist hier ohne Rücksicht auf den
Wechsel der Stellung vollzogen, und der Esel ist so und so
das Subjekt (das psychologische und also grammatische),
wie in dem naheliegenden und deutlicheren Beispiel:

... Müllers Esel: das bist du!

Wenn ich nun sage:

Es ist ein Glück, daß wir so verständige Sprachführer haben

so mag es ihnen noch gelingen, »Glück« als das (meinetwegen psychologische) Prädikat zu erkennen; vielleicht auch
in der Umkehrung:

Ein Glück ist es, daß ....

und sogar in der Ellipse:

Ein Glück, daß wir ....

Die Stellung kann das Problem nicht berühren, und es wird
auch bei Aussagen, die an und für sich doppeldeutig sind,
einzig darauf ankommen, welche Beziehung sie darstellen
wollen. Die Psychologie wird den Standpunkt aus der Sphäre
bestimmen und die Logik wird die Richtung weisen. Weil
wir also schon bei Fällen halten, wo der Dumme das Glück
hat:

Der Gewinner des Loses ist Müller.
Müller ist der Gewinner des Loses.

Die Stellung ist es nicht, was die Bedeutung bewirkt (»Stellung«: Prädikat). Bei der Lotterie (oben) ist Müller das Prädikat, in der Biographie (unten) das Subjekt. Dort könnte auch ausgerufen werden, Müller sei es; hier könnte auch gesagt werden, Losgewinner sei er gewesen. Wenn er nun einen anspricht: »Ich bin usw.«, so hat sich das Subjekt »Ich« als Prädikat »Gewinner« vorgestellt; wenn die Antwort lautet: »Sie also sind usw.«, so hat sich das Subjekt »Gewinner« als Prädikat »Sie« herausgestellt. Die Frage des Grammatikers, der bei diesem psychischen Sachverhalt auf das Subjekt kommen will, hat nicht zu lauten: »Wer oder was ist Müller?«, sondern ganz normal und der Neugierde gemäß: »Wer ist der Gewinner?« Antwort: »Müller« (Prädikat). Und was wäre nun das Subjekt d i e s e r Frage? Da muß w i e d e r gefragt werden: Wer ist der Gewinner? Antwort: Wer (Prädikat). Und dabei bliebe es ad infinitum (wobei leider nie herauskäme, daß es der Müller ist). Die Stellung ist gleichgültig, und Müller wäre Subjekt geworden, wenn es in der Biographie — lange nach der Lotterie — von ihm hieße:

Auch Gewinner eines Loses war Müller.

Die Bedeutung hängt vom Gedanken ab; nicht von der Stellung, sondern von Beziehung und Betonung:

Der Tanz b e g i n n t.

Da folgt dem Subjekt das Prädikat. Vom Tanz, der schon vorgestellt ist, wird ausgesagt, daß er nun beginne. (Er kann auch enden.) Umgekehrt:

Es beginnt ein T a n z.

Da ist »Es« (das Beginnende) Subjekt und der Tanz Prädikat. Es bedeutet: Was nun beginnt, ist Tanzen. (Es könnte auch anderes beginnen.)

Ein T a n z beginnt.

Da ist, so erstaunlich es sein mag, der Tanz noch immer das Prädikat. Der Satz besteht nur aus diesem. Das Subjekt ist versteckt: es wird getanzt. Was da anhebt, könnte auch (da es ein moderner Tanz ist) Akrobatik sein. (»Das soll ein

Tanz sein?«: »Das« ist Subjekt.) Wenn ich das Zitat von
Arznei und Gift so zusammenfasse:

Arznei reiche ich dir!

so ist diese noch immer zunächst Prädikat und nur äußerlich Objekt des Reichens; denn es bedeutet: »Was ich dir
reiche, ist...«. Auch in:

Ich reiche dir Arznei!

Da macht eben wirklich der Ton die Musik. Es ist die
Antwort an den Mißtrauischen, der gefragt hat, was das
Gereichte sei. Eine noch schwierigere Aufgabe für Gram-
matiker, selbst für Psychologen, wäre die so gestellte:

Eins nur würde mich verdrießen —

wenn es ihnen nicht gelänge, hier das Subjekt zu finden.
Darum sei verraten, daß es nicht das betonte Wort ist
— denn dieses ist Prädikat —, sondern: »Was mich verdrießen würde« (ist das eine, daß usw. Dies und nichts
anderes). Dagegen freut mich

daß sie's nun gefunden haben.

Es ist der Daß-Satz.

Ihr Scharfsinn gefällt mir

(nicht ihre Gelehrtheit. Was mir gefällt, ist..). Dagegen:

Ihr Scharfsinn gefällt mir

(mißfällt mir nicht. Subjekt: Scharfsinn). Wenn eine erotische Beziehung in der Aussage dargestellt wird:

Ihre Kälte gewann ihn,

so kann die Kälte sowohl Subjekt als Prädikat sein. Entweder war, was ihn gewann, ihre Kälte (und nicht ihre
Schönheit); oder ihre Kälte gewann ihn (anstatt ihn abzustoßen).

Mich beruhigt der Ausgang

(nachdem mich die Sache bis dahin beunruhigt hat. Was mich
beruhigt, ist..);

Mich beruhigt der Ausgang

440

(und erschüttert mich nicht). Das Betonte ist Prädikat: Eins; ihr Scharfsinn; ihre Kälte; der Ausgang. (Auch so zu erkennen: Es ist eins; Es ist ihr Scharfsinn; Es ist ihre Kälte; Es ist der Ausgang.) Subjekt ist: Was mich verdrießen würde; was mir gefällt; was ihn gewann; was mich beruhigt. In allen diesen Fällen wirkt die Antithese: nicht etwas anderes, sondern das. Ganz wie: »Es ist der Geist...«.

※

Und er baut sich auch den Körper der Grammatik, was ihm noch an dem schwierigsten aller Sprachprobleme, die vielfach mit dem einen verknüpft sind, an dem »Es« gelingen muß, ohne der Gestaltung irgendeinmal ein Opfer der Logik zuzumuten. Denn ist es Gefahr und Genuß der Sprache, daß ihre Gesetzmäßigkeit als ein Wirrsal erscheint, so führt das Denken in ihr zu dem Punkt, wo höchste Mathematik zum Einmaleins wird und ein Labyrinth zur Wandelbahn, mag es sich auch eben dann wieder verschlingen. Dem kleinsten und häufigsten Wort auf den Grund zu kommen — und »es« hat in dieser Untersuchung wahrlich die Vielzahl der Fälle vermehrt —, muß Autoren nicht gelingen; auch dem dieser Schrift nicht. Aber unter den Grammatikern ist es schon dem alten Adelung (der Fälle wie »Es war einmal ein Mann«, »Es sind keine drei Wochen« und »Es wird Ernst« zusammentat) mißlungen. Immerhin hat er erkannt, wie schwierig e s sei:

Es ist hier noch bey weitem nicht alles gesagt worden, was von diesem Wörtchen, welches im Deutschen von einem überaus großen Gebrauche ist, gesagt werden könnte. Indessen erhellet schon aus diesem wenigen, wie schlecht dasselbe unsern meisten Sprachlehrern bekannt gewesen.

Die nachgelassene Glosse *Sprachlehre für Sprachlehrer* dürfte im Zusammenhang mit *Subjekt und Prädikat*, also 1932, entstanden sein. In beiden Schriften (andeutungsweise auch in dem Aufsatz *Die Sprache* aus demselben Jahr) bezieht sich Kraus auf Karl Vosslers *Gesammelte Aufsätze zur Sprachphilosophie* (München 1923). Die Glosse erschien erstmals in der Basler *National-Zeitung* vom 15. Juni 1939 (Nr. 270-3) und ist im April 1959 von der Wiener Zeitschrift *Forum* (Heft 64) nachgedruckt worden. Die Wiedergabe folgt dem Erstdruck unter Berichtigung einiger Druckfehler und unter Rücknahme der von der Redaktion vorgenommenen Hervorhebungen der Zitate. Das Manuskript dürfte nur einzelne Wörter und Wortfolgen in den aus Vosslers Buch angeführten Stellen (so: »einwandsfrei« und »vier ersten«) hervorgehoben haben.

Sprachlehre für Sprachlehrer

Nachdem wir gesehen haben, wie die grammatischen Formen immer nur die Festigung, Regelung und Erstarrung der seelischen sind, können wir in der Grammatik nur noch die Castigatio und Disciplina sehen, die über die göttliche Törin Phantasie durch die Not verhängt wird.

Wenn die Törin so metaphorisch ausschweift, hat sie's nicht besser verdient, obschon kaum zu verstehen ist, wie die Not eines Werktags, der sich mehr um die Zeitung als um die Grammatik kümmert, an der strengen Zucht schuld sein soll. Gewiß besteht zwischen der Phantasie und der Grammatik die Beziehung, daß sie Formen schafft, die Grammatik jedoch manchmal die vorhandenen mißversteht, innerhalb deren die Phantasie reichlich Spielraum findet. Karl Vossler, von dem der Stoßseufzer herrührt, verdient, wie man sieht, mit Recht den Ruf des fortgeschrittensten Sprachwissenschaftlers. Er verfügt sozusagen über einen Profundus instructus, jedoch auch über einen Stil von so blendender Klarheit, daß man Mühe hat, seinen Gedanken auf den Grund zu kommen. Gelingt es, so erweist sich mancher als eine Untiefsinnigkeit, die gar nicht so gefährlich ist, wie sie aussieht. Die Skepsis, mit der er der Sprache als einer Schöpfung außer und über den soziologischen Bedingnissen gegenübersteht, verführt ihn zu Feststellungen, die es einem noch leichter machen:

Wohl gibt es auch heute wieder Sprachphilosophen, die eine selbständige, allgemeine, reine, spekulative und universale Grammatik, eine

Grammatik der Grammatiken fordern. Aus meinen Betrachtungen werden diese Neu-Platoniker und Neu-Scholastiker gerade so klug werden wie ich aus den ihren.

Aber verhältnismäßig leicht wird es ihnen auch, wenn er aus allem Tiefsinn und Hochmut der Betrachtung jener Törin Phantasie eine Papierblume reicht, indem er etwa abschließend dort, »wo der Kunstwert und die Literarisierung einer Sprache einsetzen und die Pflege ihres ornamentalen Charakters als Selbstzweck betrieben wird«, das soziologische Interese vertröstet, sich zu gedulden

etwa so, wie der gesellschaftliche Begleiter einer Dame vor ihrem Toilettezimmer Halt macht und als echter Weltmann die Künste nicht sehen will, mit denen sie ihren Liebreiz erneut und steigert. Er wird gern warten, weil er gewiß ist, die Wirkung ihres veränderten Schmuckes, sobald sie wieder erscheint, in der Gesellschaft, zu der er sie zurückgeleitet, beobachten und miterleben zu dürfen.

Nicht ahnend, daß ins Toilettezimmer der Erotiker Einlaß gefunden hat, den gerade die Zubereitung der Reize fesselt. Der hat ein scharfes Auge drauf, ob alles in Ordnung ist, wenn die Dame in Gesellschaft geht, und findet sogar dann manches auszusetzen, wenn sie Sprachphilosophie trägt.

Grau, teurer Freund, ist alle Theorie,
Doch grün des Lebens goldner Baum.

Möchte man nicht glauben, daß die Zitierung dieses Goethe-Wortes den Eigenwuchs der Sprache gegenüber der sprachphilosophischen Skepsis bestätigen sollte? Vossler bemüht sich jedoch, gerade an ihm nachzuweisen, daß »eine philosophische Unwahrheit, eine empirische Sinnlosigkeit, ja sogar eine logische Unrichtigkeit in sprachlich korrekter Form sich darstellen kann« (nachdem er es falsch zitiert hat). Die grammatische Richtigkeit habe ebensowenig mit anderen empirischen, historischen und logischen Richtigkeiten als mit der Wahrheit etwas zu tun.

Es gibt nichts im Reiche des Irrtums noch in dem der Lüge, was nicht tadellos stilisiert und sprachlich eingekleidet werden könnte.

Diese Erkenntnis, die nicht einmal die Grammatik kompromittieren könnte, geschweige denn die Sprachkunst, welche im Reich der Lüge keinen Boden findet, wäre – was den Irrtum anlangt – besser als mit dem Goethe-Wort mit diesem Satz und mit etlichen anderen Aussprüchen Vosslers zu belegen, der ein überaus ge-

wandter Stilist ist. Freilich nicht mit den ersten Worten seiner Abhandlung, wo dem Goethe-Wort nachgesagt wird:

Rein grammatikalisch betrachtet, ist dieser Satz einwandsfrei. Er ist
sprachlich richtig.

Gewiß mehr als dieser, da ja selbst noch das korrektere »einwand-
frei« dem Sprachschatz der Zeitung entnommen wäre, und gerade in diesem Fall bewiesen wird, daß zwar nicht der Sprachgebrauch, dessen Fehler ein Sprachlehrer spüren sollte, aber die
grammatische Richtigkeit einer logischen Mißbildung widerstrebt (indem ja sogar Wustmann weiß, daß der Einwand, der
einer Sache zuteil wird, nicht schon als deren Eigenschaft vorstellbar ist). Es wäre also besser gewesen, den Satz Goethes unverwerf-
lich oder untadelhaft zu nennen, um auch dem eigenen annähernd diese Qualität zu sichern. Schon eine Stelle im Vorwort
hätte dieser Sicherung bedurft, da sie der Ansicht, daß die grammatische Richtigkeit mit der logischen nichts zu tun habe, auffallend zu widersprechen scheint.

Die vier ersten und das sechste und siebente sind im Logos ... (1910–
1919) erschienen ...

Ob die grammatische Richtigkeit auch mit der Wahrheit nichts zu
tun hat, kann hier nicht entschieden werden, weil jene nicht vorliegt. Die Wahrheit sei ohne Nachprüfung angenommen, aber
fatal ist, daß »die vier ersten« in einer Zeitschrift erschienen sind,
die Logos heißt. Sie wären passender in einer Tageszeitung erschienen, die die Wendung zu gebrauchen pflegt, wenn sie von
den ersten vier sprechen will. Dieses bedeutet, daß noch weitere
vier in der Reihe, wie sie das Buch darbietet, folgen. Die »vier ersten« heißt, daß es vier Kapitel sind, deren jedes eine Reihe eröffnet. (Die Stellung wäre bei einer einzigen Reihe nur dann möglich, wenn ihre »ersten« bereits begrifflich vorhanden wären, und
man sie als abgesonderte Gruppe zählte; sie wäre dann so entstanden: die vier ersten [vier].) Die göttliche Törin Phantasie, die zu
solcher Vorstellung fähig sein sollte, muß sich über die Festlegung
und Regelung, die hier die Grammatik vorgenommen hat, durchaus nicht als über eine Castigatio beklagen. Solange Dichter und
Sprachlehrer in solchem Punkte unsicher sind oder vielmehr die
Sicherheit des journalistischen Denkens bewähren, wollen wir
wünschen, daß jene Disciplina noch lange über uns verhängt sei.
Mit ihrer Verleugnung wird gerade der Goetheschen Antithese

zugestimmt, obgleich ihr der empirische Sinn, wie die logische Richtigkeit bestritten wird. Wir aber möchten die Theorie möglichst grau sehen, solange es des Lebens Baum so bunt treibt.

*

Der nachstehend wiedergegebene Brief des Verlags »Die Fackel«, gerichtet an den katholischen Schriftsteller August Zechmeister, sollte bereits unter den »Dokumenten« des unveröffentlicht gebliebenen Gedenk-Buchs *Karl Kraus und seine Nachwelt* (1938) erscheinen. Er ist (faksimiliert) erstmals in den *Nachrichten aus dem Kösel-Verlag* (Folge XVIII, Herbst 1963) veröffentlicht worden. (Danach auch bei Stieg 1976, 206 f.) – Die Wiedergabe folgt dem Faksimile des Typoskripts unter Übernahme auch des gedruckten Briefkopfs und der teils gestempelten, teils handschriftlichen Unterschrift.

VERLAG »DIE FACKEL«
HERAUSGEBER KARL KRAUS
WIEN, III, HINTERE ZOLLAMTSSTR. 3
TELEPHON U 12-2-55   Wien, 25. Mai 1936

Herrn
Dr. August Zechmeister

Hochgeehrter Herr!

Mit großem Interesse hat der Herausgeber der ›Fackel‹ Ihre am 17. Mai in der ›Reichspost‹ veröffentlichte Betrachtung »Ferdinand Ebner, ein österreichischer Denker« gelesen. Dieser, dessen Entdeckung das Verdienst der Zeitschrift ›Der Brenner‹ bleibt, war gewiß im Leben, im geistigen Tun wie im Verzicht auf Geltung eine reine und ergreifende Gestalt, und Ihre Klage ist berechtigt, wir Österreicher hätten »einen Menschen unter uns beherbergt, dessen Leben und Denken, wenn auch auf unsichtbare Weise .... in das wahre gegenwärtige Innenleben des Geistes eingegangen ist, und wir wissen es nicht«. Umso berechtigter Ihre Mahnung, daß Österreich, ist es in seiner Geschichte auch reich an Gestalten und Köpfen, dennoch heute, in der Zeit des Bedrohtseins, nicht so reich sei, »daß es ungestraft über Menschen, nur weil sie in dem Adel ihrer Gesinnung und in der ungeheuren Schwere ihres persönlichen Schicksals es nie verstanden, es nie über sich brachten, aus dem, was sie dachten und litten, Kapital zu machen, einfach hinweggehen darf«. Mit dem vollsten Recht sprechen Sie aus, »wenn man die Summe nennen würde«, die Ebners Publikationen eintrugen, so müsse jeder »schamrot werden über die Schuld und das Unverständnis des Publikums, das wir ja alle sind«. Freilich könnte man erwidern, daß gerade die Zeitung, die nunmehr bereit ist, solcher Rüge Raum zu geben, bis heute, und vollends bei Lebzeiten des christlichen Denkers, wohl kaum einen Versuch gemacht hat, zwischen den Hinweisen auf die Leistungen von Gerngroß und Krupnik, dem Nichtwissen und dem Unverständnis des Publikums beizukommen, und ganz gewiß wird man in der vatikanischen »Schau«, deren Lobpreisung täglich die Spalten füllt, keiner Spur seines geistigen Waltens begegnen. Zwar pflichtet der Herausgeber der ›Fackel‹ Ihnen nicht just darin bei, daß man »dann aufhorchen muß«, daß es »dann nachzuholen gilt«, wenn man sehe, daß Ebners einziges von ihm selbst veröffentlichtes Buch neben seinem Vater »indirekt Theodor Haecker gewidmet ist«, oder »wenn man las, daß Karl Thieme unter dem Eindruck des Lebenswerkes Ebners konvertierte«. Der Herausgeber der ›Fackel‹ würde nicht glauben, daß die vielfach einbekannte Wirkung, die er selbst auf beide genannten Autoren ausgeübt hat, ihm die Beachtung der Mit- und Nachwelt sichern müßte. Auch Sie sagen ja von Ferdinand Ebner weit mehr aus, nämlich daß »das *Wort* und die *Sprache* ihm zu einem unverlierbaren Schlüssel wurden, der ihm das Tor zur konkreten geistigen Existenz des Menschen öffnete«. Wenn der Herausgeber der ›Fackel‹ nun auch gestehen muß, daß er bei allem Respekt vor diesem Erlebnis an ihm nur mit einem geringen Maß von Miterleben beteiligt war, so werden Sie, hochgeehrter Herr, im Sinne »jener einzigartigen Innsbrucker Zeitschrift«, die Sie mit Recht rühmen, vielleicht zugeben, daß sich, obschon auf andere Geistesart, eine ähnliche Beziehung zur Sprache auch dem Werk der ›Fackel‹, und ihrer Sprache selbst, nachsagen ließe. Und hier ist der Grund, der den Herausgeber, nebst allem Dank für Ihr geistiges Bestreben in einer davon unbewegten Meinungssphäre, bestimmt, dieses Schreiben (an dessen ihm gemäßer Form Sie wohl nicht Anstoß nehmen) an Sie zu richten. Daß Sie von seiner Wirksamkeit wissen, ist ihm eben aus einem Heft des ›Brenner‹ bekannt: wo Ihr Ausspruch zitiert wird, dieser sei ein Werk, »das durch sein

Sprachgewissen allein schon der Lebensarbeit Karl Kraus' nahekommt«. Daß Sie ihm nicht zutrauen, er reklamiere die Nennung
seines Namens in der Presse, ob sie nun das Werk von Christen
oder Juden sei, nimmt er ohne weiteres an. Auch daß sie wissen,
die Behandlung dieses Themas diene immer nur dem Nachweis,
daß die Presse in einem besonderen Falle um den Versuch bemüht
sei, die »konkrete geistige Existenz« auszutilgen und deren »Ge-
dankengut« (als das man heute politische Parolen bezeichnet) lieber zu benützen als namhaft zu machen. Wir zweifeln nicht, daß
Sie in so gewissenhaftem Befassen mit der Problematik der Sprache – bei aller Ehre, die dem armen Ferdinand Ebner gebührt –
an das Werk der ›Fackel‹ gedacht haben, wohl auch dort, wo Sie
Aphoristiker nennen und »als bekanntesten« (wenngleich nicht
besten) Nietzsche. Sollte es dennoch nicht der Fall sein, müßten
wir es als Urteil hinnehmen, das zwar in einem Gegensatz zu dem
der von Ihnen geachteten Instanzen stünde, aber natürlich unbe-
rufbar ist. Sollte es jedoch der Fall sein, so nehmen wir nicht an,
daß Sie aus Rücksicht auf das publizistische Milieu die an vielen
Stellen naheliegende Zitierung unterlassen haben; und die Frage,
ob sie Ihnen gestrichen wurde, steht uns nicht zu. In keinem dieser beiden Fälle möchten wir Ihre Ehrung eines Toten, die ja, mit
der Klage, daß man ihn bei Lebzeiten nicht beachtet habe, vorweg
Ihrer Absicht entsprach, dem Unternehmen jenes Kulturfaktors
gleichstellen, der zu einem Vortrag über österreichische Literatur
von der »Ravag« eingeladen war und der, als sie aus dem Manuskript ersah, daß vom Herausgeber der ›Fackel‹ die Rede sei,
nach langem Warten ihrem endlich eröffneten Wunsch entgegen-
kam, »nur über Tote« zu sprechen.
Mit dem Ausdruck
der vorzüglichsten Hochachtung
VERLAG »DIE FACKEL«
König

Rekommandiert

ERSTDRUCKE

Die Arbeiten dieses Bandes sind in erster Fassung alle in der *Fackel* erschienen. Sie werden hier in der Reihenfolge ihres ersten Erscheinens und unter Beifügung ihrer bisweilen abweichenden Gruppen- oder Einzeltitel aufgeführt. Ein der Quellenangabe vorangesetztes Sternchen weist auf Verwendung von größerer Schrift im Erstdruck der *Fackel*.

ABBILDUNGEN ZUR DOKUMENTATION

Zu Abbildung 1

Hier wird deutsch gesprochen

[Motto]   *colonel*
petit

Wenn die Herren, die die große Zeit, anstatt sie mit Sprachreinigung
zu verthun, lieber darauf anwenden wollten, ihre Zähne zu reinigen, so wären die Voraussetzungen für eine spätere internationale
Verständigung gegeben. Man muß Fremdwörter nicht gerade dort
gebrauchen wo es nicht nothwendig ist und man muß nicht unbedingt von Kretins sprechen, wenn man es mit Trotteln zu thun hat.
Aber das eine sei ihnen doch gesagt, daß ja ein Fremdwort auch
einen Geschmack hat und sich seinerseits auch nicht in jedem Maul
wie zuhause fühlt. Dabei habe ich nur den Schutz jenes Sprachgebrauchs im Sinn, den diese Leute für die Sprache halten. Mehr
ihnen zu sagen, wäre von übel. Sie verstehen ihre eigene Sprache
nicht und so würden sie es auch nicht verstehen, wenn man ihnen
verriethe, daß das beste Deutsch aus lauter Fremdwörtern zusammengesetzt sein könnte, weil nämlich der Sprache nichts gleichgültiger sein kann als das Material, aus dem sie schafft. Wenns ihnen
Spaß [macht ...]

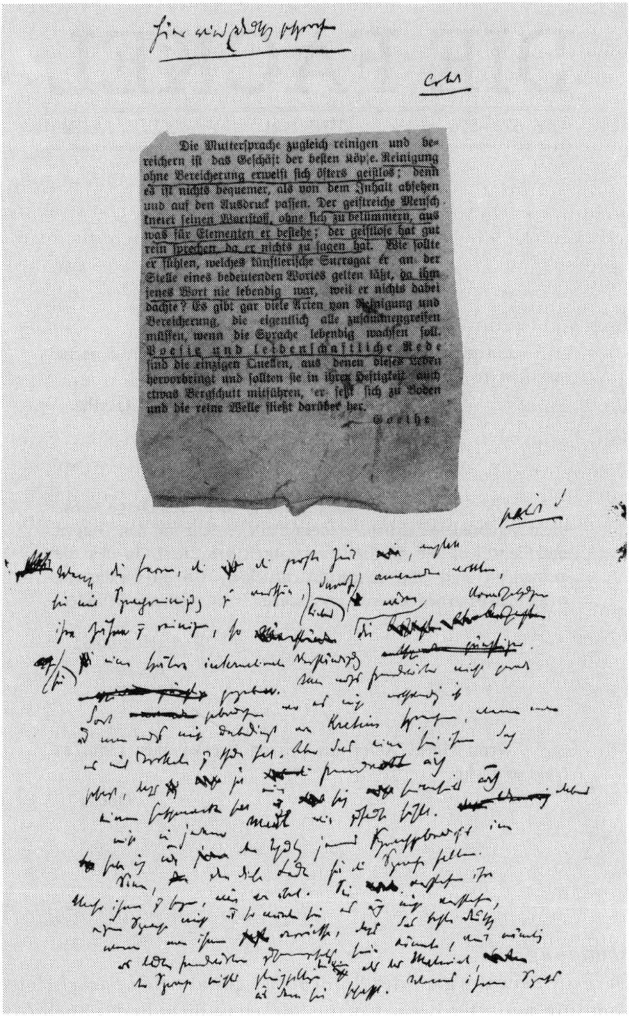

Die Muttersprache zugleich reinigen und bereichern ist das Geschäft der besten Köpfe. Reinigung ohne Bereicherung erweist sich öfters geistlos; denn es ist nichts bequemer, als von dem Inhalt absehen und auf den Ausdruck passen. Der geistreiche Mensch knetet seinen Wortstoff, ohne sich zu bekümmern, aus was für Elementen er bestehe; der geistlose hat gut rein sprechen, da er nichts zu sagen hat. Wie sollte er fühlen, welches künstlerische Surrogat er an der Stelle eines bedeutenden Wortes gelten läßt, da ihm jenes Wort nie lebendig war, weil er nichts dabei dachte? Es gibt gar viele Arten von Reinigung und Bereicherung, die eigentlich alle zusammengreifen müssen, wenn die Sprache lebendig wachsen soll. Poesie und leidenschaftliche Rede sind die einzigen Quellen, aus denen dieses Leben hervordringt und sollten sie in ihrer Heftigkeit auch etwas Bergschutt mitführen, er setzt sich zu Boden und die reine Welle fließt darüber her.

Goethe

Abbildung 1
Erste Seite des eigenhändigen Manuskripts der Glosse *Hier wird deutsch gespuckt* in F 413–417, 42–44. Vgl. in dieser Ausgabe S. 9–11.

DIE FACKEL

Nr. 572—576   JUNI 1921   **XXIII. JAHR**

ZUR SPRACHLEHRE

> Ein jeder, weil er spricht, glaubt auch über die Sprache sprechen zu können.
>
> Goethe.

•

> Alle Sprachformen sind Symbole, nicht die Dinge selbst, nicht verabredete Zeichen, sondern Laute, welche mit den Dingen und Begriffen, die sie darstellen, durch den Geist, in dem sie entstanden sind und immerfort entstehen, sich in wirklichem, wenn man es so nennen will, mystischem Zusammenhang befinden.
>
> W. v. Humboldt.

•

> Wenn einem Autor ein Lexikon nachkommen kann, so taugt er nichts.
>
> Goethe.

*

Abbildung 2

Die erste Seite des ganz der *Sprachlehre* gewidmeten *Fackel*-Hefts vom Juni 1921. Der zweite Goethe-Spruch ist nicht in das Buch *Die Sprache* übernommen worden; ebenfalls nicht der erste von den drei Aphorismen, die den Schluß des Heftes bilden: »Der Leser glaubt, daß ich ›über‹ etwas schreibe. Er ahnt gar nicht, wie recht er hat. Besonders, wenn ich über ihn schreibe.« (F 572–576, 76.)

Die andern sind mir entbehrlich, und grad die dringen bis zu meinem Schreibtisch vor. Die dort nicht Beschäftigten lassen sich eben deshalb den Eintritt nicht verwehren. Es sind sonderbare Erscheinungen. Einer bietet unter der Rubrik »Druckfehler«, in der er tatsächlich solche mitteilt, die Überzeugung an, daß es irgendwo statt: etwas »nicht wahr haben« »nicht für wahr halten« heißen müsse. Er will es nicht wahr haben, daß es jene Wendung gibt. Aber daß er einen so komplizierten Druckfehler angenommen hat, kann ich nicht für wahr halten; sondern nur hoffen, daß er den sprachlichen Unterschied zwischen einer Tatsache, die er nicht gelten läßt, und einer Behauptung, die ich bestreite, nunmehr anerkennen und Ruhe geben wird. Ein anderer vermutet stark, daß in der Stelle:

— wie anders steht Ungarn vor der Welt da als wir, wie anders als der Bettlerstaat, der wir mit Ungarns Hilfe geworden sind, steht ein Räuberstaat da, wie anders als ein Staat der Arbeitslosen ein Staat, der den Willen zur Selbsterhaltung durch den Strick befestigt und hierauf durch die Bande der Dynastie!

es richtig heißen soll »ein Staat der Arbeitslosen, ein Staat«. Er hält also das Subjekt für ein fortgesetztes Objekt, identifiziert den Staat der Arbeitslosen mit dem Staat, der den Willen zur Selbsterhaltung durch die Bande der Dynastie befestigt, mit einem Wort, er vereinigt Österreich und Ungarn unter dem Szepter jenes Kommas. Mein Satz ist gewiß schwer zu verstehen, aber schwerer mißzuverstehen, und wenn es schon zu verstehen ist, daß einer ihn mißversteht, so ist es doch gewiß nicht zu verstehen, warum er darin glaubt, daß er ihn verstanden hat, wobei noch schwerer zu verstehen ist, daß er mir's sagt, und am schwersten — wie wieder meine Leser sagen werden —, daß ichs weitersage. Aber so bin ich mal, was ist denn das, verdrießt mich was, so machts mir Spaß) Einer vermutet, daß der Setzer ein Unglück angerichtet hat in den Versen:

im Buch des Lammes nicht geschrieben steht,
das vom Beginn der Welt dem Tod bestimmt ist.

»Der Dativ (Buch) klingt« — ihm — »stärker als der Genitiv (Lammes), so daß der Relativsatz — ihm — falsch angeschlossen und sich auf ,Buch' zu beziehen scheint«. Die Beobachtung mag für den, der »Buch des Lammes« nur noch als biblische

Abbildung 3

Eine Seite aus dem Aufsatz *Antworten des Herausgebers* (später: *Druckfehler*) im Druck der *Fackel* mit ersten handschriftlichen Korrekturen für die Übernahme in das Buch *Die Sprache*. Vgl. in dieser Ausgabe S. 44 f.

Sprachlehre

Mai 1927

Zweifel des Lesers

Weit entfernt von der Ansicht, daß einem Aufsatz über Konjunktive, Pronomina, Tempora, Kasus und dergleichen eine angeregte Unterhaltung nicht abzugewinnen w ä r e, wenn nämlich der Aufsatz von K. K. ist und man das Wort »Unterhaltung« in einem etwas edleren als dem landläufigen Sinne gebraucht, glaube ich vielmehr, kaum je ein belletristisches oder polemisches Werk angeregter, ja gespannter gelesen zu haben als diesen Aufsatz. In dem Satz nun auf Seite 79 des letzten Heftes, in dem jene Warnung an den auf stoffliche Unterhaltung erpichten Hörer enthalten ist, steht ein Konjunktiv imperfecti, den ich vorhin zu brauchen mir erlaubte, weil ich eben der Ansicht bin, daß dem Aufsatz eine angeregte Unterhaltung abzugewinnen i s t, der mir aber im Original von der Lehre des Aufsatzes abzuweichen scheint, da dort doch wohl dem Hörer ohne den Ausdruck eines Zweifels mitgeteilt werden soll, dem Aufsatz sei eine angeregte Unterhaltung nicht abzugewinnen. Liegt nun bei der Programmnotiz eine besondere stilistische Absicht vor, die mir entgangen ist, oder habe ich den Aufsatz »Zur Sprachlehre« ohne Erfolg gelesen?

Für die Beantwortung der eben gestellten Frage würde ich ebenso dankbar sein

(besser: »wäre ich ebenso dankbar«)

wie für die der folgenden: Auf Seite 38 der Nr. 751—756 findet sich in der letzten Zeile des Passus ». . . was so viel bedeutet als . . .«. Da man mich nun einerseits schon in der Schule lehrte, die Konjunktion »als« stehe in ihrer vergleichenden Bedeutung nur nach Komparativen und nach dem Wort »anders« und seinen Ableitungen, andererseits aber mein Sprachgefühl sich gegen die oben zitierte Wendung nicht im mindesten sträubt, zweifle ich, ob jene Schulregel überhaupt richtig ist. Oder steht das »als« an der zitierten

230

Abbildung 4/5
Zwei Seiten aus der Erstausgabe des Buches von 1937.

Stelle nur deshalb, weil ein »wie« statt seiner dort klanglich sehr häßlich sein würde?

(besser: »häßlich wäre«)

Zum Schluß möchte ich noch eine Frage vorbringen: Ist nicht der an sich unrichtige Wustmannsche Satz »es ist nicht anzunehmen, daß sie den Indikativ hätten gebrauchen wollen« in der Zitierung S. 52 Z. 15 des Februar-Heftes durch die vom Zitierenden vorgenommene Umwandlung des »ist« in »sei« wieder richtig geworden? Ist also nicht der von Wustmann falsch geschriebene Satz durch die Zitierung in indirekter Rede schon so weit korrigiert worden, daß man, um seine Unrichtigkeit zu erkennen, auf das wörtliche Zitat Z. 7 derselben Seite zurückgreifen muß?

Ob ich Herrn Karl Kraus die Beantwortung meiner Fragen zumuten kann, weiß ich nicht. Daß ich ihm die vollendetste und für mich genußreichste Klärung meiner Zweifel zutraue, brauche ich nicht zu versichern. — —

Schon diese richtige Anwendung von »zumuten« und »zutrauen«, die kein Wiener Journalist je lernen wird, hat eine Antwort verdient:

14. März 1927.

Wir danken Ihnen, auch im Namen des Herausgebers der Fackel, für die so freundliche Ansicht Ihres Schreibens wie auch für die durchaus anerkennenswerte Absicht, eine Klärung Ihrer Zweifel zu erlangen. Sie müssen sich aber, aus gewiß begreiflichen Gründen, mit der Versicherung begnügen, daß diese Zweifel sachlich nicht begründet sind. Wenn es die Arbeit gestattet und ermöglicht, wird ja wohl manches, wie etwa der Fall »als und wie«, publizistisch behandelt werden können. Immerhin möchten wir Ihnen sagen, daß Sie in dem Satz, der in jener »Warnung« steht, den rein konditionalen Charakter des Konjunktivs übersehen haben. (Es ist ja doch eben eine Warnung an solche, die dergleichen nicht vertragen und für die es nicht unterhaltend wäre, wenn sie dablieben. Auch ohne »daß« wäre der Konjunktiv hier richtig.) Der Wustmann'sche Satz jedoch ist durch die indirekte Art der Zitierung keineswegs richtiger geworden, ganz abgesehen davon, daß der Fehler, auf den das Zitat hinweist, durch die Sperrung des Wortes hinreichend anschaulich wird.

231

KARL KRAUS
DIE SPRACHE

WIEN 1937
VERLAG »DIE FACKEL«

Abbildung 6
Titelblatt der von Philipp Berger besorgten Erstausgabe des Buches.

LITERATURVERZEICHNIS

Ausgaben

Die Sprache. [Hrsg. von Philipp Berger.] Wien: Verlag ›Die Fackel‹
1937. 399 S. 8°.
– – – Hrsg. von Heinrich Fischer. München: Kösel-Verlag 1954.
²1956. ³1962. 488 S. (= Zweiter Band der Werke von Karl Kraus.)
– – – [Im Wortlaut der Erstausgabe.] München: Deutscher Taschenbuch Verlag 1969. 377 S. (= dtv 613.)

*

Karl Kraus: Heine und die Folgen. Schriften zur Literatur. Ausge-
wählt und erläutert von Christian Wagenknecht. Stuttgart: Reclam
1986. 392 S. (= Universal Bibliothek 8309 [5].)

Abhandlungen

Helmut Arntzen: Karl Kraus und die Presse. München 1975 (= Literatur und Presse/Karl-Kraus-Studien Band 1).
Helmut Arntzen: Sprachdenken und Sprachkritik um die Jahrhundertwende. In: Ders.: Zur Sprache kommen. Studien zur Literatur
und Sprachreflexion, zur deutschen Literatur und zum öffentli-
chen Sprachgebrauch. Münster 1983. 231–242 (= Literatur und
Sprache. Literaturtheorie – Interpretation – Sprachkritik Band
4).
Roger Bauer: Kraus contra Werfel: eine nicht nur literarische
Fehde. In: Sprache und Bekenntnis. Sonderband des Literaturwis-
senschaftlichen Jahrbuchs. Hermann Kunisch zum 70. Geburtstag.
Berlin 1971. 315–334.
Martina Bilke: Zeitgenossen der »Fackel«. Wien 1981.
Jay F. Bodine: Karl Kraus: Sprache, Literatur und Wirklichkeit.
Phil. Diss. (masch.) Princeton 1973.
Jay F. Bodine: Karl Kraus's Conception of Language. In: Modern
Austrian Literature 8 (1975) Nr. 1/2. 268–314.
Jay F. Bodine: Die Sprachauffassung und Sprachkritik von Karl
Kraus. Ein Forschungsbericht über Untersuchungen der siebziger
Jahre. In: Revue Belge de Philologie et d'Histoire 59 (1981). 665–
683.

Mechthild Borries: Ein Angriff auf Heinrich Heine. Kritische Betrachtungen zu Karl Kraus. Stuttgart 1971 (= Studien zur Poetik und Geschichte der Literatur. 13).

Günter Busch: Der sprachliche Weltentwurf. In: Akzente 2 (1955). 494–502.

Andreas Disch: Das gestaltete Wort. Die Idee der Dichtung im Werk von Karl Kraus. Zürich 1969.

Hannelore Ederer: Karl Kraus. In: Dies.: Die literarische Mimesis entfremdeter Sprache. Zur sprachkritischen Literatur von Heinrich Heine bis Karl Kraus. Köln 1979. 238–405 (= Pahl-Rugenstein-Hochschulschriften Gesellschafts- und Naturwissenschaften; 18: Serie Literatur u. Geschichte).

Peter Fässler: Studien zur »Sprachlehre« von Karl Kraus. Zürich 1972.

Eduard Haueis: Karl Kraus und der Expressionismus. Diss. Erlangen/Nürnberg 1968.

Hans Jürgen Heringer: Karl Kraus als Sprachkritiker. In: Muttersprache 9 (1967). 256–262.

Wilma Abeles Iggers: The Absolute Value of Language. In: Dies.: Karl Kraus. A Viennese Critic of the Twentieth Century. The Hague 1967. 21–47.

Oskar Jancke: »Die Welt beim Wort nehmen«. Karl Kraus und die Sprache. In: Wort und Wahrheit 9 (1954). 593–598.

Gustave Kars: L'esthétique de Karl Kraus. In: Etudes Germaniques 8 (1953). 252–261.

Werner Kraft: Sprache und Sprachkritik. In: Ders.: Karl Kraus. Beiträge zum Verständnis seines Werkes. Salzburg 1956. 163–235.

Werner Kraft: Ludwig Wittgenstein und Karl Kraus. In: Die Neue Rundschau 72 (1961). 612–644. Auch in: Ders.: Rebellen des Geistes. Stuttgart, Berlin, Köln, Mainz 1968. 102–134.

Werner Kraft: Ludwig Wittgenstein und Karl Kraus, direkt und indirekt. In: Untersuchungen zum »Brenner«. Festschrift für Ignaz Zangerle. Salzburg 1981. 451–459.

Werner Kraft: Ferdinand Ebner und Karl Kraus. In: Mitteilungen aus dem Brenner-Archiv 1 (1982). 8–41.

Kurt Krolop: Ebenbild und Gegenbild. Goethe und »Goethes Volk« bei Karl Kraus. In: Antal Mádl/László Tarnói (Hrsg.): Goethe-Studien. Zum 150. Todestag des Dichters. Budapest 1982 (= Budapester Beiträge zur Germanistik. 9).

Dieter Lamping: Probleme der Reimpoetik im 20. Jahrhundert. In: Wirkendes Wort 35 (1985). 283–293.

Moritz Lederer: Karl Kraus und die Folgen. In: Deutsche Rundschau 81 (1955). 165–169.

Leopold Liegler: Karl Kraus und die Sprache (Vortrag, gehalten am 24. November 1917). Wien 1918.

Leopold Liegler: Die Sprache. In: Ders.: Karl Kraus und sein Werk. Wien 1920. 283–386.

Joseph Markus: Sprache und Ursprung. Zur Diagnose von Karl Kraus. In: Dem Andenken an Karl Kraus. Hrsg. von Paul Engelmann. Tel Aviv 1949 (masch. vervielfältigt). Wiederabdruck in: Paul Engelmann: Dem Andenken an Karl Kraus. Hrsg. von Elazar Benyoetz. Wien 1967. 49–54.

Reinhard Merkel: »Die Welt im Wort erschaffen«, Karl Kraus als Sprachdenker. In: Lesezirkel (Wien) 3 (1986) Nr. 19. Karl Kraus zum 50. Todestag. 18–19.

Josef Quack: Bemerkungen zum Sprachverständnis von Karl Kraus. Bonn 1976 (= Abhandlungen zur Kunst-, Musik- und Literaturwissenschaft. 232).

Sigismund von Radecki: Karl Kraus und die Sprache. In: Ders.: Wie ich glaube. Köln, Olten 1953. 11–20.

Peter Rühmkorf: Die soziale Stellung des Reims. Karl Kraus oder die Grenzen der Wesensbeschwörung. In: Grüße. Hans Wolffheim zum 60. Geburtstag. Hrsg. von Klaus Schröter. Frankfurt a. M. 1965. 103–111.

Max Rychner: Karl Kraus: Die Sprache. In: Ders.: Arachne. Aufsätze zur Literatur. Zürich [1957]. 132–143.

Joachim Stephan: Satire und Sprache. Zu dem Werk von Karl Kraus. München 1964.

Joseph Peter Stern: Karl Kraus's Vision of Language. In: Modern Language Review 61 (1966). 81–84.

Joseph Peter Stern: Karl Kraus. Sprache und Moralität. In: Alfred Pfabigan (Hrsg.): Ornament und Askese im Zeitgeist des Wien der Jahrhundertwende. Wien 1985. 168–177.

Joseph Peter Stern: Karl Kraus: Language and Experience. In: Sigurd Paul Scheichl und Edward Timms (Hrsg.): Karl Kraus in neuer Sicht. Londoner Kraus-Symposium/Karl Kraus in a New Perspective. London Kraus Symposium. München 1986 (Kraus-Hefte Sonderband).

Gerald Stieg: Karl Kraus und Ferdinand Ebner. In: Ders.: Der Brenner und die Fackel. Ein Beitrag zur Wirkungsgeschichte von Karl Kraus. Salzburg 1976. 203–234 (= Brenner-Studien 3).

Helmut Uhlig: Vom Pathos der Syntax. Über Karl Kraus und gegen seine Lobredner. In: Akzente 2 (1955). 484–494.

Christian Wagenknecht: Das Wortspiel bei Karl Kraus. Göttingen 1965 (= Palaestra 242).

Nike Wagner: Eros und Logos. In: Nike Wagner: Geist und Geschlecht. Karl Kraus und die Erotik der Wiener Moderne. Frankfurt a. M. 1982. 132–213.

Das nachfolgende Register verzeichnet in der Hauptsache die Namen solcher Autoren und die Titel solcher Werke, von denen in den Schriften dieses Bandes (einschließlich der Paralipomena) an den jeweils nachgewiesenen Stellen anerkennend oder absprechend die Rede ist. (Sei es auch nur im Wege der Anspielung.) Nicht erfaßt werden bloße Erwähnungen (wie von Ibsens *Peer Gynt*, S. 263) und rein illustrative Zitierungen (wie insbesondere einiger Nestroy-Sätze, z.B. S. 30). Schauspieler und Bildhauer, Buchhändler und Verleger sind nur in begründeten Ausnahmefällen (Alexander Girardi, Kurt Wolff) aufgenommen. Die Stellen, an denen Kraus sich kritisch auf sich selbst und auf eigene Werke bezieht, finden sich am Schluß des Registers eigens zusammengestellt. – Zur ersten Erläuterung sind die Lebensdaten der Autoren (teils nach Ögg) und (außer bei Gedichten) die Erscheinungsdaten der Werke beigefügt.

EDITORISCHE NOTIZ

Das Satzbild von Heinrich Fischers Ausgabe, die als *Zweiter Band der Werke von Karl Kraus* erstmals 1954 (^{2}1956, ^{3}1962) erschienen ist, konnte gutenteils übernommen werden. Fischer hat die von Philipp Berger ein Jahr nach dem Tod des Autors besorgte Erstausgabe zugrunde gelegt und auch die meisten der darin enthaltenen Druckversehen korrigiert. Auszuschließen waren die von Fischer eingefügten Schriften: »außer einer kleinen Sprachglosse noch drei größere Arbeiten«; zwei von ihnen erscheinen hier jedoch unter den Paralipomena im Anhang des Bandes. Bei einem erneuten Vergleich mit Bergers Ausgabe und den Erstdrucken in der *Fackel* konnte eine Reihe von meist geringfügigen Druckfehlern (teils beider Ausgaben) berichtigt werden. Wiederhergestellt wurden die Datierungen am Kopf der einzelnen Artikel. Von Bergers Ausgabe weicht die vorliegende Edition nach alledem nur mehr in einigen Zügen der typographischen Einrichtung ab – was sich anhand der beigefügten Faksimilia (S. 458 f.) bequem verfolgen läßt. Anders gestaltet wurde das Inhaltsverzeichnis, dem Berger die (hier S. 448–452 zu findenden) Nachweise der Erstdrucke beigefügt hat. Die »Anmerkung des Herausgebers«, mit der Bergers Ausgabe schließt, findet sich hier auf S. 379 reproduziert.

Göttingen, 1. September 1986   Christian Wagenknecht

INHALT

DIE SPRACHE

ANHANG

Karl Kraus
Schriften
Herausgegeben von
Christian Wagenknecht
12 Bände